AMÉRICA DEL SUR

BELICE
HONDURAS
NICARAGUA
Lago de Managua
L ALVADOR
EMALA
COSTA RICA
PANAMÁ

MAR CARIBE

Maracaibo
Barranquilla
Cartagena
Caracas
San Cristóbal
Lago de Maracaibo
Río Orinoco
VENEZUELA
GUAYANA
George
SURINAM
Cayena
Boa Vista
GUAYANA FRANCESA

Medellín
Bogotá
Cali
COLOMBIA

Río Magdalena

ECUADOR

Quito
Guayaquil
Cuenca
Iquitos
PAGOS

PERÚ

ECUADOR

Río Amazonas

A M A Z O N A S

BRASIL

Lima
Ayacucho
Machu Picchu
Cuzco
Lago Titicaca
La Paz
Santa Cruz
Sucre
Potosí
BOLIVIA

Brasilia

LOS ANDES

CHILE
PARAGUAY
Asunción
Iguazú
Río Paraná
São Paulo
Río de Janeiro

Córdoba
Río Uruguay
URUGUAY
Montevideo

Viña del Mar
Valparaíso
Santiago
Concepción
ARGENTINA
Buenos Aires
Bahía Blanca
Río de la Plata
Viedma

OCÉANO PACÍFICO

OCÉANO ATLÁNTICO

200   400   600   800   1,000 MILLAS
400   800   1,200   1,600 KILÓMETROS

ISLAS MALVINAS (Br.)
Estrecho de Magallanes

TIERRA DEL FUEGO

África inset

NIGERIA
ÁFRICA
CAMERÚN
Malabo
GUINEA ECUATORIAL
GABÓN
ECUADOR
ÁFRICA

0   MILLAS   500
0   KILÓMETROS   800

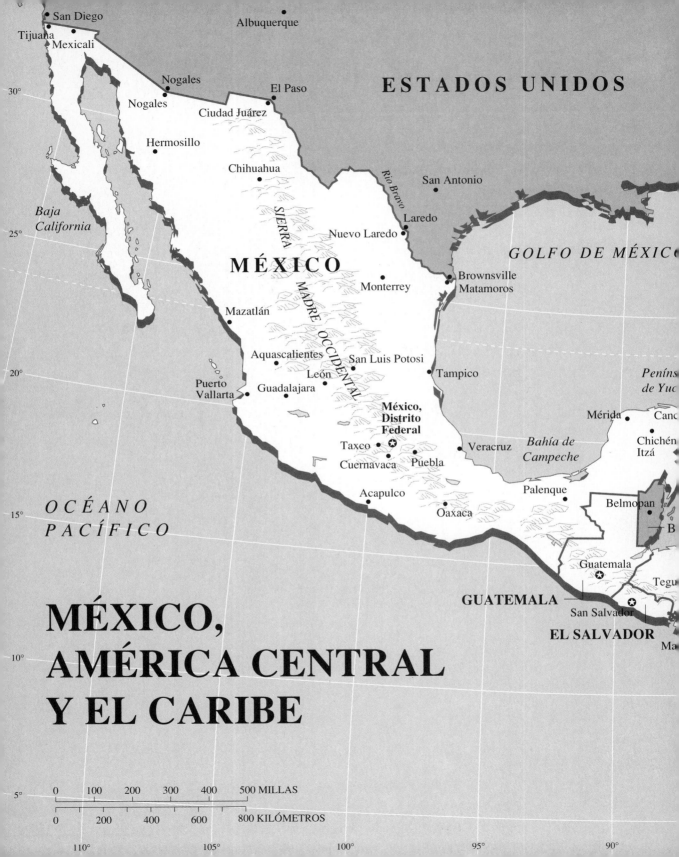

San Diego
Tijuana
Mexicali
Albuquerque

Nogales
Nogales
El Paso
Ciudad Juárez

ESTADOS UNIDOS

30°

Hermosillo

Chihuahua

*Baja
California*

SIERRA

Río Bravo
San Antonio
Laredo
Nuevo Laredo

25°

MÉXICO

GOLFO DE MÉXICO

Mazatlán

MADRE

Monterrey

Brownsville
Matamoros

20°

Aquascalientes
León
Puerto
Vallarta
Guadalajara

OCCIDENTAL

San Luis Potosi

Tampico

*Peníns
de Yuc*

Mérida
Canc

*Bahía de
Campeche*

Chichén
Itzá

**México,
Distrito
Federal**

Taxco
Cuernavaca
Puebla
Veracruz

OCÉANO
PACÍFICO

Acapulco

Oaxaca

Palenque

Belmopan

15°

B

GUATEMALA

Guatemala

Tegu

10°

MÉXICO,
AMÉRICA CENTRAL
Y EL CARIBE

GUATEMALA
San Salvador
EL SALVADOR

Ma

5°

| 0 | 100 | 200 | 300 | 400 | 500 MILLAS |

| 0 | 200 | 400 | 600 | 800 KILÓMETROS |

110°   105°   100°   95°   90°

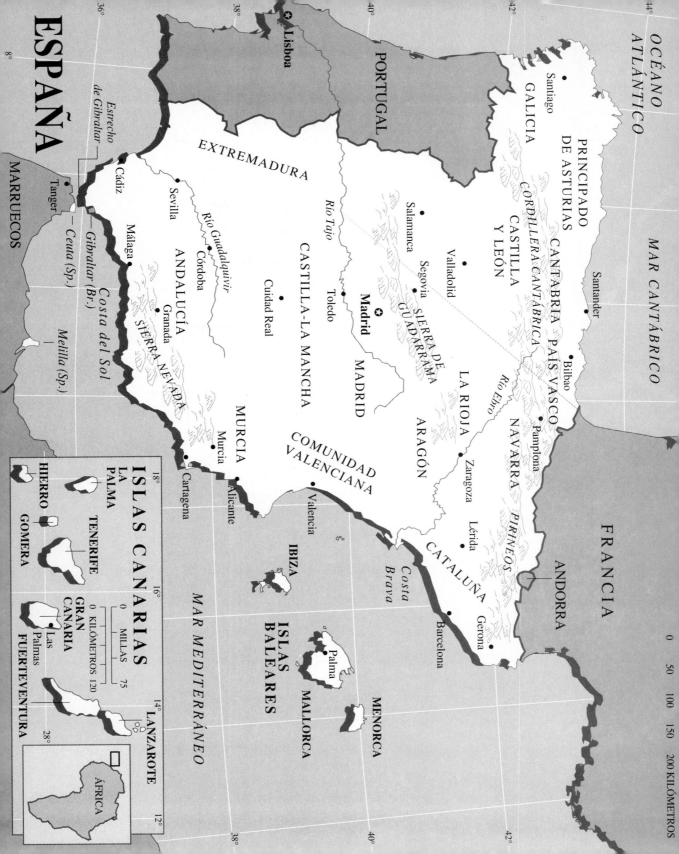

FRONTERAS
Gramática y conversación

Nancy Levy-Konesky
Brandeis University

Karen Daggett
Boston College

Lois Cecsarini
Foreign Service

Harcourt Brace Jovanovich College Publishers

Fort Worth   Philadelphia   San Diego   New York   Orlando   Austin   San Antonio
Toronto   Montreal   London   Sydney   Tokyo

Publisher Ted Buchholz
Acquisitions Editor Jim Harmon
Developmental Editor Jeff Gilbreath
Project Editor Steven-Michael Patterson
Production Manager Annette Dudley Wiggins
Art & Design Supervisor Serena B. Manning
Text Designer CIRCA 86, Inc.
Cover Designer Margaret E. Unruh

Library of Congress Cataloging-in-Publication Data

Levy-Konesky, Nancy, 1950-
    Fronteras. Gramática y conversación / Nancy Levy-Konesky, Karen
Daggett, Lois Cecsarini. — 2nd ed.
        p.   cm.
    English and Spanish.
    Includes bibliographical references.
    ISBN 0-03-049017-0
    1. Spanish language — Textbooks for foreign speakers — English.
    2. Spanish language — Grammar — 1950-   I. Daggett, Karen, 1953-   .
    II. Cecsarini, Lois, 1952-   III. Title.
    PC4129.E5L48   1992
    468.2'421— dc20   91-44648
                                                                                    CIP

Requests for permission to make copies of any part of the work should be mailed to: Permissions Department,
Holt Rinehart and Winston, Inc., 8th Floor, Orlando, Florida 32887.

Address editorial correspondence to: 301 Commerce Street, Suite 3700, Fort Worth, TX 76102
Address orders to: 6277 Sea Harbor Drive, Orlando, FL 32887
                1-800-782-4479, or 1-800-433-0001 (in Florida)

Printed in the United States of America

2 3 4 5   0 1 6   9 8 7 6 5 4 3 2 1

To George, who would be pleased, and to Georgiana, who will be.
To Frank and B.J. for all your patience and support.

N.L.-K.

To Paul and Grace, Bruce, Stephen and Christopher with love and appreciation.

K.D.

To Harry and Alice, who taught me my first language.

L.C.

Preface

FRONTERAS: THE PROGRAM

Fronteras is an integrated intermediate Spanish package whose primary goal is to help students acquire language proficiency while reviewing and broadening the grammar foundation attained in elementary Spanish. The program includes three components: a core grammar text, a literary/cultural companion, and a workbook/ laboratory manual. Combined, they offer a complete and in-depth presentation of Spanish grammar, an overview of Hispanic literature and culture, an abundance of exercises, and activities to stimulate conversation.

The three components make the *Fronteras* package very manageable for both students and instructor. The program is designed to give the instructor flexibility to choose the activities that most motivate and challenge students and are most compatible with the instructor's methodology. *Fronteras* incorporates many of the latest successful techniques of foreign-language teaching, including the open-ended exercise and the functional approach to language use. Drawings and realia are used actively, as a means of reinforcing grammar points and cultural themes while providing opportunities for students to personalize the material and express their opinions in a creative and enjoyable manner.

Fronteras is divided into eight units. Each contains three lessons based on a common theme. Vocabulary as well as grammar points and themes are coordinated in all three components.

FRONTERAS: LITERATURA Y CULTURA

Each unit contains three or four readings of various genres that reflect the richness and diversity of the Hispanic world. Although this component may be used independently, the readings, activities, and vocabulary correspond thematically to the two other components.

FRONTERAS: CUADERNO DE EJERCICIOS/MANUAL DEL LABORATORIO

This component is used in conjunction with the core grammar text to strengthen the four-skills approach. The exercises offer ample opportunities for students to review grammar and vocabulary presented in the grammar text.

FRONTERAS: GRAMÁTICA Y CONVERSACIÓN

Fronteras: Gramática y conversación offers clear, concise grammar explanations within a contextualized cultural framework that facilitates students' acquisition of competence in communication. Although emphasis is placed on Spanish-language acquisition for oral proficiency, students also practice listening, reading, and writing skills. We have tried to avoid the use of structures in early readings that have not yet been presented in the grammar lessons. It is important to note that the subjunctive is presented relatively early and is reviewed and reinforced throughout the text. *Fronteras: Gramática y conversación* is structured as follows:

1. *Para comenzar . . .*

Drawings that introduce the lesson theme are accompanied by ten to twelve related vocabulary words. Questions based on the drawings follow, immediately involving the student in conversation.

2. *Lectura*

Short, provocative cultural and historical readings, interviews, and dialogues include unit vocabulary and grammar points and reflect the cultural theme of the unit. All *Lecturas* are accompanied by an audio cassette for use in class to help students practice pronunciation and hone their aural comprehension skills while exposing them to various accents from the Hispanic world. The *Lecturas* are followed by *Conversemos*—post-reading exercises that help to ensure comprehension while providing opportunities for students to personalize the material and expand on the themes.

3. *Vocabulario*

Extensive lists of high-frequency vocabulary words and expressions follow each reading. The vocabulary presentations are accompanied by numerous contextualized and culturally rich exercises and activities which often incorporate authentic materials from the Spanish-speaking world. The exercises are graded from the directed variety to the personalized and open-ended, and they include individual, partner and group activities that reinforce the vocabulary in a stimulating and interactive manner. An important feature of this section is the integration of previously presented grammar structures in the vocabulary exercises. This spiraling technique prevents the isolation of vocabulary from grammar and provides opportunities to review further and practice important language structures.

4. *Gramática*

Clear, concise grammar presentations are followed by numerous class-tested exercises. The exercises are graded according to difficulty and are contextualized to give meaning to the practice, to reinforce the vocabulary, and to emphasize Spanish as a means of real communication rather than as an isolated textbook exercise.

5. *Así se dice*

A presentation of Spanish expressions, idioms, and colloquialisms help students function and respond authentically in a variety of everyday situations. Students learn practical information such as how to write a letter, talk on the telephone, or express their feelings, while they develop cross-cultural awareness and appreciation. The exercises that follow this section provide opportunities for students to interact with one another in real-life situations.

6. *Palabras problemáticas*

This end-of-unit additional vocabulary section provides definition and clarification of Spanish words that are frequently misused by English-speaking students. The exercises that follow provide practice with these words and phrases.

Y EN RESUMEN...

This end-of-lesson section combines and reinforces the structural, lexical, and cultural aspects of the lesson. Exercises vary and include individual, partner, and group activities, role plays, and authentic Hispanic materials to further encourage students to interact with one another in Spanish. The *Y en resumen* sections that follow every third lesson integrate the grammar, vocabulary and culture from the entire unit as well as structures contained in previous units.

GACETA

The end-of-unit *Gacetas* offer more, in-depth cultural material based on the themes offered in each unit. The culture is presented in readings, exercises, through authentic materials and in the accompanying video segments. Each *Gaceta* contains information and activities to accompany designated segments from Harcourt Brace Jovanovich's intermediate Spanish videocassette program, *Cámara uno*. The video section of each *Gaceta* indicates where to find the segment on the tape, and presents the material contained in the piece along with post-video viewing exercises. Although highly effective when used in conjunction with the videocassette, these sections were designed to be used independent of the videotape program as well.

NEW TO THIS EDITION

- Revised high-frequency vocabulary lists with expanded exercises integrate grammar structures and reflect cultural concepts presented in previous chapters. This allows students to recycle all newly-acquired concepts.
- An audio cassette accompanies the **lecturas** section for in-class use. This addition helps students practice pronunciation and hone aural comprehension skills while exposing them to various accents from the Hispanic world.
- **Gaceta** sections expand on the cultural themes presented in the units through readings, authentic materials, photographs and optional, integrated video components, called **video-cultura**.

VIDEOTÉCNICAS

There are many techniques you can use to maximize the students' video exposure. Some include:

1. Turn the sound off and have students view the tape. Have them create original dialogues or narration to match the video they see. Then turn the sound on and compare their versions to the original.
2. Give students a transcription of the dialogue with words or phrases missing. Have them fill in the missing segments before they view the video. Then let them see the video and compare and correct their versions.
3. Have students view a portion of the video. Stop the tape and discuss what will happen next. Write all of the possible answers on the board. The class can vote on the most popular "plot." View the rest of the episode.
4. Use the tape to point out various grammar structures, vocabulary, descriptions, and gestures. Use the pause (freeze-frame) button on your VCR frequently. Have students describe what they see. You can direct their descriptions by asking: *¿De qué color es la falda de Maria? ¿Es más alto Juan o Carlo? ¿Dónde está el libro rojo?*
5. Always give students a mission before you begin the segment. Have them look and listen for particular structures, expressions, gestures, or physical surroundings before the segment starts.
6. Most importantly, familiarize yourself with your video equipment. Know how to use the pause, the fast-forward, and the reverse buttons. Know how to mute the sound. Video viewing should always be active, interactive, and reactive. Students must know that this is different from the passive viewing they are used to doing in front of their own television sets.

Video-viewing exercises presented in the **Gaceta** sections are directly tied into segments from the **Cámara uno** intermediate video program, which is available upon request. Although these sections can be effectively used independently as reading comprehension selections and cultural exercises, they are designed to accompany their corresponding video segments and are followed by post-viewing exercises to help the students focus on the materials.

Acknowledgments

We would like to thank Jeff Gilbreath, our Developmental Editor, for his creative suggestions and careful editing of the second edition of *Fronteras: Gramática y conversación.* We also wish to express our appreciation to Steven-Michael Patterson, Project Editor, and to the entire editorial staff at HBJ, whose joint effort has helped to fine-tune this text.

In addition, we are grateful to the following reviewers for their helpful reviews and suggestions: Theresa Arrington, University of Mississippi; Ganesh Basdeo,

University of Washington; Jane Connolly, University of Miami; Gerald Curtis, University of Miami; John P. Demidowicz, State University of New York at Oswego; Robert Mullen, Lock Haven University; Ana Peluffo, New York University; Theresa Sears, University of Maine; Robert M. Shannon, St. Joseph's University; Edna Whalen, University of Wisconsin at La Crosse; Donna Wilson, Highline Community College.

TO THE STUDENT

Developing Your Listening and Video-viewing Skills

There are two different ways to listen—actively and passively. Passive listening is what you commonly do when you view a television commercial, when you listen to the radio while you do your homework, or when you overhear a conversation in a restaurant. You hear portions of conversations, perhaps certain words or expressions. However, this listening is not directed. You are not listening with the purpose of learning a particular fact or piece of information. Active listening involves much more than just hearing. When you listen actively you also:

1. process the information you hear.

2. relate it to knowledge you already possess.

3. decide if it is meaningful for you.

4. retain or reject it.

Listening in a foreign language is more complex because you must first decode what you are hearing (rephrase the information into terms with which you are already familiar) before you can assimilate it. When you are beginning to learn a foreign language, a form of translation commonly occurs. Problems arise when you try to understand every word that is spoken and you get stuck on an unfamiliar word. Rather than immediately glossing over the unknown term and following the speaker to the next thought, you dwell on that one word and get further behind. Soon you become so lost that you simply stop listening.

Keep in mind that just as you need not know the meaning of every word spoken to you in English in order to understand the essence of a sentence, neither do you need to be familiar with each word in Spanish. You can guess the meaning of many words from the context of the sentence or from the intonation or gestures of the speaker. A good example of this can be found in Lewis Carroll's Story *Alice Through the Looking Glass:* "Twas brilling and the slithy toads did gyre and gimble in the wabe". Although we do not know many of these words, we can guess from the context and sentence structure that *gyre* and *gimble* are verbs and the *slithy* is an adjective, modifying the word *toad.* This same technique works very effectively in understanding foreign languages. The following are listening and video-viewing tips that will help you to understand more effectively.

1. *Relax.* Do not give up if you get stuck on a word, an expression, or even a whole sentence. Instead, listen for words you know and familiar cognates.

2. *Watch* the speaker carefully. Body language, gestures and intonation can tell you a lot about the content. Is the speaker giving instructions? Asking a question? Praising? Is the speaker happy? Angry?

3. *Listen* to the rhythm of the language. Listen to the different accents. Do all of the speakers sound alike?

4. *Have a mission.* Always watch the videos with a specific purpose such as to discover some cultural or linguistic fact. Each video section in this text begins with a vocabulary exercise or video-viewing suggestion. Your instructor may also give you little missions to help you actively focus on the language and cultural content of the videos.

5. *Raise your hand* if you discover that you are hopelessly lost. Ask your instructor to repeat, rephrase or to replay the video. Your classmates will probably thank you for it.

C O N T E N T S

Preface viii

Unidad 1 DE LA EDUCACIÓN A LA PROFESIÓN   1

Lección 1   **El primer día de clases   3**

    Para comenzar . . . 4
    Lectura 4

Gramática   Subject pronouns 6   The present indicative tense 7
Stem-changing verbs 8   Irregular verbs in the present tense 10
Use of the present indicative 11   **Acabar de, ir a, volver a** 14
Así se dice   Saludos y presentaciones 16
Y en resumen . . . 17

Lección 2   **Son muchos los requisitos   20**

    Para comenzar . . . 20
    Lectura 21

Gramática   The present progressive tense 24   **Ser** and **estar** 26
Adjectives that change their meaning with **ser** or **estar** 28
The use of **hay** 30   **Hacer** and **llevar** in time expressions 31
Así se dice   Hablando por teléfono 33
Y en resumen. . . 35

Lección 3   **¿Hay trabajo para mí?   37**

    Para comenzar . . . 38
    Lectura 38

Gramática   The noun 42   The adjective 45   Position of
adjectives 47   Agreement of adjectives 48   The personal **a** 49
Palabras problemáticas 50
Y en resumen . . . 52

GACETA 1:   El trabajo en el mundo hispánico 55

Unidad 2 MEMORIA Y RECUERDOS   59

Lección 4   **Padres y parientes**   61

Para comenzar . . . 62
Lectura 62

Gramática   The preterite tense 66   **Hace** to mean *ago* 69
Así se dice   ¡De ninguna manera! 70
Y en resumen . . . 71

Lección 5   **Mi rinconcito**   75

Para comenzar . . . 76
Lectura 76

Gramática   The imperfect tense 79   **Hacer** and **llevar** in the imperfect
tense 81   **Acabar de** in the imperfect tense 82
Así se dice   ¡Claro que sí! 83
Y en resumen . . .   84

Lección 6   **Cuando yo era pequeño** . . .   87

Para comenzar . . . 88
Lectura 88

Gramática   The use of the preterite and imperfect 91   The past progressive
tense 95   Possessive adjectives and pronouns 96
Palabras problemáticas 98
Y en resumen . . . 100

GACETA 2:   Recuerdos de la niñez 103

Unidad 3 ASÍ PASO EL DÍA   107

Lección 7   **¿Y a qué hora empiezas tú el día?**   109

Para comenzar . . . 110
Lectura 110

Gramática   Telling time 113   Interrogative expressions 114   Demonstrative
adjectives 117   Demonstrative pronouns 118
Así se dice   ¿Cómo? No comprendo. 120
Y en resumen . . . 121

Lección 8   **Comer sin vino, comer mezquino   125**

           Para comenzar . . . 126
           Lectura 126

Gramática   Direct object pronouns 131   Indirect object pronouns 133   Two
           pronouns as objects of the verb 135
           Gustar and similar verbs 136
           Así se dice   ¡No me digas! 138
           Y en resumen . . . 139

Lección 9   **¿Qué hacemos esta noche?   143**

           Para comenzar . . . 144
           Lectura 144

Gramática   The uses of **por** and **para** 147   The impersonal **se** 151   **Tener**
           expressions 152   The conjunctions **e** and **u** 154
           Palabras problemáticas 155
           Y en resumen . . . 157

GACETA 3:   La cocina española 160

Unidad 4 DE VIAJE   165

Lección 10   **Mi itinerario   167**

           Para comenzar . . . 168
           Lectura 168

Gramática   The present tense of the subjunctive mood 171   The use of the
           subjunctive with impersonal expressions 173
           Así se dice   ¿Dónde queda . . .? 176
           Y en resumen . . . 178

Lección 11   **. . . Y con baño privado, por favor   181**

           Para comenzar . . . 182
           Lectura 182

Gramática   Reflexive verbs and pronouns 185   **Se** for unexpected
           events 188   **Saber** and **conocer** 190
           Así se dice   ¿Cuánto vale . . .? 191
           Y en resumen . . . 193

Lección 12   **De compras**   **197**

Para comenzar . . . 198
Lectura 198

Gramática   The imperative: commands 203   Placement of pronouns with
commands 205
Palabras problemáticas 208
Y en resumen . . . 210

GACETA 4:   De viaje en España 214

Unidad 5   HOY EN LAS NOTICIAS   219

Lección 13   **¡Llueve a cántaros!**   **221**

Para comenzar . . . 222
Lectura 222

Gramática   The use of the subjunctive in more noun clauses 226
Relative pronouns 230
Así se dice   ¡Ay, caramba! ¡Qué desilusión! 233
Y en resumen . . . 234

Lección 14   **Medias rojas 2; Tigres 0**   **236**

Para comenzar . . . 237
Lectura 237

Gramática   The future tense 241   The conditional tense 245
Así se dice   ¡Fenomenal! 247
Y en resumen . . . 248

Lección 15   **Y, las noticias . . .**   **251**

Para comenzar . . . 252
Lectura 252

Gramática   Negative words and expressions 256   The use of the subjunctive in
adjectival clauses 259
Palabras problemáticas 264
Y en resumen . . . 265

GACETA 5:   Los deportes y los espectáculos 269

Unidad 6 **EL LEGADO HISPANO EN LOS ESTADOS UNIDOS   273**

Lección 16   **Herederos de la Raza   275**

Para comenzar . . . 276
Lectura 276

Gramática   The perfect tenses 280   The imperfect subjunctive 284
Sequence of tenses 285
Así se dice   ¡Que lo pases bien! 288
Y en resumen . . . 289

Lección 17   **De donde crece la palma   293**

Para comenzar . . . 294
Lectura 294

Gramática   Verbs with prepositions 299   More prepositions 300   Pronouns as
objects of prepositions 301
Así se dice   ¡No tengo la menor idea! 303
Y en resumen . . . 305

Lección 18   **Isla del encanto   307**

Para comenzar . . . 308
Lectura 308

Gramática   The use of the subjunctive in adverbial clauses 313
The use of the subjunctive in conditional *if* clauses 315
Palabras problemáticas 318
Y en resumen . . . 320

GACETA 6:   Los hispanos en los Estados Unidos 324

Unidad 7 **MUJER, ADELANTE   329**

Lección 19   **El amor hace girar al mundo   331**

Para comenzar . . . 332
Lectura 332

Gramática   The definite article 337   The indefinite article 340
Adverbs 342   The uses of **pero**, **sino**, and **sino que** 344
Así se dice   Querido mío 345
Y en resumen . . . 346

Lección 20   **¿El que manda?**   **349**

> *Para comenzar* . . . 350
> *Lectura* 350

Gramática   The past participle used as an adjective 354   The past participle and
the present participle 354   Comparatives and superlatives 356
Así se dice   A quién corresponda . . . 360
Y en resumen . . . 361

Lección 21   **La mujer hispana: ¿En camino o en cadenas?**   **364**

> *Para comenzar* . . . 365
> *Lectura* 365

Gramática   Diminutives and augmentatives 369   Review of the subjunctive I 371
Palabras problemáticas 374
Y en resumen . . . 375

GACETA 7:   El papel de la mujer 378

Unidad 8   **FERIAS, FIESTAS Y FESTIVALES**   **381**

Lección 22   **Como de costumbre**   **383**

> *Para comenzar* . . . 384
> *Lectura* 384

Gramática   The true passive voice 387   Substitutes for the true passive
voice 388   *To become* 390
Así se dice   Los sabios dicen . . . 392
Y en resumen . . . 394

Lección 23   **El alma hispana**   **396**

> *Para comenzar* . . . 397
> *Lectura* 397

Gramática   The use of the infinitive 400   The use of the present
participle 401   The reciprocal construction 404
Así se dice   ¡Felicitaciones!/Mi más sincero pésame 405
Y en resumen . . . 407

Lección 24   **¡Celebremos!**   **409**

Para comenzar . . . 410
Lectura 410

Gramática   Review of the subjunctive II 414   Verbs of obligation 416
Palabras problemáticas 418
Y en resumen . . . 419

GACETA 8:   Ferias y festivales 422

Appendixes

A. Accentuation, capitalization 425
B. Collectives: Agreement in number 426
C. Days, months, seasons, dates 427
D. Cardinal numbers, ordinal numbers, fractions 428
E. Expressing *to like* and *to love* 430
F. Review of pronouns 431
G. Stem-changing verbs, verbs with orthographic changes 431
H. Simple tenses 436
    Compound tenses 436
    Irregular verbs 438

Spanish-English Vocabulary   **446**

Index   **457**

De la educación a la profesión

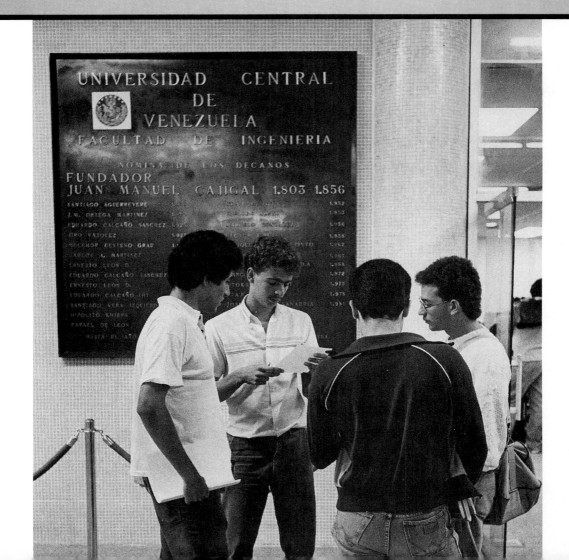

El primer día de clases

Vocabulario inicial

¿Cuál es su { apellido?
domicilio?
fecha de nacimiento?
nombre? }

What is your { *last name?*
address?
date of birth?
name? }

esperar *to wait (for)*
firmar *to sign*
hacer cola *to wait in line*

impaciente *impatient*
matricularse (inscribirse) *to register*

3

Para comenzar...

1. Con la ayuda del vocabulario inicial, describa Ud. el dibujo.
2. ¿Cuál es la fecha en el dibujo? ¿Cuándo empiezan las clases en los Estados Unidos? ¿Es hoy el primer día de clases en su universidad? ¿Cómo se siente Ud. ahora (nervioso[a], tímido[a], confundido[a], etc.)? ¿Por qué?
3. ¿Conoce Ud. a la persona que está sentada (*seated*) a su lado? ¿Cómo se llama él (ella)? ¿De dónde es?
4. Refiriéndose al dibujo, ¿qué preguntas les hace la señora a los estudiantes? Hágale Ud. las mismas preguntas a un(a) compañero(a) de clase.
5. ¿Cuándo es necesario hacer cola? ¿Cómo se siente Ud. cuando tiene que hacer cola por mucho tiempo? ¿Qué hace Ud. para pasar el tiempo?

El primer día de clases

Iliana es una estudiante puertorriqueña que asiste a la Pontífica Universidad Católica en Lima, Perú.

Lima, 3 de abril de 1992

Queridos papás,

¡Aquí me tienen, recién ingresada° a la Facultad de Letras de la P.U.C.! Ya tenemos los resultados° del examen de ingreso.° ¡Graciela y yo estamos entre los diez primeros nombres de la lista! Pero no tenemos clases todavía; nos pasamos todo el día haciendo cola en diferentes oficinas para matricularnos en las clases. Una de las diferencias con nuestro país es que aquí cada universidad tiene su propio examen de ingreso y en la Católica hay tres diferentes para Letras, Ciencias y Artes.

recién... *a newly enrolled student/ results/***examen...** *entrance exam*

¿Saben una cosa? Voy a tener Práctica de Matemáticas... ¡los sábados a las siete de la mañana! Y es una clase obligatoria, así es que° no puedo escaparme. Las otras clases que tenemos que seguir el primer semestre parecen más interesantes: Lingüística, Historia universal e Introducción a las Ciencias Sociales. En fin, dicen que el profesorado de la Católica es bastante bueno.

así... *therefore*

Esta noche la familia de Graciela quiere celebrar nuestro ingreso. Bueno, me tengo que preparar. Abrazos y besos de su

Iliana

Conversemos

Refiriéndose a la lectura anterior, conteste Ud. las preguntas.

1. ¿Dónde estudia Iliana? ¿Qué diferencias hay entre la P.U.C. y la universidad de Ud.? ¿Cuáles son algunas semejanzas (*similarities*)?
2. ¿A qué hora empieza su primera clase? ¿Qué opina Ud. de una clase que empieza a las siete de la mañana? ¿de asistir a clases los sábados? ¿de las asignaturas obligatorias? ¿Prefiere Ud. tener clases por la mañana o por la tarde? ¿Por qué?
3. ¿Piensa Ud. estudiar en otro país algún día? ¿Dónde? ¿Cuándo? ¿Qué espera aprender de la experiencia?

Vocabulario

EN LA UNIVERSIDAD
- la asignatura *subject*
- el bachillerato *high school degree*
- la beca *scholarship*
- el (la) catedrático(a) *university professor*
- la computadora *computer (Lat. Am.)*
- el curso *course*
- el (la) decano(a) *dean*
- el doctorado *doctorate*
- la enseñanza *teaching*
  - escribir a máquina *to type*
  - especializarse en *to major in*
  - estar en el primer (cuarto) curso (año) *to be in the first (fourth) year*
- la facultad de *the school (department) of*
  - arquitectura *architecture*
  - derecho *law*
  - filosofía y letras *liberal arts*
  - ingeniería *engineering*
  - medicina *medicine*
- los gastos *expenses*
  - gratuito *free of charge*
  - hacer (seguir) la carrera *to study (a major)*
- el horario *schedule*
  - ingresar *to enter (a school)*
- la licenciatura *bachelor's degree, master's degree*

- la maestría *master's degree*
- la máquina de escribir *typewriter*
- la matrícula *tuition*
- el ordenador *computer (Sp.)*
- el profesorado *faculty*
  - seguir (i) un curso *to take a course*
- el título *title, degree*

EN EL AULA *(In the classroom)*
- el bolígrafo (boli) *ballpoint pen (pen)*
- el (la) compañero(a) de clase *classmate*
  - charlar *to chat*
  - dar una conferencia *to give a lecture*
- el escritorio *desk*
- la lectura *reading*
  - prestar atención *to pay attention*
  - tomar asiento *to take a seat*

EDIFICIOS *(Buildings)*
- la biblioteca *library*
- el campo deportivo *sports field*
- el centro estudiantil *student center*
- el estadio *stadium*
- el gimnasio *gymnasium*
- la librería *bookstore*
- la residencia estudiantil *dormitory*

Repasemos el vocabulario

REFIÉRASE A LA LISTA DE VOCABULARIO Y AL VOCABULARIO INICIAL.

A. ¿Cuál no pertenece? *Subraye (underline) Ud. la palabra que no está relacionada con las otras y explique por qué.*

1. catedrático   decano   facultad   profesorado
2. ingeniería   arquitectura   derecho   maestría
3. matricularse   ingresar   especializarse   inscribirse
4. escritorio   residencia   librería   estadio
5. bachillerato   licenciatura   curso   doctorado

B. Lugares y actividades. *¿Qué hace Ud. en...? Nombre tres actividades que Ud. hace en cada lugar.*

1. el centro estudiantil   3. el gimnasio   5. la residencia estudiantil
2. el campo deportivo   4. la biblioteca   6. la librería

C. El recién ingresado. *Suponga que Ud. está en el cuarto curso y habla con Arturo, un estudiante recién ingresado en la universidad. ¿Qué recomendaciones le da Ud. sobre...*

1. el profesorado?   4. la tarea?
2. las residencias estudiantiles?   5. los otros estudiantes de la universidad?
3. los gastos?

D. En parejas. *Inventen Uds. un diálogo entre el (la) decano(a) de la universidad y un(a) estudiante que quiere conseguir una beca. El (La) estudiante debe darle al (a la) decano(a) por lo menos cuatro razones por las cuales merece una beca.*

Gramática

SUBJECT PRONOUNS *(Pronombres personales)*

FORM

SINGULAR	PLURAL
yo	nosotros(as)
tú	vosotros(as)
él, ella, usted	ellos, ellas, ustedes

Tú, the familiar singular form of *you*, is used with family members, people we call by their first names, colleagues, and children.[1]

---

[1] **Vos** is used instead of **tú** in some regions of certain Latin American countries such as Argentina, Costa Rica, Uruguay, and Paraguay. It requires a different conjugation. For example: **Vos tenés mis discos, ¿verdad?** Although commonly used, it is not considered standard Spanish.

Usted (abbreviated **Ud., Vd.**) is the formal singular form of *you*. It is used either with people we don't know, or know only superficially, or to designate respect (with professors, a boss, an elder, etc.).

Vosotros is the familiar plural form of *you*. Although it is not used in Latin America, it is used in most parts of Spain.

Ustedes (**Uds., Vds.**) is used in Latin America whether referring to close friends or to strangers. It is used in Spain as the plural form of **usted**.

USE

1. The subject pronoun is often omitted because the verb ending indicates the person who is doing the action. When it is used, it emphasizes or clarifies the subject of a sentence.

deserve

Hablo español	*I speak Spanish.*
Visita España.	*You (He, She) visit(s) Spain.*
Yo soy el jefe.	***I** am the boss.*
Él no quiere venir pero **ella** viene.	***He** doesn't want to come, but **she** is coming.*

2. In a question, the subject pronoun can precede or follow the verb.

¿Tú vas a la cafetería?⎫
¿Vas tú a la cafetería?⎭   *Are you going to the cafeteria?*

3. The pronoun *it* is rarely expressed as the subject.

Es necesario estudiar.	*It is necessary to study.*
Es verdad que mañana hay un examen.	*It is true that there is a test tomorrow.*
Nieva. Llueve.	*It's snowing. It's raining.*

THE PRESENT INDICATIVE TENSE (El presente del indicativo)

FORM Regular verbs

HABLAR (to talk)		*COMPRENDER* (to understand)		*ESCRIBIR* (to write)	
habl**o**	habl**amos**	comprend**o**	comprend**emos**	escrib**o**	escrib**imos**
habl**as**	habl**áis**	comprend**es**	comprend**éis**	escrib**es**	escrib**ís**
habl**a**	habl**an**	comprend**e**	comprend**en**	escrib**e**	escrib**en**

Práctica

A. Contrastes. *Cambie Ud. el verbo según el nuevo sujeto y termine la frase de una forma original, según el modelo.*

> **MODELO** Yo estudio francés. (ella/historia)
> Yo estudio francés pero ella estudia historia.

1. Tú lees libros de psicología. (nosotros/ingeniería)
2. Ella asiste a clase los lunes. (Uds./viernes)
3. Nosotros llevamos lápices a clase. (tú/bolígrafos)
4. Uds. viven en una residencia. (yo/apartamento)
5. Ellas compran bolígrafos en la librería. (ellos/tienda)

B. ¿Se conocen? *Escoja Ud. un sujeto y un verbo y termine la frase de una forma original, según el modelo.*

> **MODELO** Mi mejor amiga estudia ingeniería.

yo	estudiar
mi compañero(a) de cuarto	tomar
los estudiantes	vivir
mis padres	asistir
mi mejor amigo(a)	mirar
mi profesor(a)	comer

C. Traducciones. *En general.*

1. It's raining.
2. It's a good idea.
3. It's not important.
4. Is it snowing?
5. It's necessary to study.
6. It's late.

STEM-CHANGING VERBS *(Verbos con cambios en la raíz)*

FORM

There are three classes of stem-changing verbs:

1. verbs that end in **-ar** and **-er**. In this case, the accentuated **e** changes to **ie** and the accentuated **o** changes to **ue**. Note that there is no stem change in the **nosotros** and **vosotros** forms.

PENSAR *(to think)*		VOLVER *(to return)*	
p**ie**nso	pensamos	v**ue**lvo	volvemos
p**ie**nsas	pensáis	v**ue**lves	volvéis
p**ie**nsa	p**ie**nsan	v**ue**lve	v**ue**lven

Other verbs in this category are:

cerrar — *to close*	almorzar — *to have lunch*	probar — *to try, test*
comenzar — *to begin*	aprobar — *to pass*	recordar — *to remember*
empezar — *to begin*	contar — *to tell, count*	rogar — *to beg*
entender — *to understand*	costar — *to cost*	soler — *to be in the*
negar — *to deny*	devolver — *to return*	*habit of (+ infinitive)*
nevar — *to snow*	encontrar — *to find*	sonar — *to ring*
perder — *to lose*	llover — *to rain*	soñar — *to dream*
querer — *to want*	mostrar — *to show*	volar — *to fly*

NOTE The verb **jugar** *(to play)* changes **u** to **ue** (**juego, juegas...**).

2. verbs that en in **-ir.** In this case, the stressed **e** changes to **ie**, and the stressed **o** changes to **ue.**

SENTIR *(to feel)*		DORMIR *(to sleep)*	
siento	sentimos	duermo	dormimos
sientes	sentís	duermes	dormís
siente	sienten	duerme	duermen

Other verbs in this category are:

consentir — *to consent*
convertir — *to convert*
herir — *to wound*

3. verbs that end in **-ir**. In this case, the accentuated **e** changes to **i**.

PEDIR *(to ask for)*	
pido	pedimos
pides	pedís
pide	piden

Other verbs in this category are:

competir — *to compete*	elegir — *to elect*	repetir — *to repeat*
conseguir — *to obtain*	impedir — *to prevent*	seguir — *to follow*
corregir — *to correct*	medir — *to measure*	servir — *to serve*

IRREGULAR VERBS IN THE PRESENT TENSE
(Verbos irregulares en el presente)

FORM

1. Verbs with spelling changes in the first person singular (**yo**).
    a. Verbs that end in **-cer** and **-cir** change **c** to **zc** for **yo**.

CONOCER *(to know)*		CONDUCIR *(to drive)*	
cono**zc**o	conocemos	condu**zc**o	conducimos
conoces	conocéis	conduces	conducís
conoce	conocen	conduce	conducen

Other verbs in this category are:

agradecer — *to thank*	merecer — *to deserve*	parecer — *to seem*
crecer — *to grow*	obedecer — *to obey*	producir — *to produce*
(des)aparecer — *to (dis)appear*	ofrecer — *to offer*	traducir — *to translate*
establecer — *to establish*		

    b. Verbs that end in **-ger** and **-gir** change **g** to **j** for **yo**.

ESCOGER *(to choose)*		DIRIGIR *(to direct)*	
esco**j**o	escogemos	diri**j**o	dirigimos
escoges	escogéis	diriges	dirigís
escoge	escogen	dirige	dirigen

    c. Verbs that end in **-guir** change **gu** to **g** for **yo**.

SEGUIR *(to follow)*	
si**g**o	seguimos
sigues	seguís
sigue	siguen

Other verbs in this caregory are:

conseguir — *to get, obtain*
distinguir — *to distinguish*

2. Other verbs with irregular forms in the first person singular (**yo**).

caber — *quepo*	poner — *pongo*	traer — *traigo*
caer — *caigo*	saber — *sé*	valer — *valgo*
hacer — *hago*	salir — *salgo*	ver — *veo*

3. Irregular verbs in the present tense.

decir	*digo, dices, dice, decimos, decís, dicen*
estar	*estoy, estás, está, estamos, estáis, están*
haber	*he, has, ha, hemos, habéis, han*
ir	*voy, vas, va, vamos, vais, van*
oír	*oigo, oyes, oye, oímos, oís, oyen*
ser	*soy, eres, es, somos, sois, son*
tener	*tengo, tienes, tiene, tenemos, tenéis, tienen*
venir	*vengo, vienes, viene, venimos, venís, vienen*

USE OF THE PRESENT INDICATIVE
(El uso del presente de indicativo)

1. The present indicative is used to narrate an action that is occurring, continues, or happens regularly in the present.

Estudio en la biblioteca con Marta.   *I study (am studying, do study) in the library with Marta.*

2. The present indicative is also used to express an action that will take place in the immediate future.

Mañana doy el informe.   *Tomorrow I will give the report.*
Esta tarde estoy en mi oficina.   *This afternoon I'll be in my office.*

Práctica

A. Nosotras también. *Teresa y sus compañeras de cuarto descubren que tienen mucho en común. Siga el modelo.*

> **MODELO**   almorzar a las doce
> *Teresa* Yo almuerzo a las doce.
> *Elena* Juana y yo almorzamos a las doce también.

1. aprobar los exámenes siempre
2. dormir la siesta por la tarde
3. soñar con hombres guapos
4. volver tarde a la residencia
5. jugar al vólibol
6. preferir café por la mañana

B. Horarios. *Inés y Luisa hablan de sus horarios para el semestre. Complete su conversación con la forma correcta de los verbos entre paréntesis.*

INÉS   Tengo un horario difícil. (Seguir) _____ cuatro clases y tres son de francés.

LUISA   Eso no es nada. Con las cinco clases que tomo y con mi empleo, no (volver) _____ a la residencia hasta las once de la noche.

INÉS   ¿(Mantener) _____ tú un promedio de «A» con tanto trabajo?

LUISA   Pues, sí. Además, como mi hermano y yo nunca les (pedir) _____ dinero a mis padres, hay que trabajar. Yo (preferir) _____ conseguir dinero trabajando en la biblioteca.

INÉS   Oye, nosotras (almorzar) _____ juntas como el año pasado, ¿verdad?

LUISA   Sí. Tú (poder) _____ contar conmigo. La cafetería (servir) _____ el almuerzo a la una. Yo (jugar) _____ al tenis con Jorge al mediodía y si nosotros no (perder) _____ tiempo conversando, estoy allí a la una y cuarto.

INÉS   A propósito (*by the way*), ¿tú (recordar) _____ cuánto (costar) _____ los libros para la clase de psicología?

LUISA   No, pero si (encontrar) _____ mi recibo (*receipt*), te lo digo.

C. No conozco a nadie. *Es el primer día de clases. Con un(a) compañero(a), forme preguntas con los verbos siguientes y el (la) compañero(a) le va a contestar.*

> **MODELO**   Ser
> ¿Eres tú de esta ciudad?
> No, yo soy del Canadá.

1. conocer	4. hacer	7. saber
2. traer	5. tener	8. salir
3. ver	6. escoger	9. seguir

D. La vida universitaria. Describa Ud. los dibujos, utilizando por lo menos cinco verbos diferentes para cada uno.

Acabar de, ir a, volver a

1. The expression **acabar de** followed by the infinitive means *to have just* done something.

Acabo de comer.   *I have just eaten.*
Acabamos de leer la novela entera.   *We have just read the entire novel.*

2. The expression **ir a** followed by the infinitive is used to express an action that will take place in the future.

¿Qué vas a comer esta noche?   *What are you going to eat tonight?*
Vamos a leer la novela entera.   *We are going to read the entire novel.*

3. The expression **volver a** followed by the infinitive means *to do something again.*

Vuelvo a comer.   *I eat again.*
Volvemos a leer la novela entera.   *We read the entire novel again.*

Práctica

A. ¿Otra vez? *Repita Ud. la frase, empleando la expresión* **volver a** + *infinitivo.*

> **MODELO**   Estudio la lección otra vez.
> Vuelvo a estudiar la lección.

1. Mi compañera charla con su novio otra vez.
2. Escribo la composición otra vez.
3. Consultan el horario otra vez.
4. Pierdo mi libro de español otra vez.
5. Haces la tarea otra vez.
6. Contesta la pregunta otra vez.

B. Ahora no. *Con un(a) compañero(a) de clase, forme una pregunta y él (ella) la va a contestar de una manera original usando la expresión* **ir a** + *infinitivo.*

> **MODELO**   María Luisa/venir a clase hoy
> ¿Viene María Luisa a clase hoy?
> No, va a venir a clase mañana.

1. La librería/cerrar a la una
2. Tu familia/visitar la universidad hoy
3. Tú/asistir al concierto esta noche
4. El maestro/pasar lista esta mañana
5. Nosotros/jugar en el estadio el lunes
6. Carlos/seguir trabajando ahora
7. El profesor/dar una conferencia hoy
8. Tú/pedir una beca este año

C. Sugerencias. *Ud. está muy aburrido(a). Su compañero(a) le da algunas ideas. Con un(a) compañero(a), conteste las sugerencias que él (ella) hace con la expresión* **acabar de** *y un verbo apropiado, según el modelo.*

> **MODELO**   un programa de televisión
> ¿Por qué no ves un programa de televisión?
> No, acabo de ver un programa de televisión.

1. un libro
2. unos bombones
3. la tarea
4. un museo
5. un refresco
6. un partido de fútbol
7. una siesta
8. una película

Así se dice

SALUDOS Y PRESENTACIONES

1. The following are common forms of greeting in Spanish:

¡Hola!	*Hello! Hi!*
Buenos días.	*Good day. Good morning. Hello.*
Buenas tardes. ⎫	
Buenas. ⎭	*Good afternoon.*
¡Qué alegría verlo(la, los, las, te)!	*So nice to see you!*

2. If you want to know how someone is or how things are going, you might ask:

¿Cómo estás?/¿Cómo está Ud.? ⎫	
¿Qué tal (estás)? ⎭	*How are you?*
¿Cómo te va?/¿Cómo le(s) va?	*How's it going?*
¿Qué hay de nuevo?	*What's new?*
¿Qué hay? ⎫	
¿Qué cuentas? ⎬	*What's up?*
¿Qué pasa? ⎭	

3. Responses to *How are you?* vary widely. Some of the most frequent answers are:

Bien, gracias, ¿y Ud.?	*Fine, thanks, and you?*
De lo más bien.	*Just fine.*
Regular, ¿y tú?	*All right, and you?*
Así así.	*So-so.*
¡Fenomenal!	*Great! Fantastic!*
¡Fatal!	*Terrible!*

4. In most cultures, forms of greeting vary according to the situation and the people involved. In Spanish, formal and informal greetings usually correspond to the use of **Ud.** and **tú**.

5. To introduce someone you would say:

Quisiera presentarle a...	*I would like to introduce you to... (formal)*
Déjame presentarte a...	*Let me introduce you to... (familiar)*
Ésta es..., una amiga mía.	*This is..., a friend of mine. (fem.)*
Éste es..., un amigo mío.	*This is..., a friend of mine (masc.)*
Quiero presentar a un amigo.	*I want to introduce a friend.*

6. After meeting someone, you should reply:

Mucho gusto en conocerlo(la).   *Nice to meet you.*
¡Encantado(a)!   *Delighted!*
¡Tanto gusto!   *It's a pleasure!*

Práctica

A. Las siguientes personas se saludan. *En grupos, inventen un diálogo de cuatro líneas, empleando las expresiones apropiadas para cada situación.*

1. Carlitos y su maestra de escuela
2. Pilar y su compañera del año pasado
3. El presidente de los Estados Unidos y el rey de España
4. El señor Moreno y una cliente de su tienda
5. Tú y el decano de la facultad

B. *Conteste Ud. las preguntas siguientes de una manera diferente cada vez, dando una corta explicación de su respuesta.*

> **MODELO**   ¿Cómo estás, Juana?
> ¡Fenomenal! ¡Acabo de sacar un «sobresaliente» en el examen!

1. ¿Cómo le va, señor Barrera?   **4.** ¿Cómo está Ud., señorita?
2. ¿Qué tal, Elena?   **5.** ¿Qué hay, Paco?
3. ¿Qué pasa, Manolito?

C. *Manuel está en una fiesta con su tía Marta Gutiérrez, que acaba de llegar de Colombia. Ve a Tomás Calderón, su jefe de trabajo. Escriba Ud. un diálogo, empleando expresiones apropiadas y su imaginación. Represéntelo delante de la clase.*

Y en resumen...

A. En la residencia. *Algunos estudiantes de la escuela secundaria quieren saber qué pasa en una residencia estudiantil de la universidad. Haga preguntas y respuestas, según el modelo.*

> **MODELO**   comer en la cafetería
> ¿Comen Uds. en la cafetería?
> Sí, comemos en la cafetería.

1. escribir muchas cartas   **4.** estudiar a veces en la biblioteca
2. asistir a reuniones   **5.** charlar hasta muy tarde por la noche
3. hablar mucho por teléfono   **6.** ver películas en la sala

Ahora, invente Ud. más preguntas.

B. *Tradiciones escolares en España.* *Llene Ud. el espacio con la forma correcta del verbo entre paréntesis.*

La tuna

Si Ud. (ir) _____ a España, (encontrar) _____ en todas las universidades a un grupo de estudiantes que se (llamar) _____ la tuna. Este grupo (tener) _____ su origen en el siglo (*century*) XII, y el término tuna (venir) _____ de la palabra «tunante», que (significar) _____ pícaro (*rogue*). Todos los tunos (saber) _____ cantar o tocar un instrumento musical. (Recorrer) (*travel*) _____ las calles, (entrar) _____ en los restaurantes, bares y hoteles y (entretener) _____ a la gente con sus guitarras, panderetas (*tambourines*) y canciones alegres. También, (dar) _____ serenatas y (cantar) _____ en fiestas y otras ocasiones. Todos se (vestir) _____ de una capa (*cape*) negra decorada de medallas (*medals*) y cintas (*ribbons*) multicolores. Cada año las tunas de todas partes del país se (reunir) _____ para (participar) _____ en un gran concurso (*contest*) musical.

Los tunos (deber) _____ pasar por una serie de pruebas para comprobar que realmente (poder) _____ ser tunantes Por ejemplo, es común (ver) _____ a los miembros veteranos bombardear a un futuro hermano con tomates y huevos en una fuente en el centro de la ciudad. Aunque los miembros (soler) _____ ser hombres, hoy día las mujeres (querer) _____ participar en esta costumbre. En el norte del país (existir) _____ una tuna de mujeres pero el grupo no (ser) _____ muy popular entre los estudiantes universitarios.

Conteste Ud. las preguntas.

1. ¿Por qué cree Ud. que las tunas son tan populares?
2. ¿Hay una organización semejante en las universidades de este país? Descríbala y explique las semejanzas y diferencias.
3. Suponga que Ud. va a formar un grupo como la tuna de España. Descríbalo según el criterio siguiente.
   a. filosofía
   b. miembros
   c. pruebas
   d. vestuario (*clothing*)
   e. actividades o diversiones principales

C. *En parejas.* *Un(a) estudiante va a hacer una pregunta y el (la) otro(a) va a contestar según el modelo.*

> **MODELO** comer/tú
> ¿Vas a comer?
> No, acabo de comer.

1. pagar la matrícula/tus padres
2. asistir a la conferencia/María
3. escribir la tarea/tú
4. comprar bolígrafos/nosotros
5. hacer cola en la librería/tu amigo

D. Traducciones. *En la universidad.*

1. Hi. Has the class just started?
2. No, it's going to begin now.
3. Good. I just waited in line for an hour to register for next semester.
4. Oh no! Is the professor explaining the lesson again?
5. Yes, and I'm glad because I don't understand the irregular verbs.

E. La biblioteca. *Conteste Ud. las preguntas siguientes, refiriéndose al documento.*

```
┌────────────────────────────────────────────────────────────────┐
│                  Colegio Oficial de Arquitectos de Valencia      │
│              Delegación de Valencia        BIBLIOTECA            │
│   F  O  T  O                                                     │
│              Tarjeta Lector núm.                   Año 19        │
│              Nombre _____             │
│              _____con domicilio en_____  │
│   calle_____ n.°_____ tel._____   │
│   estudiante de Arquitectura Superior.                           │
│              Valencia _____ de _____ de 19_____   │
│                               El Lector,                         │
│                                                                  │
│   Esta  tarjeta  deberá  ser  presentada  para  su  acceso  a  la  Biblioteca. │
└────────────────────────────────────────────────────────────────┘
```

1. ¿Para qué sirve el documento? ¿Qué estudian los alumnos de este colegio? ¿En qué ciudad se encuentra el colegio? ¿Qué información pide el documento? Ahora, llene Ud. el documento con la información apropiada.

2. ¿Qué documentos necesita Ud. para usar la biblioteca de su universidad o colegio? ¿Tiene Ud. que llenar una tarjeta (*card*) para pedir un libro? Explique. ¿Lee Ud. los libros en la biblioteca o puede llevárselos (*take them with you*) a casa? ¿Por cuánto tiempo puede Ud. llevarse los libros? ¿Hay libros que Ud. no puede sacar? ¿Cuáles? ¿Por qué?

F. Minidrama

Un(a) estudiante del último año en la universidad está encargado(a) (*in charge*) de acompañar a un grupo de tres estudiantes de primer año a visitar el campus. El (La) guía trata de contestar las miles de preguntas que le hacen y de señalar (*to point out*) los sitios de más interés.

Son muchos los requisitos

Vocabulario inicial

el (la) bibliotecario(a) *librarian*
bostezar *to yawn*
el estante *bookshelf*
molestar *to bother*

sacar prestado un libro *to check out a book*
susurrar *to whisper*
tomar apuntes *to take notes*

Para comenzar...

1. Con la ayuda del vocabulario inicial, describa el dibujo. ¿Es típica esta escena? ¿Puede ser su universidad? ¿Por qué?
2. ¿Por qué duerme el estudiante en la biblioteca? ¿Por qué bosteza el otro estudiante? ¿Duerme Ud. en su biblioteca? ¿Por qué sí o no? ¿Qué técnicas puede emplear Ud. para no dormirse mientras estudia en la biblioteca?
3. ¿De qué hablan las tres muchachas? ¿Cómo se siente el chico? ¿Qué hace cuando los otros chicos hablan y Ud. quiere estudiar?
4. ¿Qué hace Ud. cuando no quiere estudiar?

Son muchos los requisitos

Lima, 15 de mayo de 1992

Siempre recordados viejitos[1]

¿Qué cuentan? Yo estoy preparándome para mi primer examen de historia. Felizmente Graciela y yo tomamos muy buenos apuntes en clase. Los profesores, por lo general, no dan texto° y los libros que necesitamos consultar no están en las librerías o son demasiado caros° para los alumnos. La solución al problema es estudiar en grupo. Cada uno de nosotros lee un libro o un capítulo diferente y luego intercambiamos° los apuntes.

no... *give no required text/ expensive*

exchange

Me gusta mucho nuesto catedrático de Lingüística pero no es fácil hablar con él después de la clase porque siempre está rodeado° de chicos. No hablamos mucho con nuestros «profes». En las prácticas de los sábados, como estamos divididos en grupos, hay más oportunidad de hablar con los instructores. La mayoría de ellos son estudiantes de años superiores. Hay un ambiente° muy simpático en la universidad. Lo único° que me molesta es que aquí está permitido fumar en clase.

surrounded

atmosphere
Lo... *The only thing*

Bueno, papitos, vuelvo al descubrimiento de América. Hasta la próxima semana. Reciban miles de besos de su

Iliana

Conversemos

Refiriéndose a la lectura anterior, conteste Ud. las preguntas.

1. ¿Por qué estudian en grupo Iliana y los otros alumnos? Describa la relación entre los profesores y los alumnos en la P.U.C. ¿Qué opina Iliana del ambiente en la universidad?
2. Nombre Ud. dos ventajas de estudiar en grupo y dos de estudiar solo(a). ¿Cuáles son dos alternativas a tomar apuntes en clase?
3. Describa Ud. la relación que tiene con sus profesores. Cuando Ud. visita a sus profesores durante sus horas de consulta, ¿de qué hablan Uds.?
4. Comente Ud. el ambiente en su universidad. ¿Qué opina Ud. de los estudiantes que comen, beben o mascan chicle (*gum*) en clase? ¿Qué opinan los profesores?

---

[1] **viejitos:** término cariñoso para referirse a los padres.

Vocabulario

ASIGNATURAS *(Subjects)*

la biología *biology*
las ciencias de computadora *computer science*
las ciencias políticas *political science*
las ciencias sociales *social sciences*
la contabilidad *accounting*
las económicas *economics*
la física *physics*
el idioma extranjero *foreign language*
las matemáticas *mathematics*
la psicología *psychology*
la química *chemistry*
la sociología *sociology*

VERBOS

aprobar (ue) *to pass*
ausentarse *to be absent*
corregir (i) *to correct*
elegir (i) *to elect, choose*
entregar *to hand in*
faltar *to miss*
graduarse *to graduate*
repasar *to review*
requerir (ie) *to require*
sobresalir *to excel*
suspender (fracasar) *to fail*

SUSTANTIVOS

la asistencia *attendance*
el examen *test*
el promedio *average*
la prueba *quiz*
el requisito *requirement*
el semestre *semester*

ADJETIVOS

aplicado *studious*
obligatorio *obligatory*
perezoso *lazy*
sobresaliente *outstanding*
trabajador *hard-working*

EXPRESIONES

aprender de memoria *to learn by heart*
cumplir con los requisitos *to fulfill the requirements*
dejar una clase *to drop a class*
sacar buenas (malas) notas *to get good (bad) grades*
salir bien (mal) *to do well (poorly)*
tomar una decisión *to make a decision*

Repasemos el vocabulario

REFIÉRASE A LA LISTA DE VOCABULARIO Y AL VOCABULARIO INICIAL.

A. ¿Cuál no pertence? *Subraye Ud. la palabra que no está relacionada con las otras y explique por qué.*

1. fracasar	suspender	enseñar	sacar malas notas
2. química	biología	sociología	física
3. asistir a	aprobar	salir bien	sobresalir
4. ausentarse	entregar	faltar	no asistir
5. perezoso	obligatorio	trabajador	aplicado

B. ¿Cuál es la palabra? *Llene Ud. el espacio con la palabra apropiada de la lista de vocabulario.*

1. Antes de un examen es buena idea _____ los apuntes.
2. Como yo no entiendo la materia, voy a _____ la clase.
3. La clase de ciencia _____ mucho tiempo porque debo pasar seis horas en el laboratorio.
4. Si José no cumple con los requisitos, él no va a _____ en junio.
5. Su _____ bajó porque suspendió el último examen.
6. La profesora siempre me _____ cuando yo pronuncio mal las palabras.
7. Hay muchas asignaturas obligatorias. Sólo podemos _____ una clase.
8. Julia sacó la nota más alta de la clase. Es _____.

C. Queremos saber. *Diga Ud...*

1. cuatro características de un(a) estudiante aplicado(a).
2. tres razones buenas para faltar a una clase.
3. dos técnicas que Ud. utiliza para prepararse para un examen.
4. una decisión importante que Ud. va a tomar este año.

D. En grupos. *Hagan Uds. un debate. Algunos creen que las asignaturas siguientes deben ser obligatorias para todos los estudiantes universitarios. Otros creen que deben ser sólo para los que estudian en la facultad de filosofía y letras.*

1. idiomas extranjeros   2. historia   3. sociología   4. filosofía

E. Pequeño y útil. *Para ayudarlo(la) a Ud. con sus estudios, sus padres le van a regalar esta mini-computadora. Lea Ud. el artículo y conteste las preguntas.*

PARA EL SIGLO XXI

The Wizard, (Sharp), El mago, es un computador de bolsillo que incluye calendarios diario y semanal, con capacidad hasta de 200 años. Se pueden escribir citas y direcciones con números de teléfonos y fax, nombres de personas y compañías. También guarda hasta 16 páginas de información, y da el tiempo actual en más de 200 ciudades del mundo. Con adicionales programas de circuito integrado, The Wizard puede convertirse en un manager de tiempo, un diccionario con más de 45,000 palabras y 500,000 sinónimos y un traductor de ocho lenguas para viajeros. También se puede conectar a un impresor (también de bolsillo) o a un computador personal. ◆

El mago

1. ¿Para qué asignatura(s) va a usar El Mago y por qué?
2. ¿Qué va a incluir en las páginas para información?
3. ¿Qué aspecto del diccionario es útil para Ud.?
4. Para Ud., ¿cuál es el mayor beneficio de esta computadora y por qué?

Gramática

THE PRESENT PROGRESSIVE TENSE
(La forma progresiva del presente)

FORM | **Estar** + the present participle |

HABLAR	**COMPRENDER**	**ESCRIBIR**
habl + **ando**	comprend + **iendo**	escrib + **iendo**
estoy hablando	estoy comprendiendo	estoy escribiendo

1. **-Ir** stem-changing verbs change **e → i** and **o → u** in the stem.

    sentir — s**i**ntiendo   dormir — d**u**rmiendo   pedir — p**i**diendo

2. When the root of an **-er** or **-ir** verb ends in a vowel, the **i** of the present participle ending changes to **y**.[2]

    caer — ca**y**endo   leer — le**y**endo   oír — o**y**endo

USE

1. The present progressive tense indicates that an action is "in progress." It is used to emphasize the fact that the action is occurring _right now_. Compare the following:

Estudio para mi clase.
> _I study (often, every day, tomorrow, now) for my class._
> _I am studying (now) for my class._
> _I do study (emphasis) for my class._

Estoy estudiando para mi clase.   _I am studying (right now) for my class._

2. Other verbs that can be used with the present participle are **continuar, andar, ir, venir** and **seguir**.

Sigo leyendo.	_I continue reading._
Vienen corriendo.	_They come running._
Anda cantando.	_She goes around singing._

---

[2] The present participles of **poder (pudiendo)** and **ir (yendo)** are rarely used.

Práctica

A. Sugerencias. *Adela siempre tiene sugerencias para Susana, pero Susana tiene otras ideas. Con un(a) compañero(a) de clase, representen los papeles de las dos amigas.*

> **MODELO**   estudiar inglés
> *Adela* ¿Por qué no estudias inglés?
> *Susana* Porque estoy estudiando francés.

1. escuchar las cintas	5. leer el capítulo
2. comprar otro cuaderno	6. hacer la tarea
3. escribir un poema	7. repasar la pronunciación
4. asistir a la conferencia	8. pedir una limonada

B. Hablando por teléfono. *Raúl está estudiando en la biblioteca y cuando llama a su compañero de cuarto, Felipe, se entera de que hay una fiesta en su apartamento. Felipe quiere saber qué está pasando en la biblioteca, y Raúl quiere saber qué está pasando en la fiesta. Con un(a) compañero(a), sigan el modelo.*

> **MODELO**   *Raúl* Yo/buscar información
> Yo estoy buscando información para un tema.
> *Felipe* Nosotros/celebrar cumpleaños
> Nosotros estamos celebrando el cumpleaños de María.

RAÚL	FELIPE
1. Manuel/dormir	1. Oscar/pedir pizza
2. El profesor/corregir	2. Las chicas/escuchar discos
3. Sandra/leer	3. Marta/servir la sangría
4. Carmen y Elena/charlar	4. Algunas personas/bailar
5. Teresa/traducir	5. Susana/ver una película

C. Cuando el gato no está los ratones hacen fiesta. *(When the cat's away the mice will play). Alicia es una maestra practicante (student teacher) en una clase de biología en un colegio y hoy la directora no está. Mire Ud. el dibujo en la página siguiente y describa cómo la clase está portándose (behaving).*

VOCABULARIO ÚTIL

víbora *snake*
rana *frog*
cajón *drawer*
peinarse *to comb one's hair*
pintarse *to put on make up*

SER *AND* ESTAR

Although in English there is only one verb *to be*, in Spanish there are two: **ser** and **estar**.

USE

Ser is used:

1. to express the hour, the day, and the date.

Es la una. Son las tres.	*It's one o'clock. It's three o'clock.*
Hoy es martes. Es el tres de marzo.	*Today is Tuesday. It's March third.*

2. to express place of origin.

Soy de Colombia pero mi amiga es de España.	*I'm from Colombia, but my friend is from Spain.*

3. to indicate possession.

¿De quién es el libro? Es de José.	*Whose book is it? It's José's.*

4. with predicate nouns.[3]

Susana es profesora.	*Susana is a profesor.*
Este señor es mi vecino.	*This gentleman is my neighbor.*

---

[3] A predicate noun explains or renames the subject of the sentence.

5. to express nationality, religion, or political affiliation.

Los García son católicos.   *The Garcías are Catholic.*
El gobierno es comunista.   *The government is Communist.*

6. to describe the material from which something is made.

Mi bolígrafo es de plástico.   *My pen is plastic.*

7. with certain impersonal expressions.

Es necesario asistir a clase.   *It is necessary to attend class.*
Es importante tomar apuntes.   *It is important to take notes.*

8. with adjectives to express qualities or characteristics inherent in a person or thing.

María es trabajadora y muy simpática.   *María is hard-working and very nice.*
José es alto, delgado y guapo.   *José is tall, thin, and handsome.*

9. to tell where an event is taking place.

La conferencia (reunión, fiesta) es   *The lecture (meeting, party) is at Juan's*
en casa de Juan.   *house.*

Estar is used:

1. to express geographic or physical location.[4]

¿Dónde estás? Estoy en el gimnasio.   *Where are you? I'm in the gymnasium.*
Málaga está en España y está en la   *Málaga is in Spain, and it is on the coast*
costa.

2. with the progressive tenses.

Estamos contestando las preguntas.   *We're answering the questions.*

3. with adjectives to express a state or condition.

Él está ausente (pálido, contento).   *He is absent (pale, content).*
La sopa está fría.   *The soup is cold.*

4. with certain expressions.

estar de acuerdo *to be in agreement*   estar de pie *to be standing*
estar de buen (mal) humor   estar de vacaciones *to be on vacation*
  to be in a good (bad) mood   estar de viaje *to be on a trip*

---

[4] With permanent locations, the verb **quedar** may be used in place of **estar. ¿Dónde está (queda) la calle José Antonio?** *(Where is José Antonio street?)*

ADJECTIVES THAT CHANGE THEIR MEANING WITH SER

OR ESTAR *(Adjetivos que cambian de sentido con **ser** o **estar**)*

ADJECTIVE	SER	ESTAR
aburrido	*boring*	*bored*
alegre	*happy* (temperament)	*feeling happy*
bueno	*good*	*well*
cansado	*tiresome*	*tired*
enfermo	*sickly* (person)	*ill*
grande	*big*	*big for one's age*
guapo	*handsome*	*looking good*
listo	*clever*	*ready*
loco	*crazy* (person)	*foolish*
maduro	*mature*	*ripe*
malo	*bad*	*ill*
rico	*rich* (prosperous)	*delicious*
seguro	*safe*	*certain*
verde	*green*	*unripe*
vivo	*lively*	*alive*

Práctica

A. ¿Ser o estar? *Conteste Ud. las preguntas siguientes, empleando el verbo **ser** o **estar**, según el contexto. Explique su decisión. Siga el modelo.*

MODELO   ¿Ud.? ¿cansado?
          Sí, estoy cansado.

1. ¿Carlos y yo? ¿estudiando?   **5.** ¿Los apuntes? ¿en la mesa?
2. ¿La clase? ¿en esta aula?   **6.** ¿El cálculo? ¿difícil?
3. ¿Ellos? ¿hispanos?   **7.** ¿Tú? ¿de Caracas?
4. ¿Papá? ¿de mal humor?   **8.** ¿El escritorio? ¿de metal?

B. Decisiones. *Escoja Ud. las respuestas correctas y explique por qué son correctas. (Hay más de una respuesta por cada pregunta.)*

1. Son...
   a. las diez.   **b.** de vacaciones.   **c.** de María.   **d.** estudiando en casa.
2. Están...
   a. cansados.   **b.** conmigo.   **c.** contentos.   **d.** de oro.
3. ¿Cómo está...
   a. la paella?   **b.** la clase de francés?   **c.** Ud.?   **d.** el Museo del Prado?
4. ¿Dónde es...
   a. Colombia?   **b.** tu cuaderno?   **c.** la reunión?   **d.** la clase?
5. Es...
   a. de Bolivia.   **b.** necesario.   **c.** jueves.   **d.** aquí con nosotros.

6. Somos...

    a. estudiantes.   **b.** guapos.   **c.** inteligentes.   **d.** simpáticos.

C. *Diferencias importantes.* *Llene Ud. el espacio con la forma correcta del verbo* ***ser*** *o* ***estar*** *según el contexto, y explique por qué.*

1. ¿Cuándo termina esta clase? Yo _____ aburrido porque el tema de hoy _____ aburrido.

2. Si tú _____ listo, vamos al partido. Ya _____ tarde y yo _____ seguro que el gimnasio ya _____ lleno de gente.

3. El profesor tiene que ausentarse porque _____ enfermo.

4. Carlos _____ un estudiante muy listo pero no _____ muy aplicado. Hoy, por ejemplo, _____ durmiendo en vez de asistir a clase.

5. La comida en la cafetería _____ horrible. Pero hoy la carne _____ muy rica y los vegetales _____ bien calientes. No sé qué pasa. _____ una sorpresa buena.

6. ¿Dónde _____ Elena hoy? _____ muy mala y se queda en cama. _____ una lástima porque nosotros _____ planeando un viaje y si ella no _____ mejor, no puede ir.

D. *Una fiesta para la historia.* *Usando los verbos* ***ser*** *y* ***estar,*** *mire el dibujo y describa la fiesta.*

E. *Veinte preguntas.* *Piense Ud. en un personaje famoso y los otros estudiantes tienen que adivinar (to guess) quién es a través de preguntas que se pueden contestar con* ***sí*** *o* ***no***.

    MODELO   ¿Es viejo? ¿Es actor? ¿Está vivo? ¿Está en Washington ahora?

THE USE OF HAY (El uso de hay)

Hay is an irregular form of the verb **haber**, and it means *there is* or *there are*. It should not be confused with the verb **estar**. Compare the following sentences.

Hay un niño aquí.	*There is a child here.*
Un niño está aquí.	*A child is here.*
Hay seis estudiantes en el aula.	*There are six students in the classroom.*
Seis estudiantes están en el aula.	*Six students are in the classroom.*

Práctica

A. Una carta de Puerto Rico. *Susana está estudiando en Puerto Rico. Le escribe una carta a su hermana que vive en Boston. Llene Ud. el espacio con **hay** o una forma de **estar**.*

Mi querida Luisa.

¡Fotos de bebé! Ay, qué bello. _____ grande el niño. Es verdad que tengo un sobrino (*nephew*) hermosísimo. Acabo de recibir una carta de mamá y ella escribe que ella y papi _____ bien, pero _____ problemas en la oficina. ¡Pobrecito de papá! Siempre _____ algo.

Tú me preguntas si _____ feliz. Pues, sí. En la universidad _____ mucho que hacer: fiestas, bailes, la playa y, claro, las clases. _____ más de cincuenta estudiantes en mi clase de sociología. En general yo _____ muy contenta con las clases este año.

Voy a llamarte el día de tu cumpleaños si las líneas no _____ ocupadas. Bueno, no _____ nada más que contar por ahora. Saludos a todos y besitos para el bebé. Con el cariño de siempre,

Susana

B. Una tarea interesante. *Carmen necesita escribir un tema para su clase de historia. Como tiene mucho interés en las ciudades antiguas de la América del Sur, decide escribir sobre algunos lugares de interés en el Perú. Llene Ud. los espacios con **hay** o con una forma de **ser** o **estar**.*

Cuzco _____ la ciudad más grandiosa de las ciudades americanas precolombinas, y _____ una mezcla de las civilizaciones inca y española. _____ situada en la sierra sur del Perú a 3.400 metros sobre el nivel del mar. El clima de Cuzco _____ frío, y _____ necesario usar abrigos.

_____ mucho que ver y hacer en esta ciudad museo. _____ plazas pintorescas, fortalezas antiguas y vistas espléndidas. El corazón de la ciudad _____ la Plaza de Armas, y entre las construcciones principales _____ la catedral. En esta famosa iglesia barroca, _____ un altar de plata y una valiosa colección de arte.

Los arqueólogos _____ interesados en las ruinas incaicas que se encuentran en las afueras de Cuzco. Machu Picchu, a 112 kilómetros de la ciudad, _____ la antigua ciudad de los incas. Allí, los científicos todavía _____ investigando esta civilización fascinante. Todos los que visitan a Machu Picchu _____ de acuerdo en que _____ una experiencia inolvidable.

C. ¿Qué hay...? *Nombre por lo menos cinco cosas que hay...*

1. en una residencia estudiantil.
2. en la cartera (*wallet, purse*) del (de la) profesor(a).
3. en un centro estudiantil.
4. en su aula.
5. en sus bolsillos (*pockets*).
6. en una librería.

HACER *AND* LLEVAR *IN TIME EXPRESSIONS*
(**Hacer** *y* **llevar** *con expresiones de tiempo*)

There are three basic ways to express the length of time an action has been taking place.

1.   **Hace** + time + **que** + (**no** +) verb in the present tense

Hace un año que estudio español.	*I have been studying Spanish for one year.*
¿Cuánto tiempo hace que trabaja aquí?	*How long have you been working here?*
Hace dos años que no voy a Europa.	*I haven't gone to Europe for two years.*

2.   (**No** +) verb in the present tense + **desde hace** + time

Estudio español desde hace un año.	*I have been studying Spanish for one year.*
¿Desde hace cuánto tiempo trabaja aquí?	*How long have you been working here?*
No voy a Europa desde hace dos años.	*I haven't gone to Europe for two years.*

3. a.   **Llevar** in the present tense + time + present participle.

Llevo un año estudiando español.	*I have been studying Spanish for one year.*
¿Cuánto tiempo lleva trabajando aquí?	*How long have you been working here?*

b. In a negative sentence, a different construction is required.

> **Llevar** in the present tense + time + **sin** + infinitive

Llevo dos años sin ir a Europa.   *I haven't gone to Europe for two years.*

Práctica

A. Tiempo. *Siguiendo el modelo, diga cuánto tiempo hace que las personas hacen las actividades siguientes.*

> MODELO   José/charlar con el profesor/dos horas
> José lleva dos horas charlando con el profesor.
> Hace dos horas que José charla con el profesor.
> José charla con el profesor desde hace dos horas.

1. Yo/trabajar en el laboratorio de lenguas/seis meses
2. Su hermana/estudiar en España/tres años
3. Tú/cantar en el coro universitario/un semestre
4. Uds./hacer la tarea/media hora
5. Ellos/comer en la cafetería/poco tiempo
6. Mario/asistir a una universidad privada/más de un año

B. No lo creo. *Los amigos de Pedro exageran mucho. Él nunca cree lo que dicen.*

> MODELO   *Enrique*   Hace quince horas que estudio para la prueba de español.
> *Pedro*   ¿Llevas quince horas estudiando para la prueba de español? ¡No lo creo!

1. Hace una semana que mi compañero de cuarto duerme.
2. Hace tres días que mi novio(a) no come.
3. Hace diez horas que papá lee el periódico.
4. Hace seis años que Gerardo sale con Silvia.
5. Hace un mes que no voy a la biblioteca.

C. En parejas. *Ud. va a entrevistar a las siguientes personas para el periódico estudiantil. Con un(a) compañero(a) representen los papeles en la página siguiente. Siga el modelo pero incluya más información también.*

> MODELO   Antonio Acevedo/profesor/literatura española
> ¿Cuánto tiempo lleva Ud. enseñando aquí?
> Llevo un año.
> ¿Qué enseña Ud.?
> Enseño literatura española. Ahora estoy enseñando la poesía romántica.

1. José Canseco/deportista/béisbol
2. Gloria Estefan/cantante/música popular
3. Carlos Alfonso/pintor/obras surrealistas
4. Narciso Yepes/músico/guitarra
5. Alicia Alonso/bailarina/danza clásica

Así se dice

HABLANDO POR TELÉFONO

1. The word for *hello* when meeting people is **hola**. In answering the telephone, the word for *hello* varies with the country or region. The most common words are:

¿Diga? ¿Dígame?	España
¿Bueno?	México
¿Aló? ¿A ver?	Colombia
¿Aló? ¿Hola?	Puerto Rico

2. Other useful questions and answers in initiating phone conversations are:

¿Quién habla?	*Who's calling? Who's this?*
Habla Juan. (Soy Juan.)	*This is Juan.*
Soy yo.	*It's me.*
Habla él (ella).	*This is he (she) speaking.*
¿Está Elena, por favor?	*Is Elena there, please?*
Un momento, por favor.	*One moment (Just a moment), please.*
No está en este momento.	*He's (She's) not here right now.*
¿De parte de quién?	*Who's calling?*
¿Quiere volver a llamar más tarde?	*Do you want to call back later?*
Vuelvo a llamar más tarde.	*I'll call back later.*
¿Quisiera dejar un recado?	*Would you like to leave a message?*
¿Podría dejar un recado?	*May I leave a message?*
Dígale que _____.	*Tell him (her) that _____.*
Está equivocado de número. } Se equivoca de número. }	*You have the wrong number.*
Están comunicando. } Está ocupada. }	*The line is busy.*
¿Oiga?	*Hello?* (when the connection is bad or you want the operator back)

3. Some useful verbs and expressions for **la compañía telefónica** *(the telephone company)* are:

marcar el número	*to dial a number*
hacer una llamada	*to make a call*
(de larga distancia,	*(long distance, collect)*
de cobro revertido)	
contestar	*to answer*
colgar (ue)	*to hang up*
aceptar los cargos	*to accept the charges*

Práctica

A. ¿En qué circunstancias...

1. hace Ud. una llamada de cobro revertido?
2. cuelga Ud. el teléfono?
3. acepta Ud. los cargos?
4. deja Ud. un recado?

B. *Julio intenta llamar a su novia, Gabriela.* Escriba Ud. la conversación.

1. Primero, él llama directo.
2. Ahora, él llama a la operadora.

C. *Invente Ud.* una conversación (seis a ocho líneas) entre las siguientes parejas.

1. Un muchacho sin dinero en Boston/su papá en Los Ángeles
2. Una estudiante colombiana en Nueva York/su hermana en Bogotá
3. Ud./la mamá de su novio(a)
4. Ud./un agente de la compañía telefónica

D. *La telefónica.* Mire Ud. el anuncio siguiente y haga las actividades.

1. Nombre tres ocasiones en las que Ud. llama para recordar. ¿Qué es lo que recuerda?

2. Invente tres lemas (*slogans*) orginales para la compañía telefónica, sustituyendo la palabra «recordar» por otra palabra. Explique por qué sus versiones son mejores que el original. «Llamar es...»

Y en resumen...

A. Un examen más. *Fernando tiene sólo un examen más para terminar la carrera. En esta carta que le escribe a su amigo, llene Ud. el espacio con **hay** o una forma de **ser** o **estar**, según el contexto.*

Querido Paco,

Perdona por no escribirte antes, pero _____ en Sevilla y _____ preparándome para mi último examen. Dicen que el examen _____ el 15 de enero. Aunque ya no _____ clases, yo _____ pasando horas en la universidad o en la biblioteca repasando la materia.

Yo _____ como loco. _____ mucho que estudiar y el catedrático me tiene nerviosísimo. No _____ cuestión de tener que estudiar demasiado. Me gusta estudiar. _____ estos exámenes orales que me _____ matando. Bueno, vamos a ver lo que pasa. Si apruebo en enero, yo _____ en la gloria y si me suspenden, yo _____ perdido. Pues, _____ tarde. Me voy corriendo.

Fernando

B. La Universidad de Valencia. *Refiriéndose al formulario, conteste Ud. las preguntas siguientes.*

1. ¿Cómo se llama esta estudiante? ¿Qué estudia? ¿Qué nota tiene en esta clase? ¿Cuál es el equivalente más o menos en el sistema norteamericano? ¿Quiénes tienen que firmar este documento? ¿Va a graduarse pronto o acaba de empezar sus estudios esta estudiante? Explique.

2. ¿Qué carrera sigue esta estudiante? ¿Qué otras asignaturas cree Ud. que ella toma? ¿Qué trabajo va a conseguir después de recibir el título?

```
┌─────────────────────────────────────────────────────────────────┐
│           UNIVERSIDAD  DE  VALENCIA                               │
│                                                                   │
│         E. U. FORMACION PROF. E.G.B.                              │
│                                                                   │
│              LENGUA Y LITERATURA FRANCESA ,1                      │
│   ASIGNATURA                                                      │
│                       10117      OFICIAL                          │
│   CODIGO ASIGNATURA                                               │
│              REMEDIOS        N.EXPE 26031                         │
│   NOMBRE                                                          │
│              GINER SEGRELLES                                      │
│   APELLIDOS                                                       │
│                 86      87              PRIMERO                   │
│   AÑO ACADEMICO 19_____ 19_____   CURSO                           │
│   CONVOCATORIA     JUNIO              SEPTIEMBRE                   │
│   CALIFICACION   SOBRESALIENTE                                    │
│   EL PROFESOR DE LA ASIGNATURA      EL SECRETARIO DEL TRIBUNAL    │
└─────────────────────────────────────────────────────────────────┘
```

C. Conversemos.

1. ¿Cuáles son las ventajas y las desventajas de estudiar en una universidad privada o en una universidad estatal (del estado)?
2. ¿Cuál es su clase favorita? ¿Por qué? ¿y la menos favorita? ¿Qué cosas influyen en su selección de una clase?
3. ¿Cuáles son sus actividades extraescolares? ¿Por qué son importantes? ¿Cuánto tiempo dedica Ud. cada semana a estas actividades?
4. ¿Cuáles son los problemas más graves de su universidad? ¿Qué sugiere Ud. como solución?
5. ¿Vive Ud. con su familia, en una residencia o en un apartamento? ¿Cuáles son las ventajas y las desventajas de cada uno?

D. Composición. *Escriba Ud. una breve narración sobre uno de los temas siguientes.*

1. ¿Qué significa la educación para Ud.?
2. Imagínese que Ud. hubiera decidido (*had decided*) no asistir a la universidad después de la escuela secundaria. ¿Cómo es su vida ahora? ¿Qué espera para el futuro?
3. ¿Cuáles son las ventajas o las desventajas de asistir a una universidad grande o pequeña? ¿Cuál prefiere Ud.? ¿Por qué?

¿Hay trabajo para mí?

Vocabulario inicial

el (la) astronauta *astronaut*
el (la) atleta *athlete*
célebre *famous*
los deportes *sports*
existoso *successful*

el hombre (la mujer) de negocios
  businessman(woman)
próspero *prosperous*
soñar (ue) con *to dream about*
tener éxito *to be successful*

37

Para comenzar...

1. Con la ayuda del vocabulario inicial, describa el dibujo.
2. ¿Cuáles son las carreras más populares para un niño y una niña de ocho años? ¿de dieciocho años? ¿Quiénes son los modelos típicos para los niños cuando piensan en su futura profesión?
3. ¿Cuáles son las profesiones tradicionales para un hombre? ¿para una mujer? ¿Está cambiando eso hoy día en este país? Explique.
4. ¿Cuándo tiene un estudiante de este país que tomar una decisión acerca de su carrera? ¿Es difícil cambiar de carrera a los cuarenta años? Explique. ¿Es común hoy día? ¿Por qué razones cambia una persona de carrera?
5. ¿Qué es más importante para Ud., ser próspero(a), célebre o feliz? ¿Por qué? ¿Cómo define Ud. el éxito?

¿Hay trabajo para mí?

Lima, 20 de julio de 1992

¿Qué tal, mamita?

Gracias por tu larga carta. Yo también tengo bastante que contarte. Voy a pasar las fiestas Patrias[1] con los García en Trujillo. En estos momentos hace frío en Lima y unas vacaciones en el norte me van a venir muy bien.° El hijo mayor de los García termina Ingeniería en diciembre y como su papá está muy bien relacionado,° ya tiene un trabajo seguro después de graduarse. En general, los ingenieros y los de profesiones técnicas tienen muchas oportunidades, pero los pobres alumnos que nos especializamos en historia o en literatura no tenemos mucho futuro. Aquí no tienes que escribir muchos «résumés» ni tampoco presentarte a muchas entrevistas. Si alguien de tu familia o algún amigo conoce al jefe, entonces hay más posibilidad de conseguir un trabajo. Y los diplomas no cuentan mucho; la experiencia es lo que abre más puertas.

me... will do me good

está... has good contacts

Es el fin de un buen semestre, pero ¡hurra por el sol de Trujillo del que pronto voy a disfrutar!° Te besa tu

enjoy

Ileana

---

[1] **fiestas Patrias:** La independencia del Perú se celebra el 28 de julio. Es la época de las vacaciones escolares también.

Conversemos

Refiriéndose a la lectura anterior, conteste Ud. las preguntas.

1. ¿En qué mes están? ¿Por qué hace frío? ¿Por qué no va a tener problemas el hijo de los García en conseguir trabajo? Explique por qué Iliana sí va a tener problemas.
2. ¿Cuál abre más puertas en los Estados Unidos, la educación o la experiencia? Explique. ¿Es importante estar muy bien relacionado en los EE.UU.? ¿Por qué sí o por qué no? ¿Cuáles son los pasos necesarios para conseguir un trabajo en los EE.UU.?
3. ¿Qué planes tiene Ud. para su futuro? ¿Cree Ud. que la universidad lo(la) está preparando para encontrar un buen trabajo después de graduarse? Explique. ¿Qué aplicación tienen sus asignaturas en la vida práctica?

Vocabulario

PROFESIONES

LAS ARTES

el bailarín (la bailarina) *dancer*
el (la) escritor(a) *writer*
el (la) fotógrafo(a) *photographer*
el (la) músico *musician*
el (la) pintor(a) *painter*

LAS CIENCIAS

el (la) científico(a) *scientist*
el (la) cirujano(a) *surgeon*
el (la) enfermero(a) *nurse*
el (la) farmacéutico(a) *pharmacist*
el (la) médico(a) *doctor*
el (la) psicólogo(a) *psychologist*
el (la) psiquiatra *psychiatrist*
el (la) químico *chemist*

LOS NEGOCIOS

el (la) banquero(a) *banker*
el (la) cajero(a) *cashier*
el (la) contador(a) *accountant*
el (la) dependiente(a) *clerk*
el (la) ejecutivo(a) *executive*

el (la) gerente *manager*
el (la) programador(a) *programmer*
el (la) vendedor(a) *sales representative*

EL SERVICIO PÚBLICO

el (la) abogado(a) *lawyer*
el (la) bombero(a) *fire fighter*
el (la) consejero(a) *counselor*
el (la) juez *judge*
la mujer policía *policewoman*
el policía *policeman*
el (la) político *politician*

OTROS TRABAJOS Y PROFESIONES

el (la) arquitecto(a) *architect*
el (la) carpintero(a) *carpenter*
el (la) electricista *electrician*
el (la) ingeniero(a) *engineer*
el (la) periodista *journalist*
el (la) plomero(a) *plumber*
el (la) trabajador(a) *worker*

PALABRAS RELACIONADAS

el beneficio *benefit*
el currículum (vitae) *résumé*
la entrevista *interview*
impresionar *to impress*
jubilarse *to retire*

montar un negocio (una empresa)
  to start a business
renunciar *to quit*
solicitar *to apply (for a job)*
la solicitud *application*

Repasemos el vocabulario

REFIÉRASE A LA LISTA DE VOCABULARIO Y AL VOCABULARIO INICIAL.

A. ¿Cuál no pertenece? *Subraye Ud. la palabra que no está relacionada con las otras y explique por qué.*

1. pintor   músico   contador   bailarín
2. cajero   farmacéutico   médico   enfermero
3. plomero   electricista   carpintero   ingeniero
4. psiquiatra   psicólogo   científico   consejero
5. entrevista   solicitud   currículum   negocio

B. Profesiones. *Conteste Ud. las siguientes preguntas.*

1. ¿Quién...
   a. ayuda a los clientes en una tienda?
   b. escribe los planes para construir un edificio?
   c. ayuda a las personas con sus impuestos (*taxes*)?
   d. trabaja con computadoras?
2. ¿Qué profesión u oficio... (Explique sus respuestas.)
   a. requiere mucha disciplina personal?
   b. ofrece oportunidades para viajar?
   c. tiene mucho prestigio?
   d. ofrece beneficios muy buenos?
3. ¿Cuál es la diferencia entre...
   a. renunciar y jubilarse?
   b. un psiquiatra y un psicólogo?
   c. un pintor y un fotógrafo?
   d. un médico y un enfermero?

C. Dos caras de la moneda. *(Two sides of the coin.) Escoja Ud. cinco profesiones y nombre un aspecto negativo y un aspecto positivo de cada una.*

D. Impresiones. *Lea Ud. el artículo siguiente y haga el ejercicio que sigue.*

Cómo impresionar «superbien» en una entrevista para solicitar empleo

La manera en que Ud. se comporta en una entrevista para solicitar empleo es muy importante. Según el informe Endicott, hay aproximadamente setenta preguntas básicas que hacen los entrevistadores de la mayoría de las compañías. Las respuestas que Ud. les da pueden determinar el éxito en la entrevista. Vamos a analizar algunas de las preguntas y cómo debe contestarlas.

EJERCICIO: Analice Ud. las preguntas en la primera columna. Busque en la segunda columna el verdadero significado de las preguntas y en la tercera columna, busque la respuesta apropiada para las preguntas. Luego póngalos en el órden correcto.

I LAS PREGUNTAS	II EL SIGNIFICADO	III LAS RESPUESTAS
1. ¿Qué puede ofrecerle a la empresa?	1. ¿Cuánto valora su trabajo?	1. Antes de hablar de dinero, me gustaría saber más sobre en qué consiste mi trabajo.
2. ¿Por qué dejó su empleo anterior?	2. ¿Es flexible; se lleva bien con los demás; puede adaptarse al ambiente de trabajo de esta compañía?	2. Soy organizado(a); trabajo bien bajo presión; me gusta tratar con la gente.
3. ¿Cómo se describe a sí mismo(a)?	3. ¿Por qué debemos contratarlo(la) a Ud. y no a otra persona?	3. A veces dedico demasiado tiempo a mi trabajo.
4. ¿Cuáles son sus puntos débiles?	4. ¿Qué clase de empleado(a) es Ud.?	4. No había oportunidades de avanzar y decidí buscar un trabajo con más estímulos.
5. ¿Cuánto aspira a ganar?	5. ¿Es capaz de ser objetivo(a) en sus juicios?	5. Mis contactos pueden dar nueva clientela a la empresa.

E. En parejas. *Inventen Uds. una entrevista en la cual el (la) candidato(a)...*

1. causa una impresión positiva.
2. causa una impresión negativa.
3. se siente muy incómodo(a).

Gramática

THE NOUN (El sustantivo)

1. Masculine nouns include:
   a. most nouns that end in **-o.**

   el maestro   *the teacher*
   el libro   *the book*

COMMON EXCEPTIONS la mano, la radio, la foto, la moto.

   b. those that refer to males, regardless of the ending.

   el presidente   *the president*
   el dentista   *the dentist*
   el policía   *the policeman*

   c. some nouns that end in **-ma**, **-pa**, and **-ta**.

   el idioma   *the language*
   el mapa   *the map*
   el planeta   *the planet*

   d. days, months, and seasons.

   el lunes   *Monday*
   el octubre pasado   *last October*
   el verano   *the summer*

EXCEPTION la primavera.

   e. names of rivers, oceans, seas, and mountains.

   los Andes
   el Amazonas

EXCEPTIONS la Sierra Nevada, la Sierra Madre.

2. Feminine nouns include:
   a. most nouns that end in **-a**.

la pluma   *the pen*
la tinta   *the ink*

EXCEPTION el día.

   b. those that refer to females, regardless of the ending.

la mujer   *the woman*
la joven   *the young girl*
la actriz   *the actress*

   c. most nouns that end in **-ión, -umbre, -tud, -dad, -tad, -ie,** and **-sis**.

la especialización   *the major*
la lumbre   *the light*
la actitud   *the attitude*
la universidad   *the university*
la facultad   *the department*
la serie   *the series*
la tesis   *the thesis*

EXCEPTIONS el paréntesis, el análisis, el avión, el camión.

3. Other common gender rules:
   a. Masculine nouns that end in **-or, -n,** and **-és** and refer to people become feminine by adding **-a**.

el profesor — la profesora   *the professor*
el alemán — la alemana[1]   *the German man, woman*
el inglés — la inglesa[1]   *the Englishman, Englishwoman*

   b. Nouns ending in **-e** can be either masculine or feminine.

la llave, la gente   *the key, the people*
el valle, el baile   *the valley, the dance*

   c. Some nouns do not change. Their gender is determined by the article.

el pianista — la pianista   *the pianist*
el modelo — la modelo   *the model*
el estudiante — la estudiante   *the student*
el músico — la músico   *the musician*

---

[1] It may be necessary to add or drop a written accent mark when creating the feminine form or the plural form. For example: **inglés — inglesa — ingleses; joven — jóvenes**. See Appendix A.

d. Some nouns have only one form to refer to both genders.

el ángel — Marta es un ángel.   *Marta is an angel.*
la persona — Pablo es una persona fascinante.   *Pablo is a fascinating person.*

la víctima — José es la víctima.   *José is the victim.*

4. Nominalization: Most adjectives can be used as nouns.
    a. The gender is determined by the definite article.

la vieja   *the old woman*
el joven   *the young man*

    b. Lo + the masculine singular adjective is sometimes used to express an abstract idea.

Lo importante es que todos vienen.   *The important thing is that everyone comes.*

Lo mejor es comer en un buen restaurante.   *The best part is eating in a good restaurant.*

5. Plural forms of nouns:
    a. Add **-s** to a noun ending in a vowel.

el librero — los libreros   *the bookseller — the booksellers*
la página — las páginas   *the page — the pages*

EXCEPTIONS Those ending in **-í** and **-ú** add **-es:** el rubí — los rubíes.

    b. Add **-es** to nouns ending in a consonant. Note that you may need to add or drop a written accent to maintain the original stress.[2]

la lección — las lecciones   *the lesson — the lessons*
el origen — los orígenes   *the origin — the origins*

    c. If a noun ends in **-z**, it changes to **-ces**.

el lápiz — los lápices   *the pencil — the pencils*

    d. Nouns ending in **-s** in an unaccentuated syllable remain the same.

el paraguas — los paraguas   *the umbrella — the umbrellas*
el lunes — los lunes   *Monday — Mondays*

---

[2] See footnote on previous page.

Práctica

A. Plurales. *Combine Ud. las siguientes pares de palabras y cambie de la forma singular a la forma plural según el modelo.*

> **MODELO**   fiesta/divertido
> una fiesta divertida, unas fiestas divertidas

1. decisión/difícil
2. día/feliz
3. tesis/doctoral
4. tema/interesante
5. examen/oral
6. isla/tropical
7. crisis/económico
8. semestre/duro
9. lumbre/brillante
10. idioma/extranjero

B. Géneros. *Escriba Ud. diez frases creativas, incorporando todos los sustantivos posibles de esta lista y el artículo definido apropiado.*

> **MODELO**   casa
> *La casa del artista* está en *la ciudad.*

1. mano
2. ciudad
3. sistema
4. día
5. estudiante
6. canción
7. costumbre
8. artista
9. amistad
10. miércoles
11. papel
12. crisis

THE ADJECTIVE *(El adjetivo)*

FORM

1. Gender of adjectives:
   a. Adjectives that end in **-o** are masculine. To form the feminine, the **-o** changes to **-a**.

   guapo — guapa   *handsome — pretty*

   b. Adjectives that end in **-án, -ín, -ón,** and **-or** are masculine. To form the feminine, **-a** is added.

   trabajador — trabajadora   *hard-working*
   alemán — alemana   *German*

EXCEPTIONS mejor, peor, mayor, menor, exterior, interior, inferior, superior. These adjectives do not change.

   c. Most adjectives that end in **-e** or in a consonant other than **-n** or **-r** maintain the same form for masculine and feminine.

   un hombre elegante — una mujer   *an elegant man — an*
    elegante   *elegant woman*

un chico ágil — una chica ágil	*an agile boy — an agile girl*
un estudiante cortés — una estudiante cortés	*a courteous student*
un tigre feroz — una leona feroz	*a ferocious tiger — a ferocious lioness*

EXCEPTIONS This does not include adjectives of nationality:
inglés — inglesa.

    d. Adjectives that end in **-ista** maintain the same form for the masculine.

| realista | *realistic* |
| socialista | *socialistic* |

2. Plural forms of adjectives:
    a. Add an **-s** to adjectives that end in a vowel.

| agradable — agradables | *pleasant* |
| aplicado — aplicados | *diligent* |

    b. Add **-es** to adjectives that end in a consonant.

| azul — azules | *blue* |
| irlandés — irlandeses | *Irish* |

    c. For an adjective that ends in **-z**, the **-z** changes to **-c** in the plural.

| capaz — capaces | *capable* |
| feliz — felices | *happy* |

3. Shortening of adjectives:
    a. Some adjectives drop the final **-o** before a masculine singular noun. These include **uno, primero, tercero, bueno, malo, alguno,** and **ninguno**.

| un buen maestro — un maestro bueno | *a good teacher* |
| el primer examen — el examen primero | *the first exam* |

NOTE **Alguno** and **ninguno** require written accents in their shortened forms: **algún** and **ningún**

    b. Grande becomes **gran** (meaning great) before a masculine or feminine singular noun.

| un gran empleo | *a great job* |
| una gran oportunidad | *a great opportunity* |

c. Ciento becomes **cien** before a noun, before a number greater than itself, or when used by itself as a noun.

cien libros	*a hundred books*
cien mil personas	*a hundred thousand people*
¿Cuántos tienes? Tengo cien.	*How many do you have? I have a hundred.*

d. Santo becomes **san** before a masculine singular name, unless the name begins with **Do-** or **To-**.

San Luis	*Saint Louis*
Santo Tomás	*Saint Thomas*

POSITION OF ADJECTIVES (*Posición de adjetivos*)

1. Adjectives that precede the noun include:
   a. those of number or quantity.

algunos — *some*	muchos — *many*
cada — *each*	numerosos — *numerous*
¿cuántos? — *how many?*	pocos — *few*
cuatro — *four*	tanto — *so much*
más — *more*	unos — *some*
menos — *less*	varios — *various*

   b. demonstrative adjectives and the short form of the possessive adjectives.

aquellas lecciones	*those lessons*
mi trabajo	*my work*

   c. a descriptive adjective used to express an inherent characteristic or a quality of the noun usually taken for granted.

la blanca nieve	*the white snow*
los altos picos	*the high peaks*

2. In general, descriptive adjectives follow the noun. They differentiate a person, place, or thing from the rest of the group.

un juez justo	*a just judge*
una artista talentosa	*a talented artist*

3. Some adjectives can be placed before or after the noun but change their meaning depending on their placement.

ADJECTIVE	BEFORE THE NOUN	AFTER THE NOUN
antiguo	*former*	*ancient*
cierto	*certain, specific*	*sure, definite*
gran(de)	*great*	*big*

mismo	same	him(her, it)self
nuevo	another	new
pobre	unfortunate	poor (financially)
puro	whole	pure
único	only	unique

| El testigo dice la pura verdad. | *The witness tells the whole truth.* |
| No hay agua pura en este pueblo. | *There is no pure water in this town.* |

4. When two adjectives are used to modify the same noun:
a. They may be joined with **y** and placed after the noun.

| Es un ejecutivo próspero y célebre. | *He is a prosperous and famous* |
| | *executive.* |

b. The shorter or less distinguishing adjective may precede the noun.

| La joven chica italiana habla bien | *The young Italian girl speaks English well.* |
| el inglés. | |

AGREEMENT OF ADJECTIVES *(Concordancia de adjetivos)*

1. The adjective agrees in number and gender with the noun it modifies (**la casa blanca, el dormitorio pequeño**), except in the following cases:
a. When the adjective modifies two nouns of different genders, the masculine plural form is used if the adjective follows the noun.

| los lápices y las plumas nuevos | *the new pencils and pens.* |

b. When the adjective precedes two nouns of different genders, it will agree with the closest noun.

| ¿Cuántos médicos y enfermeras? | *How many doctors and nurses?* |
| ¿Cuántas enfermeras y médicos? | *How many nurses and doctors?* |

Práctica

A. Una visita. *Isabel y Luisa Martínez visitan a su sobrino (nephew). Le cuentan las noticias del pueblo. Luisa es mucho más descriptiva que su hermana. Según el modelo, cambie Ud. las siguientes oraciones.*

> **MODELO** *Isabel* Su hermana María compró un *coche* (pequeño/alemán)
> *Luisa* Su hermana María compró un pequeño coche alemán.

1. Juan hizo su *viaje* a Europa. (tercero/estudiantil)
2. Tus *amigos* Juan y Susana ya son arquitectos. (viejo/universitario)
3. El *perro* sufre de artritis. (pobre/viejo)
4. El profesor Ramos publicó una *novela*. (grande/histórico)

5. Ya hay *hospitales* en el pueblo. (dos/nuevo)

6. La tía Paula es la *contadora* de la compañía. (único/bilingüe)

7. Papá estableció el *banco* en la ciudad. (primero/federal)

8. Tu hermanito Raúl está saliendo con *chicas*. (guapo/español)

B. El jefe malo. *El jefe de Carolina trata muy mal a todos en la oficina. Ella lo describe en el párrafo siguiente. Escoja Ud. de la lista la forma correcta del adjetivo apropiado.*

pocos(as)	ningún(a)	primer(o)	doscientos(as)
malo(a)	gran(de)	personal(es)	nuevo(a)
largos(as)	antipático(a)	inhumanos(as)	

Me llamo Carolina Sanvalle y soy contadora en la Oficina de Servicio de Investigaciones. Es una oficina _____ , con más de _____ empleados. Acaban de emplear a un gerente _____ y, ¡qué _____ suerte! El señor Angulo es un jefe estricto. Yo no puedo trabajar bajo estas condiciones _____. En _____ lugar, él es un hombre muy _____ Él no tiene _____ sentido de humor. Este señor nos hace trabajar _____ horas y por _____ beneficios. Tiene la costumbre de escuchar mis conversaciones _____ cuando hablo por teléfono. No nos gusta nada este señor.

C. Traducciones. *La entrevista.*

1. I have my first interview with the Italian company.

2. It's a very old company with numerous international offices.

3. I understand that the new executives there have many good ideas.

4. Do you remember José, my old friend from college? He works at the same place.

5. He has an interesting and difficult job.

D. Descripciones. *Describa a las personas o las cosas siguientes.*

1. una clase que Ud. está tomando ahora

2. una persona que respeta mucho

3. un coche que quiere comprar

4. un libro que acaba de leer

5. un(a) compañero(a) de clase

6. un día bonito de la primavera o del otoño

THE PERSONAL A *(La preposición personal **a**)*

USE

1. The personal **a** is not translated in English. It is used before the direct object in the following cases:

a. with a definite person or persons, a domestic animal, or anything personified, except after an indefinite concept or usually after **tener**.

Veo **a** María.	*I see María.*
Llevo **a** mi amigo a su clase.	*I take my friend to his class.*
BUT Tengo tres hermanas.	*I have three sisters.*
Necesito una secretaria.	*I need a secretary.*

b. with the indefinite pronouns **alguien** and **nadie,** and with **alguno** and **ninguno** when they refer to people.

No conozco **a** nadie aquí.   *I don't know anyone here.*

c. with **quién** or **quiénes** when the expected answer requires the personal **a**.

¿**A** quién llevas a la conferencia?	*Whom are you taking to the lecture?*
¿**A** quiénes vas a visitar hoy?	*Whom are you going to visit today?*

Práctica

¿Qué? ¿A quién? Con un(a) compañero(a), formen Uds. preguntas y respuestas, según el modelo.

MODELO	Esperar	¿Qué esperas, José?
	resultados/médico	Espero los resultados de la operación.
		¿A quién esperas?
		Espero al médico.

1. Esperar
  a. autobús/chófer
  b. cartas/cartero
  c. cheque/banquero
2. Mirar
  a. mesa/carpintero
  b. cuadro/pintor
  c. cámara/fotógrafo

3. Buscar
  a. decisión/gerente
  b. coche/mecánico
  c. informe/secretario
4. Escuchar
  a. música clásica/pianista
  b. conferencia/profesor
  c. cuento/cómico

Palabras problemáticas

Estudie Ud. las palabras siguientes. Son palabras que los estudiantes norteamericanos de español suelen confundir.

1. la conferencia   *lecture*
   la lectura   *reading*
   la reunión   *meeting*

Mañana el profesor va a dar una conferencia sobre El Salvador.	*Tomorrow the professor will give a lecture on El Salvador.*

Esta noche deben leer la <u>lectura</u> en la página 31.

Tengo una <u>reunión</u> con el decano.

Tonight you should read the reading on page 31.

I have a meeting with the dean.

2. el dormitorio   *bedroom*
la residencia   *dormitory*

Prefiero estudiar en mi <u>dormitorio</u>.

Hay 250 estudiantes en la <u>residencia</u>.

I prefer to study in my bedroom.

There are 250 students in the dormitory.

3. la cuestión   *matter, issue*
la pregunta   *question*

Es <u>cuestión</u> de tiempo.

Quiero hacerle una <u>pregunta</u> a la maestra.

It's a matter of time.

I want to ask the teacher a question.

4. el colegio   *primary or secondary school*
la universidad   *university*

Después del <u>colegio</u>, María va a asistir a la <u>Universidad</u> de Barcelona.

After high school, María is going to attend the University of Barcelona.

5. la obra   *artistic work, deeds*
el trabajo   *work, occupation, toil*
la tarea   *homework assignment, task*

Este semestre vamos a leer varias <u>obras</u> de Cervantes.

Él espera conseguir un <u>trabajo</u> con esa compañía.

El profesor Rivera siempre da mucha <u>tarea</u>.

This semester we are going to read various works by Cervantes.

He hopes to obtain work with that company.

Professor Rivera always gives a lot of homework.

Práctica

Escoja la palabra apropiada según el contexto.

1. Voy a escuchar (una lectura, una conferencia) sobre la situación política en Chile.
2. Susana tiene (una reunión, una conferencia) con su consejero a las ocho.
3. Mi (dormitorio, residencia) no es grande. Sólo caben la cama y un escritorio.
4. Raúl no quiere vivir en (el dormitorio, la residencia). Prefiere vivir en un apartamento.
5. No es (pregunta, cuestión) de dinero. José es muy rico.
6. Mari Luz siempre le hace (cuestiones, preguntas) al maestro.
7. José sacó su licenciatura (de la universidad, del colegio) el año pasado.
8. Quiero ir al cine pero tengo demasiada (obra, tarea) que hacer.

Y en resumen...

A. Hablando en público. *Use Ud. la forma correcta de los verbos entre paréntesis o escoja la respuesta correcta, según indicado.*

¿(Reconocer) _____ Ud. esta escena? Ud. (es, está) _____ en un (gran auditorio, auditorio grande) _____. (Es, Está) _____ listo para dar (un, una) _____ presentación oral. El corazón le palpita fuerte y tiene la boca muy seca. Ve que (hay, está) _____ temblando mucho. Los apuntes no (servir) _____ para nada porque Ud. (es. está) _____ demasiado nervioso para leerlos. Ud. no es la (persona única, única persona) _____ que (sentir) _____ la ansiedad ante la idea de hablar en público. ¿Qué estudiante no se (morir) _____ un poco cuando el profesor le (pedir) _____ hablar delante de la clase? Aquí (es, hay) _____ algunas recomendaciones.

En (primer lugar, lugar primero) _____ ponga Ud. los apuntes en (un, uno) _____ solo papel. Si (hay, están) _____ más, pueden caerse. También, debe evitar (*avoid*) (el, la) _____ tentación de leer los apuntes. Debe aprender de memoria el (primero, primer) _____ párrafo. Esto ofrece (cierto sentido, un sentido cierto) _____ de seguridad. Y, muy importante, siempre debe mirar (a, _) su público.

B. ¿Por qué trabajamos? *Hay muchos motivos, pero ¿cuál es más importante? Ponga los siguientes motivos en orden de importancia para Ud. y explique por qué. Compare los resultados con un(a) compañero(a).*

1. ganar mucho dinero
2. mejorar la condición humana
3. ser creativo(a)
4. conocer a gente importante
5. tener mucha seguridad
6. tener vacaciones largas
7. vestirse bien
8. tener prestigio

C. Los anuncios clasificados.

1. Conteste Ud. las preguntas basándose en los anuncios siguientes.

OFICINA DEL ALCALDE PARA PLANIFICACIÓN Y DESARROLLO COMUNITARIO
Se requieren excelentes destrezas bilingües (inglés-españot) verbales.

VENTAS BILINGÜES
ESPAÑOL/INGLÉS

TRABAJADOR SOCIAL
Bilingüe/bicultural en español e inglés

a. ¿Cuáles son las ventajas de combinar el estudio del español con otra especialización?
b. ¿Cuáles son las posibles oportunidades de trabajo? ¿de viaje?

2. Escoja Ud. una de las ofertas de empleo que siguen y con un(a) compañero(a) o en grupos, hagan las actividades siguientes.

COMPAÑÍA INTERNACIONAL DE ELECTRÓNICA

PRECISA

SECRETARIA BILINGÜE

NECESITAMOS:
- Inglés hablado y escrito.
- Edad, 23-30 años.
- Taquigrafía en español.
- Varios años de experiencia.

OFRECEMOS:
- Remuneración según aptitudes.
- Jornada Laboral de 8.30 a 17.30 horas.
- Grato ambiente de trabajo.

EMPRESA INTERNACIONAL DE PRODUCTOS MÉDICOS

precisa para Madrid

CONTABLE

FUNCIONES:
- Confección de balances, cuentas de resultados, consolidaciones, etcétera. Sobre la base de las normas generales del Plan Contable y disposiciones legales vigentes.
- Nóminas y Seguros Sociales.

SE REQUIERE:
- Titulado medio superior. Estudios especializados contables-financieros.
- Experiencia mínima 3 años en puesto similar.
- Dominio del inglés.
- Edad deseable, 25-35 años.

SE OFRECE:
- Retribución sobre 1.800.000 pesetas, pudiendo superarse según valía.
- Contrato indefinido.
- Oficinas centrales.

SOCIEDAD EXTRANJERA precisa para INCORPORACIÓN INMEDIATA

JEFE ECONÓMICO-ADMINISTRATIVO

Perfil del candidato:
- Titulación licenciado C. Empresariales o similar.
- Experiencia probada en Jefatura Departamento Administrativo.
- Amplios conocimientos en Contabilidad General, Auditoría Interna, Gestión de Stocks, Resolución Impagados y Mecanización Administrativa.
- Espíritu ambicioso, con dotes de organización y con dedicación exclusiva.
- Edad, de 28 a 40 años.

---

a. Ud. está muy interesado(a) en el puesto y decide mandarles un currículum vitae. ¿Qué experiencia, aptitudes, etc., puede incluir para indicar que Ud. es el (la) perfecto(a) candidato(a) para este trabajo?

b. Recree (*recreate*) la entrevista para el puesto que Ud. solicita. ¿Qué preguntas se le hacen a Ud.? ¿Qué le pregunta Ud. al (a la) entrevistador(a)?

c. El (La) entrevistador(a) lo (la) llama a Ud. por teléfono y le ofrece el trabajo, pero Ud. ya no está interesado(a). ¿Por qué?

D. La televisión didáctica. *Lea Ud. el dibujo y conteste las preguntas.*

1. ¿Está Ud. de acuerdo con Garfield cuando dice que la televisión debe ser más didáctica? ¿Por qué sí o no? En su pueblo o ciudad, ¿hay un canal (*channel*) que se dedique a programas educativos? ¿Qué tipo de programas muestran? ¿Mira Ud. esos programas?

2. ¿Qué tipo de programas mira Ud.? ¿Cuál es su programa favorito? ¿Aprende Ud. algo cuando lo mira? ¿Qué aprende? ¿Cuál debe ser el papel (*role*) de la televisión?

3. ¿Qué podemos aprender de la televisión? ¿Usa su profesor(a) la televisión en clase? ¿Cree Ud. que la televisión va a reemplazar al (a la) profesor(a) algún día? ¿Por qué?

E. *Minidrama.* *En grupos, escojan una de las siguientes situaciones y represéntenla delante de la clase. Todas las situaciones tienen lugar durante una entrevista para un trabajo.*

1. La entrevistada es una mujer muy cualificada con un doctorado en negocios de la Universidad de Harvard. El hombre que hace la entrevista cree que ella puede ser una buena secretaria.

2. El entrevistado es el cuñado (*brother-in-law*) del jefe y no está muy bien cualificado.

3. La persona que hace la entrevista tiene mucha prisa y es evidente que no quiere estar allí.

4. La persona que hace la entrevista pregunta cosas muy personales, lo cual no debe hacer.

F. *Una entrevista.* *Ud. es reportero(a) y está escribiendo un artículo sobre la vida estudiantil en su escuela. Prepare diez preguntas que Ud. puede usar para entrevistar a los estudiantes. Luego, con un(a) compañero(a) representen los dos papeles.*

G. *Composición.* *Escríbale una carta al (a la) decano(a) de su universidad, pidiéndole que cambie su horario porque Ud. no puede asistir a una clase a las 8:00 de la mañana.*

El trabajo en el mundo hispánico

A. Los negocios. *Escoja Ud. la palabra correcta o use la forma correcta del verbo entre paréntesis en el tiempo presente.*

Muchas empresas extranjeras no (tener) éxito en los negocios en (los, las) países de habla-española debido a una falta de sensibilidad hacia la cultura hispánica. Por ejemplo, una compañía telefónica estadounidense intentó introducir sus servicios a través (del, de la) televisión. El anuncio mostró (a, _) una señora pidiéndole a gritos a su esposo que llamara a sus amigos por teléfono para decirles que iban a llegar un poco tarde a su casa para cenar. La campañía fracasó porque en la mayor parte del mundo hispánico no (es, hay) una (grande, gran) preocupación por el tiempo y (el, la) puntualidad.

En las empresas hispánicas, (las, los) relaciones (soler) (ser, estar) más formales que en los EE.UU. (Está, Es) muy común usar el título de una persona. Las personas que (trabajar) bajo el ingeniero Tomás Moreno no lo (llamar) «señor Moreno» ni «Tomás» sino «ingeniero». (El, La) costumbre (mostrar) cierto grado de respeto y (establecer) una distancia profesional.

B. El éxito en la entrevista. *La preparación es su mejor técnica para quedar bien con cualquier entrevistador. Una idea muy buena es tratar de anticipar las preguntas de antemano, y tener respuestas ya preparadas. Aquí se ofrecen algunas posibles preguntas. Con un(a) compañero(a) hagan los papeles del (de la) entrevistador(a) y del (de la) candidato(a). Añadan Uds. tres preguntas originales no incluidas en la lista que sigue.*

1. ¿Por qué quiere Ud. trabajar con nuestra empresa?
2. ¿Por qué dejó Ud. su empleo anterior?
3. ¿Qué contribuciones puede Ud. hacer al éxito de esta compañía?

C. Estilos y personalidades. *El éxito de la entrevista también depende, en gran parte, de la personalidad del (de la) entrevistador(a). Haga las siguientes actividades.*

1. Busque en la segunda columna las características que mejor describan las personalidades en la primera columna.

a. profesional   **1.** Le recibe de una forma muy informal y parece visiblemente impresionado(a) de todos los aspectos de su vida. Sonríe mucho.

b. super amable   **2.** Su oficina está muy desordenada. No está preparado(a) para la entrevista y se nota en seguida que no sabe qué preguntar. Por eso, habla mucho de sí mismo(a).

c. novato

3. Sus preguntas son bien construidas y claras. La entrevista es controlada, completa pero no innecesariamente larga.

¿Cómo debe un(a) candidato(a) portarse (*behave*) en una entrevista con los entrevistadores anteriores?

2. ¿Cuáles son algunas características de entrevistadores que caen en las siguientes categorías?
a. déspota
b. intelectual
c. detallista

3. De las seis personalidades anteriores, ¿cuál prefiere Ud. encontrar en una entrevista? ¿Por qué?

4. En parejas, escojan una de las categorías anteriores y representen una entrevista.

Cámara uno - La entrevista de empleo[1]
(Cassette 1, Episodio 1, Escena 3)

A. Recomendaciones. *Una agencia puertorriqueña ofrece las siguientes recomendaciones para tener una entrevista exitosa. Llene Ud. el espacio con una de las palabras o expresiones de la lista siguiente. Mire el video para corregir sus respuestas.*

goma de mascar	nerviosismo	seguridad	résumé	el tiempo
la dirección	gracias	el resultado	apropiadamente	media hora

1. Vista _____ para la entrevista.
2. No fume ni use _____.
3. Cerciórese (*Make sure*) de tener _____ exacta de la empresa.
4. Calcule _____ que le tomará llegar al lugar.
5. Lleve consigo una tarjeta de identificación y copia del _____.
6. Llegue a tiempo a la entrevista, preferiblemente _____ antes.
7. Muestre _____ en sí mismo.
8. No se coma las uñas (*fingernails*) pues hacerlo denota _____.
9. Dé las _____ por la oportunidad y el tiempo que le ha dedicado.
10. Pregunte cuándo podrá conocer _____ de la entrevista.

Ahora mencione Ud. dos cosas que se deben hacer y dos que no se deben hacer en una entrevista.

---

[1] See *Cámara uno: Manual de ejercicios*, pages 6-8 for vocabulary list and additional activities.

B. VIDEO-CULTURA. *Después de ver el video, escoja la terminación correcta para las frases siguientes.*

1. El candidato se viste de...
   a. traje.
   b. camisa y corbata.
   c. suéter sin corbata.
2. Para asegurarse de la dirección, el candidato...
   a. pide direcciones por teléfono.
   b. consulta con un mapa.
   c. busca la dirección en la guía telefónica.
3. Según la licencia de conducir, el candidato es de...
   a. Vega Baja, Puerto Rico.
   b. Bayamón, República Domincana.
   c. Bayamón, Puerto Rico.
4. La entrevista tiene lugar en...
   a. una oficina.
   b. una cafetería.
   c. un banco.
5. El candidato es entrevistado por...
   a. una mujer.
   b. dos hombres.
   c. un grupo de representantes de la compañía.

Memoria y recuerdos

Padres y parientes

Vocabulario inicial

el (la) abuelo(a) *grandfather(mother)*
  los abuelos *grandparents*
  bien (mal) educado (criado) *well
    (poorly) brought up (behaved)*
  (com)portarse bien (mal) *to behave
    well (badly)*
el (la) gemelo(a) *twin*
el (la) hermano(a) *brother (sister)*
el (la) hijo(a) *son (daughter)*
  los hijos *children*
  llorar *to cry*

la madre *mother*
  los modales manners
el (la) niño(a) *boy (girl)*
  los niños *children*
  el padre *father*
  los padres *parents*
  parecerse a *to resemble*
el (la) pariente *relative*
  travieso *naughty*

61

Para comenzar...

1. Con la ayuda del vocabulario inicial, describa lo que pasa en el dibujo.
2. ¿A quién se parece más en su familia? Explique.
3. ¿Conoce Ud. a un(a) niño(a) travieso(a)? ¿Quién es? ¿Cómo se comporta? Describa el comportamiento de un(a) niño(a) mal educado(a). ¿Cuál es la edad apropiada para comenzar a enseñarle a un(a) niño(a) los buenos modales?
4. ¿Por qué lloran los niños? Dé Ud. tres razones. ¿Llora Ud.? ¿Qué es lo que le hace llorar?

Padres y parientes

El doctor Enrique Arciniegas, profesor universitario en los Estados Unidos, nos cuenta de su juventud en Quito, Ecuador.

Mi infancia fue extraordinariamente feliz, de gran serenidad, por sentirme amado por mis padres, que eran jóvenes y bien relacionados y tenían un sentido vigoroso de la vida. Mi casa en Quito siempre estaba abierta y era frecuentada a todas horas por amigos y parientes que venían a visitarnos o a comer con nosotros. Mi familia es muy unida. Mi padre tiene sólo un hermano, quien, cuando yo era niño, compró un pedazo° de terreno en las faldas° de las montañas de Quito y construyó una casa muy hermosa. Entonces, todos los domingos íbamos a pasar el día juntos en casa de mi tío, donde nos servíamos unos almuerzos exquisitos.

piece/foothills

Yo era travieso, muy travieso. Mis padres lo sabían. Yo siempre estaba castigado porque no volvía nunca a casa de la escuela primaria a tiempo. Hacía bromas,° pero eran bien intencionadas, nada maliciosas ni violentas. Es que tenía una imaginación demasiado viva...

jokes

Conversemos

Refiriéndose a la lectura anterior, conteste Ud. las preguntas.

1. Describa la infancia de Enrique. ¿Cómo eran los padres de Enrique? De niño, ¿cómo era Enrique?
2. ¿Tiene la familia de Ud. una casa de campo o una casa en la playa? ¿Qué hacen Uds. allí?
3. Cuando era niño(a), ¿hacía bromas? Cuente una broma que hizo Ud. alguna vez. ¿Quién fue la víctima? ¿Era Ud. un(a) niño(a) imaginativo(a)? Explique.

Vocabulario

LOS FAMILIARES *(family members)*

el (la) antepasado(a) *ancestor*
el bebé *baby*
el (la) bisabuelo(a) *great-grandfather (mother)*
el compadre (la comadre) *close family friend, godfather(mother)*
el (la) cuñado(a) *brother(sister)-in-law*
la esposa (señora, mujer) *wife*
el esposo (marido) *husband*
el (la) hijo(a) único(a) *only child*
la madrastra *stepmother*
la madrina *godmother*
el (la) nieto(a) *grandson(daughter)*
la nuera *daughter-in-law*
el padrastro *stepfather*
el padrino *godfather*
el (la) primo(a) *cousin*
el (la) sobrino(a) *nephew(niece)*
el (la) suegro(a) *father(mother)-in-law*
el (la) tío(a) *uncle(aunt)*
el yerno *son-in-law*

VERBOS

casarse con *to marry*
castigar *to punish*
confiar en *to confide in, trust*
crecer *to grow*
criar *to raise*
cuidar de *to take care of*
cumplir... años *to be . . . years old*
llevar una vida (alegre, dura, etc.) *to lead a (happy, hard, etc.) life*

llevarse bien (mal) con *to get along well (badly) with*
morir(se) (ue) *to die*
nacer *to be born*
recordar (ue) *to remember*
reír (i) *to laugh*

ADJETIVOS

estrecho *close, narrow*
íntimo *close, intimate*
joven *young*
junto *together*
mayor *older, oldest*
menor *younger, youngest*
mimado *spoiled*
viejo *old*

PALABRAS RELACIONADAS CON LA FAMILIA

la adolescencia *adolescence*
el (la) anciano(a) *old person*
el (la) criado(a) *servant*
el cumpleaños *birthday*
la infancia (la niñez) *childhood*
la juventud *youth*
la muerte *death*
el nacimiento *birth*
la niñera *nursemaid, baby-sitter*
la niñez *childhood*
el (la) soltero(a) *single person*
la vejez *old age*
el (la) viudo(a) *widower(widow)*

Repasemos el vocabulario

REFIÉRASE A LA LISTA DE VOCUBULARIO Y AL VOCABULARIO INICIAL.

A. ¿Cuál no pertenece? *Subraye Ud. la palabra que no está relacionada con las otras y explique por qué.*

1. niñera   madrina   comadre   abuela
2. nuera   suegra   prima   cuñada

3. anciano   niño   joven   adolescente

4. cumpleaños   muerte   criado   nacimiento

5. nieta   esposa   mujer   señora

B. Parientes. *Complete Ud. las frases siguientes con la palabra correcta.*

1. La hermana de mi madre es mi _____.

2. El padre de mi padre es mi _____.

3. Yo soy el (la) _____ de mi suegra.

4. Los padres de mi abuela son mis _____.

5. Yo soy el (la) _____ de mis tíos.

6. Los hermanos de mi esposo(a) son mis _____.

7. Yo tengo diecisiete años y mi hermano tiene doce. Él es mi hermano _____.

8. La hija de mi tío es mi _____.

C. Queremos saber. *Diga Ud...*

1. qué es lo que le hace reír.

2. un aspecto positivo de la vejez.

3. una característica de un(a) niño(a) mimado(a).

4. un momento muy feliz que recuerda de su niñez.

5. en quién confía más y por qué.

D. ¿Armonía familiar? *Describa Ud. la relación de las personas en cada dibujo y explique por qué no se llevan bien en este momento.*

E. En su opinión. *¿Cuál es el secreto de...*

1. llevar una vida feliz?
2. casarse con la pareja ideal?
3. tener armonía familiar?

Gramática

THE PRETERITE TENSE *(El pretérito)*

FORM

1. Regular verbs take the following endings:

HABLAR		COMPRENDER	
hablé	habl**amos**	comprend**í**	comprend**imos**
habl**aste**	habl**asteis**	comprend**iste**	comprend**isteis**
habl**ó**	habl**aron**	comprend**ió**	comprend**ieron**

ESCRIBIR	
escrib**í**	escrib**imos**
escrib**iste**	escrib**isteis**
escrib**ió**	escrib**ieron**

2. Stem-changing verbs in the preterite change as follows:

a. first-class stem-changing (**-ar, -er**) verbs do not change in the preterite tense. For example: **pensé, pensaste, pensó,** etc.

b. Second-class stem-changing (**-ir**) verbs that change **e → ie** and **o → ue** and third-class stem-changing (**-ir**) verbs that change **e → i** have an **e → i** or **o → u** vowel change in the third person singular and plural.

DORMIR		PEDIR	
dormí	dormimos	pedí	pedimos
dormiste	dormisteis	pediste	pedisteis
d**u**rmió	d**u**rmieron	p**i**dió	p**i**dieron

3. Irregular verbs in the preterite are as follows:

a. When an **i** appears between two vowels in the third person singular and plural of **-er** or **-ir** verbs, the **i** changes to **y**.

leer: le**y**ó, le**y**eron   caer: ca**y**ó, ca**y**eron   oír: o**y**ó, o**y**eron

Other verbs in this category: **creer, construir, contribuir, poseer.**

b. To preserve the sound of the infinitive, verbs ending in **-car, -gar,** and **-zar** have spelling changes in the first person singular (**yo**).

c → qu buscar: bus**qu**é   colocar: colo**qu**é   tocar: to**qu**é
g → gu castigar: casti**gu**é   llegar: lle**gu**é   pagar: pa**gu**é
z → c abrazar: abra**c**é   comenzar: comen**c**é   empezar: empe**c**é

c. Other irregular verbs in the preterite:

andar:	**anduv**	
caber:	**cup**	
estar:	**estuv**	e
haber:	**hub**	iste
poder:	**pud**	o
poner:	**pus**	imos
querer:	**quis**	isteis
saber:	**sup**	ieron
tener:	**tuv**	
venir:	**vin**	

conducir:	**conduj**	e
decir:	**dij**	iste
producir:	**produj**	o
traducir:	**traduj**	imos
traer:	**traj**	isteis
		eron[1]

---

[1] Note the absence of **i** after a **j**.

IR, SER		DAR		HACER	
fui	fuimos	di	dimos	hice	hicimos
fuiste	fuisteis	diste	disteis	hiciste	hicisteis
fue	fueron	dio	dieron	hizo	hicieron

USE

1. The preterite tense is used to describe or relate a completed action or a series of completed actions in the past.

Mi familia llegó a tiempo.
José abrazó a su abuela y le dio un beso.

My family arrived on time.
José hugged his grandmother and gave her a kiss.

2. It is used when a past action occurs a specific number of times.

Yo visité a mi prima tres veces.   *I visited my cousin three times.*

3. It is used to indicate a change in a physical, emotional, or mental state at a specific time in the past.

Después de haber llorado tanto, el niño se sintió mejor.

After having cried so much, the child felt better.

4. It is also used to state the beginning or the end of an action.

Empezó a llover a la una y cesó a las dos.

It began to rain at one, and it stopped at two.

Práctica

A. *Cuentos.* *Antes de acostarse, Paquito y su abuelo suelen pasar tiempo juntos. Esta noche, el abuelito habla de su juventud y cuenta los sucesos mundiales de esa época. Complete Ud. las siguientes frases con la forma correcta del verbo en el pretérito.*

1. Lindbergh (cruzar) _____ el Atlántico en avión.
2. La abuelita y yo (conseguir) _____ el primer televisor del pueblo.
3. Babe Ruth (batear) _____ sesenta jonrones en un año.
4. (Salir) _____ muchas películas de Clark Gable.
5. La Segunda Guerra Mundial (empezar) _____ cuando Alemania (invadir) _____ Polonia en 1938.
6. El señor Truman (llegar) _____ a ser presidente en 1945.
7. Yo (ir) _____ a las Filipinas y allí (luchar) _____ por dos años.
8. El presidente Roosevelt (morir) _____ antes de acabarse la guerra.

9. Frank Sinatra (hacer) _____ popular la canción «Three Coins in the Fountain».
10. Pero el suceso más importante (ser) _____ el nacimiento de mis hijos.

B. En el pasado. *Conteste Ud. las siguientes preguntas.*

1. ¿Dónde estuvo Ud. esta mañana a las seis?
2. ¿Adónde fueron Ud. y sus amigos el sábado?
3. ¿Qué hizo Ud. el verano pasado?
4. ¿Vinieron sus padres a verlo(la) la semana pasada?
5. ¿Qué trajo Ud. a clase hoy?
6. ¿Leyeron Uds. el periódico el domingo?
7. ¿Llegó Ud. tarde a clase?
8. ¿Cuántas horas durmió Ud. anoche?

C. Ayer todo fue diferente. *Complete Ud. cada frase de una manera original usando el pretérito, según el modelo.*

> **MODELO**   Hoy visito a mi tío pero ayer... **fui a clase.**

1. Mañana voy al cine pero ayer...
2. El martes vamos a una fiesta pero ayer...
3. Hoy llueve mucho pero ayer...
4. La semana que viene Jorge cena conmigo pero ayer...
5. Esta tarde tú vienes a mi casa pero ayer...
6. Esta noche Uds. juegan al tenis pero ayer...

D. Mi abuelo. *Paquito le pregunta a su abuelo más sobre su vida. Utilice Ud. los verbos siguientes en el pretérito y escriba la historia de la vida del abuelo.*

nacer, íntimo, crecer, cumplir...años, juventud, criar, casarse con, morir

HACE *TO MEAN "AGO"* (HACE *para significar* **ago**)

In Spanish, in order to express the idea of *ago*, the following constructions are used:

1. | **Hace** + period of time + **que** + verb in the preterite |

   Hace un año que estuve en España.   *I was in Spain a year ago.*

2. | Verb in the preterite + **hace** + period of time |

   Estuve en España hace un año.   *I was in Spain a year ago.*

These two constructions are interchangeable.

Práctica

¿Hace cuánto tiempo? Hoy es viernes, el 27 de marzo. Son las dos. Los señores Hernández vuelven de un viaje y la niñera les dice cuándo ocurrieron los siguientes acontecimientos.

MODELO   las doce/Cristina (comer) una torta entera
Cristina comió una torta entera hace dos horas.
Hace dos horas que Cristina comió una torta entera.

1. la una/yo le (dar) bicarbonato a Cristina
2. el 26/la maestra de Manolo (llamar) por teléfono
3. las nueve/(empezar) a llover
4. el 24/nosotros (ir) al zoológico
5. el miércoles/Manolo (romper) el televisor

Así se dice

¡DE NINGUNA MANERA!

1. There are several ways to emphasize a negative response when permission is requested or a suggestion is made.

¡De ninguna manera!	*No way! Not a chance!*
¡Ni hablar!	*Not a chance! (Don't even mention it!)*
¡Ni soñarlo!	*Not a chance! (Don't even dream it!)*
¡Ni loco!	*I'd have to be crazy! (Not in a million years!)*
¡En absoluto! (¡De ningún modo!)	*Absolutely NOT!*

2. To express an unfavorable opinion or to respond negatively, you might use:

Claro que no.	*Of course not.*
Está(s) equivocado(a).	*You're mistaken.*
No es cierto (verdad).	*That's not true.*
No estoy de acuerdo.	*I disagree.*
No me convence.	*I'm not convinced.*

3. Stronger reactions may be expressed by the following:

¡Mentira! ¡No es posible!	*That's a lie! That's impossible!*
¡Qué ridículo (absurdo)!	*That's ridiculous (absurd)!*
¡Qué va!	*Oh, go on! No way!*

4. A few negative expressions are used in special cases:

Me dice Juan que no te gustó la película.
  Al contrario, me encantó.   *On the contrary, I loved it.*
Así que Ud. no habla alemán, ¿y francés?
  Tampoco.   *Not (that) either.*

Práctica

A. Los niños siempre les piden permiso o favores a sus padres y muchas veces les dicen ¡no! *Forme Ud. preguntas correspondientes a las siguientes situaciones. Luego, un(a) compañero(a) le da una respuesta negativa y una explicación razonable.*

> **MODELO**   un helado
>   Mamá, ¿nos compras un helado?
>   De ninguna manera. Vamos a cenar en seguida.

1. ir a ver una película
2. mirar un programa de televisión a las once de la noche
3. comprar una bicicleta
4. visitar a un amigo

Ahora, siga Ud. con otros ejemplos.

B. Corrija Ud. *los siguientes datos con una frase lógica.*

> **MODELO**   Dicen que le salvó la vida cuando cayó al río.
>   ¡Mentira! No sabe nadar.

1. Dicen que mañana no hay clases.
2. Dicen que tienen doce hijos.
3. Dicen que recibiste una mala nota.
4. Dicen que su papá fue presidente.
5. Dicen que el libro de español es aburrido.

Y en resumen...

A. Pues yo, aún mejor. *Juanita y su prima Julia no se llevan muy bien. Julia siempre se jacta (boasts) de todo. Cambie Ud. las frases al pretérito, según el modelo.*

> **MODELO**   *Juanita*   Mi papá me compra una bicicleta nueva.
>   *Julia*   Pues mi papá me compró una bicicleta ayer.

1. Vamos a California este verano.
2. Cumplo seis años en noviembre.
3. Mis papás me hacen una fiesta de cumpleaños.
4. La abuelita viene a visitarnos mañana.
5. Ella me trae una sorpresa.
6. En mi barrio construyen una piscina muy grande.
7. Mi hermano mayor me enseña a nadar.

B. Clase de historia. *Emplee Ud. una expresión con* **hace** *y el pretérito para decir cuándo ocurrió lo siguiente.*

> **MODELO**   descubrir América/Colón (1492)
> Colón descubrió América hace quinientos años.

1. andar en la luna/los astronautas (1969)
2. cambiar Coca-Cola/la compañía (1985)
3. empezar/la Segunda Guerra Mundial (1941)
4. ganar el derecho al voto/las mujeres en los Estados Unidos (1920)
5. ser presidente/Millard Fillmore (1850)

Ahora, piense Ud. en más hechos históricos y practique con un(a) compañero(a) de clase.

C. ¿Qué pasó en 1992? *Imagínese que es el año 2030 y Ud. ya es abuelo(a). ¿Qué sucesos les va a contar Ud. a sus nietos?*

> **MODELO**   En 2003 Michael Jackson llegó a ser presidente.

D. Castigos. *Lea Ud. el dibujo y conteste las preguntas.*

—A mi también me abrazó° ya cinco veces. Deberíamos° buscar por casa qué es lo que pueda haber roto.°

(«Ici Paris.

he hugged me too/ we should/ he might have broken

1. ¿Qué sospechan los padres? ¿Por qué? ¿Cuántos años tendrá el niño en el dibujo? En su opinión, ¿qué tipo de castigo le corresponde a un niño de esa edad?
2. ¿Cuál fue el peor castigo que Ud. recibió? ¿Qué hizo Ud. para merecerlo? ¿Alguna vez lo (la) castigaron sus padres sin provocación? ¿Cómo los convenció de su inocencia? ¿Lo (La) creyeron?

E. Conducta infantil. *Lea Ud. el anuncio siguiente y haga los ejercicios.*

EDADES PARA ENSEÑAR CIERTAS REGLAS SOCIALES CONCRETAS

No todos los niños están igualmente preparados para aprender y asimilar las mismas cosas a una misma edad. Recuerde siempre que nunca hay dos niños idénticos, y que todos ellos van desarrollándose mental, emocional y socialmente a su propio ritmo. Sin embargo, aun admitiendo estas diferencias reales, las pautas que ofrecemos a continuación podrán orientarle bastante en lo que respecta a cuál es la mejor edad para ir enseñando a sus hijos ciertas normas y fórmulas básicas de cortesía.

CONDUCTA INFANTIL	EDAD	
● Saludos y despedidas formales ("¿qué tal?", "¿cómo está usted?", "adiós", "hasta luego")	3 a 4	años
● Frases tales como "por favor", "gracias", "disculpe", "con su permiso", etc.	3 a 5	años
● Buenos modales en la mesa	4 a 6	años
● Respeto y consideración hacia personas ancianas, enfermas o impedidas (no comentar sobre el problema que aqueja a la persona, ofrecerle ayuda en caso necesario)	4 a 5	años
● Esperar turno para hablar, sin interrumpir a otros en la conversación	6 a 7	años
● Tacto elemental respecto a otros (evitar comentarios inoportunos, tales como "¡qué flaca es usted!" o "¡qué vestido más feo!")	5 a 7	años
● Conducta apropiada en sitios públicos (iglesias, tiendas, etc.)	5 a 6	años
● Conducta apropiada cuando se pasan días invitados en casa ajena	7 a 10	años
● Discreción en asuntos reservados (no hablar delante de extraños acerca de problemas familiares privados; no revelar confidencias, etc.)	8 a 12	años

---

1. Maricarmen, una niña de seis años, está invitada a asistir a la boda de su prima. Según el artículo, ¿cómo debe comportarse ella...
   a. en la iglesia durante la ceremonia nupcial?
   b. en el banquete cuando se le presentan muchos parientes de todas edades, algunos muy viejos?
   c. en la mesa cuando le sirven la comida; cuando quiere charlar; cuando tardan mucho en traer el postre?
   d. en la pista de bailar *(dance floor)* cuando ella pisa *(steps on)* el pie de su primo mientras bailan?
   e. en la puerta cuando es la hora de irse?
2. En su opinión, para un(a) niño(a), ¿cuál es la edad apropiada para...
   a. empezar a usar una servilleta *(napkin)* como lo hacen los adultos?
   b. respetar las reglas de un juego?

c. mascar con la boca cerrada?

   d. empezar a no dejar su puesto en la mesa después de terminar de comer sin pedir permiso?

3. En la..., ¿cuáles son las normas básicas de convivencia civilizada?

   a. familia de Ud.

   b. casa, apartamento o residencia donde vive ahora

   c. situación ideal

4. Conteste Ud. las preguntas.

   a. Se dice que «el ejemplo debe empezar en casa». ¿Qué quiere decir esto? Explique y dé ejemplos.

   b. Los tradicionalistas creen que es muy importante tener buenos modales a una temprana edad. Hay quienes creen que no hay que darle mucha importancia a esta cuestión. ¿Qué opina Ud.?

   c. En cuanto a los modales, ¿hay un punto común en todas las culturas? ¿Qué sabe Ud. de los modales en Francia? ¿en China? ¿en España? ¿en otro país?

F. *Minidrama.* *Sus padres llegan tarde una noche y la casa es un desastre. Ud. explica lo que pasó, pero la niñera tiene otra versión. Represente Ud. esta escena con sus compañeros de clase.*

Mi rinconcito

Vocabulario inicial

la alcoba (el dormitorio) *bedroom*
el armario (el ropero) *clothes closet*
el cartel *poster*
desarreglado *messy*
ensuciar *to get (something) dirty*
el espejo *mirror*
la lámpara *lamp*

limpio *clean*
la luz *light*
la mesita de noche *night table*
la pared *wall*
sucio *dirty*
el suelo *floor*
el tocador *dressing table*

Para comenzar...

1. Con la ayuda del vocabulario inicial, describa el dibujo.
2. Compare Ud. su alcoba en casa con la de su residencia estudiantil. ¿Cuál prefiere Ud.? ¿Por qué? De niño(a), ¿compartía su alcoba con un(a) hermano(a)? Describa la experiencia.
3. ¿Con qué frecuencia arregla Ud. su alcoba? ¿Le importa mucho si está en desorden? ¿Por qué sí o por qué no?
4. Describa a la persona más ordenada que Ud. conoce. ¿Quién es la persona más desordenada? Descríbala. ¿Prefiere vivir con alguien con características similares a las suyas? ¿Por qué sí o por qué no?

Mi rinconcito

Mi casa en Quito estaba situada en la parte antigua de la ciudad. Era muy hermosa. Tenía unas terrazas o azoteas. Mi cuarto era bastante amplio. Yo soy el hijo mayor y por eso tenía el mejor de los cuartos. Era un cuarto con unas ventanas grandes hacia la terraza. Tenía una cama muy bonita, de madera. Tenía, además, un pupitre — un escritorio bastante amplio y una estantería, porque desde muy niño compraba muchos libros... siempre me gustaba leer.

Yo recuerdo que desde que podía leer, cuando llegaba el día de mi santo, que es el 15 de julio, mis parientes me daban dinero y mi padre automáticamente me llevaba a una librería. Entonces allí compraba los libros que quería, aconsejado° por los dueños de la librería, los llevaba a casa,   *advised*
me instalaba en mi cuarto o en la azotea y me ponía a leer...

Conversemos

Refiriéndose a la lectura anterior, conteste Ud. las preguntas.

1. Describa Ud. el cuarto de Enrique. ¿Es parecido al suyo? Explique. ¿Qué privilegios tenía Enrique por ser mayor? ¿Qué opina Ud. de eso? ¿Cómo celebraba Enrique el día de su santo?
2. ¿Cuáles son las ventajas de ser el (la) mayor (menor)? ¿Cuáles son las desventajas?
3. ¿Qué le regalaban sus parientes para su cumpleaños? Además de su cumpleaños, ¿qué otros acontecimientos celebraba cuando era niño(a)? Descríbalos.

Vocabulario

LA CASA

la cocina *kitchen*
el comedor *dining room*
el cuarto (la habitación, la pieza) *room*
el cuarto de baño *bathroom*
el desván *attic*
el garaje *garage*
el hogar *home*
el ladrillo *brick*
la madera *wood*
el patio *patio, yard*
la sala *den, family room*
el salón (la sala de estar) *living room*
el sótano *basement*
el techo *ceiling*
el tejado *roof*
la vecindad (el barrio) *neighborhood*
el (la) vecino(a) *neighbor*

EL CUARTO

la alfombra *rug*
la bañera *bathtub*
la calefacción *heating*
el calentador *heater*
la cortina *curtain*
el cuadro *picture*
la escoba *broom*
la estufa *stove (heater)*

el fregadero *(kitchen) sink*
el horno *oven*
el lavabo *washbasin, (bathroom) sink*
la lavadora *washing machine*
la mecedora *rocking chair*
la mesa del centro *coffee table*
la pintura *painting*
la plancha *iron*
la secadora *(clothes) dryer*
la silla *chair*
el sillón (la butaca) *armchair*
el sofá *sofa*
el wáter (el retrete) *toilet*

VERBOS

amueblar *to furnish*
bañarse *to bathe*
barrer *to sweep*
cocinar *to cook*
ducharse *to shower*
fregar (ie) *to scrub, wash*
lavar(se) *to wash (oneself)*
mojar(se) *to wet (to get wet)*
pasar la aspiradora (a) *to vacuum*
planchar *to iron*
secar(se) *to dry (oneself)*

Repasemos el vocabulario

REFIÉRASE A LA LISTA DE VOCABULARIO Y AL VOCABULARIO INICIAL.

A. ¿Cuál no pertenece? *Subraye Ud. la palabra que no está relacionada con las otras y explique por qué.*

1. techo   suelo   pared   sótano
2. tejado   comedor   sala   dormitorio
3. mecedora   sillón   mesita   silla
4. amueblar   barrer   fregar   lavar
5. habitación   horno   cuarto   pieza

B. La tarea doméstica. *Ecoja Ud. el objeto que corresponde al verbo apropiado. Luego, escriba una frase original con las dos palabras.*

> **MODELO** Pienso <u>amueblar</u> el <u>cuarto</u> con los muebles que me dio mi abuela.

1. barrer
2. pintar
3. sentarse en
4. pasar la aspiradora
5. bañarse en
6. fregar

a. la pared
b. la alfombra
c. la bañera
d. el lavabo
e. la mecedora
f. el suelo

C. Cuartos. *Nombre tres actividades que Ud. hace en las siguientes habitaciones.*

> **MODELO** En el baño me lavo la cara, me miro en el espejo y me seco.

1. la cocina
2. el sótano
3. el comedor
4. la alcoba
5. la sala de estar
6. la sala

Ahora, escoja Ud. uno de los cuartos anteriores y describa como es el de las siguientes personas.

1. una pareja que vive en el norte pero que prefiere un clima caliente.
2. un español que vive en los EE.UU. y que extraña mucho su país.
3. un famoso cinematógrafo
4. un rico gandero *(cattle rancher)* tejano

D. En grupos. *Carlos y Sandra acaban de casarse y quieren amueblar su apartamento. Tienen un presupuesto (budget) muy limitado y también tienen ideas muy diferentes sobre qué muebles son los más necesarios. Inventen un diálogo de por lo menos ocho líneas entre Carlos y Sandra.*

E. Un ambiente bonito. *Lea Ud. el artículo y haga los ejercicios.*

Luz y color para crear ambiente

Sentirse a gusto en una habitación, depende en buena medida de la luz y el color. Los tonos cálidos, del rojo al amarillo, son estimulantes, y los fríos —verdes, morados y azules— crean ambientes apacibles. El blanco evoca la claridad y es el más adecuado para espacios que cuentan con poca luz natural, porque la refleja y la amplia. La iluminación debe ser equilibrada en el recibidor, potente en las salas de estar y tenue en las habitaciones. Para leer es necesario un foco detrás del lector, al igual que para ver la tele.

1. Busque Ud. en el artículo los sinónimos de las palabras siguientes.
   delicado fuerte ardiente tranquilo excitante apropiado extiende
2. Según el artículo, ¿qué puede hacer para...
   a. producir un ambiente tranquilo?
   b. amplificar la luz natural?
   c. poder leer sin dañar los ojos?
3. Mire Ud. el dibujo y diga por qué es un cuarto ideal para...
   a. una fiesta infantil.
   b. una fiesta de adolescentes.
   c. una noche de recreo familiar.

Gramática

THE IMPERFECT TENSE _(El imperfecto)_

FORM

1. Regular verbs take the following endings:

HABLAR		COMPRENDER	
hab**laba**	hab**lábamos**	comprend**ía**	comprend**íamos**
hab**labas**	hab**labais**	comprend**ías**	comprend**íais**
hab**laba**	hab**laban**	comprend**ía**	comprend**ían**

ESCRIBIR	
escrib**ía**	escrib**íamos**
escrib**ías**	escrib**íais**
escrib**ía**	escrib**ían**

2. There are only three irregular verbs in the imperfect. These are:

IR		SER		VER	
iba	íbamos	era	éramos	veía	veíamos
ibas	ibais	eras	erais	veías	veíais
iba	iban	era	eran	veía	veían

USE

1. The imperfect tense is used to express an action or event whose beginning or ending is not indicated. It also expresses an action that used to happen, was happening, or happened repeatedly in the past, such as a habitual action.

En la reunión todos comían,   *At the party everyone was eating,*
bailaban y charlaban.   *dancing, and talking.*
Mi nieto siempre me visitaba los   *My grandson always used to visit me on*
sábados.   *Saturdays.*

2. It is used to express time in the past.

Era tarde. Ya eran las dos.   *It was late. It was already two o'clock.*

3. It is used to describe things or people in the past and to express age.

Pedro era joven, alto y muy guapo.   *Pedro was young, tall, and very*
     handsome.

Tenía dieciocho años cuando se   *He was eighteen when he graduated*
graduó del colegio.   *from school.*

4. It is also used to describe a mental or emotional state or a desire in the past that is an ongoing condition.

Yo creía que Juan era tu primo.   *I thought that Juan was your cousin.*
La niña le tenía miedo al monstruo.   *The child was afraid of the monster.*

Práctica

A. En Chile. *Anita nació y se crió en Chile. Tiene recuerdos muy bonitos de su juventud. Cambie Ud. los verbos entre paréntesis al imperfecto.*

Cuando yo (ser) _____ niña, (vivir) _____ en Santiago de Chile. Nosotros (tener) _____ una casa grande y (haber) _____ una enorme reja de hierro *(iron fence)* que (rodear) *(surrounded)* _____ toda la casa. Cerca de mi casa (estar) _____ la casa de mi amiga más íntima, Luz María. Todos los días Luz María y yo (reunirse) _____ a las diez de la mañana e (ir) _____ al parque. Allí (jugar) _____ al escondite *(hide and seek)* por horas y horas. Después, (regresar) _____ a mi casa, donde mi mamá nos (esperar) _____ con una sopa caliente y un sándwich de queso.

B. La clase de 1983. *Muchas cosas han cambiado desde que la clase de 1983 se graduó del colegio hace diez años. Siga Ud. el modelo.*

     MODELO   Carmen/leer/novelas románticas
                   Antes, Carmen leía novelas románticas.
                   Ahora lee comentario político.

1. Hugo/jugar/cartas
2. El edificio/ser/rojo
3. Las chicas/llevar/faldas
4. Juanita/salir con/Jorge
5. Tú/ser/delgado
6. Yo/tener/pelo largo
7. Las muchachas/estudiar/economía doméstica
8. Nosotros/comer/papas fritas

C. De niño(a). *Conteste Ud. las siguientes preguntas.*

1. ¿Veía Ud. a menudo la televisión?
2. ¿Cómo iba Ud. a la escuela?
3. ¿Qué hacía su familia los domingos?
4. ¿Cómo pasaba Ud. los veranos?
5. ¿Recibía Ud. dinero de sus padres? ¿Cuánto?
6. ¿Tenía Ud. que ayudar en la casa? ¿Qué hacía?
7. ¿Dónde comía Ud. cuando salía con amigos? ¿Qué comían Uds.?
8. ¿Qué hacía Ud. con sus amigos por la noche?

D. Descripciones en el pasado. *Describa Ud. las siguientes cosas.*

1. su primer viaje en avión
2. su primera maestra
3. su película favorita de niño(a)
4. su primera visita al dentista
5. la primera casa que Ud. recuerda
6. su primer día en la universidad

HACER *AND* LLEVAR *IN THE IMPERFECT TENSE*
(**Hacer** *y* **llevar** *en el tiempo imperfecto)*

The following constructions are used to express an action that had been taking place. It is generally understood that the action had been taking place when something else occurred in time to interrupt that action.

1. | **Hacía** + time + **que** + (**no** +) verb in the imperfect tense |

Hacía una hora que barría el suelo cuando Marta llegó.
I had been sweeping the floor for one hour when Marta arrived.

¿Cuánto tiempo hacía que leías cuando sonó el teléfono?
How long had you been reading when the telephone rang?

Hacía cinco horas que no comía cuando José me trajo un sándwich.
I hadn't eaten for five hours when José brought me a sandwich.

2. | (**No** +) verb in the imperfect tense + **desde hacía** + time |

Barría el suelo desde hacía una hora cuando Marta llegó.
I had been sweeping the floor for one hour when Marta arrived.

¿Desde hacía cuánto tiempo leías cuando sonó el teléfono?
How long had you been reading when the telephone ring?

No comía desde hacía cinco horas cuando José me trajo un sándwich.
I hadn't eaten for five hours when José brought me a sandwich.

3. a. | **Llevar** in the imperfect tense + time + present participle |

Llevaba una hora barriendo el suelo
 cuando Marta llegó.
*I had been sweeping the floor for one
 hour when Marta arrived.*

¿Cuánto tiempo llevabas leyendo
 cuando sonó el teléfono?
*How long had you been reading when
 the telephone rang?*

b. In a negative sentence, a different construction is required:

| **Llevar** in the imperfect tense + time + **sin** + infinitive |

Llevaba cinco horas sin comer
 cuando José me trajo un sándwich.
*I hadn't eaten for five hours when José
 brought me a sandwich.*

Práctica

Hacía una hora... *¿Qué hacían las siguientes personas cuando sonó el teléfono?
Siga Ud. el modelo.*

MODELO   yo/dormir
          Hacía una hora que yo dormía cuando sonó el teléfono.
          Dormía desde hacía una hora cuando sonó el teléfono.
          Llevaba una hora durmiendo cuando sonó el teléfono.

1. el abuelo/contar un cuento
2. el vecino/cortar el césped
3. la niñera/vestir a los niños
4. el pintor/pintar el comedor
5. José/barrer su dormitorio
6. el plomero/arreglar el wáter

ACABAR DE *IN THE IMPERFECT TENSE*

(Acabar de *en el imperfecto)*

The expression **acabar de** used in the imperfect tense and followed by the
infinitive means *had just done* something.

Yo acababa de lavar los platos
 cuando Jorge me llamó.
*I had just washed the dishes when Jorge
 called me.*

Práctica

Siempre pasa algo. *Forme Ud. una frase usando la expresión* **acababa de** *y termínela de una manera original, según el modelo.*

MODELO   Papá/comer la sopa
                 Papá acababa de comer la sopa cuando vio el insecto en su plato.

1. la criada/fregar el suelo
2. los niños/arreglar el cuarto
3. el abuelo/sentarse en el sofá
4. los vecinos/visitar
5. Luis/pintar la pared
6. mis primos/cocinar la cena
7. José/planchar los pantalones
8. la madrina/entrar en el salón

Así se dice

¡CLARO QUE SÍ!

1. There are many ways to respond affirmatively to a question or a request:

¡Cómo no!	*Of course! (you may)*
¡Claro que sí! ¡Por supuesto! ¡Desde luego!	*Of course!*
¡Correcto! (¡Exacto! ¡Precisamente!)	*Exactly! (Precisely!)*
¡Eso es! (¡Eso sí que es!)	*That's it! (Exactly!)*
¡Ahí va! (¡Cierto!)	*You've got it!*

2. Other expressions show agreement or a lack of preference:

(Estoy) de acuerdo.	*I agree. (That's fine with me.)*
Como quieras.	*As you wish. (Whatever.)*
Así es.	*That's right.*
Me da igual. Me da lo mismo.	*I don't care. (It's all the same to me.)*
¡Ya lo creo!	*I believe it!*
¡Con razón!	*With good reason! (You were [he or she was] right!)*

3. To encourage a speaker to continue, or to show attention and affirmation, you would say:

¡Sí!... Sí... sí...	*Yep. . . . uh huh . . . . sure . . . .*
¡Claro!... Claro... claro...	*Sure. . . . Sure. . . . right. . . . yeah. . . .*

Práctica

A. Los buenos vecinos siempre hacen favores. *Forme Ud. preguntas y respuestas para las siguientes situaciones. Puede contestar en el afirmativo o el negativo.*

> **MODELO**   cuidar a los niños
> ¿Puede Ud. cuidar a los niños   ¡Cómo no! (¡Por suspuesto!)
>   esta tarde?   ¡Qué pena! No puedo. Tengo que
>   trabajar todo el día.

1. prestar una taza de azúcar
2. vigilar la casa por una semana
3. cortar el césped
4. ayudar a pintar la casa

Ahora, siga Ud. con otros ejemplos.

B. *Forme Ud. preguntas para sugerir las siguientes actividades. Luego, exprese Ud. su opinión.*

> **MODELO**   ir al teatro/al cine
> ¿Prefieres ir al teatro o al cine? Me da igual.

1. tomar un café/un té
2. ir en mi coche/tu coche
3. leerle un cuento a tu hermano/jugar al tenis
4. hacer un viaje a Europa/quedarte en casa
5. comer tacos/ensalada

Y en resumen...

A. Recuerdos. *Basándose en las siguientes preguntas, hágale Ud. una entrevista a un(a) compañero(a) de clase.*

1. ¿Cómo eras cuando tenías diez años? ¿Dónde vivías? ¿Cómo era tu casa o apartamento?
2. ¿Tenías hermanos? ¿Cuántos? ¿Con quién(es) jugabas? ¿Qué hacían Uds.? ¿Qué programas de televisión veías? ¿Quién era tu amigo(a) más íntimo(a)? ¿Cómo era? ¿Todavía comunicas con esa persona? Explique.
3. ¿Tenías una mascota? ¿Qué tenías? ¿Cómo se llamaba? ¿Qué hacías con él (ella)?
4. ¿Te gustaba asistir a la escuela? ¿Cómo ibas a la escuela? ¿Qué hacías después de las clases? Describe a tu maestro(a) preferido(a).

Ahora, resuma la información que Ud. consiguió en la entrevista y escriba un pequeño párrafo sobre su compañero(a).

B. Cuando yo era pequeño(a). *Termine Ud. la frase de una forma original en el imperfecto.*

1. Por las mañanas...
2. Mi padre siempre...
3. Antes de ir a la escuela...
4. Mis hermanos y yo...
5. Toda mi familia...
6. En esa época yo...
7. Mi vecino...
8. Por la tarde...

C. Escuela de padres. *Lea Ud. el anuncio siguiente y haga las actividades.*

LOS PADRES ANTE EL ADOLESCENTE

CURSO BREVE DE "ESCUELA DE PADRES"

* CUATRO LECCIONES DECISIVAS PARA COMPRENDER EL FENOMENO DE LA ADOLESCENCIA

* HECHO ESPECIALMENTE PARA PADRES QUE VIVEN DIA A DIA EL PROBLEMA

* BAJO LA DIRECCION DEL EQUIPO PEDAGOGICO DE "ESCUELA DE PADRES ECCA" DE VALENCIA

CONTENIDO

1. DIALOGO PADRES - HIJOS
2. PUBERTAD Y ADOLESCENCIA
3. LOS PROBLEMAS DE LA SEXUALIDAD EN LOS ADOLESCENTES Y JOVENES
4. LOS JOVENES: CRISIS DE IDENTIDAD. INMADUREZ AFECTIVA

SESIONES: EN MARZO

Días: martes 9
jueves 11
martes 23
jueves 25

Horas: De 9'30 a 11'30 de la noche

INSCRIPCIONES Y LUGAR DE REUNION

ESCUELA DE PADRES ECCA   — TEL. 369 37 00
C.E.M.   Alameda, 7 - VALENCIA - 10

1. Las siguientes frases son falsas. Basándose en el anuncio, corríjalas.
   a. En esta clase los padres no tienen la oportunidad de hablar directamente con sus hijos.
   b. El curso consiste en seis lecciones.
   c. Hay clases los fines de semana.
   d. Todas las clases son por la mañana.
   e. Este curso fue diseñado para los jóvenes que se llevan muy bien con sus padres.
   f. Ofrecen las clases durante el mes de agosto.
2. Conteste Ud. las siguientes preguntas.
   a. ¿Cuál era su mayor problema de adolescente?
   b. ¿Lo (La) comprendían a Ud. sus padres? Explique. ¿Qué es lo que no comprendían?
   c. ¿Era Ud. individualista o conformista? ¿Por qué? Dé Ud. ejemplos de su individualismo o conformismo.
   d. ¿Qué tipo de música le gustaba? ¿Qué les parecía a sus padres esa música?
   e. ¿Por qué cree Ud. que la adolescencia es una época tan difícil para padres e hijos? ¿Para quién es más difícil? Explique.

3. *Refiriéndose a la descripción del curso, en grupos representen la siguiente escena.*

El (La) profesor(a) está encargado(a) de dar este curso. Algunos de los alumnos son:

   a. una madre soltera con un hijo
   b. un padre viudo con tres hijas
   c. un matrimonio con gemelos

¿Cuáles son las preguntas que le hacen los padres al (a la) profesor(a) y qué les responde él (ella)?

Mi rinconcito

Vocabulario inicial

acampar (hacer camping) *to camp*
el árbol *tree*
el camping *campsite, campgrounds*
descansar *to rest*
entre *between*
escalar montañas *to climb mountains*
la hamaca *hammock*

la mochila *knapsack*
pescar *to fish*
el pez *fish*
el repelente de insectos *insect repellent*
el río *river*
el saco de dormir *sleeping bag*
la tienda de campaña *tent*

Para comenzar...

1. Con la ayuda del vocabulario inicial, describa Ud. el dibujo.
2. ¿A Ud. le gusta hacer camping? ¿Por qué? ¿Prefiere ir a un camping público o privado? ¿al mar o a las montañas? Explique.
3. ¿Qué consejos tiene Ud. para la persona que va a hacer camping por primera vez? ¿Qué equipo y actividades de recreo recomienda Ud.? ¿Prefiere Ud. llevar todas las comodidades modernas? ¿Cuáles?
4. ¿Cuáles son las condiciones ideales para hacer camping? Describa Ud. una experiencia memorable (buena o mala) que tuvo.

Cuando yo era pequeño

El recuerdo más claro que me viene de mi infancia es el de mi padre. Cuando yo era muy pequeño, él era estudiante universitario. Fue muy deportista y su deporte favorito era escalar montañas. Yo recuerdo claramente cómo hacía los preparativos. El día anterior venían los amigos que iban a acompañarlo en la ascención del Pichincha, el monte más alto de Quito. Había seis o siete personas que venían con sus bolsas de sándwiches y sus cantimploras° llenas de limonada. Había mucha excitación.

canteens

Empezaban muy temprano su excursión. Generalmente salían a las cuatro o cuatro y media de la mañana, a oscuras° todavía porque en Quito el sol siempre sale a las seis en punto... y desaparecían. Y entonces venía, naturalmente, la expectación en la tarde o en la noche. Mi madre, preocupada,° miraba el reloj a ver si llegaban o no llegaban. Y claro, si había llovido durante el día, entonces la preocupación de mi madre era más intensa. Por fortuna, en todas las excursiones que hacían, siempre regresaban bien.

a... in darkness

worried

Recuerdo una vez, que uno de los campañeros de mi padre llevó un sombrero. Era un sombrero viejo que había teñido° de otro color y a este señor lo cogió° la lluvia y naturalmente el color del sombrero le bañó la cara y la ropa. Fue una ocasión de grandes risas y carcajadas.°

dyed/caught

bursts of laughter

Conversemos

Refiriéndose a la lectura anterior, conteste Ud. las preguntas.

1. ¿Cuál era el deporte favorito del padre de Enrique? ¿Cómo se preparaba para sus excursiones? ¿Por qué se preocupaba tanto la mamá de Enrique?
2. ¿Se preocupaba mucho su mamá cuando Ud. era niño(a)? ¿de qué? ¿De qué se preocupan las mamás de hoy?
3. ¿Cómo eran sus padres cuando Ud. era niño(a)? ¿En qué actividades participaban? ¿y Ud.?
4. Describa un suceso (*event*) que le pasó a Ud. que causó mucha risa y carcajadas.

Vocabulario

ACTIVIDADES

el acuario *aquarium*
el circo *circus*
coleccionar *to collect*
el cuento de hadas *fairy tale*
enfermarse (ponerse enfermo[a]) *to get sick*
hacer autostop *to hitchhike*
el jardín zoológico *zoo*
jugar (ue) *to play*
pelearse *to fight*
la rayuela *hopscotch*
regañar *to quarrel*
reñir (i) *to dispute, scold*
respetar *to respect*
soñar (ue) despierto *to daydream*

EMOCIONES

la alegría (alegre) *happiness (happy)*
la depresión (deprimido) *depression (depressed)*
la desilusión (desilusionado) *disappointment (disappointed)*
el enojo (enojado) *anger (angry)*
la felicidad (feliz) *happiness (happy)*
la melancolía (melancólico) *melancholy (melancholic)*
la molestia (molestado) *annoyance (annoyed)*
la tristeza (triste) *sadness (sad)*

ANIMALES

el elefante *elephant*
la foca *seal*
la hormiga *ant*
el mono *monkey*
el oso *bear*
el pájaro *bird*
el pato *duck*
la rana *frog*
la serpiente (la culebra) *snake*
el tiburón *shark*
el tigre *tiger*

LA NATURALEZA

el bosque *forest*
el campo *country*
la flor *flower*
el mar *sea, ocean*
el paisaje *countryside, landscape*

Repasemos el vocabulario

REFIÉRASE A LA LISTA DE VOCABULARIO Y AL VOCABULARIO INICIAL.

A. ¿Cuál no pertenece? *Subraye Ud. la palabra que no está relacionada con las otras y explique por qué.*

1. circo   acuario   mar   jardín zoológico
2. mochila   saco de dormir   foca   tienda de campaña
3. depresión   alegría   melancolía   desilusión
4. respetar   reñir   pelearse   regañar
5. pájaro   hormiga   oso   rayuela

B. Lugares para niños. *Nombre cuatro cosas que Ud. encuentra en...*

1. un circo   **3.** un acuario
2. un bosque   **4.** un jardín zoológico

Cuando era niño(a), ¿a qué lugar prefería ir y por qué?

C. ¿De qué color es? *¿Qué emociones asocia Ud. con los colores siguientes? ¿Por qué?*

1. amarillo   **3.** azul   **5.** gris   **7.** rosado
2. rojo   **4.** negro   **6.** blanco   **8.** verde

Ahora escoja Ud. el color que mejor representa su personalidad y explique por qué.

D. La vida es así. *Haga Ud. las actividades siguientes.*

1. Todo el mundo sueña despierto de vez en cuando. ¿Con qué sueña...
    a. un niño de diez años?   **c.** una madre de niños pequeños?
    b. una niña de diez años?   **d.** un hombre anciano?
2. También es común pelearse. ¿De qué se pelean...
    a. dos amigos?   **c.** dos vecinos?
    b. un matrimonio?   **d.** un(a) jefe(a) y su empleado(a)?
3. Naturalmente todo el mundo se enferma. Cuando está enfermo(a), ¿cómo se comporta...
    a. su mejor amigo(a)?   **c.** una persona estoica?
    b. un(a) hipocondríaco(a)?   **d.** Ud.?

E. Más recuerdos. *Cuando Ud. era niño(a),...*

a. ¿a quién respetaba mucho? ¿Por qué?
b. ¿con quién se peleaba? ¿de qué?
c. ¿qué coleccionaba? ¿Por qué?
d. ¿quién le reñía? ¿Por qué?

Gramática

THE USE OF THE PRETERITE AND IMPERFECT
(El uso del pretérito e imperfecto)

In many sentences, it is grammatically correct to use either the preterite or the imperfect. It is the speaker who decides which tense to use, depending on what he or she wishes to convey to the listener. If the speaker wants to call attention to the beginning of an action or to the fact that the action has ended, the preterite will be used. However, if the speaker wishes to focus on a past action in progress or a habitual action, he or she will choose the imperfect. The imperfect in Spanish is sometimes translated in English as *"was + verb ending in -ing"* (*was talking, was eating, etc.*) or *"used to + verb"* (*used to walk, used to eat,* etc.).

To understand the use of the preterite and imperfect better, it is helpful to compare their uses in similar contexts.

Ayer **escalé** la montaña.	*Yesterday I **climbed** the mountain. (completed action)*
Ayer **escalaba** la montaña cuando empezó a llover.	*Yesterday I **was climbing** the mountain when it began to rain. (action in progress)*
De niña, **escalaba** montañas cada verano.	*As a child, I **used to climb** mountains every summer. (habitual action)*

1. The preterite and imperfect may be used in the same sentence. One action is in progress (imperfect) when it is interrupted by another action (preterite).

Yo dormía cuando el perro empezó a ladrar.	*I was sleeping when the dog began to bark.*

2. However, when two actions occur simultaneously in the past, the imperfect is used.

Yo leía mientras los niños dormían.	*I was reading while the children were sleeping.*

3. The preterite emphasizes a change in thoughts and emotions. The imperfect describes thoughts or emotions without emphasizing their beginning or ending.

Estuve enfermo ayer.	*I was sick yesterday (but am better now).*
Estaba enfermo ayer.	*I was sick yesterday (was feeling ill all day along).*
Al ver su bicicleta nueva, Pedro estuvo muy contento.	*Upon seeing his new bicycle, Pedro was (became) happy.*
Estaba muy contento de poder celebrar su cumpleaños con sus amigos.	*He was (feeling) happy to be able to celebrate his birthday with his friends.*

4. Some verbs have different meanings depending upon whether they are used in the preterite or the imperfect. Note that in each case, the preterite expresses a completed action while the imperfect expresses an action in progress or a condition that does not change.

VERBO	PRETÉRITO	IMPERFECTO
conocer	***to meet* (make acquaintance)**	***to know* (be familiar with)**
	Conocí a su marido anoche.	José conocía bien a los Gómez.
	I met her husband last night.	*José knew the Gómez family well.*
saber	***to find out***	***to know* (have knowledge of)**
	Supo las noticias hoy.	Sabía que José venía.
	She found out the news today.	*She knew that José was coming.*
poder	***to manage to* (succeed in)**	***to be able* (capable of)**
	No pudo llegar a tiempo.	No podía recordar su nombre.
	He didn't manage to arrive on time.	*He couldn't remember her name.*
tener	***to receive* (to get)**[1]	***to have* (in one's possession)**
	Tuve un telegrama de mi tía.	Tenía una casa en la playa.
	I received a telegram from my aunt.	*I used to have a house at the beach.*
querer	***to try***	***to want to***
	Elena quiso levantar el sofá pero pesaba demasiado.	Elena quería ir al circo.
	Elena tried to lift the sofa, but it weighed too much.	*Elena wanted to go to the circus.*
no querer	***to refuse***	***to not want to***
	Le escribí pero no quiso contestar.	Lo invité pero no quería venir.
	I wrote to him, but he refused to answer.	*I invited him, but he didn't want to come.*

Note the use of the preterite and imperfect in the following selection. Explain their use in each example.

En ese puente me paré un momento porque oí un alboroto allá abajo. Vi que un grupo de muchachos tenía rodeada una rata de agua y le gritaban y tiraban piedras. La rata corría de un extremo a otro pero no podía escaparse y chillaba desesperadamente. Por fin, uno de los muchachos cogió una vara y golpeó la rata. Entonces todos los demás corrieron hasta donde estaba el animal y tomándolo, la tiraron hasta el centro del río. Pero la rata no se hundió.

---

[1] **Tener** in the preterite may also mean *to have:* **Tuve problemas con el auto.** (*I had problems with the car.*)

I *stopped* for a moment on that bridge because I *heard* a commotion down below. I *saw* that a group of boys *had* a water rat surrounded, and they *were shouting* at it and *were throwing* rocks. The rat *was running* from one extreme to the other, but it *couldn't* escape, and it *was shrieking* desperately. Finally, one of the boys *grabbed* a pole and *hit* the rat. Then the rest *ran* to where the animal *was,* and, taking it, they *threw* it in the middle of the river. But the rat *didn't sink.*[2])

Práctica

A. ¿Qué tal fue el día? *Después de cenar, Luisito siempre charla con sus padres y les cuenta las actividades del día. Cambie Ud. los verbos entre paréntesis, según el modelo.*

MODELO   Andrés y yo (nadar) _____ en el lago/(empezar) _____ a llover.
Andrés y yo **nadábamos** en el lago cuando **empezó** a llover.

1. Yo (ir) _____ a la escuela/(ocurrir) _____ un accidente en la calle.
2. Paco y Felipe (jugar) _____ al escondite/(encontrar) _____ unas monedas.
3. Angelita (andar) _____ en bicicleta/(ver) _____ un robo en la farmacia.
4. Papá, tú (dormir) _____ en el sillón/(llamar) _____ la tía por teléfono.
5. Mamá (estar) _____ de buen humor/yo (volver) _____ de la escuela.

¿Qué más le pasó a Luisito? Forme Ud. cinco frases más.

B. Mi héroe. *Manolo está en el sexto grado y sueña con ser astronauta. Un astronauta famoso visita su escuela y Manolo le hace muchas preguntas. Cambie los verbos al pasado. Luego imagínese que Ud. es el(la) astronauta y conteste las preguntas.*

1. ¿Qué (querer) _____ ser cuando Ud. (ser) _____ niño?
2. ¿(Sacar) _____ Ud. buenas notas cuando (estar) _____ en el sexto grado?
3. ¿Cuántos años (tener) _____ cuando (hacer) _____ su primer vuelo?
4. ¿(Estar) _____ nervioso? ¿(Tener) _____ miedo? ¿(Poder) _____ dormir la noche anterior? ¿(Comer) _____ algo?
5. ¿Cuál (ser) _____ la primera cosa que (ver) _____ cuando (llegar) _____ a la luna?
6. ¿(Haber) _____ seres extra-terrestres? ¿(Saber) _____ hablar español?

Ahora imagínese que Ud. tiene la oportunidad de entrevistar a su héroe. ¿Qué preguntas le quiere hacer?

---

[2] From "Con los ojos cerrados," by Reinaldo Arenas. This selection appears in *Fronteras Literatura y cultura* in Unit II.

C. Cenicienta. *Llene Ud. cada espacio con la forma correcta del verbo en el pretérito o imperfecto, según el contexto.*

(Haber) _____ una vez una niña que se (llamar) _____ Cenicienta. Ella (ser) _____ muy linda; pero (tener) _____ el vestido viejo y remendado *(patched)*. Ella (vivir) _____ con su cruel madrastra, que le (hacer) _____ fregar los suelos y trabajar todo el día. Cenicienta (tener) _____ dos hermanastras, que siempre (estar) _____ de mal humor. Ellas la (envidiar) _____ porque Cenicienta (ser) _____ linda y ellas no. Todos los días la pobre chica (barrer) _____ y (limpiar) _____ la casa. A veces, (llorar) _____ porque se (sentir) _____ muy triste. Una mañana, (llegar) _____ una carta del príncipe, el hijo del rey, invitando a todas a un baile. Las dos hermanas feas (estrenar) *(wear for the first time)* _____ elegantes vestidos. — Tú no puedes ir, Cenicienta —, le (decir) _____, y con esto ellas (ir) _____ al baile. Pronto, el hada madrina (aparecer) _____ y con un toque de su varita mágica, (transformar) _____ los harapos *(rags)* de Cenicienta en un precioso vestido, y ella se (ir) _____ al baile. — Pero debes volver a casa a medianoche —, (decir) _____ la madrina.

Cuando Cenicienta (llegar) _____ al palacio, el príncipe (salir) _____ a recibirla. Los dos (bailar) _____ toda la noche, pero de pronto, ella (oír) _____ las campanadas del reloj. (Ser) _____ medianoche. Ella (correr) _____ rápido y (perder) _____ un zapato. El príncipe (estar) _____ muy triste. — ¿Quién (ser) _____ aquella chica tan linda? — (preguntar) _____, pero nadie lo (saber) _____. Entonces, él (ver) _____ el zapatito.

A la mañana siguiente, el príncipe (ir) _____ de casa en casa buscando la dueña del zapatito. (Llegar) _____ a la casa de Cenicienta. Ella se lo (poner) _____ y le (quedar) _____ bien. El príncipe (alegrarse) _____. Al día siguiente, los dos (casarse) _____ y (vivir) _____ siempre felices.

D. Y tú, ¿qué hacías? *Los niños siempre tienen excusas. Explique Ud. qué hacía cuando ocurrieron las siguientes cosas. Un(a) compañero(a) de clase le va a hacer las siguientes preguntas. Siga el modelo.*

MODELO   Carlos/gritar
              ¿Qué hacías cuando Carlos gritó?
              Yo jugaba tranquilamente con mis amigos cuando Carlos gritó.

1. el perro/salir   **4.** el profesor/entrar   **7.** el ladrón/escapar
2. la alarma/sonar   **5.** el accidente/ocurrir   **8.** el bebé/empezar a llorar
3. el policía/llegar   **6.** tu amigo/llamar

E. Traducciones: Papá y mamá.

1. My father met my mother when he was camping in the mountains.
2. When he saw her she was resting in a hammock at the campsite.
3. He didn't know that she was part of the same group of campers *(campistas)*.

4. He asked his friend Antonio if he knew her or knew what her name was.
5. Antonio tried to remember her name but he couldn't.
6. My father was nervous but he spoke with her and then invited her to fish with him.
7. The next day my mother got sick and they didn't go. Dad was very disappointed.

THE PAST PROGRESSIVE TENSE

(El tiempo progresivo del pasado)

FORM

> **Estar** in the imperfect tense + the present participle[3]

HABLAR	**COMPRENDER**	**ESCRIBIR**
estaba hablando	estaba comprendiendo	estaba escribiendo

USE

The past progressive tense indicates an action that was "in progress." It is more restricted than the imperfect tense in that it refers to an action that was occurring at a specific moment in the past. Compare the following sentences.

Yo hablaba con mi tío. { *I was speaking with my uncle.*
                        { *I used to speak with my uncle.*

Yo estaba hablando con mi tío. *I was (in the process of) speaking with my uncle.*

Práctica

A. *A **medianoche**. Explique lo que Ud. y las siguientes personas estaban haciendo a medianoche.*

MODELO   el bebé/dormir en su camita.
El bebé estaba durmiendo en su camita a medianoche pero yo estaba durmiendo en el sofá.

1. mi tío/mirar la televisión
2. los jóvenes/bailar en una discoteca
3. la abuela/comer un sándwich
4. tú/leer una novela
5. Miguel/estudiar para sus exámenes
6. los niños/bañar al perro
7. mi sobrina/charlar con mi hermana
8. los gemelos/soñar con chicas guapas

---

[3] The preterite progressive (**estar** in the preterite + present participle) is rarely used in Spanish.

POSSESSIVE ADJECTIVES AND PRONOUNS
(Adjetivos y pronombres posesivos)

To express possession in English, *'s* is used. In Spanish, **de** + a noun or pronoun is used.

la hija de Susana	*Susan's daughter*
el vecino del señor Granero	*Mr. Granero's neighbor*
la leche del gato	*the cat's milk*

To question ownership *(whose?)*, the following construction is used.

¿De quién es la caña de pescar?　*Whose fishing rod is it?* (literally, *Of whom is the fishing rod?*)

FORM　Possessive adjectives:

	SIMPLE	EMPHATIC
my	**mi(s)**	**mío(a, os, as)**
your	**tu(s)**	**tuyo(a, os, as)**
his, her, your, its	**su(s)**	**suyo(a, os, as)**
our	**nuestro(a, os, as)**	**nuestro(a, os, as)**
your	**vuestro(a, os, as)**	**vuestro(a, os, as)**
their, your	**su(s)**	**suyo(a, os, as)**

Like all adjectives in Spanish, possessive adjectives agree in number and gender with the noun they modify.[4]

USE

1. Simple possessive adjectives always precede the noun they modify.

Mi cuarto no es muy grande.	*My room is not very big.*
Nuestro desván está lleno de ropa vieja.	*Our attic is full of old clothes.*

2. Since **su** and **sus** have a variety of meanings, a prepositional phrase (**de** + pronoun) can be used to avoid ambiguity. Whereas **su casa** can mean ***his, her, your, their, its house,*** **la casa de él** can only mean ***his*** house.

3. The definite article is used instead of the possessive adjective with parts of the body or clothing when used in conjunction with a reflexive verb or when ownership is clearly understood.

Yo me lavo **la** cara.	*I wash **my** face.*
Yo le pongo **el** suéter a ella.	*I put **her** sweater on her.*

---

[4] Note that **mi, tu,** and **su** have the same masculine and feminine form.

4. Emphatic possessive adjectives always follow the noun they modify. They are used when the speaker wishes to emphasize ownership.

Mi cama es muy cómoda pero la cama tuya es muy dura.   *My bed is very comfortable, but your bed is very hard.*

FORM   Possessive pronouns:

Possessive pronouns have the same form as emphatic possessive adjectives but are preceded by the appropriate definite article.

mi familia y la tuya   *my family and yours*
tu sueño y el mío   *your dream and mine*

After the verb **ser**, the definite article is usually omitted: **Es mío.** *(It's mine.)*

Práctica

A. Necesidades. *Su familia va a acampar, pero cada persona tiene algo especial que siempre necesita llevar consigo a todas partes. Siga el modelo.*

   MODELO   Linus/manta
              Linus siempre lleva su manta.

1. Mis hermanos y yo/discos
2. Yo/colección de monedas
3. Mi abuelo/motocicleta
4. Mis sobrinos/gato

Ahora, ¿qué necesitan llevar las siguientes personas?

5. Mi papá
6. Tú
7. Mi amiga y yo
8. Mi mamá

B. El desván. *Ud. y su hermano tienen la tarea de limpiar el desván, pero ya no recuerdan qué pertenece a quién. Siga Ud. el modelo.*

   MODELO   Elena/aspiradora
              ¿Es de Elena la aspiradora?
              Sí, es suya. (No, no es suya. Es de...)

1. la abuelita/los cuadros de Rembrandt
2. los vecinos/el tobogán
3. El tío Pepe/las butacas
4. Papá/los discos
5. Magdalena/los juguetes
6. nosotras/el álbum

C. ¿Y el tuyo? *Hágale las siguientes preguntas a un(a) compañero(a) de clase, quien va a contestar según el modelo.*

> **MODELO**   casa/grande
> Mi casa es grande. ¿y la tuya?
> La mía es grande también.

1. clases/interesantes
2. cuarto/pequeño
3. cama/cómoda

4. madre/abogada
5. familia/unida
6. hermanos/traviesos

7. sueños/extraños
8. vida/fascinante

Palabras problemáticas

Estudie Ud. las palabras siguientes. Son palabras que los estudiantes norteamericanos de español suelen confundir.

1. **levantar**   *to raise, lift up*
   criar   *to raise* (children)
   crecer   *to grow, increase*
   cultivar   *to raise, cultivate, grow* (crops)
   alzar   *to raise* (voice, flag, load), *construct*

El joven <u>levantó</u> su dibujo para mostrárselo a su madre.	*The boy raised his drawing to show it to his mother.*
Murieron sus padres y por eso lo <u>criaron</u> sus abuelos.	*His parents died, and therefore, his grandparents raised him.*
Los granjeros <u>cultivaban</u> arroz en su finca.	*The farmers used to grow rice on their farm.*
Muchos pinos <u>crecen</u> en el norte de España.	*Many pine trees grow in the north of Spain.*
El pueblo <u>alzó</u> una bandera para celebrar la fiesta nacional.	*The town raised a flag to celebrate the national holiday.*

2. **tocar**   *to play* (an instrument)
   jugar   *to play* (a game)

Mi primo sabe <u>tocar</u> la flauta.	*My cousin knows how to play the flute.*
De pequeña, yo siempre <u>jugaba</u> al fútbol.	*As a child, I always played soccer.*

3. pretender   *to try, attempt*
   fingir   *to pretend*

<u>Pretendemos</u> visitar a la abuela cada semana.   *We try to visit Grandmother each week.*

Los niños <u>fingieron</u> ser extra-terrestres.   *The children pretended to be extraterrestrials.*

4. embarazoso   *embarrassing*
   avergonzado   *embarrassed, ashamed*
   embarazada   *pregnant*

No podía recordar su nombre. Era una situación muy <u>embarazosa</u>.   *I couldn't remember her name. It was an embarrassing situation.*

El actor se sintió <u>avergonzado</u> cuando se le cayeron los pantalones.   *The actor was embarrassed when his pants fell down.*

Susana está <u>embarazada</u> por primera vez.   *Susana is pregnant for the first time.*

5. poco   *little, small* (referring to quantity)
   pequeño[5]   *little, small* (referring to size)
   joven   *young*
   menor   *younger*

Queda <u>poco</u> café en la cafetera.   *There is little coffee left in the pot.*

La cama es demasiado <u>pequeña</u> para Eva.   *The bed is too small for Eva.*

Mi cuñado es <u>joven.</u> Tiene diez años.   *My brother-in-law is young. He's ten.*

Marta es <u>menor</u> que José.   *Marta is younger than José.*

6. en realidad   *actually, in reality*
   actualmente   *nowadays*
   actual (presente)   *present*
   verdadero (real)   *real, true*

<u>En realidad,</u> pasé una niñez feliz.   *Actually, I had a happy childhood.*

<u>Actualmente</u> trabajo en una fábrica.   *I am presently working in a factory.*

La situación <u>actual</u> es muy grave.   *The present situation is very serious.*

La <u>verdadera</u> comida española no es muy picante.   *True Spanish food is not very spicy.*

---

[5] **Pequeño** is used to mean *young* in the context of *when I was young* — **cuando yo era pequeño. De pequeño** or **de niño** may also be used to mean *as a child.*

Práctica

Escoja la palabra apropiada, según el contexto.

1. Esta semana tengo muy (poco, pequeño) dinero.
2. Mi coche es (poco, pequeño). Sólo caben tres personas.
3. Los niños (fingieron, pretendieron) llegar a clase a tiempo ayer.
4. A José le gusta (pretender, fingir) que es el rey de España.
5. En mi opinión, la (actual, verdadera) paella es la que se hace en Valencia.
6. (En realidad, Actualmente) yo no iba mucho a la playa de pequeño.
7. Los mayas (cultivaban, alzaban) maíz en Guatemala.
8. Alicia tomó la bebida mágica y (crió, creció) mucho.
9. Josefina (levantó, crió) la mano porque sabía la respuesta.
10. El maestro (tocó, jugó) el piano anoche en la fiesta.
11. Fui a pagar la cuenta y descubrí que no tenía suficiente dinero. La situación fue muy (embarazada, embarazosa).

Y en resumen...

A. La lectura. *Enrique nos cuenta más de su juventud. Llene Ud. cada espacio con la forma apropiada del verbo entre paréntesis en el pretérito o el imperfecto.*

Cuando apenas yo (saber) _____ leer, yo (empezar) _____ a leer los libros de Jules Verne, como *Viaje al centro de la Tierra*. Yo me (comprar) _____ toda la colección. También (leer) _____ las novelas de Dumas, como *Los tres mosqueteros*. Recuerdo que cuando yo (tener) _____ doce años, (estar) _____ muy entusiasmado por la aviación. Entre los libros que yo (comprar) _____ (haber) _____ un libro de un escritor francés, Antoine de Saint-Exupéry, que se (llamar) _____ *Vuelo nocturno*. Me (gustar) _____ tanto ese libro que yo lo (leer) _____ muchas veces y lo (aprender) _____ de memoria. (Ser) _____ la gran pasión de mi vida y naturalmente yo (empezar) _____ a buscar otros libros de él.

B. La vuelta. *Muchas cosas han cambiado en el vecindario al pasar de los años. Explíquele los cambios a un amigo que vuelve e indíquele cuándo pasaron.*

> **MODELO**   Antes la casa era roja, ¿verdad? (pintar)
> Sí, pintaron la casa hace un año.

1. Antes los Gómez vivían al lado, ¿verdad? (vender)
2. Antes había un parque cerca de la casa, ¿verdad? (destruir)
3. Antes Uds. tenían dos coches, ¿verdad? (comprar)
4. Antes había un árbol muy grande aquí, ¿verdad? (cortar)
5. Antes Uds. tenían un perro, ¿verdad? (morir)
6. Antes no había un garaje, ¿verdad? (construir)

C. Reflejos de mi pasado. *Amalia, ya vieja, recuerda momentos de su juventud. Cambie Ud. los verbos entre paréntesis al pasado o escoja la respuesta correcta. Traduzca las palabras en inglés al español.*

Mi familia (ser) _____ muy unida. Yo siempre (tener) _____ una relación íntima con (*my*) _____ hermanos. Una vez mi hermano me (pedir) _____ ayuda en algo que él (ir) _____ a hacer. Aunque yo no (querer) _____, por amor, yo lo (ayudar) _____. Mis abuelos (vivir) _____ en su propia casa hasta que mi abuelo (morir) _____ en 1940. Entonces, la abuela (venir) _____ a vivir (*with us*) _____ y mamá la (cuidar) _____ hasta su muerte. Yo la (respetar) _____ mucho y de ella (aprender) _____ (a, _) apreciar (a, _) mis mayores.

Mis (*godparents*) _____ (servir) _____ de testigo cuando yo (*received*) _____ el bautismo y (el, la) _____ primera comunión y en (otros, otras) ocasiones especiales.

(Una, Un) (gran, grande) variedad de colores (inundar) _____ (*our*) _____ patio y (los, las) plantas, flores y (*trees*) _____ frutales (perfumar) _____ el aire. Allí yo (*used to play*) _____ con mis amigos y (hacer) _____ travesuras desde mi (mundo fascinante e imaginario, fascinante mundo imaginario).

D. Un invierno memorable. *Termine Ud. la frase de una manera original con el verbo en el pretérito o el imperfecto, según el contexto.*

1. El invierno más memorable fue cuando...
2. porque...
3. Yo era entonces...
4. y yo siempre...
5. Una vez yo...
6. Mi hermano(a)...
7. Pero mis padres...
8. Al final yo...

E. Prefiero los suyos. *Siga Ud. el modelo.*

MODELO　　jugar con/jugetes
　　　　　　　Generalmente yo jugaba con mis juguetes pero ayer jugué
　　　　　　　con los suyos.

1. visitar a/abuela　　**3.** traer/libros　　**5.** ir a/club
2. comer/cena　　　　**4.** almorzar/en casa　**6.** hacer/cama

F. Legolandia. *Lea Ud. el siguiente anuncio y haga los ejercicios.*

Telegrama para papá: No te olvides de traerme Cajas LEGOLAND® Ciudad. Stop. Te quiero. Stop.

Las Cajas LEGOLAND Ciudad ayudan a despertar en tus hijos el interés por inventar cada día.
Cajas coleccionables para que los niños de 5 a 12 años construyan su mundo con imaginación.
No te olvides, "papá", los niños aprenden jugando.

Un juguete nuevo cada día.

1. Conteste Ud. las preguntas.
   a. ¿Qué es lo que la compañía Lego les ofrece a los niños? Describa su filosofía referente a los niños.
   b. ¿A qué edad empiezan los niños a jugar con Legoland Ciudad?
   c. Explique Ud. el significado del lema «Un juguete nuevo cada día».
   d. De niño(a), ¿cuál fue su juguete favorito? ¿Tenía juguetes comerciales o hacía sus propios juguetes? ¿Qué cosas aprendió jugando con sus juguetes? ¿Prefería jugar solo(a) o con sus amigos? ¿Qué le gustaba hacer cuando llovía? ¿cuando hacía frío? ¿cuando estaba enfermo(a)?
2. Escoja Ud. uno de los siguientes temas y escriba una breve composición.
   a. Cuente Ud. una anécdota o momento interesante de su juventud relacionado con algunos de los juguetes de la lista siguiente.

muñecas (*dolls*)	equipo químico
telescopio	acuario
bicicleta	canicas (*marbles*)
pelota	arcilla (*clay*)

   b. Ud. es el (la) diseñador(a) de un nuevo juguete para niños. Descríbalo con detalles e intente convencer al público que lo compre.

Recuerdos de la niñez

A. Recuerdos de Enrique. *Enrique Oliver, un director de cine cubanoamericano habla de las diferencias culturales que experimentó al llegar a los EE.UU. Escoja Ud. la palabra apropiada o use la forma correcta del verbo entre paréntesis en el pretérito o el imperfecto. Traduzca las palabras en inglés al español.*

(*I think*) que el choque cultural más grande que yo (sufrir) al llegar a este país (ser) la idea de la privacidad. (*To be*) libre y (*to be able*) decidir cuándo tú vas a (*to be*) sólo o con alguien (ser) algo nuevo para mí. (El, La) costumbre de llamar por teléfono antes de visitar a alguien (*is*) un concepto que no (existir) en (*my*) casa. En Cuba muchas veces yo (volver) de la escuela y (encontrar) a una vecina en (*our kitchen*), esperando a (*my*) madre. Encontrar a vecinos o amigos en casa cuando nosotros no (estar) era una cosa normal.

Al principio, yo (encontrar) la forma americana de ser más privada muy agradable. Pero de pronto, yo (empezar) a sentirme solo, y (darse) cuenta de que (necesitar [yo]) ese calor y ese cariño de mi familia.

B. Las cosas cambian. *Mire Ud. el dibujo siguiente y haga las actividades.*

1. ¿Es verdad que después de casarse, los hijos vuelvan a casa? ¿Cuáles son algunas posibles razones por las que los hijos vuelven a casa?

2. ¿Quiere Ud. vivir con sus padres después de casarse? ¿Cuáles son dos ventajas y dos desventajas de volver a casa?

3. Cuando Ud. sea madre o padre, ¿quiere que sus hijos vuelvan a casa para vivir? ¿Cuáles son dos ventajas y dos desventajas de vivir con sus hijos y las familias de ellos?
4. En grupos, representen una escena en que un(a) hijo(a) les explica a sus padres por qué quiere volver a vivir en casa con su esposa(o) y cinco hijos.

Cámara uno - El photo álbum de Enrique Oliver[1] (Cassette 2, Episodio 19, Escena 2)

Enrique Oliver es un escritor y director de cine quien llegó a los EE.UU. de Cuba a los 14 años de edad. Vivió con su familia en un barrio hispánico de Boston donde todos hacían muchos esfuerzos para conservar la cultura y las costumbres cubanas. Poco a poco, Enrique iba rechazando su identidad cubana y buscaba asimilarse a la cultura norteamericana. Esto causó grandes conflictos familiares, pero Enrique aprendió a bregar con estos conflictos por medio de sus películas.

Photo Album, su primera película, ganó muchos premios para Enrique y también le ganó mucha atención positiva de los críticos. *Photo Album* es una sátira de su propia vida, y una tragicomedia en la que el artista expresa el dolor y la risa que experimentó durante su proceso de asimilación.

---

[1] See *Cámara uno: Manual de ejercicos*, pages 128-130 for vocabulary list and additional activities.

A. La vida y obra de Enrique. *Para saber qué dice Enrique de su niñez, llene Ud. el espacio con la forma correcta del verbo entre paréntesis en el pretérito o el imperfecto. Vea el video para corregir sus respuestas.*

Yo me llamo Enrique Oliver y (nacer [yo]) _____ en Cuba, y (venir [nosotros]) _____ para los EE.UU. en el 72 después de haber estado dos años en España. (Salir [nosotros]) _____ de Cuba en el 71 que fue el año más malo de la Revolución.

Cuando (llegar [nosotros]) _____ aquí fue horrible porque (ir [nosotros]) _____ a vivir en un proyecto y todas las ventanas (estar) _____ rotas y todos los edificios quemados — horrible. Entonces nos tomó mucho trabajo poder salir de allí y aceptar que no (estar [nosotros]) _____ en Cuba y que ésta (ser) _____ otro tipo de situación y ya una vez que nos adaptamos, que (aceptar [nosotros]) _____, que (aprender [nosotros]) _____, pues nos fue muy fácil mejorar nuestro sistema de vida.

Por los primeros diez años que yo (vivir) _____ aquí no (saber [nosotros]) _____ que (estar [nosotros]) _____ fuera de Cuba porque (vivir [nosotros]) _____ en una área donde todo el mundo (ser) _____ cubano, todos los carteles de las tiendas, todas las tiendas de ropa, de comida, todo en español. Y nunca (aventurarse [nosotros]) _____ fuera de allí, a no ser en grupos, que íbamos a Back Bay o a Filene's[2] a comprar algo y los americanos y el resto del mundo (ser) _____ como invisibles — no eran gente — no (poder [nosotros]) _____ comunicarnos, ¿no?

Yo recuerdo la primera vez que (hablar [yo]) _____ en inglés con un americano y (darse [yo]) _____ cuenta que (haber) _____ un mundo del cual nosotros no (tener) _____ la menor idea.

Photo Album se trata sobre el conflicto entre la vieja generación y la generación nueva en los EE.UU. de cubanos. El muchacho que vive en una familia cubana pero que se quiere americanizar, y cómo eso afecta a los padres y qué hacen los padres para cambiar la actitud de este niño. Yo creo que es una tragicomedia. *Photo Album* viene de mucho dolor pero tratamos de hacerlo con humor para poder digerir todo ese problema que pasó hace cien años pero es un problema que están viviendo y sufriendo muchas personas en este momento.

B. Photo Album. *Conteste Ud. las siguientes preguntas.*

1. ¿Cuáles son diez fotos que se suelen encontrar en un álbum de fotos?
2. ¿Por qué guarda la gente fotos en un álbum?
3. ¿Qué fotos tiene Ud. en su álbum?

---

[2] Back Bay es una vecindad antigua en el centro de Boston y Filene's es un almacén grande de Boston.

4. ¿Por qué se llama la película de Enrique *Photo Album*?

5. ¿Qué otros directores de cine norteamericanos hacen películas autobiográficas? ¿Qué otros directores también actúan en sus propias películas? ¿Cuáles son las ventajas y desventajas de hacer eso?

C. VIDEO-CULTURA. *Después de ver el video, conteste las siguientes preguntas.*

1. ¿Cómo es Enrique?

2. ¿De qué se queja (*complains*) la madre de Enrique?

3. ¿Cómo va a ayudar Lalo a la madre de Enrique? ¿Qué necesita Lalo para ayudarlo? ¿Cuál será la prueba de que Enrique se haya convertido a un chico cubano?

4. ¿Qué es una quinceañera? ¿Cómo fue la quinceañera de la primera mujer? ¿y la de sus hermanas?

5. ¿Cómo fue la quinceañera de la segunda mujer? ¿Dónde la celebró?

6. ¿Cómo se explica la reacción de Enrique cuando Lalo le dice que no es «americano»?

7. Cite Ud. tres ejemplos del humor que Enrique emplea en su película para hablar de una situación «difícil».

Así paso el día

¿Y a qué hora empiezas tú el día?

Vocabulario inicial

la acera *sidewalk*
    bajar del autobús (coche, etc.) *to get off or out of a bus (car, etc.)*
el buzón *mailbox*
    caminar (andar) *to walk*
    conducir (manejar) *to drive*
    cruzar (atravesar, ie) *to cross*

    echar una carta *to mail a letter*
el parque *park*
el peatón (la peatona) *pedestrian*
la plaza mayor *main square*
    regresar *to return*
    subir al autobús (coche, etc.) *to get on a bus (into a car, etc.)*

Para comenzar...

1. Con la ayuda del vocabulario inicial, ¿qué pasa hoy en esta ciudad?
2. ¿A cuáles de estos edificios va Ud. cada semana? ¿Para qué?
3. ¿Es esta ciudad similar a su ciudad? ¿En qué sentido? ¿Cuáles son las diferencias?
4. Imagínese que Ud. es la persona que está en la cabina telefónica. ¿A quién llama? ¿Por qué?
5. Use su imaginación. ¿Quién es el hombre en el restaurante? ¿Por qué está solo? ¿Prefiere Ud. comer solo(a) o con un(a) compañero(a)? ¿Por qué?
6. Según la actividad en el dibujo, ¿qué hora es? ¿Qué día es?

¿Y a qué hora empiezas tú el día?

Dos amigas hablan. Nancy es de los Estados Unidos y quiere saber algo de la vida diaria de su amiga Ema, quien es de Valencia, España.

NANCY   ¿Cómo es el horario de trabajo y de comida en España?

EMA   Pues mira, se suele empezar a trabajar a las nueve, siempre regresamos a casa para comer sobre las dos porque las distancias son muy cortas. Casi todos vivimos en la ciudad porque es más cómodo.

NANCY   ¿A qué hora volvéis al trabajo?

EMA   Regresamos a las cuatro y terminamos a eso de las siete. Luego solemos pasear o ir a una cafetería para tomar algo. Algunas personas van a una tasca.

NANCY   ¿Cómo? ¿Qué es una tasca? ¿Un tipo de restaurante?

EMA   Eso. Una tasca es un sitio típico donde se bebe vino o cerveza y se toman tapas.° Y después se vuelve a casa para cenar a las diez.

snacks like hors d'oeuvres

NANCY   ¿Se sale mucho a partir de las diez?

EMA   No, salvo° los fines de semana. Generalmente se ve la televisión hasta las doce o doce y media.

except

NANCY   ¿Y cómo es la televisión española? Son populares algunos de los programas de televisión norteamericanos, ¿verdad?

EMA   Pues sí, hay algunos programas de EE.UU. que son muy populares, como por ejemplo *Santa Barbara, Hospital*

General, *Murphy Brown* y mi favorito, *Treinta y tantos*. Hay concursos° como *La ruleta de la fortuna* y otro que se llama *Los segundos cuentan*. A los niños les gusta mirar los dibujos animados *Lolek y Bolek, Ploom, Danger Mouse* y *Max*. Las telenovelas son popularísimas en España, como *La gata salvaje* y *La intrusa*. Pero también tenemos mucha programación educativa, documentales, programas sobre la salud, noticias, películas y obras teatrales originales. Desafortunadamente, igual que en EE.UU. hay también la teletienda (*home shopping club*).

game shows

NANCY   Y después de tanto mirar, ¿a dormir?

EMA   Eso es.

Conversemos

Refiriéndose a la lectura anterior, conteste Ud. las preguntas.

1. ¿De dónde es Nancy? ¿De dónde es Ema? Describa Ud. en breve el horario de trabajo y de comida en España. ¿Qué otras actividades menciona Ema? ¿Qué es una tasca? Describa Ud. la televisión española. ¿Cuáles son algunos programas de los EE.UU. que son populares en España?
2. Compare el horario español con el de los EE.UU. ¿Cuáles son las ventajas y desventajas de cada uno? ¿Cuál prefiere Ud.? ¿Por qué?
3. ¿Por qué cree Ud. que los programas de los EE.UU. son populares en España? ¿Los mira Ud.? ¿Cuáles? ¿Qué puede aprender una persona española de nuestra cultura por medio de estos programas?
4. ¿Qué suele hacer Ud. después del trabajo o de las clases? En este país, ¿hay algo similar a una tasca? Explique.

Vocabulario

EDIFICIOS *(Buildings)*
el almacén *department store*
el ayuntamiento *city hall*
el banco *bank*
la cafetería *café* (Spain)
la catedral *cathedral*
el cine *movie theatre*
el correo *post office*[1]

la estación *station*
la farmacia *pharmacy*
el quiosco *newsstand*
la plaza de toros *bullring*
el rascacielos *skyscraper*
el restaurante *restaurant*
la tasca *pub*

---

[1] In Spain, **correos** = *post office*.

EN LA CALLE *(On the street)*

la avenida *avenue*

el centro *center, downtown*

el (la) conductor(a) *driver*

    dar una vuelta (pasear[se]) *to stroll, take a walk*

    doblar *to turn* (a corner)

el embotellamiento *traffic jam*

el estacionamiento *parking*

estacionar *to park*

la manzana *block*

la parada de taxi (autobús) *taxi stand (bus stop)*

parar(se) *to stop*

el puente *bridge*

el semáforo (la luz) *traffic light*

ADJETIVOS

alto *tall*

ancho *wide*

bajo *short (stature)*

corto *short (distance, measure)*

largo *long*

OTRAS PALABRAS Y EXPRESIONES

acostarse (ue) *to go to bed*

a la derecha (izquierda) *to the right (left)*

a partir de (después de) *after*

cenar *to have supper*

derecho *straight ahead*

levantarse *to get up*

la multa *fine*

el piso *floor, apartment*

pronto *early, soon*

el sitio *place*

soler (ue) *to be used to, in the habit of*

terminar (acabar) *to finish*

tratar de (intentar) *to try*

Repasemos el vocabulario

REFIÉRASE A LA LISTA DE VOCABULARIO Y AL VOCABULARIO INICIAL.

A. ¿Cuál no pertenece? *Subraye Ud. la palabra que no está relacionada con las otras y explique por qué.*

1. correo	manzana	ayuntamiento	rascacielos
2. restaurante	quiosco	tasca	cafetería
3. avenida	cuadra	acera	carta
4. soler	bajar	parar	pasear
5. a la derecha	derecho	ancho	a la izquierda

B. Sinónimos. *Escriba Ud. el sinónimo de las palabras subrayadas.*

1. La fiesta comienza <u>a partír de</u> las ocho.

2. <u>Me paseaba</u> por la acera cuando vi el embotellamiento.

3. Cuando <u>la luz</u> está verde, siga Ud. derecho hasta llegar a la esquina.

4. El policía le dio una multa por <u>atrevesar</u> la calle.

5. Mis amigos viven a dos <u>cuadras</u> del ayuntamiento.

6. ¿A qué hora <u>termina</u> el día laboral en España?

7. Voy a <u>intentar</u> estacionar en la calle.

8. Aprendí a <u>manejar</u> cuando tenía quince años.

C. ¿Qué hizo después? *Busque Ud. en la segunda columna la acción que lógicamente sigue la de la primera columna y forme una frase en el pretérito, según el modelo.*

MODELO   cenar/acostarse
            Después de cenar, me acosté.

1. bajar del autobús   *a.* tomar café
2. encontrar un buzón   *b.* ir de compras en el almacén Galerías Preciados
3. levantarse   *c.* pagarle al conductor
4. sacar dinero del banco   *d.* caminar dos cuadras y doblar a la derecha
5. subir al autobús   *e.* echar las cartas

D. Edificios. *Nombre Ud. dos cosa que Ud. hace en...*

1. una catedral   4. un almacén   7. un parque
2. un banco   5. un ayuntamiento   8. una cafetería
3. una tasca   6. una farmacia

E. Definiciones. *Defina Ud. las palabras siguientes. Luego, forme dos frases diferentes sobre cada una.*

1. embotellamiento   3. rascacielos   5. buzón
2. puente   4. estación   6. esquina

Gramática

TELLING TIME *(Expresando la hora)*[2]

¿Qué hora es?	*What time is it?*
Es **la** una. Son **las** dos.	*It's one o'clock. It's two o'clock.*
Es la una y cuarto (media).	*It's one fifteen (thirty).*
Son las tres menos diez.	*It's ten to three.*
Son las seis en punto.	*It's six o'clock sharp (on the dot).*
Es mediodía (medianoche).	*It's noon (midnight).*
Es temprano (tarde).	*It's early (late).*
Son las siete **de** la mañana.	*It's seven **in** the morning.*
por la mañana (tarde, noche)	*in the morning (afternoon, evening) (no specific time mentioned)*
de día (noche)	*in the daytime, by day (by night)*
a eso de las diez	*around (about) ten o'clock*
¿A qué hora...? A las dos.	*At what time...? At two o'clock.*
Dan las ocho.	*It's striking eight.*

---

[2] In Spain, as in many other countries, the twenty-four-hour time system is frequently used, especially in official schedules. The day begins at midnight, and the hours are numbered 0-23:00. A movie that starts at 16:00 begins at 4:00 P.M.

Práctica

A. Actividades. *Refiriéndose al horario siguiente diga Ud. cómo pasó Carlos el día. Use el pretérito según el modelo.*

MODELO   7:00/levantarse
                A las siete Carlos se levantó.

1. 7:05/bañarse
2. 8:22/perder el autobús
3. 9:08/llegar tarde a la oficina
4. 12:00/ir al banco
5. 12:45/almorzar rápido
6. 1:05/volver a la oficina
7. 5:00/salir para la casa
8. 8:00/ver la tele

B. ¿A qué hora? *Pregúntele a un(a) compañero(a) a qué hora hace las siguientes actividades. Luego pregúntele a qué hora las hacía cuando era pequeño(a).*

1. levantarse
2. desayunar
3. salir para la escuela
4. almorzar
5. mirar la tele
6. estudiar
7. volver a casa (su cuarto)
8. cenar
9. hablar con los amigos

INTERROGATIVE EXPRESSIONS *(Los interrogativos)*

FORM

1. The common interrogative words are:

¿Adónde?	*To where?*	¿Dónde?	*Where?*
¿Cómo?	*How?*	¿Qué?	*What? Which?*
¿Cuál? ¿Cuáles?	*What? Which?*	¿Quién? ¿Quiénes?	*Who? Whom?*
¿Cuándo?	*When?*		
¿Cuánto(a, os, as)?	*How much? How many?*		

2. Interrogative words are often located at the beginning of a sentence and are preceded by an inverted question mark. They require a written accent, even when used indirectly.

¿Qué quieres?	*What do you want?*
José quiere saber dónde vives.	*José wants to know where you live.*

3. When a verb requires a preposition in a response, that preposition is also included in the question. It is placed before the interrogative word.

¿Para qué lo quieres?	*For what purpose (Why) do you want it?*
¿Con quién vas?	*With whom are you going?*
¿De dónde es Marta?	*Where is Marta from?*

USE

1. **¿Qué?** can be used as a pronoun and as an adjective.
   a. As a pronoun, it means *what?* and is used to elicit a definition or an explanation.

¿Qué es un parquímetro?	*What is a parking meter?*
¿Qué quiere Ud.?	*What do you want?*

   b. As an adjective, it means *what?* or *which?*

¿En qué avenida vives tú?	*On what avenue do you live?*
¿Qué coche cuesta más?	*Which car costs more?*

2. **¿Cuál?** and **¿cuáles?** are mainly used as pronouns to express *what? which one?* or *which ones?*[3] They indicate a selection or choice of possibilities and are commonly used in the following constructions.

   a. | **¿Cuál?** + **ser** + noun |

¿Cuál es la fecha?	*What is the date?*
¿Cuáles son tus revistas favoritas?	*What (Which) are your favorite magazines?*

   b. | **¿Cuál?** + verb |

¿Cuál prefieres?	*Which do you prefer?*
¿Cuáles quiere Ud.?	*Which (ones) do you want?*

   c. | **¿Cuál?** + **de** + noun + verb |

¿Cuál de los libros leíste?	*Which of the books did you read?*

3. **¿Quién?** and **¿quiénes?** are pronouns that refer to people.

¿Quién es el alcalde de este pueblo?	*Who is the mayor of this town?*
¿De quién es este coche?	*Whose car is this?*

4. **¿Dónde?** is used to ask for a location. **¿Adónde?** asks about a destination.

¿Dónde está la biblioteca?	*Where is the library?*
¿Adónde vas después de cenar?	*Where are you going after supper?*

5. **¿Cuánto(a, os, as)?** is used as an adjective or pronoun. It agrees in number and gender with the noun it modifies or replaces.

¿Cuántas librerías hay en esta ciudad?	*How many bookstores are there in this city?*
¿Cuánto cuesta el libro?	*How much does the book cost?*

---

[3] **¿Cuál?** and **¿cuáles?** are also used as adjectives in some places in Latin American. For example: **¿Cuál revista quieres leer?** (*What [Which] magazine do you want to read?*)

6. **¿Por qué?** means *why?* and asks for a cause or reason. **¿Para qué?** means *why?* in the sense of *what for?* It asks for a result, purpose, or use.

¿Por qué compraste esa novela?	*Why did you buy that novel?*
La compré porque quiero leerla.	*I bought it because I want to read it.*
¿Para qué compraste esa novela?	*What did you buy that novel for?*
La compré para regalársela a María.	*I bought it to give to María.*

Práctica

A. ***Conociendo la ciudad.*** *Conteste Ud. las preguntas siguientes, notando bien la diferencia entre ¿qué? y ¿cuál?*

1. ¿Qué es un rascacielos? ¿Cuál es el rascacielos más alto de esta ciudad?
2. ¿Qué es un parque? ¿Cuál es el parque más bonito de esta ciudad?
3. ¿Qué es un supermercado? ¿Cuál es el supermercado más cercano a su escuela?
4. ¿Qué es un autobús? ¿Cuál es el autobús que va a la plaza mayor?

B. ***El Prado.*** *Dé Ud. una pregunta que corresponde a las respuestas siguientes. Todas las frases se refieren al Museo del Prado. Hay más de una respuesta posible.*

> **MODELO**   Es el museo más famoso de España
> ¿Qué es el Prado?

1. Está en Madrid.
2. Es grande y antiguo.
3. Tiene más de seis mil obras de arte.
4. Fue construido en 1785.
5. Juan de Villanueva lo diseñó.
6. Se abre a las diez de la mañana.
7. La entrada cuesta cien pesetas.
8. Es el edificio cerca del Hotel Ritz.

C. ***¿Qué hay en esta ciudad?*** *Dígale a la clase el nombre de un lugar, edificio o monumento que Ud. conoce. Ahora la clase le va a hacer preguntas referentes al sitio y Ud. tiene que contestarlas.*

D. ***Lo que hizo Ema ayer.*** *Use Ud. la expresión interrogativa apropiada para formar la pregunta correcta.*

> **MODELO**   Le escribío una carta a su abuela.
> ¿A quién le escribió una carta ayer?

1. A las 8:00 de la mañana Ema fue al quiosco.
2. Allí compró revistas y periódicos.
3. A las 9:00 fue a la Cafetería Potro para tomar café.
4. Luego fue a la facultad porque tenía clase.
5. Pasó tres horas en la biblioteca.
6. En la noche, salió con Vicente.

E. La curiosidad. *Con un(a) compañero(a) representen los papeles siguientes. ¿Qué le pregunta la primera persona a la segunda, y qué le contesta? Incluya tres posibilidades.*

1. el (la) profesor(a) y un(a) estudiante el primer día de clases
2. un(a) extraterrestre y una persona de Nueva York
3. usted y un(a) estudiante extranjero(a)
4. un(a) niño(a) y Santa Claus
5. un(una mujer) policía y la víctima de un robo

DEMONSTRATIVE ADJECTIVES *(Los adjetivos demostrativos)*

FORM

	this	*that* (nearby)	*that* (far away)
masculine			
singular	este	ese	aquel
plural	estos	esos	aquellos
feminine			
singular	esta	esa	aquella
plural	estas	esas	aquellas

USE

1. Demonstrative adjectives point out a person, place, or thing among many. They are normally placed before the noun they modify.

   Este edificio es un almacén.   *This building is a department store.*
   Ese edificio es una peluquería.   *That building is a beauty shop.*
   Aquel edificio es un colegio.   *That (far away) building is a school.*

2. Demonstrative adjectives agree in number and gender with the noun they modify.

   Aquel patio está lleno de flores.   *That patio is full of flowers.*
   Aquellas flores son claveles.   *Those flowers are carnations.*

3. When demonstrative adjectives follow the noun, they often indicate scorn or derision.

   El tipo ese es un sabelotodo.   *That guy is a know-it-all.*

DEMONSTRATIVE PRONOUNS *(Los pronombres demostrativos)*

FORM

		this	*that* (nearby)	*that* (far away)
masculine				
	singular	éste	ése	aquél
	plural	éstos	ésos	aquéllos
feminine				
	singular	ésta	ésa	aquélla
	plural	éstas	ésas	aquéllas
neuter		esto	eso	aquello

USE

1. Demonstrative pronouns have the same form as demonstrative adjectives, but they have written accents to distinguish them from the adjective form.

esta muchacha y ésa	*this girl and that one*
estos niños y aquéllos	*these children and those (over there)*

2. Demonstrative pronouns agree in number and gender with the noun they replace.[4]

este puente = éste	*this bridge = this one*
aquellas plantas = aquéllas	*those plants = those*

3. **Esto, eso,** and **aquello** are neuter pronouns. They have no written accents and are used to refer to abstract ideas or situations, or to an unknown object.

Siempre llega tarde. Eso me molesta.	*He always arrives late. That bothers me.*
¿Qué es esto?	*What is this?*

4. **Eso es** and **eso** are used to express agreement with something that was said or suggested.

Dos y dos son cuatro, ¿verdad?	*Two and two are four, correct?*
Eso es.	*That's right.*
¿Quieres ir al cine?	*Do you want to go to the movies?*
Eso.	*Exactly.*

---

[4] **Este** and all its forms can be used to express the latter. **Aquél** and all its forms can be used to express the former.

Juan y Pepe estudian mucho; éste (Pepe) estudia para médico y aquél (Juan) para abogado.	*Juan and Pepe study a lot; the latter is studying to be a doctor and the former to be a lawyer.*

Práctica

A. Nunca se ponen de acuerdo. *Juan y Elena están de visita en Madrid. ¿Qué dicen?*

MODELO   visitar/museo
           Juan ¿Quieres visitar este museo?
           Elena No. prefiero ése.

1. ver/película
2. comer/tapas
3. subir/calle
4. entrar en/tiendas
5. tomar/taxi
6. comprar/zapatos
7. mirar/programa de televisión
8. pedir/refresco
9. cenar en/restaurante

B. La ciudad grande. *Pedrín va a la ciudad por primera vez. Todo le fascina y se lo comenta a su mamá. Con un(a) compañero(a) siga el modelo.*

MODELO   edificios altos/
           Pedrín ¡Qué edificios más altos!
           Mamá ¿Cuáles? ¿Ésos?
           Pedrín No, aquéllos.

1. flores/hermoso
2. calle/estrecho
3. puente/largo
4. autobuses/antiguo
5. chicas/simpático
6. parque/bonito

C. Preferencias. *Explique Ud. sus preferencias según el modelo, empleando el pronombre demostrativo apropiado.*

MODELO   ir a/farmacia
           No voy esta farmacia. Voy a aquélla porque está abierta los domingos.

1. subir a/autobús
2. cruzar/calle
3. entrar en/edificio
4. doblar/esquina
5. visitar/museos
6. hablar con/chicas
7. salir por/puerta
8. comer en/restaurante
9. ver/película

Así se dice

¿CÓMO? NO COMPRENDO.

There are many ways to express lack of comprehension in Spanish. Although some these expressions may be used only in certain contexts, others are appropriate for a variety of situations.

1. The most common ways to express lack of understanding are:

¿Cómo?	*What?*	¿Perdón?	*Pardon me?*
¿Mande? (Mexico)	*What?*	¿Qué?	*What? Huh?*

¿Qué? is the less polite form, similar to *Huh?* in English.

2. When sounds are indistinguishable or simply not heard, you might say:

No (te) oí.	*I didn't hear (you).*
Hable (Repita) Ud. más alto (más despacio, lento, claro).	*Speak (Repeat) louder (more slowly, clearly).*
¿Podría Ud. repetir (hablar más lento, etc.)?	*Could you repeat (speak more slowly, etc.)?*
¿Qué dice? ¿Qué dijo?	*What are you saying? What did you say?*

3. When the meaning of a word or concept is not understood, you could respond:

No comprendo.	*I don't understand.*
No entiendo.	*I don't understand.*
¿Qué quiere decir...?	*What does... mean?*
¿Qué significa...?	*What does... mean?*

4. To find out if one has been understood or if further explanation is necessary, you might ask:

¿Entiende Ud.? (¿Entiendes?)	*Do you understand?*
¿Me explico?	*Am I making myself clear?*

5. To clarify or further explain a concept, use:

es decir	*that is to say*
o sea	*that is, or rather*
en otras palabras	*in other words*

6. To express understanding after a clarification, you can reply:

Ahora sí (entiendo).	*Now I understand.*
Ya veo. Ya comprendo.	*I understand, I get it.*
¡Ya!	*Got it.*

Práctica

A. ¿Qué dijiste? *En grupos de dos, den una frase que requiera las siguientes reacciones.*

1. Más alto, por favor.
2. Ya comprendo.
3. ¿Podría Ud. hablar más despacio?
4. ¿Qué quiere decir...?
5. ¿Cómo?

B. En la fiesta. *Escriba un diálogo apropiado para cada una de las situaciones siguientes.*

1. Su compañero come mientras habla. La música está muy fuerte.
2. Su amiga le presenta a su novio.

Y en resumen...

A. ¿Cómo quedamos? *Teresa y Alejandro quieren reunirse hoy, pero ¿dónde? y ¿a qué hora? Siga Ud. el modelo.*

MODELO	el quiosco/7:00
Teresa	¿Cómo quedamos?
Alejandro	Pues, nos reunimos a las siete en el quiosco.
Teresa	¿Cuál? ¿Ese quiosco?
Alejandro	No, aquél.

1. la iglesia/10:00
2. el cine/6:45
3. la esquina/4:00
4. la puerta/12:00
5. la parada del autobús/1:30
6. el almacén/11:15
7. la librería/5:20
8. el apartamento/7:05

B. ¿Qué quiere Ud. saber? *Forme Ud. tres o cuatro preguntas según la situación.*

MODELO   En la biblioteca. Ud. quiere saber algo sobre la historia de Cuba.
¿En qué piso están los libros de historia?
¿Dónde está la escalera?
¿Por cuánto tiempo puedo sacar los libros?

1. En el correo. Ud. quiere enviar una caja grande al Japón.
2. En el almacén. Ud. quiere comprar el regalo ideal para su novio(a).
3. En la parada de taxis. Ud. quiere ir al Teatro Nacional.
4. En casa. Un(a) amigo(a) lo (la) llama por teléfono para invitarlo(la) a Ud. a una fiesta.

C. *¡Ay, Dios mío, una multa!* Ud. vuelve a su coche y encuentra este papelito en su parabrisas *(windshield)*. Conteste Ud. las siguientes preguntas.

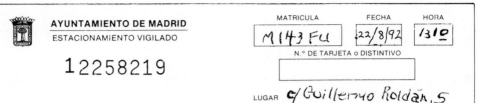

AYUNTAMIENTO DE MADRID
ESTACIONAMIENTO VIGILADO

12258219

MATRICULA	FECHA	HORA
M 143 FU	22/8/92	1310

N.º DE TARJETA o DISTINTIVO

LUGAR *c/ Guillermo Roldán, 5*

Se encuentra Vd. en zona de ESTACIONAMIENTO VIGILADO
SU VEHICULO HA SIDO DENUNCIADO POR
ESTAR ESTACIONADO INDEBIDAMENTE

LE ROGAMOS ESPERE A RECIBIR EN SU DOMICILIO
LAS CORRESPONDIENTES INSTRUCCIONES.

1. ¿A qué hora recibió Ud. la multa?
2. ¿Por qué la recibió Ud.?
3. ¿Cuál es la fecha de la infracción?
4. ¿En qué ciudad la recibió?
5. ¿En qué calle la recibió?
6. ¿Cómo se sabe que el policía multó al coche correcto?
7. ¿Cómo reaccionó Ud. al encontrarla?
8. ¿Qué debe Ud. hacer ahora?
9. ¿Recibió Ud. otra multa alguna vez? ¿Por qué? ¿Qué le pasó?
10. ¿Por qué otras infracciones recibe la gente multas?

D. ¿Qué película quieres ver hoy? *Estudie Ud. los tipos de películas y las categorías de personas que pueden verlas. Luego lea la descripción de la película* Despertares *y conteste las preguntas.*

Cines/estreno

GRAN VIA. Marqués del Turia, 53 (351 00 91)
Precio: Butaca patio, lab. 250 ptas; butaca piso, 200 ptas. Vísperas (*eve before a holiday*) y festivos: 300 y 275 ptas.

3a semana   Todos los públicos
H película: 4.40/7.25/10.45.

DESPERTARES (Awakenings). USA

1991. Drama. Color. Robert de Niro, Robin Williams, dirigida por Penny Marshall.
Un médico excéntrico (Williams) decide revivir a un enfermo (De Niro) que ha permanecido en estado de coma durante 30 años.

UNA PELÍCULA...

de aventuras	de contraespionaje	policíaca
de catástrofe	de horror	romántica
de ciencia ficción	del oeste	cómica (una comedia)

CATEGORÍAS:

todos los públicos	mayores de dieciséis años
no apta para menores de trece años	mayores de dieciocho años

1. ¿En qué cine sale la película? ¿En qué calle queda el cine? ¿Cuál es el número de teléfono del cine?
2. ¿Cuánto cuesta una entrada durante el día laboral? ¿vísperas y días de fiesta?
3. ¿Desde hace cuánto tiempo dan la película en este cine? ¿A qué hora empieza la película?
4. ¿Puede un niño de diez años ver la película? ¿Por qué? ¿Qué tipo de película es? ¿Quiénes son los actores? ¿Los conoce Ud.? ¿De qué país es la película?
5. Cuente el argumento de la película.
6. ¿Cuál es su película favorita? ¿Por qué? ¿De qué se trata?

E. ¿Cómo pasa Ud. el tiempo? *Ud. está de visita en Córdoba por dos días, el lunes y el martes. Con la ayuda de la guía cultural, prepare Ud. un itinerario para cada día. Debe incluir:*

1. la hora de sus actividades
2. sus comidas
3. cuánto dinero Ud. necesita gastar en cada lugar
4. por qué quiere visitar esos lugares

CORDOBA

GUIA CULTURAL

HORAS DE VISITAS A MUSEOS, MONUMENTOS Y BIBLIOTECAS

Dependiete del Cabildo de la Santa Iglesia Catedral:

MEZQUITA - CATEDRAL Y TESORO. — Mañanas de 10,30 a 13,30 (todo el año) Tardes: 15,30 a 19 (1 de abril a 31 de octubre) y de 15,30 a 18 (1 de noviembre a 31 de marzo). 50 pesetas. Entrada gratuita diariamente de 8,30 a las 10,30. Domingos y festivos de 8,30 a 14 horas.

MUSEO ARQUEOLOGICO. Plaza de Jerónimo Páez
Horario: de 9 a 14. Abierto todo el año (incluso domingos) Menos los lunes y las festividades nacionales, regionales y locales.

Entrada 150 pesetas; gratuita para ciudadanos españoles

MUSEO «JULIO ROMERO DE TORRES». — Mañana de 10 a 13,30 gratuito.

ALCAZAR DE LOS REYES CRISTIANOS. — Mañanas: de 9,30 a 1,30 todo el año. Tarde de 4 a 7 (1 de octubre 9,30 de abril: de 5 a 8: (7 de mayo a 30 de septiembre) Jardines iluminades; de 1 de mayo a 30 de septiembre 22 a 1 de la madrugada 50 pesetas.

SINAGOGA — Mañanas: de 9,30 a 13,30 horas. Tardes: del 1 de mayo al 30 de septiembre: de 16,30 a 19,30. Del 1 de octubre al 30 de abril de 15,30 a 18,30.
Los martes cerrado al público.

MUSEO DE BELLAS ARTES. — Cerrado por abras de reforma.

F. Minidrama. *¡Qué día! ¡Qué desilusión! Imagínense que van a la ciudad con grandes planes pero todo sale mal. En grupos, representen una escena original. Por ejemplo, van con mucha hambre a su restaurante favorito pero está cerrado.*

Comer sin vino, comer mezquino°

miserably

Vocabulario inicial

la cuchara *spoon*
el cuchillo *knife*
  gritar *to yell*
  imaginar *to imagine*
  manchar *to stain*
el mantel *tablecloth*
  poner la mesa *to set the table*

el ruido *noise*
la servilleta *napkin*
el tenedor *fork*
  tirar *to throw*
la vela *candle*
  verter (ie) *to spill*

125

Para comenzar...

1. Con la ayuda del vocabulario inicial, describa el dibujo.
2. ¿Es ésta una escena común a la hora de comer? Explique. Describa la hora de comer en la casa de Ud. En la casa de una familia grande. En la Casa Blanca.
3. Por lo general, ¿dónde come Ud. las comidas y con quién(es)?
4. ¿Qué opina Ud. de la comida en la cafetería de su escuela? Describa la hora de comer en la cafetería.

Comer sin vino, comer mezquino

Sigue la entrevista entre Nancy, de los EE.UU., y Ema, de España.

NANCY Háblame un poco más de vuestras comidas. Me parece que coméis mucho.

EMA Empiezo por el desayuno, que es muy flojo;° sólo café con leche y galletas. A eso de las once tomamos un bocadillo, que es como el sándwich americano pero con pan español o un pastel. Esto lo llamamos el almuerzo. A las dos se hace la comida fuerte del día... un primer plato° como sopa o arroz, luego carne o pescado y después, algo de fiambres° como jamón, queso o chorizo,° con vino. De postre siempre tomamos fruta... plátanos o manzanas. Aquí en Valencia, nos gustan mucho las naranjas. Y a las diez cenamos... huevos con patatas o un poco de carne o pescado con legumbres. *light*

course, dish

cold cuts/pork sausage

NANCY Pasáis mucho tiempo sin comer. ¿No tenéis hambre?

EMA Bueno. Muchos tienen la costumbre de merendar a las 6:00 o a las 7:00 de la tarde. Se reúnen con sus amigos para merendar dulce o salado.

NANCY ¿Cómo que dulce o salado? No comprendo.

EMA Pues, los golosos° meriendan dulce. Van a alguna pastelería° o salón de té para tomar un bizcocho°, una torta o algún pastel de chocolate o almendras con café o té. Los que quieren merendar salado se reúnen en alguna cafetería o tasca y toman tapas. Las tapas son porciones pequeñas de varias comidas. Suelen ser de gambas, croquetas, patatas con salsa, calamares° fritos, cacahuetes°, almejas, chorizo, tortilla° de toda clase y más. Hay también tapas típicas de la región. Se suele tomar vino o cerveza con las tapas. *person with a sweet tooth*
pastry shop/sponge cake

squid/peanuts
omelette

126 UNIDAD 3 *Así paso el día*

NANCY Huy, ¡qué rico! Me encantan vuestras costumbres. Pero, ¡qué hambre tengo! ¿Vamos a una tasca? Tengo ganas de probar todas las tapas que mencionaste.

Conversemos

Refiriéndose a la lectura anterior, conteste Ud. las preguntas.

1. ¿Comen mucho los españoles? Explique. En sus propias palabras explique qué significa «merendar dulce». ¿Adónde van los españoles para merendar dulce? ¿Qué significa «merendar salado»? ¿Qué son las tapas? ¿Dónde y cuándo suelen tomarlas los españoles?
2. ¿Prefiere Ud. merendar dulce o salado? Explique.
3. En este país, ¿tenemos algo similar a las tapas? Explique. ¿Qué se suele servir en los bares norteamericanos con el vino o la cerveza?
4. ¿Cree Ud. que la idea de merendar puede ser popular en los EE.UU.? ¿Por qué sí o por qué no?

Vocabulario

LAS COMIDAS *(Meals)*
el alimento *food, nourishment*
el almuerzo *lunch*
la cena *supper*
la comida *dinner, meal*
el desayuno *breakfast*
la merienda *snack*

CARNES Y AVES *(Meats and fowl)*
el biftec *steak*
el cerdo *pork*
el hígado *liver*
el pollo *chicken*
la ternera *veal*

PESCADO Y MARISCOS
  (Fish and shellfish)
la almeja *clam*
el atún *tuna*
las gambas (los camarones) *shrimp*
la langosta *lobster*
la ostra *oyster*

LEGUMBRES *(Vegetables)*
la cebolla *onion*
la lechuga *lettuce*
el pepino *cucumber*
la zanahoria *carrot*

POSTRES *(Desserts)*
el flan *caramel custard*
la fresa *strawberry*
el helado *ice cream*
la galleta (salada) *cookie (cracker)*
el pastel *pastry*
el plátano (Spain) *banana*
el queso *cheese*
la torta, la tarta *cake*
la uva *grape*

PREPARACIÓN
al horno *baked*
asado *roasted*
con azúcar (sal, pimienta) *with sugar*
  (salt, pepper)

caliente *hot*
dulce *sweet*
frío *cold*
frito *fried*
picante *spicy*
salado *salty*

BEBIDAS *(Drinks)*
la cerveza *beer*
el hielo *ice*
el jugo (el zumo) *juice*
el té *tea*
el vino *wine*

VERBOS
adelgazar *to lose weight*
encantar *to delight*
engordar *to gain weight*
probar (ue) *to try, taste*
tomar *to eat, drink*

OTRAS PALABRAS Y EXPRESIONES
¡Buen provecho! *Enjoy the meal!*
darle asco a alguien *to be loathesome
  to someone*
estar a dieta *to be on a diet*
el olor *smell*
el sabor *taste*

Repasemos el vocabulario

REFIÉRASE A LA LISTA DE VOCABULARIO Y AL VOCABULARIO INICIAL.

A. *¿Cuál no pertenece?* *Subraye Ud. la palabra que no está relacionada con las otras y explique por qué.*

1. encantar   manchar   verter   tirar
2. ostra   almeja   atún   langosta
3. flan   helado   hielo   pastel
4. al horno   asado   frito   ruido
5. cuchillo   tenedor   servilleta   cuchara

B. Una expresión española. «*Llamar al pan, pan y al vino, vino*» significa llamar las cosas por su nombre y hablar claramente.

1. *Ahora, adivine Ud. las comidas siguientes:*
   a. El animalito del mar que tiene su propia casa y produce perlas.
   b. La comida favorita de los conejos. Dicen que son buenas para los ojos.
2. *Dé Ud. definiciones originales para las palabras siguientes.*
   a. el helado   **d.** el pollo
   b. el plátano   **e.** la fresa
   c. la langosta   **f.** el vino

C. El menú. *Prepare Ud. un menú para...*

1. un banquete formal para veinte personas.
2. un picnic en el campo con su novio(a).
3. una comida rápida para amigos inesperados.

D. Una prueba. *Las siguientes frases son falsas. Corríjalas.*

1. La lechuga es una legumbre que tiene un olor muy fuerte.
2. Por lo general, a los niños les encanta el hígado.
3. El pepino es una fruta amarilla.
4. En los restaurantes más elegantes siempre recomiendan tomar el vino tinto con el pollo y el pescado.
5. Para una persona que está a dieta, es bueno comer cerdo, biftec e hígado.

E. Una dieta sana y saludable. *Lea Ud. el anuncio siguiente y haga los ejercicios.*

Más recomendado

	COMA MÁS	COMA MENOS
Carnes	Pescado Pollo o pavo (sin pellejo)	Carne roja (res, puerco, ternera) Visceras, tocino, salchichas
Huevos	Claras o sustitutos de huevos sin colesterol	Yemas
Productos Lácteos	Leche descremada (non-fat) Yogurt descremado	Leche entera, condensada, evaporada Yogurt entero Crema
	Queso cottage descremado Quesos descremados Nieves	Queso cottage entero Quesos enteros Helados
Frutas y Verduras	Frescas	Fritas o con crema
Panes y Cereales	Cereales y panes de trigo, avena, centeno, arroz integral Pastas	Pasteles y galletas Panes en los que el huevo es un ingrediente importante
Grasas	No saturadas (aceites vegetales de maíz, de soya, de ajonjoli) Aderezos sin grasas o con grasas no saturadas Margarina con grasas no saturadas	Saturadas (aceites de coco, de palma, de toci-no, de grasa animal) Aderezos de las ensa-ladas con yemas (mayonesa) Mantequilla, chocolate

✓ Se recomienda una dieta con un máximo de 300 mg de colesterol al día.
✗ Una yema de huevo contiene 274 mg. de colesterol.
✓ El salvado de avena(oat bran) puede reducir el colesterol en la sangre.

1. ¿Qué alimentos...
   a. causan problemas dentales?   c. producen la obesidad?
   b. son bajos en colesterol?   d. garantizan la buena salud?
2. Según el doctor, el señor Rivera necesita seguir una dieta más sana. Sigue una lista de sus platos preferidos. ¿Cómo puede cambiarlos en formas más nutritivas?
   a. pollo frito   e. tortilla de patatas
   b. ravioles rellenos de carne   f. lasaña
   c. toda clase de postres   g. ensalada de papas
   d. chocolate caliente
3. Seis meses más tarde el señor Rivera tiene otra consulta con el doctor y tiene mil pretextos por no haber cambiado su dieta. En grupos, inventen Uds. un diálogo entre el señor Rivera, el doctor y la señora Rivera, quien está muy frustrada con los hábitos de comida de su esposo.

Gramática

DIRECT OBJECT PRONOUNS
(El pronombre como complemento directo)

FORM

me	*me*	**nos**	*us*
te	*you*	**os**	*you*
lo, la[1]	*him, her, you, it*	**los, las**[1]	*them, you*

USE

1. The direct object receives the direct action of a transitive verb. A transitive verb is a verb that can take a direct object to complete its meaning, such as **ver** (*to see*) or **comprar** (*to buy*). The direct object usually answers the questions *what?* or *whom?*

   Yo veo el rascacielos.   *I see the skyscraper.*
   Yo veo al peatón.   *I see the pedestrian.*

2. In Spanish, the direct object pronoun agrees in number, gender, and person with the noun it replaces.

   Ella compra **las naranjas**.   *She buys the oranges.*
   Ella **las** compra.   *She buys them.*
   Ella compra **el limón**.   *She buys the lemon.*
   Ella **lo** compra.   *She buys it.*

---

[1] In Spain, **le** or **les** is generally used in place of **lo** or **los** when the direct object is masculine and refers to people.

3. The neuter pronoun **lo** is often used with the verbs **ser** and **estar** to express a quality or an abstract idea. It may also be used with **creer**.

María es guapa.	*María is pretty.*
Sí, lo es.	*Yes, she is (it).*
Es fantástico.	*It's fantastic.*
Sí, lo creo.	*Yes, I believe it.*

4. In Spanish, the direct object pronouns **lo, la, los,** and **las** are commonly used with the verb **hay**, although they are not expressed in English.

¿Hay huevos?	*Are there any eggs?*
Sí, los hay.	*Yes, there are.*

PLACEMENT

Direct object pronouns:

1. generally precede the conjugated verb.

Ella los prepara.	*She prepares them.*
Ellos los quieren preparar.	*They want to prepare them.*
Juan los está preparando.	*Juan is preparing them.*
¡No los prepare Ud.!	*Don't prepare them!*

2. may follow and be attached to the infinitive or present participle.

Ellos quieren prepararlos.	*They want to prepare them.*
Juan está preparándolos.	*Juan is preparing them.*

3. must follow and be attached to an affirmative command.

¡Prepárelos Ud.²	*Prepare them!*

Práctica

A. *El refrigerador vacío.* Luisa descubre que no hay nada de comer. ¿Qué le dice su familia?

> **MODELO** el pollo/Rafael
> ¿Quién comió *el pollo?*
> Rafael *lo* comió.

1. los tomates/tú	**3.** las manzanas/papá	**5.** el queso/nosotros
2. la sopa/la abuelita	**4.** la torta/los niños	**6.** el helado/yo

---

² Note the addition of a written accent on this form. See Appendix A.

B. ¿Cómo lo prefiere Ud.? *Cuéntele a la clase cómo prefiere su comida.*

> **MODELO**   ¿Cómo prefiere Ud. *la carne? La* prefiero asada.

1. el pollo
2. el té
3. los huevos
4. las patatas
5. el chocolate
6. el pescado
7. el jugo
8. la comida china
9. la langosta

C. ¿Qué tomaba? *Diga cuáles de las siguientes comidas o bebidas comía o bebía cuando Ud. era pequeño(a). Sustituya los sustantivos por pronombres según el modelo.*

> **MODELO**   el hígado
> ¿El hígado? No *lo* comía con frecuencia.

1. el pollo frito
2. la limonada
3. las galletas de chocolate
4. los sándwiches de atún
5. el jugo de naranja
6. el helado
7. los huevos fritos
8. la langosta
9. el agua

D. El señor mamá. *Hoy Marta volvió tarde de la oficina y Pedro tuvo que preparar la cena. Conteste Ud. las preguntas de Marta sustituyendo los sustantivos por pronombres según el modelo.*

> **MODELO**   ¿Preparaste *la cena?*
> Sí, *la* preparé.

1. ¿Pusiste *la mesa?*
2. ¿Compraste *el queso?*
3. ¿Probaste *el biftec?*
4. ¿Hiciste *la ensalada?*
5. ¿Serviste *la leche?*
6. ¿Preparaste *los postres?*

INDIRECT OBJECT PRONOUNS
(El pronombre como complemento indirecto)

FORM

me	to, for me	nos	to, for us
te	to, for you	os	to, for you
le (se)	to, for him, her, you, it	les (se)	to, for them, you

USE

1. The indirect object tells *to whom* or *for whom* the action of the verb is performed.

| Elena le da la receta **a Marta**. | *Elena gives the recipe* **to Marta**. |
| Papá le compra un coche **a Iván**. | *Dad buys a car* **for Iván**. |

2. In Spanish, the indirect object pronoun agrees in number and person with the noun it replaces. It is almost always used in Spanish, even though the indirect object noun is expressed.

Ana le da las galletas al niño.   *Ana gives the cookies to the child.*

3. Since **le** (to him, to her, to you) and **les** (to them, to you pl.) can refer to various people, a prepositional phrase is often added for clarification.

Le di el vino a él, y le di   *I gave the wine to him and I*
la champaña a ella.   *gave the champagne to her.*

PLACEMENT

As is true of the direct object pronoun, the indirect object pronoun precedes the conjugated verb and may follow and be attached to the infinitive or present participle. It must always follow and be attached to the affirmative command.

Práctica

A. *¡Hay que ser organizado!* *María Ramos tuvo mucho que hacer antes de salir esta noche. ¿Qué hizo?*

   MODELO   Dio una lección de inglés. (a su vecino)
                Le dio una lección de inglés a su vecino.

1. Pagó la cuenta. (a la compañía telefónica)
2. Escribió cartas. (a sus familiares)
3. Trajo sopa de pollo. (a un amigo enfermo)
4. Sirvió la comida. (a sus padres)
5. Contó un cuento de hadas. (a su hermano)

B. *La fiesta.* *Rosita habla con Inés sobre cómo van a llegar a la fiesta esta noche. Complete Ud. las oraciones con el pronombre apropiado.*

   ROSITA   Pues, a mi esposo no _____ interesa ir a la fiesta, pero a mí, sí. Pero, ¿cómo llegar?

   INÉS   _____ podemos pedir ayuda a Juan.

   ROSITA   ¡No! No debemos decir _____ nada a él. Maneja como un loco y a mí _____ da mucho miedo.

   INÉS   Bueno, ¿quieres preguntar _____ a los Sánchez si a ellos _____ molesta pasar por nosotras?

   ROSITA   ¡Cómo no! ¿Qué _____ importa a nosotros cómo llegamos? Lo importante es llegar a tiempo porque a mí _____ pidieron traer el vino.

TWO PRONOUNS AS OBJECTS OF THE VERB

(Dos pronombres como complementos del verbo)

1. The indirect object pronoun always precedes the direct object pronoun, and the two pronouns must never be split.

Yo te los quiero dar. ⎤
Yo quiero dártelos. ⎦   *I want to give them to you.*

2. When both pronouns are in the third person, the indirect pronoun (**le, les**) becomes **se**. Since **se** can have various meanings (**a él, a ella, a Ud. a ellos, a ellas, a Uds.**), a prepositional phrase may be used for clarity.

¿Le enviaste el paquete a Juan?   *Did you send the package to Juan?*
Sí, yo se lo envié a él.   *Yes, I sent it to him.*

Práctica

A. Mañana. *Hay muchas cosas en la vida diaria que uno prefiere posponer. Siga Ud. el modelo.*

MODELO   No quiero mandarle el cheque al señor López hoy.
             Se lo mando mañana.
             Voy a mandárselo mañana.

1. Papá no quiere hacer la paella para nosotros hoy.
2. No queremos comprar las entradas para nuestros amigos hoy.
3. El empleado no quiere entregarle los informes al jefe hoy.
4. No quiero devolverle el azúcar a mi vecina hoy.
5. Tú no quieres echarle gasolina al coche hoy.
6. La profesora no quiere explicarle la gramática a la clase hoy.

B. ¿Para quién es? *Ud. compró los siguientes regalos de Navidad. ¿A quién le va a dar cada uno y por qué? Decida con la ayuda de un(a) compañero(a).*

MODELO   un suéter
             ¿A quién le das el suéter?
             Se lo doy a la abuela porque siempre tiene frío.

1. dos entradas para la ópera   **4.** una caja de chocolates
2. unos juegos electrónicos   **5.** un brazalete de oro
3. un cassette de Gloria Estefan   **6.** un mapa de Sudamérica

C. Conversemos. *Conteste las preguntas siguientes empleando los pronombres apropiados.*

1. ¿Les escribe Ud. cartas a sus padres con frecuencia? ¿A quién le escribe mucho? ¿Le escribe cartas románticas a su novio(a)? ¿Se las escribe a Ud. su novio(a)? ¿Qué le dice?

2. ¿Le presta Ud. su ropa a su compañero(a) de cuarto? ¿Por qué? ¿Qué otras cosas le presta a él (ella)? ¿Le pide Ud. dinero a su compañero(a)? ¿Qué le pide su compañero(a) a Ud.?

3. ¿Siempre le entregan Uds. la tarea al (a la) profesor(a) a tiempo? ¿Por qué? ¿Les devuelve a Uds. sus exámenes en seguida? ¿Les explica a Uds. bien la gramática? ¿Les da a Uds. buenas notas?

GUSTAR *AND SIMILAR VERBS* (*Gustar* y otros verbos similares)

1. Gustar is used to express the idea of *like* in Spanish. REMEMBER, **gustar** does not mean *to like*, but rather *to be pleasing to*. It therefore requires a different sentence construction. Compare the following sentences.

I (subject)	*like* (verb)	*the books* (direct object).
Me (indirect object)	**gustan** (verb)	**los libros** (subject).

The second sentence literally means *The books are pleasing to me*. The subject in English becomes the indirect object in Spanish, and the direct object (thing or person liked) becomes the subject in Spanish. The verb **gustar** agrees with the Spanish subject and thus is most commonly used in the third person singular and plural.[3] When an infinitive is used with **gustar**, it is treated as a singular noun.

Nos gusta comer chocolate.	*We like to eat chocolate.*
Te gustan esas galletas saladas.	*You like those crackers.*

2. Even when the indirect object is a noun or proper noun, the indirect object pronoun is used. When the noun is not expressed, prepositional phrases may be added for clarification or emphasis.

A la abuelita le gusta el té.	*Grandma likes tea.*
A los niños les gusta la limonada.	*The children like lemonade.*
A Uds. les gusta el café.	*You like coffee.*

3. Other verbs like **gustar**:

aburrir — *to bore*	fascinar — *to fascinate*
caer bien (mal) — *to (not) suit*	hacer falta — *to need*
dar asco — *to be loathesome*	importar — *to matter, be important*
doler (ue) — *to hurt, ache*	interesar — *to interest*
encantar — *to delight*	parecer — *to seem*
faltar — *to be lacking, missing*	quedar — *to be left over, remain*

A José le duelen los pies.	*José's feet hurt.*
No nos queda azúcar.	*We have no sugar left.*

---

[3] Note that all forms of **gustar** can be used: **gusto, gustas, gustamos**... For example: **Tú me gustas.** (*I like you. [You are pleasing to me.]*)

Práctica

A. Día de campo. *Llene Ud. el espacio con el pronombre apropiado o use la forma correcta del verbo entre paréntesis.*

A mí, _____ gusta mucho el campo y hoy, como hace muy buen tiempo y me (aburrir) _____ quedarme en casa, me (parecer) _____ una idea muy buena invitar a algunas amigas a pasar el día en el campo. Estas excursiones me (encantar) _____. Primero, voy a llamar a Susana y a Rita porque me (gustar) _____ mucho. Además, a ellas _____ fascina el paisaje del campo. Pero, Ana, la hermana de Rita me (caer mal) _____. A ella no _____ interesa nada sino hablar de los chicos. Pues, decidido...no la invito.

Ahora, me (hacer falta) _____ preparar la merienda. A ver... quiero llevar sándwiches pero me (faltar) _____ el pan. Y no me (quedar) _____ carnes frías tampoco. Pues...no me (importar) _____. Voy a pasar por el supermercado y voy a comprar todo lo necesario.

B. Como resultado. *Para practicar el verbo **faltar**, cambie las frases siguientes según el modelo y después un(a) compañero(a) de clase va a explicar las consecuencias.*

> **MODELO**   No encuentro mis gafas.
> *Estudiante 1* Me faltan las gafas.
> *Estudiante 2* Entonces no puedes leer.

1. José no encuentra sus llaves.
2. Ud. no encuentra su bolígrafo.
3. No encontramos el café.
4. No encuentro mi abrigo.
5. Ellos no encuentran el menú.
6. Carmen no encuentra sus zapatos.
7. Jaime no encuentra su raqueta.
8. El cocinero no encuentra el arroz.

C. ¿Qué te parece? *Conteste Ud. las siguientes preguntas usando las palabras entre paréntesis. Siga el modelo.*

> **MODELO**   ¿Qué le encanta a Ud.? (comer al aire libre)
> Me encanta comer al aire libre.

1. ¿Qué les importa a los estudiantes? (sacar buenas notas)
2. ¿Qué te parece esta receta? (complicada)
3. ¿Qué le interesa a Carmen? (los chicos)
4. ¿Qué le parece a Ud. imposible? (comer cien hamburguesas)
5. ¿Qué les fascina a los niños? (los animales)
6. ¿Cómo te caen Juan y Pablo? (bien)

D. Traducciones: La ensalada. *Traduzca Ud. las frases siguientes al español.*

1. Do you all like the salad?
2. Yes, but Dad says it needs more carrots.
3. I have none left.
4. Why does it matter so much to him?
5. It seems to us that...well, I don't know.

E. Opiniones. *Complete Ud. las frases siguientes de una forma original.*

1. A mí me molesta(n)...
2. Al presidente de los EE.UU. le importa(n)...
3. A mis padres les importa(n)...
4. Al (A la) profesor(a) le encanta(n)...
5. A mí me aburre(n)...
6. A los estudiantes universitarios siempre les hace(n) falta...

F. Gustos personales. *Entreviste Ud. a un(a) compañero(a) de clase para enterarse de tres cosas que le gustan, le aburren, le dan asco y le importan.*

Así se dice

¡NO ME DIGAS!

In Spanish, as in English, there are ways to express a wide variety of reactions to news of either a formal or a more personal nature. These can range from indifference to surprise or shock. Often, these expressions are not limited to one specific situation or emotional state but can fit many circumstances, depending on intensity and tone of voice. Here are some of the most common expressions.

1. To show indifference, you might use:

¿Y qué?   *So what?*
¿Qué importa?   *Who cares?*

2. For questioning or mild surprise, you could say:

¿De veras?	*Really?*	¡Vaya! ¡Anda!	*Go on! Get out!*
¿En serio?	*Are you serious?*	¡No me diga!	
		¡No me digas!	*You don't say!*

3. To show disbelief, negation, or doubt, you might respond:

¡No lo creo! (¡No me lo creo!)   *I don't believe it!*
¡No puede ser!   *It can't be!*
¡Qué va!   *No way! What do you mean?*
¿Cómo que...?   *What do you mean that...?*

Práctica

¿Sabes qué? *Ud. y un compañero charlan. Él le comunica las siguientes noticias. Reaccione Ud. con una expresión apropiada.*

El compañero le dice que...

1. él y su novia se separaron.
2. perdió sus gafas en el autobús.
3. su papá ganó la lotería.
4. su jefe le dijo que tiene que trabajar todo el fin de semana.
5. el precio de la gasolina va a bajar el 50 por ciento.
6. anoche vio un OVNI (*UFO* [objeto volador no identificado]) cerca de su casa.
7. él se va al Japón por un año.
8. la clase que Ud. quería tomar fue cancelada.

Ahora, cuéntele Ud. algunas noticias a un(a) compañero(a) y él (ella) va a reaccionar.

Y en resumen...

A. *¡Quehaceres!* *(chores) Pepe quiere ir a jugar con sus amigos pero su mamá tiene otras ideas. ¿Qué dicen? Siga el modelo.*

> **MODELO** *Pepe* ¡Adiós mamá! Me voy...
> *Mamá* No, hijo mío. Primero tienes que escribirle una carta a tu tía.
> *Pepe* Ya se la escribí.

1. hacer la tarea
2. poner la mesa
3. pedirle permiso a tu papá
4. subirle el café a tu abuela
5. cortar el césped (*lawn*)
6. limpiar tu cuarto
7. devolverles los juguetes a tus hermanos
8. llevarle flores a la vecina

B. *¿Y la pregunta?* *Carlitos escucha la conversación telefónica de su mamá. Él intenta adivinar las preguntas que le hace su amiga. Escriba Ud. la pregunta que corresponde a las siguientes frases según el modelo.*

> **MODELO** No, me falta el vinagre para hacer la ensalada.
> ¿A Ud. le falta el aceite para hacer la ensalada?

1. Sí, pero me gustan las sardinas.
2. Me quedan sólo diez dólares después de ir al supermercado.
3. No, no me fascina más el horario de comida en España.
4. A Carlos le encanta el helado de chocolate.
5. Me pareció interesante la cocina del restaurante argentino.
6. No, me duele el estómago por haber comido demasiadas galletas.
7. Sí, me interesa mucho esa dieta nueva.
8. Me importa más comer bien.

C. Gustos y disgustos. *Haga Ud. las actividades siguientes.*

1. *Exprese su opinión de las siguientes cosas y explíquele a la clase por qué. Siga el modelo.*

    MODELO   Me disgusta esta sopa porque huele a gasolina.

	1. esta clase
interesar	**2.** viajar en avión
encantar	**3.** perros calientes
aburrir	**4.** lavar platos
dar miedo	**5.** dormir
fascinar	**6.** películas románticas
molestar	**7.** la música rap
disgustar	**8.** computadoras
	9. el hígado
	10. mi compañero(a) de cuarto

2. *Ahora, pregúntele a un(a) compañero(a) cuáles son las comidas que le gustaban y que no le gustaban de niño(a). ¿Cuáles son las que le gustan y no le gustan ahora? Comparta la lista con la clase.*

D. La insomnia de Snoopy. *Lea Ud. el dibujo y conteste las preguntas.*

1. Snoopy está obsesionado con la pizza. ¿Tiene Ud. alguna obsesión? ¿Cuál es?
2. ¿Duerme Ud. bien por las noches? ¿En qué piensa Ud. antes de dormirse? ¿Cuáles son algunas soluciones para la insomnia? ¿Cuál le da a Ud. buenos resultados?

3. ¿Es Ud. una persona nerviosa o tranquila? ¿En qué situaciones está Ud. nervioso(a)? Cuando Ud. está muy nervioso(a), ¿qué hace para calmarse? Dicen que hay bebidas que nos ayudan a relajar y otras que nos animan. ¿Puede Ud. nombrar algunas? ¿Cuáles son sus efectos? ¿Cuáles toma Ud. y por qué?

4. Como Snoopy, todo el mundo tiene problemas. ¿Cuáles son los suyos? ¿Hay soluciones? ¿Cuáles son los problemas típicos de personas de su edad? ¿de la edad de sus padres? ¿de sus abuelos?

E. La comida rápida, ¿ayuda o amenaza (threat)? *Lea Ud. el siguiente anuncio y haga los ejercicios.*

Pizzas, perritos y hamburguesas ceban la dieta española

ceban... *feed*

Sumergidos en la modernidad, los españoles también han sucumbido a las comidas rápidas. En todas las ciudades, florecen los negocios que amparan la cultura del comer con las manos. Los jóvenes son la principal clientela y su dieta corre el riesgo de padecer fuertes carencias peligrosas para la salud

corre el riesgo *run/ the risk* padecer... *suffer*

1. Busque Ud. en el anuncio los sinónimos de las siguientes palabras:
prosperan   está en peligro   faltas   sufrir   favorecer

2. Muchos españoles ven la popularidad de la comida rápida como una amenaza a sus costumbres culinarias típicamente españolas. Según lo que Ud. ya sabe del horario de comida en España, comente esto.

3. También, muchos españoles creen que la comida rápida es peligrosa para la salud. ¿Está Ud. de acuerdo con ellos? ¿Por qué sí o no? Describa Ud. las comidas rápidas que Ud. considera nutritivas.

4. ¿A qué atribuye Ud. la gran popularidad de la comida rápida en los EE.UU.? Además de las comidas mencionadas en el artículo, ¿qué otras comidas rápidas «ceban» la dieta norteamericana?

F. Conversemos. *Conteste Ud. las preguntas.*

1. ¿Cuál es el mejor método de controlar el peso? ¿Cuál es el peor? ¿Qué opina Ud. de las fórmulas líquidas como forma de adelgazar?
2. ¿Qué significa para Ud. «estar a dieta»?
3. Describa los hábitos de comida de Ud. Por ejemplo, ¿le gusta probar al preparar sus comidas? ¿Tiene la tendencia de picar (*snack*) entre comidas? ¿Come cuando no tiene hambre? Explique.
4. Diga Ud. qué come en las siguientes situaciones y explique por qué.
   - *a.* al estudiar para un examen
   - *b.* cuando se reúne con sus amigos
   - *c.* después de hacer algún ejercicio físico
   - *d.* al despertarse de noche
   - *e.* cuando sale con su novio(a)
   - *f.* cuando se siente deprimido(a)
   - *g.* cuando está nervioso(a)
   - *h.* otro

G. Composición. *Escriba una breve narración que comience con una de las siguientes frases.*

1. La semana pasada salí con mi familia para cenar en un restaurante elegante.
2. Mis amigos españoles me visitaron el verano pasado y encontraron muchas costumbres diferentes.
3. Anoche yo cené en la Casa Blanca.

¿Qué hacemos esta noche?

Vocabulario inicial

bailar *to dance*
borracho *drunk*
el (la) camarero(a), (mozo[a], mesero[a]) *waiter, waitress*
  la canción *song*
  el conjunto (grupo) musical *band*
  divertirse (ie) (entretenerse,
    pasarlo bien) *to have a good time*

estar sentado *to be seated*
la pareja *couple*
la pista *dance floor*
  sobrio *sober*
  tomar una copa *to have a drink*

Para comenzar...

1. Con la ayuda del vocabulario inicial, describa el dibujo.
2. ¿A Ud. le gusta ir a las discotecas? ¿Por qué sí o no? ¿Qué opina Ud. de bailar en general? Nombre algunas razones por las cuales a la gente le gusta bailar. ¿Qué tipo de baile es popular ahora?
3. Si la manera de bailar de las personas en el dibujo expresa su personalidad, ¿qué se puede decir de cada una?

¿Qué hacemos esta noche?

Nancy quiere saber más sobre la vida en España.

NANCY ¿Qué suele hacer la gente por la noche?

EMA Desgraciadamente, ahora en España hay menos vida nocturna que antes porque se trabaja mucho más y se tiene que levantar más temprano. Las discotecas abren a las seis de la tarde y vuelven a cerrar a las diez. Se vuelve a casa o se va a un restaurante para cenar. A las once se empieza otra vez. En el verano, la gran vida nocturna es los cafés al aire libre. En Madrid hay uno muy famoso que es el Gijón, pero ahora está de moda uno que está al lado, que es el Café Teide. Entonces es muy divertido porque el Teide está lleno° de gente... no hay sitio donde sentarse, y sin embargo, el Gijón, justamente al lado, está vacío.° Pues, allí se sientan, charlan y toman una cerveza o un café o lo que sea.° Lo importante es «ver y que te vean»,° y ver con quién hablas y con quién andas.

    También, claro, vamos al cine, al teatro y a fiestas en casas particulares.°

NANCY ¿Aquí son populares las películas norteamericanas?

EMA Pues sí. Igual que los programas de televisión, las películas y los actores son muy populares en España. Por ejemplo, el año pasado todos mis amigos fueron a ver *Danzando con lobos, La sombra del amor (Ghost)* y *Despertares (Awakenings)*. Y claro, nos gustan mucho algunos de los artistas de Hollywood como Meryl Streep, Robert De Niro, Kevin Costner y Mel Gibson. Pero también en España tenemos una industria cinematográfica creciente, con grandes directores como Carlos Saura y Pedro Almodóvar, quien hizo las películas *Mujeres al borde de un ataque de nervios* y *Átame*.

full

empty

whatever/**ver...** *see and be seen*

private

Conversemos

Refiriéndose a la lectura anterior, conteste Ud. las preguntas.

1. ¿Cuáles son las actividades nocturnas más populares en España? ¿Por qué ahora en España hay menos vida nocturna que antes? Explique el concepto social del «ver y que te vean». Describa las películas que salen en los cines españoles hoy día.
2. ¿Cuáles son las actividades nocturnas más populares en los EE.UU.? ¿Existe en este país el concepto del «ver y que te vean»? ¿En qué situaciones puede ocurrir? ¿Cree Ud. que es un concepto universal? Explique.
3. Por lo general en las fiestas españolas, la gente charla, come y bebe. ¿Qué pasa en las fiestas norteamericanas?

Vocabulario

EN EL CINE *(At the movie theater)*

el argumento *plot*
la butaca *theater seat*
la entrada (el boleto) *ticket*
las palomitas de maíz *popcorn*
la película *movie*
la taquilla *box office*
el tema *theme*

EN CASA *(At home)*

el canal *channel*
   contar (ue) chistes *to tell jokes*
   chismear *to gossip*
el disco *record*
   jugar (ue) a las cartas (a los naipes) *to play cards*
la telenovela *soap opera*
el tocadiscos *record player*
   ver (mirar) la televisión *to watch television*

EN EL CLUB NOCTURNO
(At the nightclub)

la barra (el mostrador) *bar (counter)*
   brindar *to toast*

el brindis *toast*
la carta (el menú) *menu*
   cobrar *to charge*
la copa *wine glass*
la cuenta *check, bill*
la diversión *entertainment*
   emborracharse *to get drunk*
la propina *tip*

BEBIDAS

el coñac *cognac, brandy*
la gaseosa *soda*
el refresco *soft drink, refreshment*
el ron *rum*
el trago *drink, gulp*

EXPRESIONES

¿Cómo quedamos? *How do we stand?*
¿De qué trata...? *What is... about?*
estar encantado *to be excited*
estar entusiasmado con *to be excited about*
gozar de (disfrutar) *to enjoy*

Repasemos el vocabulario

REFIÉRASE A LA LISTA DE VOCABULARIO Y AL VOCABULARIO INICIAL.

A. ¿Cuál no pertenece? *Subraye Ud. la palabra que no está relacionada con las otras y explique por qué.*

1. gaseosa   palomitas   coñac   ron
2. camarero   cantante   mesero   mozo
3. brindis   copa   barra   boleto
4. pasarlo bien   divertirse   cobrar   entretenerse
5. cuenta   taquilla   entrada   butaca

B. Sinónimos. *Escriba Ud. el sinónimo de las palabras subrayadas.*

1. La gente joven goza de la vida nocturna de esta ciudad.
2. ¿Cómo quedamos? ¿Nos reunimos en la barra del Club Paloma?
3. Cuando el mesero nos trae el menú, pregúntele dónde venden boletos de teatro.
4. ¿Quieres ver la tele? No, prefiero jugar a las cartas.
5. Esta banda es fantástica. Vamos a divertirnos mucho esta noche.

C. Definiciones. *Defina Ud. las palabras siguientes en español.*

1. el mozo   **3.** los chistes   **5.** la película
2. brindar   **4.** los naipes   **6.** la cuenta

D. Ejemplos. *Dé Ud. un ejemplo de las categorías siguientes y exprese su opinión.*

> **MODELO**   un cantante famoso
> Rubén Blades es un cantante famoso. Me gusta porque su música tiene mucho sentido socio-político.

1. una telenovela popular   **4.** una película romántica
2. un restaurante elegante   **5.** un actor o una actriz famosa
3. un conjunto musical nuevo   **6.** una discoteca conocida

E. Estilos de vida. *Describa Ud. la vida nocturna de...*

1. un(a) estudiante universitario(a).
2. un(a) estudiante de colegio.
3. una madre de niños pequeños.
4. una famosa estrella de cine.

F. ¿De qué se trata...? *Explique Ud. el tema o el argumento de los siguientes programas, libros, películas o comedias.*

> **MODELO**   novela: Don Quijote de la Mancha.
> La novela Don Quijote de la Mancha se trata de un hombre idealista y su amigo Sancho Panza. Los dos salen juntos para buscar aventuras y deshacer agravios (*wrongs*).

1. libros: Cenicienta, Guerra y paz, La hoquera de las vanidades (*Bonfire of the Vanities*)
2. películas: Mujer bonita, El Padrino III, Danzando con lobos.
3. programas de televisión: Treinta y tantos, Los Simpson, 60 Minutos
4. comedias: Romeo y Julieta, El fantasma de la ópera, Cyrano de Bergerac

G. En grupos. *Representen Uds. las siguientes escenas.*

1. Están en el cine y...
   a. la persona de al lado de Ud. habla constantemente.
   b. la persona de al lado de Ud. va y viene a cada rato y Ud. no puede ver.
   c. Ud. no puede ver bien porque el chico sentado delante de Ud. se mueve para besar a su novia a cada rato.
2. Ud. seleccionó un restaurante según la descripción que leyó en la guía de restaurantes. Al llegar, encuentra que no es nada como lo describieron.
3. Es su primera cita con el hombre (mujer) de sus sueños. Quiere impresionarlo(la) pero...
   a. el camarero deja caer la comida encima de Ud.
   b. le falta suficiente dinero para pagar la cuenta.
   c. otro(a) cliente en el restaurante intenta conquistar a su pareja.

Gramática

THE USES OF POR AND PARA *(Los usos de por y para)*

Por and **para** can both mean *for* in English. In general, **por** may refer to a past action or a reason or cause for having done something. **Para** is used to express a future action, goal, purpose, destination, or use. The following outline describes more fully the uses of **por** and **para**.

USE

1. **Por** is used to indicate:
   a. length of time.

   Me voy a Valencia por un mes.   *I'm going to Valencia for a month.*
   La pareja estaba bailando por tres   *The couple was dancing for three straight*
      horas seguidas.   *hours.*

   b. undetermined or general time.

   Nunca salen por la noche.   *They never go out at night.*
   Por la mañana voy al gimnasio.   *In the morning, I'm going to the gym.*

c. an action that has yet to be completed.

Su primera novela está publicada pero su segunda está por publicarse.	*His first novel is published, but his second has yet to be published.*

d. the object of an errand after the verbs **ir**, **venir**, **pasar**, and **preguntar**.

José va por vino.	*José is going for wine.*
Paso por ti mañana temprano.	*I'll come by for you early tomorrow.*

e. mistaken identity.

La tomó por una actriz famosa.	*He took her for a famous actress.*

f. cause or reason

Pepe se enfadó con Rosa por haber salido con otro.	*Pepe was angry with Rosa for having gone out with another guy.*
No podemos ir a la discoteca por falta de dinero.	*We can't go to the discotheque for lack of money.*

g. means of communication or mode of transportation.

Jaime me llama por teléfono cada noche.	*Jaime calls me on the phone (phones me) every night.*
Van a Europa por barco.	*They're going to Europe by boat.*

h. intentions — on behalf of, for the sake of, in favor of.

Luchamos por la libertad.	*We fight for freedom.*
Lo hacemos por todos los seres humanos.	*We do it for all human beings.*
El presidente está por esta ley.	*The president is in favor of this law.*

i. sales — in exchange for, instead of.

¿Cuánto pagaste por el boleto?	*How much did you pay for the ticket?*
Me dio $100,00 por mi televisor.	*He gave me $100.00 for my television set.*

j. through, along, or by.

Los viejos se pasean por el parque.	*The old men stroll through the park.*
El ladrón entró por la ventana y salió por la puerta.	*The burglar entered through the window and left by the door.*

k. the agent in the passive voice.[1]

La canción fue cantada por una famosa cantante francesa.	*The song was sung by a famous French singer.*

---

[1] See Unit VIII for the passive voice.

l. velocity, frequency, proportion (per).

Se debe conducir a 55 millas por hora. *One should drive at 55 miles per hour.*

Van al cine tres veces por semana. *They go to the movies three times a week.*

m. multiplication and division.

Tres por tres son nueve. *Three times three is nine.*
Cien dividido por veinte son cinco. *One hundred divided by twenty is five.*

n. gratitude or apology.

Gracias por la ayuda. *Thanks for the help.*
Lo siento por haberte llamado bobo. *I'm sorry for having called you dumb.*

Common expressions with **por:**

acabar por — *to end up by*
palabra por palabra — *word for word*
por adelantado — *in advance*
por ahora — *for now*
por amor de Dios — *for the love of God*
por aquí (cerca) — *over here (nearby)*
por casualidad — *by chance*
por ciento — *per cent*
por cierto — *for sure*
por completo — *completely*
por dentro — *inside*
por desgracia — *unfortunately*
¡por Dios! — *oh my God!*
por ejemplo — *for example*
por eso — *therefore*

por favor — *please*
por fin — *finally*
por lo general — *generally*
por lo menos — *at least*
por lo visto — *apparently*
por mi parte — *as for me*
por ningún lado — *nowhere*
por otra parte — *on the other hand*
por otro lado — *on the other hand*
por poco (me caigo) — *(I) almost (fell)*
por primera vez — *for the first time*
por si acaso — *in case*
por su cuenta — *freelance, on one's own*
por supuesto — *of course*
por todas partes — *everywhere*
por última vez — *for the last time*
por último — *lastly, finally*

2. **Para** is used to indicate:
   a. destination

Vamos para Bogotá en junio. *We're going to Bogotá in June.*
Ya salió para el club. *He already left for the club.*

b. a deadline.

Para el lunes habré leído los poemas. *By Monday I will have read the poems.*

c. the use or purpose of things.

La copa es para vino. El vaso es para jugo. *The goblet is for wine. The glass is for juice.*

d. finality, goal, or purpose of an action.

Paloma estudia para ingeniera.	*Paloma is studying to be an engineer.*
Miguel se viste así para atraer a las mujeres.	*Miguel dresses that way (in order) to attract women.*[2]
Tengo un regalo para mi sobrino.	*I have a present for my nephew.*

e. an action that will be completed in the near future.

El avión está para salir.   *The plane is about to leave.*

f. a comparison of inequality.

Para una niña de siete años, toca bien el violín.	*For a seven-year-old, she plays the violin well.*

g. resulting emotions.

Para mi sorpresa Jorge me invitó a salir esta noche.	*To my surprise, Jorge asked me to go out tonight.*

Common expressions with **para**:

no estar para bromas — *to be in no mood for jokes*
no servir para nada — *to be of no use*
para siempre — *for always*

Práctica

A. La cita. *Mañana Leonora tiene su primera cita con Jorge, el hombre de sus sueños. Le cuenta todo a su diario. Llene Ud. el espacio con* **por** *o* **para***.*

Querido diario,
Mañana _____ la tarde salgo con Jorge _____ primera vez.
_____ fin me llamó _____ teléfono y me invitó a salir con él. Él
viene _____ mí a las 6:00 y vamos _____ el centro de la ciudad.
Primero, vamos a pasearnos _____ la Plaza Mayor y luego vamos a
una tasca _____ tomar tapas. Quería llevar mi vestido negro _____
impresionarlo, pero _____ desgracia está sucio. ¡Qué problema!

   Pues...estoy nerviosa. Jorge es un ángel y es muy sentimental. Me dijo
que tiene una sorpresa _____ mí. No sé qué es, pero me dijo que es
algo _____ hacerme reír.

   Pues, te dejo _____ ahora. Mañana _____ la noche te voy a
contar todo. ——Leonora.

---

[2] Note that although in English the expression *in order* is often omitted before an infinitive, in Spanish **para** must be expressed. For example: *We study (in order) to learn.* (**Estudiamos para aprender.**)

B. Anoche Claudia quiso ir al teatro. *Para saber qué le pasó, busque en la segunda columna la terminación apropiada de la frase en la primera columna. Note bien el uso de* **por** *o* **para**.

1. Claudia fue invitada al teatro
2. Las dos fueron primero a una cafetería
3. Después, pasaron
4. Finalmente, fueron a una farmacia
5. Al llegar al teatro, tenían que hacer cola
6. Las entradas costaban 2.000 pesetas
7. No podían comprarlas
8. Entonces, salieron

a. por una hora.
b. por falta de dinero.
c. por una butaca en la última fila.
d. por su amiga Ana.
e. para tomar una copa.
f. para el cine.
g. para comprar aspirinas.
h. por una pastelería y compararon dos pasteles de nata (*whipped cream*).

C. La fiesta ruidosa. *Termine Ud. las frases con* **por** *o* **para** *de una forma original.*

1. José planeó la fiesta...
2. Todos llegaron...
3. Marta se sintió mal...
4. Manolo no sabía que los regalos eran...
5. La ventana fue rota...
6. Susana cambió su limonada...
7. Los vecinos llamaron a la policía...
8. A medianoche todos salieron...

D. El argumento (*The plot*). *Cuente Ud. el argumento de una película o programa de televisión que a Ud. le gusta. Use por lo menos cinco de las siguientes expresiones en su descripción.*

por completo	por primera vez	por útlimo	por supuesto	por desgracia
por fin	por eso	por ejemplo	por lo menos	por mi parte

THE IMPERSONAL SE (*El* **se** *impersonal*)

FORM AND USE

When the subject of a sentence is indefinite or impersonal (such as *they say, people feel that, one eats, you* [in general] *can*), the following construction is used:

Se + third person singular

Se cree que Juan es el mejor disquero de Madrid.
Se toca música flamenca en ese club.
Se puede ver toda la ciudad desde el décimo piso de aquel edificio.

It is believed that Juan is the best disk jockey in Madrid
They play flamenco music in that club.
One (You) can see the whole city from the tenth floor of that building.

Although there is no specific subject in any of these sentences, the **se** indicates that a nonspecific person or persons are carrying out the action of the verb.

Práctica

A. *Aquí se vive bien.* *Cambie Ud. las frases siguientes según el modelo, usando el* **se** *impersonal.*

> **MODELO**   Comen bien en estas cafeterías.
> Se come bien en estas cafeterías.

1. Prohiben fumar en los restaurantes.
2. Celebran la feria de los libros en la Plaza Mayor.
3. No necesitan mucho dinero para alquilar un apartamento.
4. Creen que en los mercados compran de todo.
5. Dicen que los bancos dan intereses altos.
6. Encuentran mucho de interés por toda la ciudad.

B. *Lugares que conozco.* *Ahora. ¿qué puede Ud. decir de su ciudad, casa o escuela?*

> **MODELO**   Aquí se aprende mucho.

C. *Traducciones.*

1. Aquí (people dine) _____ a las diez de la noche.
2. (You go up) _____ al segundo piso para encontrar la farmacia.
3. En esta casa (one enters) _____ por la puerta de atrás.
4. (It is believed) _____ que un arquitecto francés diseñó este edificio.
5. (They say) _____ que el agua mineral es buena para la salud.
6. (It is well known) _____ que el queso y los frijoles tienen mucha proteína.

TENER *EXPRESSIONS* (Expresiones con el verbo *tener*)

Many idiomatic expressions are formed by combining the verb **tener** with certain nouns. These nouns must be modified by the adjective **mucho(a, os, as)** rather than **muy**. For example: **Tengo mucho sueño.** (*I am very tired.*)

tener algo que hacer — *to have something to do*	tener hambre — *to be hungry*
tener...años — *to be ... years old*	tener la culpa — *to be guilty*
tener calor — *to be hot*	tener lugar — *to take place*
tener celos — *to be jealous*	tener miedo de (a) — *to be afraid of*
tener confianza — *to have confidence*	tener presente — *to keep in mind*
tener cuidado — *to be careful*	tener prisa — *to be in a hurry*
tener derecho a — *to have the right to*	tener que + infinitive — *to have to*
tener dolor (de cabeza) — *to have an ache, a pain (a headache)*	tener que ver con — *to have to do with*
	(no) tener razón — *to be right (wrong)*
tener éxito — *to be successful*	tener sed — *to be thirsty*
tener frío — *to be cold*	tener sueño — *to be tired, sleepy*
tener ganas de — *to feel like, desire*	tener suerte — *to be lucky*
	tener vergüenza — *to be ashamed*

Práctica

A. Reacciones. *Responda Ud. a las siguientes situaciones con una expresión con* **tener**.

> **MODELO**   Yo sabía que iba a aprobar el examen.
> Yo tenía confianza.

1. Raúl se puso el abrigo.
2. ¿Dónde está la leche?
3. Mi padre tomó dos aspirinas.
4. Nos acostamos temprano anoche.

5. Hoy es el examen y no tengo mis libros.
6. Hacía 100°. Fuimos a la playa a nadar.
7. Mi novio va al baile con otra chica.
8. Salimos corriendo. La película iba a empezar.

B. La televisión española. *Llene Ud. el espacio con* **hay** *o una forma de los verbos* **ser**, **estar** *o* **tener**, *en el tiempo apropiado.*

Nancy sigue preguntando sobre la vida diaria en España.

NANCY _____verdad que la televisión española ha cambiado mucho en los últimos años, ¿no?

EMA Sí, tú _____ razón. A mediados de la década de los 80 sólo _____ dos canales de televisón y no _____ transmisiones hasta las dos de la tarde. Los programas no _____ muy variados y por eso, nosotros _____ que mirar los programas que ofrecían o no mirar nada.

NANCY ¿Y ahora _____ diferente?

EMA Las diferencias _____ enormes. Primero, _____ tres canales nacionales y muchos que _____ regionales. Por ejemplo, en Valencia nosotros _____ canal 9, «televisió Valenciana». TV3 _____ de Barcelona, que _____ en la provincia de Cataluña, y «Euskal Telebista» _____ el nombre del canal vasco. También _____ otros. Y _____ transmisiones desde muy temprano en la mañana hasta muy tarde en la noche. Ahora los españoles _____ más libertad de escoger los programas que prefieren mirar.

C. Sentimentos. *Complete Ud. las frases siguientes de una manera original.*

1. De niño(a) yo siempre tenía miedo de...
2. Anoche yo tenía ganas de...
3. Yo tengo vergüenza de...
4. Como ciudadano(a) (*citizen*) de los EE.UU., yo tengo derecho a...
5. Yo tengo confianza en...
6. Mi novio(a) tiene celos de...

THE CONJUNCTIONS E AND U *(Las conjunciones e y u)*

FORM AND USE

The word **y** (*and*) changes to **e** when it precedes a word that begins with **i** or **hi**.

Es innecesario **y** ridículo.   *It is unnecessary and ridiculous.*
Es ridículo **e** innecesario.   *It is ridiculous and unnecessary.*

The word **o** (*or*) changes to **u** when it precedes a word that begins with **o** or **ho**.

Él compró sus obras literarias   *He bought his literary works*
o pinturas.   *or paintings.*
Él compró sus pinturas u obras   *He bought his paintings or*
literarias.   *literary works.*

Práctica

Combinaciones. *Cambie Ud. el orden de las palabras siguientes, según el modelo. Haga los otros cambios necesarios.*

> **MODELO**   hongos o tomates
> tomates u hongos

1. ocho o nueve años
2. inteligente y simpática
3. hoteles o restaurantes
4. hijo y padre
5. otra fruta o peras
6. hígado y cerdo
7. ordinario o fascinante
8. indios y vaqueros

Palabras problemáticas

Estudie Ud. las palabras siguientes. Son palabras que los estudiantes norteamericanos de español suelen confundir.

1. ser tarde   *to be late* (the hour)
    llegar tarde   *to be* (arrive) *late* (a person)
    tardar   *to take a long time; to delay*

Son las once. <u>Es</u> tarde para ir a cenar.	*It's eleven o'clock. It's late to go to dinner.*
Si no salgo ahora, voy a <u>llegar</u> tarde a clase.	*If I don't leave now. I'll be late for class.*
¿Cuánto tiempo <u>tarda</u> la paella?	*How long does the paella take?*

2. la vez   *time* (in a specific sense; number of occurrences or instances)
    el tiempo   *time* (in a general sense; season, age)
    la hora   *time* (of day; hours)

Fui al circo tres <u>veces</u>.	*I went to the circus three times.*
Pasé mucho <u>tiempo</u> en Acapulco.	*I spent a lot of time in Acapulco.*
¿Qué <u>hora</u> es? Son las dos.	*What time is it? It's two o'clock.*

3. encontrar   *to find*
    encontrarse con   *to meet* (unplanned; run across)
    reunirse con   *to meet* (planned; prearranged)
    conocer   *to meet* (for the first time; to make the acquaintance of)

<u>Encontré</u> $5,00 en la calle.	*I found $5.00 on the street.*
Ayer en el centro <u>me</u> <u>encontré con</u> Rosa.	*Yesterday I ran into Rosa downtown.*
Voy a <u>reunirme con</u> Pablo mañana para estudiar.	*I'm going to meet with Pablo tomorrow to study.*
Anoche en la fiesta <u>conocí</u> al novio de María.	*Last night at the party I met María's boyfriend.*

4. claro   *light* (used with colors; bright or light outside)
    ligero   *light* (doesn't weigh much; also used with meals)
    flojo   *light* (with meals to mean *not substantial; loose; weak*: **un estudiante flojo =** *a poor student*); *lazy*
    débil   *weak* (in the physical sense; used with lighting to mean *dim*)

José tiene los ojos <u>claros</u>.	*José has light-colored eyes.*
El algodón es muy <u>ligero</u>.	*Cotton is very light (weight).*
Tomás es muy <u>flojo</u> en las matemáticas.	*Tomás does poorly in mathematics.*
Raúl es muy <u>débil</u>. Nunca hace ejercicios.	*Raúl is very weak. He never exercises.*

5. la televisión   *television* (in the abstract sense; that which you watch)
la tele   *TV*
el televisor   *television set*

No miro mucho la televi-   *I don't watch television (TV) much.*
sión (la tele).

El martes compramos un   *On Tuesday, we bought a new television set.*
televisor nuevo.

6. libre   *free* (with **ser**: *unrestrained, not enslaved, at liberty,* with
    estar: *unoccupied*)

gratis, gratuito   *free* (without payment; costs nothing)
suelto   *free* (separate, loose, unhampered; can also mean *small
    change*)

Terminé mis exámenes y   *I've finished my exams, and I'm free.*
estoy libre.

La entrada al concierto es   *The concert is free.*
gratis (gratuita).

Deja suelto al perro.   *Let the dog loose.*

Práctica

Escoja la palabra apropiada según el contexto.

1. La comida (es tarde, tarda). Yo la pedí hace una hora.
2. Ya son las ocho. Tengo miedo de (ser, llegar) tarde.
3. ¿Qué (tiempo, hora) es?
4. Vimos aquella película tres (veces, tiempos).
5. María tiene una blusa de color azul (claro, ligero).
6. No le gusta estudiar. Es muy (débil, flojo) en todas sus clases.
7. Este libro no pesa nada. Es muy (ligero, claro).
8. La familia Gómez tiene un(a) (televisor, televisión) nuevo(a).
9. Mi programa de (televisor, televisión) favorito es *60 Minutos.*
10. (Conocí, Me reuní) a mi novio por primer(a) (vez, tiempo) en una fiesta.
11. ¿Dónde están mis llaves? No las puedo (reunir, encontrar).
12. En este país, todos somos (sueltos, libres) para expresar nuestras opiniones.
13. No necesitas traer dinero. La entrada es (suelta, gratis).
14. Necesito dinero para el metro y no tengo (suelto, gratuita).

Y en resumen...

A. *El brindis.* *Escoja Ud. la palabra o la forma apropiada de la palabra entre paréntesis.*

«Salud, amor y pesetas y tiempo (por, para) gastarlos» es un brindis que (se, le) suele oír entre amigos y familiares, (y, e) en un día caluroso de verano, los vasos están llenos de cerveza y todo el mundo brinda. Otra bebida de España es la horchata, (hecho, hecha) de almendras (o, u) otro tipo de semilla. Y (por, para) supuesto, siempre (es, hay) sangría. En España, (a, _) todo el mundo (les, le) (gustan, gusta) beber vino. Los vinos españoles, muy conocidos (para, por) todas partes, vienen de (el, la) región de Rioja y si (se pueden, se puede) conseguir uno de (estos, éstos), hay que comprarlo. ¡(Están, Son) excelentes!

B. *¿Por o para?* *Termine Ud. las frases siguientes de una forma original.*

1. El señor Carrasco es muy antipático para...
2. Los niños compraron entradas para...
3. Todas las personas van a llegar para...
4. Vamos a viajar por...

Ahora, añada Ud. por o para y termine la frase.

5. Tengo sed. ¿Hay un café...?
6. Compré este regalo...
7. Vendieron su coche...
8. Estudia mucho...

C. *¿Qué hacer?* *Llene Ud. los espacios en el diálogo siguiente con una de estas expresiones.*

tener hambre	tener miedo	tener que
tener sueño	tener prisa	tener algo que hacer
tener ganas	tener razón	no tener nada que hacer

HIJO Mamá... estoy muy aburrido. Yo _____.

MADRE ¿Por qué no vas a comprar un helado?

HIJO No, no _____.

MADRE Pues, ¿por qué no lees una novela?

HIJO No _____. No me gusta leer.

MADRE Entonces, puedes ir al cine. Esta semana hay una película de vampiros.

HIJO   Tampoco. Yo _____ de las películas con monstruos.

MADRE   Carlitos, lo siento. No tengo tiempo para seguir sugiriéndote cosas. Yo _____. Yo _____ lavar la ropa, preparar la comida y poner la mesa. Oye, ¿por qué no me ayudas en la cocina?

HIJO   Tú _____ mamá. No debo molestarte. Creo que voy a echarme una siesta. ¡Yo _____!

D. Se sabe que... *Traduzca Ud. las frases siguientes y termínelas de una forma original.*

1. It is known...   **3.** They say...   **5.** One eats...
2. One can see...   **4.** It is believed...   **6.** It is thought...

E. ¿Qué hiciste? *Alberto quiere saber qué hizo su amiga Ema durante la semana. Ema consulta su horario y le contesta. Con un(a) compañero(a), representen los dos papeles, según el modelo.*

MODELO   *Alberto*   ¿Qué hiciste el domingo por la tarde?
            Ema   Almorcé en casa de mi abuela.

LUNES	MARTES	MIERCOLES	JUEVES	VIERNES	SABADO	DOMINGO
8-10 Clase		8-10 Clase		9:00 compras Elena y mamá	10:30 vólibol	12:00 misa
	12:00 conferencia Prado		11:30 dentista			
			4:00 Café Gijón Nancy			2:00 almuerzo abuelita
5:00 Peluquería	7:00 cine -- marta				Vicente ♡	

Ahora, compare Ud. su horario con el de Ema. Comparta los resultados con la clase.

F. Minidrama. *En una discoteca famosa de una ciudad grande pasan las siguientes escenas. En grupos, elijan Uds. una y represéntenla.*

1. Sus compañeros quieren bailar. Ud. inventa mil pretextos para no revelar que no sabe bailar.
2. Ud. está con su novio(a) y entra su actor (actriz) favorito(a). ¿Qué pasa?
3. Ud. rompió una cita con un(a) chico(a) para salir con otro(a). Ud. está bailando cuando ve a la misma persona entrar en la discoteca con un grupo de amigos. ¿Qué hace Ud.?

G. Debate: Modos de vivir. *En esta unidad se habla mucho de la vida de la ciudad, pero hay otros modos de vivir. Divídanse en tres grupos y escojan un modo de vivir para defender.*

la vida de la ciudad   la vida de las afueras (*suburbio*)   la vida del campo

La cocina española

A. Comidas regionales de España. *Escoja Ud. la palabra apropiada o dé la forma correcta del adjetivo entre paréntesis. Traduzca las palabras en inglés al español.*

En España (los, las) ocasiones familiares y sociales siempre van (acompañado) de muy (bueno) comida y (*drink*). La comida (*Spanish*) (*is*) sencilla, básica y variada, y cada región (*has*) (*its*) comidas típicas. Andalucía, (*for example*), (*is known*) por el gazpacho, una sopa fría, hecha de pan, tomate, ajo y (*cucumber*). (Por, Para) estar (situado) en el sur, (*this*) región tiene (*a lot of*) influencia árabe. Allí también producen el mejor jeréz° del mundo. *sherry*

(A, _____) los madrileños (le, les) gusta (*their*) cocido, que (*is*) un potaje hecho de (*meats*), chorizo y (*vegetables*). En Asturias (*one eats*) mucho la fabada, una sopa especial de (*pork*). Y, ¿(*who*) no conoce la paella valenciana? (Este, Esto) plato famoso se hace con arroz, (*shellfish*), carne, (*fish*), pollo y legumbres. (*Many years ago*), la paella se originó en los campos de Valencia, cuando las señoras de los campesinos (*used to put*) las sobras° de las (*meals*) de toda la semana en un solo reci- *left-overs* piente.

(Por, Para) los que les (gusta, gustan) el huevo, la tortilla (español), un tipo de «omelette» de patatas, (*onion*) y huevo (*is*) el plato (por, para) excelencia, y (*it is found*) en todas las regiones.

B. Productos y platos. *Además de las comidas mencionadas en el ejercicio anterior, también son famosas las siguientes comidas:*

*Y claro, el plato gastronómico por excelencia, la paella valenciana. Mire la foto
siguiente y diga cuáles de los siguientes ingredientes no forman parte de la paella, y
por qué.*

MODELO   Las galletas: Es obvio que las galletas no forman parte de la paella
porque son dulces y se sirven de postre.

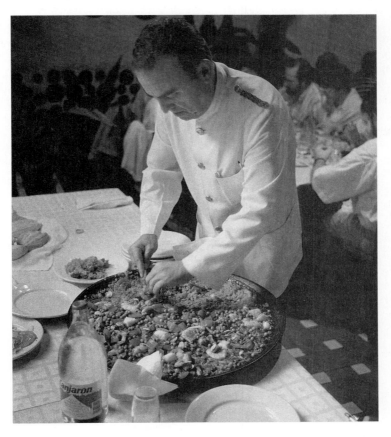

el arroz   los mariscos   los guisantes   el flan   el pollo
los pimientos   el limón   el chocolate caliente   las fresas   el helado

Cámara uno: La ensaimada mallorquina[1]
(Cassette 1, Episodio 6, Escena 1)

A. ¿Qué es la ensaimada? *Para saber, busque en la segunda columna la terminación apropiada de la frase en la primera columna.*

1. La isla española de Mallorca es conocida por un delicioso pastel que se llama...

a. cabello de ángel (*fruit preserves cut in threads*).
b. huevos y azúcar.

2. Se venden en todas las pastelerías y...

c. varias horas.

3. Se hace la ensaimada a base de levadura (*yeast*), agua..

d. 180 grados de temperatura.

4. Luego, se corta en trozos (*slices*) de varios tamaños; las hay grandes...

e. panaderías.
f. cáscara de un caracol (*snail shell*).

5. A algunas ensaimadas se les incorpora...

g. la ensaimada.

6. Y, se enrolla (*it is rolled*) como la...
7. El pastel tiene que fermentar durante...
8. Y hay que cocinarla por 15 minutos a...

h. medianas y pequeñas.

---

[1] See *Cámara úno: Manual de ejercicios*, pages 35-37, for vocabulary list and additional activities.

B. _Interrogativas gastronómicas._ _Refiriéndose al ejercicio anterior, conteste Ud. las preguntas sobre la ensaimada._

1. ¿Por qué cosa deliciosa es conocida Mallorca?
2. ¿Qué es la ensaimada?
3. ¿Dónde se puede comprar una ensaimada?
4. ¿Cuáles son los ingredientes necesarios para preparar la ensaimada?
5. ¿Por cuánto tiempo tiene que fermentar la ensaimada?
6. ¿A qué temperatura hay que cocinarla?

C. _VIDEO-CULTURA._ _Después de ver el video, haga las siguientes actividades._

1. ¿Qué representan los números siguientes?
   500   2.000.00   15   180   600
2. Escoja Ud. la respuesta correcta.
   La mayoría de las muchas pastelerías mallorquinas son negocios...
   a. familiares.
   b. de grandes corporaciones.
   c. multinacionales.
   El proceso de hacer ensaimadas requiere años de...
   a. paciencia y talento artístico.
   b. experiencia y paciencia.
   c. experiencia y cariño.
   Ser ensaimadero no es sólo una tradición sino que también es...
   a. un honor.
   b. un negocio.
   c. un deporte.
   Las ensaimadas _____ son para consumo local y las _____ son para exportación.
   a. grandes, pequeñas.
   b. redondas, largas.
   c. pequeñas, grandes.
   Se exporta la mayoría de las ensaimadas a...
   a. España.
   b. Europa.
   c. América.
3. Arregle las siguientes instrucciones en el orden apropiado para aprender a preparar la ensaimada.

   a. dejar fermentar la masa (*dough*)
   b. cocinar la ensaimada
   c. cortar la pasta en trozos
   d. comerla
   e. enrollar la masa
   f. estirar (*stretch out [roll]*) la masa a lo largo y a lo ancho
   g. buscar los ingredientes
   h. amasar (*knead*) la pasta
   i. añadir manteca de cerdo (*lard*)

De viaje

Mi itinerario

Vocabulario inicial

el avión *airplane*
la azafata *flight attendant (female)*
el coche cama (comedor) *sleeping (dining) car*
el equipaje *luggage*
facturar *to check (luggage)*
la maleta *suitcase*

el pasaje de ida y vuelta *round-trip ticket*
el sobrecargo *flight attendant (male)*
el tren *train*
viajar (hacer un viaje) *to travel (take a trip)*
el (la) viajero(a) *traveler*

167

Para comenzar...

1. Con la ayuda del vocabulario inicial, describa los dibujos.
2. Use su imaginación y cuente la historia de las personas en el dibujo. Diga quiénes son, adónde van y por cuánto tiempo, y qué van a hacer al llegar.
3. Describa Ud. las actividades que Ud. puede hacer a bordo de un avión. ¿y en un tren?
4. ¿Cómo prefiere Ud. viajar, por tren, por avión o por coche? ¿Por qué? ¿Prefiere Ud. viajar acompañado(a) o solo(a)? ¿Por qué?

Mi itinerario

Luisa escribe en su diario:

¡Qué ilusión!° Mañana salgo para Colombia. Ya pagué el pasaje y conseguí el pasaporte y el visado. Sólo falta hacer la maleta... y esperar. Mientras tanto, es probable que mi itinerario sea el siguiente:

¡Qué... *How exciting!*

Primera semana:

Salgo en un vuelo con destino a Bogotá. Ya tengo reservaciones en un hotel para esa noche. Quiero ver el barrio colonial de la ciudad y el famoso Museo del Oro. Después, pienso viajar al pueblo de Zipaquirá para ver la catedral, que está construida totalmente dentro de una mina de sal. Según otros turistas, «Es imposible describirla, hay que verla». También quiero visitar las plantaciones de café, azúcar y bambú, y los famosos jardines de orquídeas° cerca de la ciudad.

orchids

Segunda semana:

Espero viajar a Cartagena en el norte y a Cali en el sur. Pienso ir en autobús, cruzando los Andes, para así ver todo ese paisaje increíble. Pero también es posible que haga una excursión en grupo a la selva Amazónica. Dicen que hay pirañas en el río y hojas tan grandes que pueden sostener el peso° de un hombre.

weight

Después, tomo el avión de regreso. Es una lástima que Emilia no pueda acompañarme. A ella le encanta viajar.

Conversemos

Refiriéndose a la lectura anterior, conteste Ud. las preguntas.

1. ¿Qué preparativos hizo Luisa para su viaje? ¿Cuáles son algunos sitios turísticos de Bogotá y sus alrededores? ¿Cuáles son algunos recursos naturales de Colombia?
2. ¿Cuáles son los pasos necesarios para conseguir un pasaporte? ¿Ha viajado Ud. a algún sitio donde es necesario tener pasaporte? ¿visado? ¿Adónde? ¿Adónde puede Ud. viajar sin pasaporte?
3. ¿Conoce Ud. algunos lugares que no se puede describir y que hay que ver? ¿Cuáles? ¿Cuál es el lugar más fascinante que Ud. ha visitado? Descríbalo.
4. ¿Cuáles de los recursos naturales de Colombia le interesan más a Ud.? ¿Por qué? ¿A qué recursos naturales de este país están atraídos los turistas? ¿Por qué?

Vocabulario

SUSTANTIVOS

la aduana *customs*
el (la) agente de viajes *travel agent*
el aterrizaje *landing*
el boleto (el billete) *ticket*
el cinturón de seguridad *seat belt*
la despedida *farewell, parting*
el folleto *pamphlet*
la frontera *border*
la gira *tour*
la línea aérea *airline*
la llegada *arrival*
el (la) pasajero(a) *passenger*
el pasaporte *passport*
el precio *price*
la puerta de salida *gate*
la sala de espera *waiting room*
la salida *departure*
la tarifa *fare*
el (la) turista *tourist*
el vuelo *flight*

VERBOS

abordar *to board*
abrochar(se) *to fasten*

aterrizar *to land*
declarar *to declare*
pesar *to weigh*
reclamar *to claim*
revisar *to inspect*

OTRAS PALABRAS Y EXPRESIONES

adelantado *ahead of schedule*
¡Bienvenido! *Welcome!*
¡Buen viaje! *Have a good trip!*
con destino a *destined for*
en regla *in order*
hacer escala *to stop over*
pasar por la aduana *to go through customs*
perder (el avión) *to miss (the plane)*
procedente de *coming from*
retrasado *delayed*
sacar fotos *to take pictures*
sin escala *nonstop*

Repasemos el vocabulario

REFIÉRASE A LA LISTA DE VOCABULARIO Y AL VOCABULARIO INICIAL.

A. *¿Cuál no pertenece?* *Subraye Ud. la palabra que no está relacionada con las otras y explique por qué.*

1. pasaje   folleto   boleto   billete
2. coche cama   avión   vuelo   aterrizaje
3. sobrecargo   azafata   agente   gira
4. pesar   facturar   aterrizar   revisar
5. sala de espera   puerta de salida   aduana   frontera

B. *¿Qué hago primero?* *Arregle Ud. las siguientes actividades en orden cronológico.*

1. abrocharse el cinturón de seguridad
2. abordar el avión
3. comprar el billete
4. sentarse en el asiento
5. llegar a su destino
6. facturar el equipaje
7. reclamar las maletas
8. pedirle café a la azafata

C. *Actividades y lugares.* *¿Dónde se hacen las siguientes actividades?*

1. dormir en un tren
2. esperar un vuelo
3. facturar el equipaje
4. comer en un tren
5. inspeccionar las maletas
6. buscar las horas de la llegada

D. *De viaje.* *Nombre Ud. dos actividades que hacen las siguientes personas.*

> **MODELO**   un pasajero
> Un pasajero se abrocha el cinturón de seguridad y pide un café.

1. un sobrecargo
2. un piloto
3. un turista
4. un agente de aduana
5. una azafata
6. un agente de viajes

E. *En parejas.* *Hágale Ud. las siguientes preguntas a un(a) compañero(a) de clase. Como es una persona de carácter pesimista, va a contestar las preguntas de una manera negativa.*

> **MODELO**   ¿Sacaste muchas fotos?
> Muy pocas. No me gusta sacar fotos en un viaje, y las que saqué salieron mal.

1. ¿Qué te pareció el agente de viajes?
2. ¿Qué tal el vuelo?
3. ¿Hiciste escala en alguna ciudad interesante?
4. En el avión, ¿cómo fueron la comida, el servicio y las películas?

5. ¿Lo pasaste bien con los otros pasajeros en el avión?
6. ¿Piensas hacer otro viaje intercontinental algún día?

F. Visite USA. *Lea Ud. el siguiente anuncio y conteste las preguntas.*

Nadie une los Estados Unidos de América como TWA.

Los cupones "Visite USA" de TWA son una manera muy especial de visitar los Estados Unidos.

Por sólo 126.300 Ptas.* consigues un vuelo ida y vuelta a los Estados Unidos, más tres vuelos internos a cualquiera de nuestros 117 destinos dentro de los Estados Unidos. Vuelos internos adicionales, hasta un total de 12, se consiguen por sólo 11.000 Ptas. cada uno.

La estancia mínima en los Estados Unidos es de 7 días (máximo 60). Los cupones se despachan sólo de forma conjunta con un billete de ida y vuelta trasatlántico de TWA.

Llama al (91) 410 60 12 o consulta a tu Agencia de Viajes.

*Tarifa sujeta a tasas y válida hasta el 30 de Junio de 1990. A partir de esta fecha consulta a tu Agencia de Viajes o TWA.

TWA
Para lo *mejor* de América.

━━━━━━━━━━━━━━━━━━ *TWA*

---

1. ¿Qué linea aérea tiene esta promoción?
2. ¿Cómo se llama la promoción?
3. ¿Cuánto cuesta un pasaje de ida y vuelta?
4. ¿Cuántos vuelos internos adicionales puede hacer el viajero por 11.000 cada uno?
5. ¿Por cuánto tiempo se permite quedarse en este país?
6. En su opinión, ¿cuáles son algunos de los destinos dentro de los EE.UU. que ha seleccionado TWA para esta promoción? Explique.

Gramática

THE PRESENT TENSE OF THE SUBJUNTIVE MOOD
(El tiempo presente del modo subjuntivo)

FORM

1. The present subjunctive is formed by taking the first person singular (**yo**) of the indicative, dropping the final **-o** and adding **-er** endings to **-ar** verbs and **-ar** endings to **-er** and **-ir** verbs.[1]

HABLAR		COMPRENDER		ESCRIBIR	
hable	hablemos	comprenda	comprendamos	escriba	escribamos
hables	habléis	comprendas	comprendáis	escribas	escribáis
hable	hablen	comprenda	comprendan	escriba	escriban

---

[1] Note the spelling changes for verbs ending in **-car, -gar,** and **-zar: busque, pague, comience.** These changes are maintained throughout the conjugation.

2. Verbs that have an irregular form in the first person singular of the present indicative show that irregularity in the present subjunctive.

DECIR		CONOCER		TRAER	
diga	digamos	conozca	conozcamos	traiga	traigamos
digas	digáis	conozcas	conozcáis	traigas	traigáis
diga	digan	conozca	conozcan	traiga	traigan

3. Stem-changing verbs:
   a. Stem-changing **-ar** and **-er** verbs follow the same pattern of change as in the present indicative. All forms change except the **nosotros** and **vosotros** forms.

PENSAR		VOLVER	
piense	pensemos	vuelva	volvamos
pienses	penséis	vuelvas	volváis
piense	piensen	vuelva	vuelvan

   b. Stem-changing **-ir** verbs that change **e** → **ie** and **o** → **ue** have an additional change: **e** → **i** and **o** → **u** in the **nosotros** and **vosotros** forms of the present subjunctive.

SENTIR		DORMIR	
sienta	sintamos	duerma	durmamos
sientas	sintáis	duermas	durmáis
sienta	sientan	duerma	duerman

   c. Stem-changing **-ir** verbs that change **e** → **i** maintain the stem change throughout the conjugation.

PEDIR		REPETIR	
pida	pidamos	repita	repitamos
pidas	pidáis	repitas	repitáis
pida	pidan	repita	repitan

4. There are six irregular verbs in the present subjunctive.

dar	*dé, des, dé, demos, deis, den*
estar	*esté, estés, esté, estemos, estéis, estén*
haber	*haya, hayas, haya, hayamos, hayáis, hayan*
ir	*vaya, vayas, vaya, vayamos, vayáis, vayan*
saber	*sepa, sepas, sepa, sepamos, sepáis, sepan*
ser	*sea, seas, sea, seamos, seáis, sean*

USE

1. The subjunctive mood is used much more frequently in Spanish than in English. In Spanish, while the indicative mood is used to express certainty, factual information, and objectivity; the subjunctive mood is used to express doubt, uncertainty, probability, emotion, will, subjectivity, or that which is as yet unknown.

Yo sé que tú **vas** a México en junio.	*I know that you are going to Mexico in June.*
Yo dudo que tú **vayas** a México en junio.	*I doubt that you are going to Mexico in June.*

2. In order to use the subjunctive mood, there generally must be two clauses in the sentence — the main or independent clause, which will determine the need for the subjunctive, and the subordinate clause, which will contain the subjunctive when the subject is different from that of the main clause.

Es una lástima que **él** no nos visite.	*It is a shame that **he** doesn't visit us.*

EXCEPTIONS clauses following **quizá(s), tal vez, acaso,** and **ojalá.**

Quizás vayamos a Acapulco contigo.	*Maybe we'll go to Acapulco with you.*
Ojalá vaya José también.	*Hopefully José will go also.*

THE USE OF THE SUBJUNCTIVE WITH IMPERSONAL EXPRESSIONS (*El uso del subjuntivo con expresiones impersonales*)

1. An impersonal expression is one in which the subject does not refer to a person or thing. The subjunctive is used in the subordinate clause when there is a change of subject and when the expression does not suggest certainty. When there is no change of subject, the infinitive is used.

Es necesario que tú **salgas** temprano.	*It is necessary that you leave early.*
Es necesario **salir** temprano.	*It is necessary to leave early.*

When certainty is expressed, the indicative is used.

Es evidente que tú **sales** temprano.	*It is evident that you leave early.*

2. Some common impersonal expressions that require the subjunctive are:

es bueno	es (in)útil	es ridículo
es conveniente (conviene)	es malo	es sorprendente
es de esperar	es mejor	está bien
es dudoso	es necesario	es terrible
es importante	es preciso	es (una) lástima
es (im)posible	es preferible	más vale

3. Some common impersonal expressions that require the indicative are:

es cierto	es obvio	no cabe duda
es claro	es seguro	no hay duda
es evidente	es verdad	

4. When impersonal expressions that suggest certainty are negative, the subjunctive mood is required. When impersonal expressions that suggest doubt are negative, the indicative mood is required because there is no longer any doubt.

No es evidente que el avión **salga** a tiempo.   *It is not evident that the plane is leaving on time.*

No es dudoso que el avión **sale** a tiempo.   *It is not doubtful that the plane is leaving on time.*

Práctica

A. *Para tener un buen vuelo.* *Llene Ud. cada espacio con la forma correcta del verbo en el subjuntivo o en el indicativo.*

1. Es probable que el avión (aterrizar) _____ dentro de una hora.
2. Es de esperar que nosotros (poder) _____ abordar pronto.
3. Es lástima que nosotros (tener) _____ que esperar tanto.
4. Es verdad que ellos (hacer) _____ escala en Lima.
5. No es sorprendente que el pasaje (costar) _____ tanto.
6. Es mejor que tú (sacar) _____ fotos ahora porque mañana va a llover.
7. Es cierto que el piloto no (dormir) _____ durante el vuelo.
8. Es importante que la azafata no (perder) _____ el avión.

B. Visite Caracas. *Caracas, la capital de Venezuela, es una de las ciudades más modernas y cosmopolitas de Sudamérica. Forme Ud. una nueva frase, añadiendo un nuevo sujeto. Haga los cambios necesarios según el modelo.*

MODELO   Es preferible comenzar la visita a Caracas en la Plaza Bolívar. (Ud.)
Es preferible que Ud. comience la visita a Caracas en la Plaza Bolívar.

1. Es mejor buscar un hotel en la ciudad vieja, donde se conserva el sabor español. (tú)
2. Es importante conocer el Parque Los Caobos, el centro artístico de Caracas. (Uds.)
3. Conviene visitar Sábana Grande, con sus mercados y cafés al aire libre. (nosotros)
4. Es ridículo intentar ver toda la ciudad en un solo día. (el turista)
5. Es imposible encontrar otra ciudad de tanta diversidad y contraste. (Jaime y yo)

C. ¿De veras? *Reaccione Ud. a las frases siguientes usando las expresiones es dudoso que o es verdad que, según el modelo.*

MODELO   Nieva en la Florida en julio.
Es dudoso que nieve en la Florida en julio.
Es verdad que hace calor en la Florida en julio.

1. Hay elefantes en Nueva York.
2. El presidente Bush habla español.
3. Dos más dos son cuatro.
4. Mi profesor(a) tiene diez hijos.
5. Bogotá está en Colombia.
6. Ud. conoce al rey de España.
7. Nosotros dormimos veinte horas cada noche.
8. Esta clase sabe mucho español.

D. El primer viaje. *El señor Mendoza está un poco nervioso porque viaja por primera vez en avión. Le hace muchas preguntas a la azafata. ¿Qué le contesta ella? Usando expresiones impersonales, represente el papel de la azafata.*

MODELO   Sr. Mendoza   ¿Pierde frecuentemente el equipaje la línea aérea?
Azafata   No es cierto que lo pierda frecuentemente.

1. ¿Puedo cambiar mi asiento?
2. ¿Tiene mucha experiencia el piloto?
3. ¿Sirven buena comida en este avión?
4. ¿Es éste un vuelo sin escala?

Ahora, forme Ud. más preguntas para hacerle a un(a) compañero(a) de clase.

E. Consejos para el viajero. *Déle Ud. consejos a un(a) amigo(a) que viaja al Caribe por primera vez. Termine las frases siguientes de una forma original.*

> **MODELO** Es necesario...
> Es necesario que tú hagas reservaciones.

1. Es importante...   **3.** Es útil...   **5.** Conviene...   **7.** No cabe duda...
2. Es evidente...   **4.** Es preciso...   **6.** Es mejor...   **8.** Es imposible...

Así se dice

¿DÓNDE QUEDA...?

1. Anyone traveling in a foreign country needs to know how to ask for directions. Here are a few ways to begin if...

a. you don't know where you are.

Dígame, señor. (Disculpe. Perdone.)	*Excuse me, sir. (Excuse me. Pardon me.)*
¿Podría Ud. indicarme dónde queda...?	*Could you tell me where... is?*
¿Cómo llego a...?	*How do I get to...?*
¿Dónde se encuentra...?	*Where can I find...?*
¿Por dónde se va a...?	*How do you (does one) get to...?*
Busco...	*I'm looking for...*

b. you're not sure if you're in the correct place or which building you want.

¿Es ésta la calle Mendoza?	*Is this Mendoza Street?*
¿Es éste el Museo Arqueológico (etcétera)?	*Is this the Archeological Museum (etc.)?*
¿Cuál es el Restaurante Botín?	*Which (building) is Botín Restaurant?*

c. you would like to know where to find a certain type of place.

¿Hay un hotel barato cerca de aquí (por aquí)?	*Is there an inexpensive hotel near here (around here)?*
¿Hay una farmacia en este barrio?	*Is there a pharmacy in this neighborhood?*

d. you're totally lost.

Me he perdido.	
Estoy perdido(a) (extraviado[a]).	*I'm lost.*

2. Here are some common responses you may hear when asking for directions.

Mire Ud...	*Look...*
Siga Ud. derecho (adelante, por dos cuadras, hasta llegar a...).	*Go straight ahead (forward, for two blocks, until you get to...).*
Camine Ud. seis cuadras.	*Walk six blocks.*
Cruce Ud. esta calle.	*Cross this street.*
Baje Ud. (Suba Ud.) esta calle.	*Go down (Go up) this street.*
Doble Ud. a la derecha (a la izquierda)	*Turn to the right (to the left).*
en la próxima calle.	*at the next street.*
en la esquina.	*at the corner.*
después de pasar la panadería.	*after passing the bakery.*
Queda en la esquina.	*It's on the corner.*
Está en el centro.	*It's downtown.*
Está (Queda) a la derecha (izquierda).	*It's on your right (left).*
Queda lejísimo (muy cerca).	*It's very far (close by).*
Está aquí al lado.	*It's right next door.*
Es este edificio (el segundo edificio a la derecha).	*It's this building (the second building on the right).*
No se puede perder.	*You can't miss it.*

Práctica

A. *Ud. acaba de llegar a Lima, Perú. Forme Ud. preguntas que correspondan a las siguientes situaciones y un(a) compañero(a) de clase le va a contestar.*

1. Ud. tiene reservas en el Hotel Barranquilla.
2. Ud. necesita comprar aspirina.
3. Ud. tiene hambre pero no tiene mucho dinero.
4. Ud. quiere visitar el Museo de Bellas Artes.
5. Ud. quiere mandarles tarjetas postales a sus amigos.
6. Ud. quiere hacer una excursión en tren.

B. *Ud. es estudiante del primer año en la universidad y no conoce el campus. Un estudiante «veterano» lo (la) ayuda a identificar y a encontrar los siguientes lugares:*

1. el mejor lugar para estudiar
2. el sitio más romántico del campus
3. la parada de autobús más cercana
4. un lugar barato para comer
5. un buen sitio para comprar ropa/discos/flores
6. el mejor sitio para sacar fotocopias

C. *Ud. es policía en el centro de Bogotá. Según el plano, déles Ud. a unos turistas perdidos direcciones para llegar a los siguientes lugares:*

1. de la Plaza de Toros a la Catedral
2. de la Casa de la Moneda al Museo Nacional

3. de la Corporación Nacional de Turismo al Museo del Oro

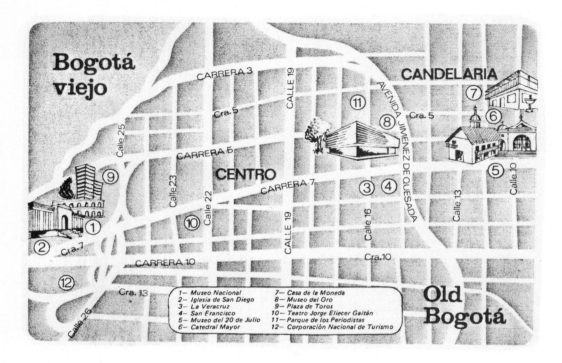

Bogotá viejo — CANDELARIA — CENTRO — Old Bogotá

1— Museo Nacional
2— Iglesia de San Diego
3— La Veracruz
4— San Francisco
5— Museo del 20 de Julio
6— Catedral Mayor
7— Casa de la Moneda
8— Museo del Oro
9— Plaza de Toros
10— Teatro Jorge Eliecer Gaitán
11— Parque de los Periodistas
12— Corporación Nacional de Turismo

Y en resumen...

A. *Es muy posible.* *Vamos de viaje pero no sabemos los detalles. Forme Ud. una nueva frase añadiendo* **Es posible que** *al principio de las frases siguientes. Haga los cambios necesarios.*

MODELO María está a bordo ya.
   Es posible que María esté a bordo ya.

1. Eva y yo salimos para Venezuela a las ocho.

2. Yo hago reservas en el Hotel Intercontinental.

3. Nosotros nos divertimos en el viaje.

4. El avión es un siete sesenta y siete.

5. Los pasajeros llegan a tiempo.

6. Yo te traigo un regalito.

B. Mis planes. *Cuente Ud. sus planes para las próximas vacaciones, formando una frase afirmativa y otra negativa con las expresiones impersonales siguientes. Haga los cambios necesarios.*

MODELO   Es cierto que...
                  Es cierto que me gusta viajar.
                  No es cierto que yo tenga tiempo para viajar este mes.

1. Es verdad que...
2. Es dudoso que...
3. Es raro que...
4. Es mejor que...
5. Es posible que...
6. Es evidente que...
7. Es importante que...
8. Es seguro que...

C. Linguaphone. *Si Ud. viaja mucho, es importante saber hablar muchos idiomas. Lea Ud. el anuncio y conteste las preguntas.*

¿Cuál de estos idiomas le gustaría hablar?

(ponga una cruz ☒ en el idioma que le interesa).

☐ afrikaans	☐ chino	☐ finés	☐ hebreo	☐ inglés	☐ irlandés	☐ malayo	☐ ruso
☐ alemán	(mandarín)	☐ francés	☐ holandés	(británico)	☐ islandés	☐ noruego	☐ serbocroata
☐ árabe	☐ danés	☐ galés	☐ indi	☐ inglés	☐ italiano	☐ polaco	☐ sueco
(moderno)	☐ español	☐ griego	☐ indonesio	(americano)	☐ japonés	☐ portugués	
	(para extranjeros)						

Explíquenme cómo, gracias al método Linguaphone podré empezar a hablar, en pocas semanas, el idioma que he señalado.°
Sin compromiso° alguno por mi parte, envíenme su documentación y su casete de demostración.
(Como el mismo principio sirve de base para todos los idiomas, nuestra casete de demostración da los ejemplos en la lengua más solicitada:° el inglés.)

he... *I have indicated*
Sin... *Without obligation*

requested

Nombre y apellidos _____	Edad _____
Profesión _____	Domicilio : calle _____
_____ n° _____ piso _____	Población _____
Dt° postal _____ Provincia _____	Teléfono _____

1. ¿Cuáles de estos idiomas habla Ud.? ¿Cuáles quiere aprender? ¿Por qué?
2. Escoja Ud. cinco idiomas y explique por qué es importante saber hablarlos.
3. ¿Cómo aprendió Ud. a hablar inglés? ¿Cuáles son algunas maneras de aprender un idioma? ¿Qué método prefiere Ud.? ¿Por qué?

4. ¿Es necesario que uno aprenda otros idiomas? ¿Qué tipo de trabajo puede conseguir una persona multilingüe? ¿Es importante que los jefes de gobierno hablen idiomas extranjeros? ¿Por qué sí o por qué no?

5. ¿Por qué cree Ud. que, como dice el anuncio, el inglés es la lengua más solicitada?

D. *En grupos.* *Representen Uds. las escenas siguientes.*

1. Ud. está a bordo de un avión y en el asiento junto al suyo hay un hombre «misterioso». Usa anteojos oscuros y debajo de su asiento tiene una maleta que trata de esconder. ¿Quién es? ¿Qué hay en la maleta? Representen los papeles del hombre, de la azafata, del piloto y del pasajero sentado al lado del hombre.

2. Un matrimonio insiste en que la agencia le devuelva su dinero porque durante un viaje a un bosque pluvioso (*rain forest*) en Puerto Rico, no llovió.

3. Un grupo de mujeres se queja porque no conocieron a ningún hombre soltero (*bachelor*) durante su viaje en el «crucero del amor» (*love boat*).

4. Ud. no podía hacer reservas para el coche cama del tren. Tiene mucho sueño y sólo quiere dormir pero el (la) pasajero(a) a su lado no coopera. El (La) pasajero(a)...
   a. está nervioso(a) e inventa mil pretextos para hablar con Ud.
   b. ronca ruidosamente.
   c. es un(a) niño(a) muy travieso(a).

E. *Composición.* *Escoja Ud. uno de los temas siguientes y escriba una composición.*

1. Imagínese que está a bordo de un avión. El piloto anuncia que hay un problema con el motor y que el avión va a aterrizar en París. Se necesitan veinticuatro horas para las reparaciones. ¿Qué hace Ud.?

2. Use su imaginación y describa un viaje inolvidable. Puede ser un viaje romántico, absurdo, peligroso, de aventura o de fantasía.

3. ¡Qué desengaño! Ud. por fin llega a su destino. El agente de viajes le hizo creer que iba a ser el viaje de sus sueños, pero fue más bien una pesadilla. Descríbalo.

...Y con baño privado, por favor

Vocabulario inicial

el botones *bellboy*
la caja fuerte *safe*
la cama (matrimonial) *(double) bed*
con (sin) baño privado *with(out) a private bathroom*
el cuarto doble (sencillo) (la habitación) *(hotel) room double (single)*

dar a *to face*
de lujo *luxury*
la ducha *shower*
el (la) huésped(a) *guest*
la piscina (la alberca) *swimming pool*
el (la) recepcionista *receptionist*
rudioso *noisy*

Para comenzar...

1. Con la ayuda del vocabulario inicial, describa los dibujos.
2. ¿Qué preguntas le hace cada huésped al (a la) recepcionista? ¿Qué hotel es de primera clase? ¿Cómo lo sabe Ud.? ¿En qué clase de hotel suele Ud. quedarse?
3. ¿Qué necesita Ud. para estar cómodo(a) en un hotel? ¿Qué cosas considera Ud. lujos?
4. Describa Ud. el mejor hotel que Ud. conoce. ¿y el peor?

..Y con baño privado, por favor

21 de agosto

Hoy llegué a Bogotá, la capital de Colombia. Está en el altiplano° de los Andes. Tiene un clima agradable pero hay que acostumbrarse a la altura — uno se cansa° fácilmente al principio. Estoy alojada en el Hotel Bacatá, un hotel de lujo en el centro comercial. Tiene un restaurante elegante y un espectáculo° cada noche.

high plateau
uno.. *one tires*

show

Por poco tengo que° dormir en la calle. Cuando llegué a la recepción para inscribirme, me pidieron los documentos. Abrí la maleta... ¡No puede ser!... pensé. Se me perdió el pasaporte. Por suerte, volvió el taxista que me había dejado en el hotel. — ¿Se le cayó esto, señorita? — me preguntó. ¡El pasaporte!

I almost had to

27 de agosto

Hoy me encuentro en Cartagena, a orillas° del Caribe. ¡Qué cambio de clima! Hace un calor tremendo, pero no me quejo. Puedo bañarme todos los días. Las playas son lindísimas y la ciudad ofrece muchos tesoros históricos, inclusive la fortaleza que resistió los ataques del pirata Francis Drake en el siglo XVI. Esta vez, encontré una pequeña pensión encantadora a dos cuadras del mar. Tiene un hermoso patio con muchas flores y un loro° que siempre me saluda. Los huéspedes tomamos el desayuno juntos en el comedor: una taza de chocolate, pan y un vaso grande de jugo de curuba, una fruta tropical. ¡Qué rico!

shores

parrot

Conversemos

Refiriéndose a la lectura anterior, conteste Ud. las preguntas.

1. ¿Cuál es la capital de Colombia? ¿Dónde está situada? ¿Dónde queda Cartagena? Describa el clima de los dos sitios, el alojamiento de Luisa en las dos ciudades y un típico desayuno colombiano.
2. ¿Qué ciudad prefiere Ud. visitar — Bogotá o Cartagena? ¿Por qué? ¿Prefiere Ud. quedarse en el hotel elegante de la capital o en una pensión como la de Cartagena? Explique.
3. Compare Ud. un típico desayuno norteamericano con un desayuno colombiano. ¿Cuál prefiere? ¿Por qué? ¿Qué frutas tropicales conoce Ud.?

Vocabulario

SUSTANTIVOS

el agua caliente *(f.) hot water*
el aire acondicionado *air-conditioning*
la almohada *pillow*
el ascensor *elevator*
el balcón *balcony*
la cobija (la manta) *blanket*
la criada *maid*
el cheque de viajero *traveler's check*
la estancia *stay*
el (la) guía turístico(a) *tour guide*
el jabón *soap*
la llave *key*
el papel higiénico *toilet paper*
el portero *doorman*
la reserva (la reservación) *reservation*
la sábana *sheet*
la tabaquería *tobacco stand*
la tarjeta de crédito *credit card*
la tasa de cambio *rate of exchange*
la terraza *terrace*
la toalla *towel*
el vestíbulo *lobby*
la vista *view*

VERBOS

alojarse *to lodge, stay*
nadar *to swim*
ocupar *to occupy*
pagar *to pay*
quedarse *to stay*
tomar el sol *to sunbathe*

ADJETIVOS

barato *inexpensive, cheap*
caro *expensive*
diario *daily*
disponible *available*
(in)cómodo *(un)comfortable*
ocupado *occupied*

EXPRESIONES

cambiar moneda *to exchange money*
dejar el cuarto *to give up the room*
¿En qué puedo servirle? *How may I help you?*
hacer reservas (reservaciones) *to make reservations*
pagar al contado *to pay cash*

Repasemos el vocabulario

REFIÉRASE A LA LISTA DE VOCABULARIO Y AL VOCABULARIO INICIAL.

A. *¿Cuál no pertenece? Subraye Ud. la palabra que no está relacionada con las otras y explique por qué.*

1. jabón	papel higiénico	toalla	sábana
2. botones	guía turístico	criada	portero
3. ascensor	vestíbulo	habitación	llave
4. al contado	tarjeta de crédito	tasa de cambio	cheques de viajero
5. cama	almohada	caja	manta

B. *¿Qué hace...? Nombre Ud. dos actividades que hacen las siguientes personas.*

> **MODELO**   un turista
>
> Un turista saca fotos y compra tarjetas postales.

1. un portero   **4.** un botones
2. un gerente del hotel   **5.** un huésped
3. un guía turístico   **6.** un recepcionista

C. *Un hotel de cinco estrellas. Lea Ud. el siguiente anuncio.*

Y para ser el primero, en el Meliá Castilla nos vemos obligados a poner en marcha nuevos servicios de manera permanente. Ahora hemos instalado ascensores panorámicos, en un Hotel de lujo que ya lo tiene todo: Mil habitaciones totalmente nuevas. Los sistemas de seguridad más avanzados, Servicio Real para altos ejecutivos, con recepción y salones privados. 22 salones de congresos y reuniones, también remodelados, con capacidad desde 16 hasta 1.000 personas. Galería comercial. Piscina. Parking. Clínica. Saunas y gimnasio. Peluquería. Discoteca.

Cinco bares y la cafetería "La Bodega". Restaurantes excepcionales: "La Fragata", con su cocina norteña; "L'Albufera" y sus 14 variedades de arroz; "El Hidalgo", la más tradicional cocina casera española y asados; y el "Scala Meliá Castilla", con el espectáculo de variedades más fascinante de Europa. Hemos sido los primeros en muchas cosas. Para servirle no pensamos quedarnos atrás, porque nuestras cinco estrellas nos obligan siempre a ir hacia arriba, a estar en vanguardia.

Meliá Castilla
★ ★ ★ ★ ★

1. Refiriéndose al anuncio, nombre Ud...
   a. cinco servicios para los (las) hombres (mujeres) de negocios.
   b. cuatro actividades recreativas.
   c. tres referencias a la localidad general del hotel.
   d. dos comodidades relacionadas a la salud.
   e. una comodidad de lujo.
2. Para ampliar el anuncio para el hotel, incluya Ud...
   a. cinco comodidades que tiene cada habitación.
   b. cuatro actividades que están disponibles para niños.
   c. tres tarifas distintas.
   d. dos beneficios para huéspedes de otros países.
   e. un comentario sobre el ambiente.

D. Un hotel de una estrella. *Describa Ud. un hotel de una sola estrella. ¿Cómo son las habitaciones? ¿Cuánto cuesta la mejor habitación? ¿Qué servicios ofrecen? ¿Cómo son los empleados?*

E. En grupos. *Cualquier hotel de cinco estrellas necesita estar preparado para los huéspedes difíciles. Inventen Uds. una escena entre el gerente de un hotel de lujo y las siguientes personas.*

1. una señora que sufre de insomnia.
2. una pareja que insiste en inscribir a su perro.
3. un hombre que no tolera ninguna clase de ruido.
4. una familia que, al dejar su cuarto, se lleva toallas y otros «recuerdos» del hotel.

_____*Gramática*

REFLEXIVE VERBS AND PRONOUNS (Verbos y pronombres reflexivos)

FORM

BAÑARSE — *to bathe* (oneself)

yo	**me**	baño	nosotros(as)	**nos**	bañamos
tú	**te**	bañas	vosotros(as)	**os**	bañáis
él			ellos		
ella	**se**	baña	ellas	**se**	bañan
Ud.			Uds.		

Like other object pronouns, the reflexive pronoun generally precedes the conjugated form of the verb. It can be placed after and be attached to the infinitive and the present participle. It must follow and be attached to the affirmative command. Reflexive pronouns precede other object pronouns.

Ella **se** bañó rápido y se fue.	*She bathed (herself) quickly and left.*
Ella **se** está bañando ahora.⎫ Ella está bañándo**se** ahora.⎭	*She's bathing (herself) now.*
Ella **se** quiere bañar antes de salir.⎫ Ella quiere bañar**se** antes de salir.⎭	*She wants to bathe (herself) before going out.*
¡Báñe**se** Ud. rápido!	*Bathe (yourself) quickly!*

USE

1. A reflexive verb is one in which the action of the verb is *reflected* back onto the subject. The subject and the object of the sentence are the same. Most verbs can be reflexive.

Me miro en el espejo cuando me lavo la cara.[1]	*I look at myself in the mirror when I wash my face.*
Juan se viste y se prepara para salir.	*Juan gets dressed and prepares (himself) to leave.*

Some common reflexive verbs are:

acostarse — *to go to bed*	llamarse — *to be called, named*
afeitarse — *to shave oneself*	mojarse — *to get wet*
bañarse — *to bathe (oneself)*	preocuparse — *to worry*
callarse — *to be quiet*	quedarse — *to stay*
dañarse — *to harm (hurt) oneself*	secarse — *to dry oneself*
despertarse (ie) — *to wake oneself up*	sentarse (ie) — *to sit down*
ensuciarse — *to get dirty*	sentirse (ie)[2] — *to feel*
lavarse — *to get washed*	vestirse (i) — *to get dressed*
levantarse — *to get up*	

2. In some cases, the reflexive pronoun will serve only to emphasize the subject performing the action of the verb.

¿La torta? José se la comió.	*The cake? José ate it all.*
Bueno, me los compro y me los llevo.	*Good. I'll buy them, and I'll take them with me.*

---

[1] Generally, the definite article is used in place of the possessive adjective in a reflexive construction before parts of the body and articles of clothing, since the reflexive indicates that the subject is doing the action of the verb to himself or herself.
[2] **Sentir** also means *to feel* and is used with nouns. **Sentirse** is used with adjectives.

3. Many reflexive verbs have a corresponding nonreflexive or transitive form. In this case, the subject and object of the sentence are different.

María se acuesta.	*María goes (puts herself) to bed.*
María acuesta a su hija.	*María puts her daughter to bed.*
Rafael se lava las manos.	*Rafael washes his hands.*
Rafael lava el coche.	*Rafael washes the car.*

4. Some verbs have a different meaning when they are reflexive. Compare the following verbs and their meanings:

aburrir — *to bore*	aburrirse — *to be bored*
acordar (ue) — *to agree*	acordarse (ue) de — *to remember*
casar — *to marry (perform the ceremony)*	casarse con — *to marry (become married to)*
despedir (i) — *to fire*	despedirse (i) de — *to say good-bye*
dormir (ue) — *to sleep*	dormirse (ue) — *to fall asleep*
ir — *to go*	irse — *to go away*
negar (ie) — *to deny*	negarse (ie) a — *to refuse*
parecer — *to seem*	parecerse a — *to resemble*
poner — *to put*	ponerse — *to put on, become*
probar (ue) — *to try, taste*	probarse (ue) — *to try on*
quitar — *to take away*	quitarse — *to take off*

5. Some verbs are always used reflexively in Spanish.

arrepentirse (ie) — *to repent*	jactarse de — *to boast*
atreverse a — *to dare*	quejarse de — *to complain about*
darse cuenta de — *to realize*	suicidarse — *to commit suicide*

Práctica

A. *Reflejos*. *Siga Ud. el modelo y llene el espacio con la forma reflexiva del verbo subrayado.*

MODELO   Manuel prepara la cena mientras Josefina **se prepara** para salir.

1. Yo siempre baño a mi hermanito pero mis primos _____ sin ayuda.
2. Las niñas miran la tele mientras el bebé _____ en el espejo.
3. Yo como mucho pero mi hermano _____ una paella entera.
4. El barbero afeita a mi tío pero papá _____ todas las mañanas.
5. Visto a mi hijita y nosotros _____ después.
6. Jaime despierta a su amigo a las 7:00 pero yo _____ a las 8:30.

B. Acciones y reacciones. *Siga Ud. el modelo y haga una frase original.*

    MODELO   Miguel (dormirse)
                    Miguel se durmió cuando el profesor empezó a hablar de su viaje.

1. Yo (alegrarse)
2. Esos viajeros (quejarse)
3. Nosotros (aburrirse)
4. Mi amiguita (negarse a)
5. Tú (callarse)
6. Los alumnos (darse cuenta de)
7. Este muchacho (jactarse de)
8. Yo (atreverse a)

C. Conversemos. *Conteste Ud. las preguntas siguientes.*

1. ¿A qué hora se despertó Ud. esta mañana? ¿Se levantó en seguida o se quedó un rato en la cama?
2. ¿A quién se parece Ud. más, a su padre o a su madre?
3. ¿Qué hace Ud. cuando se enferma?
4. ¿Siempre se acuerdan sus amigos de su cumpleaños? ¿Qué hace Ud. si se lo olvidan?
5. ¿De qué se quejan más los estudiantes universitarios?
6. ¿Es importante probarse la ropa antes de comprarla? ¿Por qué?
7. ¿En qué año se casaron sus padres? ¿Quién los casó? ¿Cuándo piensa Ud. casarse?
8. ¿Se pone Ud. nervioso(a) antes de tomar un examen? ¿Por qué?

SE *FOR UNEXPECTED EVENTS* (**Se** *para sucesos inesperados*)

This **se** construction indicates that these events are unexpected or accidental and absolves the subject of responsibility for the action.

FORM

(**A** + indirect object)[3] +	**se** +	indirect object +	verb in the third person +	noun
noun or pronoun		pronoun		singular or plural

---

[3] This construction is used with a noun or for emphasis or clarification with the pronoun as an object of a preposition.

Compare the following sentences:

Yo rompí el vaso.   *I broke the glass. (It's my fault.)*
Se me rompió el vaso.   *The glass broke on me. (I am not at fault.)*

María perdió las llaves.   *María lost the keys. (She is at fault.)*
A María se le perdieron las llaves. *The keys got lost on María. (She is not at fault.)*

This construction is frequently used with the following verbs:

acabar   escapar   morir   olvidar   quedar
caer   ir   ocurrir   perder   romper

Práctica

A. *¡No tengo la culpa!* *Cambie Ud. las frases a la construcción reflexiva. Siga el modelo.*

> **MODELO**   Olvidé el boleto.
>   Se me olvidó el boleto.

1. Carlos perdió su maleta.
2. Tú olvidaste los pasaportes.
3. Francisco y Juana rompieron la ventana.
4. Nosotros perdimos el dinero.
5. Yo rompí las copas.
6. Olvidaron el jabón.

B. *Un viaje horrible.* *El viaje de los tres hermanos Gutiérrez es un desastre. Todo salió mal. En una carta a sus padres, Fernando describe lo que pasó. Siga el modelo.*

Queridos papás,

Hasta ahora nuestro viaje ha sido un desastre porque...

> **MODELO**   Llegamos tarde al aeropuerto... a nosotros/ir/avión
>   Llegamos tarde al aeropuerto y se nos fue el avión.

1. En el avión... a Juan y a Paco/olvidar/pasaportes
2. Al salir del aeropuerto... a mí/romper/maleta
3. El primer día... a Juan/perder/cheques de viajero
4. En el hotel... a nosotros/acabar/agua caliente
5. En un restaurante elegante... a Paco/caer/vino
6. En un autobús... a mí/quedar/gafas de sol

SABER *AND* CONOCER *(To know)*

Although in English there is only one verb to express the concept of *to know or to be acquainted with,* in Spanish there are two: **saber** and **conocer.**

USE

Saber

1. Saber is used in the following contexts.[4]
   a. to know factual information.

Yo sé tu número de teléfono.	*I know your telephone number.*
Ellos saben dónde Uds. viven.	*They know where you live.*
Tomás sabe mucho de la historia de España.	*Tomás knows a lot about the history of Spain.*

   b. to know how to do something.

Elena sabe nadar bien.   *Elena knows how to swim well.*

   c. to know something by heart or completely.

Yo sé la letra de esta canción. *I know the words to this song.*

2. Saber in the preterite tense means *to find out.*

Jaime supo el secreto.   *Jaime found out the secret.*

Conocer

1. Conocer means *to know* in the sense of being acquainted or familir with someone or something.

Mi tío conoce al piloto.	*My uncle knows the pilot.*
Marta conoce Madrid.	*Marta knows (is familiar with) Madrid.*
¿Conoces tú un buen hotel?	*Do you know a good hotel?*
El profesor conoce bien la música de Bach.	*The profesor knows Bach's music well.*

2. Conocer in the preterite and future tenses means *to meet for the first time* or *to make someone's acquaintance.*

Pablo lo conoció ayer.	*Pablo met him yesterday.*
Tino conocerá a mi familia mañana.	*Tino will meet my family tomorrow.*

---

[4] **Saber** can also mean *to taste;* **saber a** = to taste like. **Este café sabe mal.** (*This coffee tastes bad.*) **Este pescado sabe a atún.** (*This fish tastes like tuna.*) In this sense it is almost always in the third person singular or plural.

Práctica

A. ¿Saber o conocer? *Escoja Ud. la(s) respuesta(s) correcta(s).*

1. Sé...
   a. bailar muy bien.   **b.** al piloto personalmente.   **c.** la verdad.
   d. que son de México.
2. ¿Quién conoce...
   a. bien este lugar?   **b.** si el avión llegó a tiempo?   **c.** al agente de viajes?
   d. la costa de España?
3. Supimos...
   a. cómo ocurrió el accidente.   **b.** nadar cuando éramos pequeños.
   c. la ciudad.   **d.** que mamá estaba enferma.
4. Conozco...
   a. de dónde son los viajeros.   **b.** Barcelona.
   c. las costumbres de los pueblecitos.   **d.** la dirección de la pensión.
5. Anoche conocí...
   a. la respuesta.   **b.** hacer una paella.
   c. al hombre (a la mujer) de mis sueños.   **d.** dónde vive Juan.
6. ¿Sabe Ud...
   a. la comida típica de Madrid?   **b.** muchos idiomas?
   c. resolver el problema?   **d.** quién ganó el partido?

B. ¿Sabe Ud. algo de...? *Con un(a) compañero(a), formen preguntas y contéstenlas, según el modelo.*

> **MODELO**   Puerto Rico
> ¿Sabe Ud. algo de Puerto Rico?
> Sí, sé que es una isla bonita del Caribe.
> No, no sé nada de Puerto Rico.

1. Isabel Perón
2. el «windsurfing»
3. España
4. el museo Smithsoniano
5. La Segunda Guerra Mundial
6. los animales salvajes
7. George Bush
8. Australia
9. Pablo Picasso

Así se dice

¿CUÁNTO VALE...?

1. Some expressions you might hear when shopping are:

¿En qué puedo servirle?	*What may I do for you?*
¿Lo (La) puedo ayudar en algo?	*May I help you with something?*
¿Qué se le ofrece?	*What may I get for (offer) you?*
¿Qué va a comprar?	*What would you like (to buy)?*

2. To find out the cost of something or to describe its cost, you might say:

¿Cuánto es (cuesta)?	*How much does it cost?*
¿Cuánto cobra?	*How much do you charge?*
¿Cuánto vale?	*How much is it worth?*
Es una ganga.	*It's a bargain.*
Sale barato (caro).	*It's cheap (expensive).*
Me costó un dineral (un ojo de la cara).	*It cost me a fortune (an arm and a leg).*
Es regalado.	*It's really (dirt) cheap.*

3. Bargaining is common in outdoor markets in many countries, but it never hurts to ask for a discount in any situation.

¿Cuánto me da?	*How much will you give me?*
¿Cuánto quiere pagar?	*How much are you willing to pay?*
Pues, hágame una oferta.	*Make me an offer.*
¿Hay descuento (rebaja)?	*Is there a discount?*
¿Me da un descuento de 20 (30) por ciento?	*Will you give me a discount of 20 (30) percent?*

4. And once your decision is made...

Aquí lo tiene.	*Here you are.*
Lléveselo.	*Take it. (It's a deal.)*
Se paga en la caja.	*You can pay for it at the cashier.*
¿Algo más?	*Anything else?*
¿Se lo envuelvo?	*Shall I wrap it for your?*
¿No tiene Ud. suelto (cambio)?	*Don't you have change?*
Me lo llevo. (Me lo compro.)	*I'll take it.*
Envuélvamelo.	*Wrap it for me.*

Práctica

Haga Ud. las siguientes compras en el mercado de cada lugar. ¡No deje de regatear (to bargain) con el (la) vendedor(a)!

un plato de cerámica — Ecuador
una blusa bordada (*embroidered*) — Colombia
unos libros viejos — España
un sombrero decorado — México

Y en resumen...

A. En el Hotel Miramar. *La familia Pérez está disfrutando de su primer día de vacaciones en el Hotel Miramar. Mire Ud. los dibujos y describa las actividades de los Pérez. Use Ud. verbos reflexivos e incluya toda la información que pueda.*

B. Formando frases. *Forme Ud. frases con las palabras en las columnas **A, B, C** y **D**. (En algunos casos no es necesario usar las palabras en la columna **B**.) Haga los cambios necesarios.*

A	B	C	D
Conozco		Manuela	bonita de Pablo
Sé	a	el hermano	es simpática
Conoces		la amiga	de España
Quiero conocer	que	esquiar	de José
Sabemos		la Costa del Sol	muy bien

C. Problemas de alojamiento. *¿Qué hace Ud. en las situaciones siguientes?*

1. Llega a una ciudad sin reservación y los hoteles están llenos.
2. En el hotel hay mucho ruido en la habitación de al lado y no puede dormir.
3. Se enferma y necesita un médico.
4. Al dejar su habitación se da cuenta de que perdió la cartera. Además, la cuenta es mucho más elevada de la que Ud. había esperado.
5. La lavandería del hotel perdió toda su ropa.

D. En el Hotel Alegre. *Lea Ud. el directorio siguiente y haga las actividades.*

DIRECTORIO de SERVICIOS

Pida a la OPERADORA le comunique a:

FARMACIA y MEDICINAS · Llame al Botones o Recepción · 24 hrs.

BAR SOBRE RUEDAS · Bebidas mezcladas a su puerta de 07:00 a 22:30 hrs.

BOX LUNCH · Una delicia durante el viaje. Pídalos en el comedor "El Taxqueno"

LLAMADAS de LARGA DISTANCIA · La Operadora esta a sus ordenes 24 hrs.

GERENTE EN TURNO · Esta a sus ordenes para hacerlo Feliz las 24 hrs.

BOTONES · Con gusto le ayudaremos con su equipaje.

DESPERTADOR · Para que llegue Usted a tiempo, pídalo a la Operadora.

MEDICO · Si se siente mal o necesita de asistencia Medica, llámenos INMEDIATAMENTE · disponible 24 hrs.

En la RECEPCION encontrará Usted:

INFORMACION · Tenemos las respuestas a sus preguntas

RESERVACIONES · Taxco 21300. Cuidad Mexico 574-6003 -574-9139

OBJETOS PERDIDOS — Si olvidó o encontró algun objeto, por favor haganoslo saber.

CAMBIO DE MONEDA · El tipo de cambio le informara el Cajero.

NIÑERAS · de Confianza · Por favor, haga los arreglos antes de las 12:00.

CAJAS de SEGURIDAD · Para sus valores.

Informacion General sobre el HOTEL:

GUIAS de TURISTAS · Paseos a Taxco, las Grutas de Cacahuamilpa y otros lugares. Por favor hable con el Gerente en Turno.

HIELO · Disponible sin cargo en los refrigeradores del segundo piso de cada edificio.

MAQUINAS de REFRESCOS · se encuentran junto a las máquinas de hielo en el segundo piso.

HORA DE SALIDA · 14:00 hrs., y en caso de que desee salir mas tarde, Llámenos para ver disponibilidad.

TARJETAS de CREDITO · Con gusto aceptamos American Express, MasterCard, Bank Americard, Banamex, Carnet, Bancomer, Diners, Carte Blanche, y Visa.

LAVANDERIA · servicio excelente · si entrega su ropa antes de las 10:00 hrs. se la entregamos el mismo dia.

ESTACIONAMIENTO · Pida su Tarjeta de Registro al Botones, Chofer, o en la Recepción.

Otros SERVICIOS:

TENIS, GOLF, CABALLOS · Disponibles para su recreación en la Casa Club.

LAVADO de CARROS · Por favor, hable a Botones.

BOLERO · Lo encontrará en el Motor Lobby.

TAXIS · Con gusto se lo pedimos. Solicitelo a la Recepción.

---

1. ¿Qué servicio necesita Ud. en las siguientes situaciones?
   a. Ud. y su esposo(a) quieren salir en la noche sin los hijos.
   b. No puede encontrar la muñeca favorita de su hija.
   c. Su carro está muy sucio después de un día en las montañas.
   d. No quiere llevar su reloj *Rolex* a la piscina.
   e. Ud. manchó sus pantalones en el restaurante.

2. En parejas, escojan Uds. cinco servicios del directorio que Uds. van a necesitar durante su estancia en el Hotel Alegre. Digan por qué las necesitan, según el modelo.

> **MODELO**   Necesitamos hielo porque vamos a hacer una fiesta en la habitación.

3. ¿Qué servicios no ofrece el hotel que Ud. necesita cuando viaja?

4. Use su imaginación y describa el hotel con detalles. ¿Está en las montañas, en la playa o en una ciudad? ¿Cómo son los otros huéspedes? ¿Cómo es el clima? ¿En qué actividades participa Ud.? Descríbalas.

5. En parejas. Ud. acaba de descubrir que alguien le ha robado el dinero. Con un(a) compañero(a) escriban el diálogo entre el gerente del hotel y Ud. Representen la escena delante de la clase.

De compras

Vocabulario inicial

el anillo *ring*

el arete *earring*

el brazalete (la pulsera) *bracelet*

el collar *necklace*

    envolver (ue) *to wrap*

el mercado al aire libre *open-air market*

el oro *gold*

la plata *silver*

el recuerdo *souvenir*

    regatear *to bargain, haggle*

Para comenzar...

1. Con la ayuda del vocabulario inicial, describa los dibujos.
2. ¿Qué ventajas hay en comprar en cada lugar?
3. ¿Qué recuerdos ha comprado Ud. en sus viajes? ¿Por qué? ¿Cuál es el recuerdo más extraño que Ud. ha comprado? ¿y qué ha recibido? ¿Compra regalos cuando viaja? ¿Para quiénes?
4. Ciertos recuerdos se asocian con ciertos lugares — por ejemplo, las naranjas con la Florida o el perfume con Francia. Nombre Ud. algunos lugares y sus productos típicos.

De compras

30 de agosto

— Si llegas a Colombia —, me aconsejó una amiga que conoce bien Sudamérica, — cómprate una esmeralda. Y no dejes de ir al Unicentro, el complejo comercial de Bogotá, para conseguir recuerdos —. Es verdad que aquí en las joyerías° se ven las esmeraldas más bellas del mundo. Y el Unicentro es modernísimo, con tiendas elegantes de toda clase.

jewelry stores

Pero confieso que prefiero el mercado al aire libre, en el pueblo de Silvia. Los indios de los alrededores llegan todos los sábados para vender sus productos: plátanos, tomates y panela, que es azúcar sin refinar. Venden también artículos de lana. Me compré una ruana, el poncho típico de la sierra de aquí. No sabía regatear muy bien, pero creo que tanto el vendedor como yo quedamos contentos con el precio. — Llévese otro —, me dijo. Pero se me estaba acabando el dinero.

El traje de los indios me llamó la atención. Todos se visten del mismo color azul con adornos violetas. Los hombres llevan algo que parece una falda estrecha y las mujeres llevan collares blancos. ¡Cuántos más collares lleva, mayor es el prestigio que tiene la mujer dentro de la comunidad india!

Conversemos

Refiriéndose a la lectura anterior, conteste Ud. las preguntas.

1. ¿Qué se debe comprar en Colombia? ¿Por qué? ¿Qué es el Unicentro? ¿Hay algo semejante en los EE.UU.? Explique. ¿Qué productos se venden en el mercado de Silvia? En sus propias palabras explique qué es «regatear». Describa Ud. el traje de los indios en el mercado. ¿Qué significan los collares de las mujeres?
2. ¿Por qué cree Ud. que Luisa prefiere el mercado de Silvia para hacer sus compras? ¿Dónde prefiere Ud. comprar? ¿Por qué?
3. ¿Se usa la ropa en nuestra sociedad para mostrar prestigio? Explique.

Vocabulario

ROPA *(Clothing)*

el abrigo *coat*
la blusa *blouse*
las botas *boots*
los calcetines *socks*
la camisa *shirt*
la camiseta *T-shirt*
la cartera *purse*
la corbata *tie*
el chaleco *vest*
la chaqueta *jacket*
la falda *skirt*
los guantes *gloves*
el impermeable *raincoat*
las medias *stockings*
los pantalones *pants*
la ropa interior *underwear*
el suéter *sweater*
el traje *suit, outfit*
el vestido *dress*
las zapatillas *slippers, sneakers*
los zapatos *shoes*

TELA *(Material)*

el algodón *cotton*
el cuero *leather*
la franela *flannel*
la lana *wool*
la pana *corduroy*

la piel *fur*
la seda *silk*

EN EL ALMACÉN

atender (ie) *to wait on, attend to*
atestado *crowded*
la billetera *billfold*
la bolsa *bag, purse*
el (la) cliente *customer*
gastar *to spend, waste*
la liquidación *sale*
meter *to put (into)*
el par *pair*
la planta *floor (of a building)*
el probador *dressing room*

EXPRESIONES

acabarse (el dinero) *to run out of (money)*
estar de moda (de onda) *to be in style*
estar pasado de moda *to be out of style*
hacer juego con *to match*
ir de compras *to go shopping*
quedarle bien (mal, grande) *to fit one well (badly, to be big)*
pagar a plazos *to pay in installments*

Repasemos el vocabulario

REFIÉRASE A LA LISTA DE VOCABULARIO Y AL VOCABULARIO INICIAL.

A. ***¿Cuál no pertenece?*** *Subraye Ud. la palabra que no está relacionada con las otras y explique por qué*

1. cartera   blusa   falda   corbata
2. guantes   botas   zapatillas   calcetines
3. abrigo   chaleco   chaqueta   impermeable
4. traje   pana   franela   algodón
5. collar   cuero   arete   anillo

B. ***¿Qué me pongo?*** *Describa Ud. la ropa que se debe llevar en las siguientes actividades.*

1. una boda
2. una clase en la universidad
3. una cena en casa de su novio(a)
4. un partido de fútbol
5. una discoteca
6. una excursión al norte para esquiar

C. ***¿Me queda bien?*** *Mire Ud. los dibujos, y haga comentarios positivos y negativos sobre la forma de vestir de los siguientes amigos suyos. Use las expresiones:* ***estar de moda, quedarle bien (mal, grande, etc.), hacer juego con*** *y otras palabras de las listas de vocabulario. Es importante que Ud. sea muy diplomático(a) con sus amigos.*

MODELO   "Ana, me gusta el suéter. Es muy bonito y está muy de moda. Pero, los pantalones, pues... están pasados de moda ahora. Y es mejor que te pongas pantalones de lana."

ANA

ARTURO

ROSITA

ROSAMELIA

D. *La moda en Colombia.* Lea Ud. el siguiente artículo y haga los ejercicios.

ESTÁ DE MODA

La moda femenina

La moda de hoy es elegante, característica que se adquiere por las finas telas que se trabajan y por los estilos que destacan la silueta femenina... ajustados resaltando° los hombros y la cintura.

La moda masculina: Una entrevista con Carlos Nieto, el famoso diseñador colombiano.

CADA VEZ MÁS ELEGANTE

Sobre el modo de vestir del hombre colombiano, Carlos opina que cada vez es más elegante y que realmente se preocupa por estar a la moda.

— *¿Y cómo se compara en elegancia con el resto de los hombres del continente?*

— Estimo que ocupa el tercer lugar después de la Argentina y Brasil, aunque en general nuestra moda combina las dos características de la misma en dichos países. En Argentina hay elegancia y en Brasil, industria de moda.

— *¿Es necesario estar a la moda para ser elegante?*

— Sí, no se puede ser elegante con ropa pasada de moda.

"Se están usando los colores muy vivos, los tonos pastel, los rosados con grises, los pantalones de cuadros grandes, los pantalones muy anchos en la base y angostos° en la bota. Y vuelve con mucha fuerza el estilo "college" y medias de rombos (CROMOS los sugiere como regalos ideales para el Día del Padre). Se vuelve también hacia los estilos de los años 60 con todo lo go go y ye ye".

Carlos Nieto retorna ahora a la línea clásica pero sin abandonar la joven. Su moda incluye desde lo más clásico hasta lo más "lanzado", o sea, para todos los gustos, edades y bolsillos.

showing off

narrow

---

1. Las siguientes frases son falsas. Corríjalas, refiriéndose al artículo. Justifique sus respuestas.

   a. Al hombre colombiano no le interesa mucho estar de moda.

   b. Comparado con el resto de los hombres sudamericanos, el hombre colombiano es el más elegante en su forma de vestir.

   c. Según el diseñador, Carlos Nieto, es posible usar ropa pasada de moda y ser elegante.

   d. En la moda de hoy, los estilos del pasado no se usan.

   e. La ropa que diseña Nieto no es versátil.

2. Conteste Ud. las preguntas.

   a. ¿Está Ud. de acuerdo con el artículo sobre la moda femenina? ¿y con el artículo sobre la moda masculina? Explique.

   b. Defina Ud. la palabra «moda». Describa Ud. la moda actual en los EE.UU. ¿Se viste Ud. a la última moda o prefiere mantener su propio estilo? ¿Por qué? Describa su propio estilo.

   c. En sus propias palabras, defina Ud. la palabra «elegancia». ¿Es posible vestirse elegantemente todo el tiempo? ¿En qué ocasiones se viste Ud. bien?

d. Describa Ud. la forma de vestir de...

  (1) los preppies.   (3) los estudiantes de su universidad.
  (2) los yuppies.   (4) su profesor(a).

E. Mis opiniones sobre la moda. *Llene Ud. los espacios y termine las frases.*

1. Me gusta más la ropa de (invierno, verano, otoño, primavera) _____
   porque...
2. Yo nunca llevo _____ para ir _____ porque...
3. Por lo general, los hombres que llevan _____ son...
4. Por lo general, las mujeres que llevan _____ son...
5. Para quedarme en casa, llevo _____ porque...
6. Siempre llevo _____ cuando voy _____ porque...

F. De compras. *Usando las palabras siguientes, escriba Ud. un diálogo entre un(a) cliente y un(a) dependiente(a). Luego, con un(a) compañero(a), represéntenlo.*

el probador   ropa interior
quedarle bien   estar de moda
atender   meter
acabarse el dinero la bolsa

_____Gramática

THE IMPERATIVE: COMMANDS *(El imperativo: los mandatos)*

FORM

   The present subjunctive is used to form affirmative and negative commands for *Ud., Uds.,* and *nosotros,* and negative commands for *tú* and *vosotros.* Study the following chart.

SUBJECT	AFFIRMATIVE COMMAND	NEGATIVE COMMAND
Ud.	**subjunctive**	*no* + **subjunctive**
Uds.	**subjunctive**	*no* + **subjunctive**
nosotros	**subjunctive**	*no* + **subjunctive**
tú	third person singular	*no* + **subjunctive**
	indicative	*no* + **subjunctive**
vosotros	infinitive - **r** + **d**	*no* + **subjunctive**

1. Formal (**Ud., Uds.**) commands in the affirmative and negative take the corresponding forms of the present subjunctive. The subject pronouns **Ud.** and **Uds.** may be expressed to make the command more formal or more polite.[1]

Compre Ud. el recuerdo.   *Buy the souvenir.*
No salgan Uds. todavía.   *Don't leave yet.*

2. **Nosotros** commands in the affirmative and negative follow the corresponding forms of the present subjunctive. These are used when the speaker is included and are often translated as *let's.*

Comamos en aquel restaurante.   *Let's eat in that restaurant.*
Conduzcamos por la playa.   *Let's drive by the beach.*
No salgamos esta noche.   *Let's not go out tonight.*

Ir in the affirmative has the only irregular form. Compare.

Vamos al cine.   *Let's go to the movies.*
No vayamos al cine.   *Let's not go to the movies.*

Vamos a + infinitive is often substituted for the affirmative **nosotros** command.

Vamos a comer en aquel restaurante.   *Let's eat in that restaurant.*

3. Familiar (**tú**) commands have different forms for the affirmative and negative. The affirmative command has the same form as the third person singular of the present indicative.

Escribe una tarjeta postal.   *Write a postcard.*
Paga la cuenta antes de irte.   *Pay the bill before leaving.*

There are eight verbs that have irregular **tú** commands in the affirmative:

decir — **di**   poner — **pon**   tener — **ten**
hacer — **haz**   salir — **sal**   venir — **ven**
ir — **ve**   ser — **sé**

The negative **tú** command uses the corresponding form of the present subjunctive.

No escribas una tarjeta postal.   *Don't write a postcard.*
No hagas nada y no digas nada.   *Don't do anything and don't say anything.*
No pagues la cuenta antes de irte.   *Don't pay the bill before leaving.*

---

[1] The use of the infinitive to express impersonal commands is becoming more common. These are usually used on signs. For example: **No fumar.** *(No smoking.)*

4. Vosotros commands also have two different forms. The affirmative command is formed by substituting a **-d** for the final **-r** of the infinitive.

Poned las maletas en mi cuarto.	*Put the suitcases in my room.*
Entrad por la puerta principal.	*Enter through the main door.*

The negative **vosotros** command uses the corresponding form of the present subjunctive.

No hagáis ruido.	*Don't make noise.*
No cambiéis moneda aquí.	*Don't exchange money here.*

USE

1. Direct commands are used when the person addressed is directly ordered or told to do something.

Ve al probador y pruébate esta chaqueta.	*Go to the dressing room and try on this jacket.*
Déme Ud. su tarjeta de crédito y espere un momento, por favor.	*Give me your credit card and wait a moment, please.*

2. Indirect commands are used most commonly when a speaker conveys a command through someone else or allows someone to do something. They are always introduced by **que** and are translated as *let* someone + verb, *why doesn't* someone + verb, or *have* someone + verb. They are used in the second and third person singular and plural.

Que pase Juan.	*Let Juan come in.*
Que lo hagas tú.	*Why don't you do it?*
Que vengan a las ocho.	*Have them come at eight o'clock.*

PLACEMENT OF PRONOUNS WITH COMMANDS
(Colocación de pronombres con los mandatos)

1. With direct commands, pronouns follow and are attached to the verb in the affirmative. They precede the verb in the negative. The pronouns are placed in the following order: reflexive, indirect, direct.

Dígamelo.[2]	*Tell it to me.*
No me lo diga.	*Don't tell it to me.*
Póntelo.	*Put it on.*
No te lo pongas.	*Don't put it on.*

---

[2] Note that it may be necessary to add a written accent mark to the verb in order to maintain the original stress. See Appendix A for rules of accentuation.

2. In the affirmative **nosotros** commands, the final **-s** is dropped from the verb before adding the pronouns **se** and **nos.**

Escribámosela.	*Let's write it to him.*
No se la escribamos.	*Let's not write it to him.*
Acostémonos.	*Let's go to bed.*
No nos acostemos.	*Let's not go to bed.*

3. In an affirmative **vosotros** command of a reflexive verb, the final **-d** is dropped before adding the pronoun **os.** The verb **ir** is the only exception, since it maintains the final **-d.** In the case of verbs that end in **-ir**, an accent mark is placed over the **i.**

Sentaos y callaos.	*Sit down and be quiet.*
Vestíos e idos rápidamente.	*Get dressed and go quickly.*

4. With indirect commands, reflexive and object pronouns precede the verb in both the affirmative and the negative.

Que se lo pruebe.	*Let him try it on.*
Que no se lo pruebe.	*Don't let him try it on.*

Práctica

A. *Hay mucho que hacer en Colombia.* *Isabel y Raúl González van de vacaciones a Colombia. Su agente de viajes les sugiere algunas cosas que ver y hacer en Bogotá. Cambie Ud. los infinitivos a mandatos plurales (Uds.), según el modelo.*

MODELO   alojarse en una pensión
          Alójense en una pensión.

1. no comer en los restaurantes del hotel
2. probar arepas y ajiaco[3]
3. no gastar dinero en los almacenes
4. regatear en los mercados al aire libre
5. no conseguir artículos fabricados en otros países
6. buscar recuerdos en las tiendas de artesanía colombiana

---

[3] *Arepa* es un tipo de pan hecho de maíz molido. *Ajiaco*, un plato bogotano, es sopa de pollo con varias clases de papas y verduras.

B. *Una gira.* *Raúl se queda en Bogotá mientras que Isabel hace una gira por Cartagena. El agente de viajes tiene más recomendaciones para ella. Cambie Ud. los infinitivos a mandatos informales (tú), según el modelo.*

> **MODELO** recorrer la ciudad en taxi/coche de caballos
> No recorras la ciudad en taxi. Recorre la ciudad en coche de caballos.

1. no nadar en la piscina del hotel/las playas de la bahía
2. no quedarse en un hotel moderno/antiguo monasterio restaurado
3. no escribirles cartas a sus amigos/tarjetas postales
4. no sacar fotos de los monumentos/vista desde la montaña
5. no beber café tipo americano/tinto[4]
6. no conocer las boutiques elegantes/mercados típicos

C. *¿De acuerdo?* *Después de un día lleno de actividades, Isabel y Raúl González llegan a su hotel cansados e irritados. No pueden ponerse de acuerdo. Forme mandatos (tú y nosotros), según el modelo.*

> **MODELO** abrir la ventana
> *Raúl* Isabel, abre la ventana
> *Isabel* No, no la abramos ahora. Abrámosla después.

1. llamar a los hijos	4. poner la tele
2. escribir tarjetas postales	5. envolver los regalos
3. hacer reservaciones en el restaurante	6. leer la guía turística

D. *De prisa.* *Manuel sale de prisa en un viaje de negocios. Su amiga ofrece ayudarlo con los preparativos. Con un(a) compañero(a) representen los papeles, según el modelo.*

> **MODELO** lavarte la camisa blanca
> *La amiga* ¿Te lavo la camisa blanca?
> *Manuel* Sí, lávamela. No, no me la laves.

1. hacerte las reservas en el hotel
2. explicarles la situación a tus compañeros de cuarto
3. darle la dirección del hotel a tu familia
4. echarle agua a la planta
5. ponerte la cámara en la maleta
6. recogerte el correo

---

[4] *Tinto* es café fuerte servido en tazas pequeñas.

E. Problemas en la tienda. *En esa tienda a nadie le gusta trabajar. Forme Ud. mandatos indirectos según el modelo.*

> **MODELO** llamar al gerente/Manolo
> ¿Quién va a llamar al gerente?
> Que lo llame Manolo.

1. atender a los clientes/Susana y Manuel
2. envolver los zapatos/Anita
3. mostrarle a la señora el probador/tú
4. arreglar las camisas/Uds.
5. buscarle al señor una billetera negra/Ramón
6. apagar las luces/las chicas

F. Preparativos. *Ana se prepara para su primer viaje a la América del Sur. Aconséjela Ud. de una manera original.*

> **MODELO** pedir
> Pídele información al agente de viajes.

1. hablar con	3. obtener	5. solicitar
2. no viajar	4. no ir	6. buscar

G. Los diez mandamientos. *Escoja Ud. a una de las siguientes personas y escriba diez mandamientos para él o ella.*

> **MODELO** el profesor
> No dé Ud. exámenes difíciles.
> Déjenos salir de la clase temprano.
> Enséñenos mucho.

1. el (la) compañero(a) de cuarto	4. el (la) hermano(a)
2. el padre o la madre	5. la criada
3. el (la) novio(a)	6. el presidente de los EE.UU.

Palabras problemáticas

Estudie Ud. las palabras siguientes. Son palabras que los estudiantes norte-americanos de español suelen confundir.

1. **el idioma**   *language*
   la lengua   *language, tongue*
   el lenguaje   *language (in a literary sense), terminology*

El español es <u>un idioma</u> (<u>una lengua</u>) que se habla en más de veinte países.	*Spanish is a language that is spoken in more than twenty countries.*
El documento está escrito con un <u>lenguaje</u> muy complicado.	*The document is written in very complicated language.*

2. volver   *to go back, return (to a place)*
  devolver   *to give back, return (an object)*
  envolver   *to wrap*

Vamos a <u>volver</u> a Colombia en enero.	*We're going to return to Colombia in January.*
Es importante que me <u>devuelvas</u> los libros mañana.	*It's important that you return the books to me tomorrow.*
<u>Envuelva</u> el regalo, por favor.	*Wrap the present, please.*

3. la ventana   *window*
  la ventanilla   *small window (as in a train or car), ticket window*
  el escaparate   *store (display) window*

Abre <u>la ventana</u> porque hace calor.	*Open the window because it's hot.*
Compré el boleto en esa <u>ventanilla</u>.	*I bought the ticket at that ticket window.*
Siempre hay ropa muy de moda en el <u>escaparate</u> de aquel almacén.	*There is always very stylish clothing in the window of that store.*

4. probar   *to try, taste*
  probarse   *to try on*
  tratar   *to treat (a subject or a person)*
  tratar de   *to try, attempt*
  intentar   *to try, attempt, endeavour*

¿Quieres <u>probar</u> este café irlandés?	*Do you want to taste this Irish coffee?*
Juan <u>se probó</u> el traje.	*Juan tried the suit on.*
Nos <u>trataron</u> muy bien en ese hotel.	*They treated us very well in that hotel.*
Marta siempre <u>trata de</u> (<u>intenta</u>) visitar un país extranjero cada año.	*Marta always tries to visit a foreign country every year.*

5. extraño   *strange*
  el extranjero   *abroad (in another country)*
  el (la) extranjero(a)   *foreigner*
  el (la) desconocido(a) *unknown person*
  el (la) forastero(a)   *stranger (visitor to a town or city in native country)*

Es muy <u>extraño</u> que nadie conteste el teléfono.	*It's very strange that nobody is answering the telephone.*
<u>El extranjero</u> no podía hablar inglés.	*The foreigner couldn't speak English.*
Hubo <u>un desconocido</u> en la fiesta.	*There was an unknown person at the party.*
Todos en el pueblo notaron al <u>forastero</u>.	*Everyone in the town noticed the stranger.*

Práctica

Escoja la palabra apropiada, según el contexto.

1. Yo sé hablar dos (lenguas, lenguajes) — el inglés y el español.
2. Lope de Vega usa un (lenguaje, idioma) poético en sus obras literarias.
3. María acaba de llegar a los Estados Unidos de Venezuela. Ella es (extranjera, desconocida).
4. Susana va a estudiar en (el forastero, el extranjero) el año próximo.
5. La criada limpió todo en mi casa excepto (los escaparates, las ventanas).
6. El hombre en aquella (ventanilla, ventana) me vendió los pasajes.
7. (Prueba, Pruébate) los zapatos antes de comprarlos.
8. El niño (trató, probó) muy mal al perro.
9. Voy a (tratar, probar) la paella que preparaste.
10. Es mejor que Ud. (devuelva, vuelva) mañana porque no hay nadie aquí hoy.
11. Te quiero (devolver, envolver) el suéter que dejaste en mi casa.

Y en resumen...

A. Un centro turístico nuevo. *El siguiente artículo apareció en un periódico mexicano. Escoja Ud. la palabra correcta o use la forma correcta del verbo entre paréntesis.*

Un pueblo pequeño (y, e) insignificante en la costa rápidamente (convertirse) _____ en un gran centro turístico. Los oficiales del pueblo (darse cuenta de) _____ que es un (gran, grande) dilema y (saben, conocen) que, desde el punto de vista económico, el turismo es beneficioso. Es cierto que (ser) _____ el milagro que necesitaba este (pueblo pobre, pobre pueblo).

— Pero, ¿qué hacemos (por, para) (prepararse) _____ para (el, la) inundación de turistas? — pregunta el alcalde del pueblo. Un experto económico, quien (sabe, conoce) la situación, aconseja lo siguiente: —

Es importante que Ud. (planear) _____ bien el futuro del pueblo, que (comunicarse) _____ con el departamento de turismo y que (pedir) _____ su ayuda. (Conseguir) _____ Ud. un buen arquitecto, y (empezar) _____ una acelerada construcción de hoteles de lujo.

También, como (a, _____) los turistas (se, les) gusta gastar su dinero, es dudoso que ellos (quedarse) _____ aquí (por, para) mucho tiempo o que (venir) _____ otra vez si no hay dónde ir de compras. Con todo esto, es difícil que (este, éste) lugar no (hacerse) _____ un tremendo éxito turístico dentro de pocos años.

B. ¡Ay, qué desgracia! *Su viaje de compras resulta un desastre. Describa lo que le pasó a Ud. con los siguientes objetos. Un(a) compañero(a) de clase le sugiere una posible solución. Siga el modelo.*

> **MODELO**   quedar/las tarjetas de crédito
> *Problema*   Se me quedaron las tarjetas de crédito en casa.
> *Solución*   No te preocupes. Paga todo al contado.

1. romper/el zapato
2. perder/las llaves del coche
3. olvidar/la billetera
4. caer/la bolsa
5. acabar/el dinero
6. ir/autobús

C. Su atención, por favor. *Forme Ud. un mandato apropiado y original para las siguientes situaciones. Siga el modelo.*

> **MODELO**   El autobús pasa muy pronto. Anita...
> Anita, vístete rápido. No demores (*Don't delay*).

1. El avión va a aterrizar. Pasajeros...
2. Cerramos la tienda en quince minutos. Señores...
3. En esta tienda se vende cristal. Niños...
4. Este café está frío. Camarero...
5. Me faltan toallas. Señor gerente...
6. Quiero comprar zapatos. Señorita...

D. El agente de viajes. *Marta, la esposa de José, habla por teléfono con el agente de viajes. Ella le comunica sus consejos a José. Siga el modelo.*

> **MODELO**   Es preciso/llegar al aeropuerto temprano
> *Agente*   Es preciso que él llegue al aeropuerto temprano.
> *Marta*   José, llega al aeropuerto temprano.

1. Es obligatorio/tener el pasaporte arreglado
2. Es mejor/ir primero al mostrador de la aerolínea
3. Es importante/no salir sin tarjeta de crédito
4. Es bueno/pedir un asiento cerca de la ventanilla
5. Es mejor/conseguir moneda extranjera en el banco
6. Es útil/llevar una cámara

Ahora, forme Ud. más consejos para José.

E. Traducciones. *Día de compras.*

1. Let's get up and have breakfast.
2. Mom, I want to stay in bed. Let Alejandro and Javier eat first.
3. No, son. By ten o'clock the stores are crowded. Let's go shopping now.
4. Remember that it's not necessary for you to pay cash. Use your credit cards.
5. Alejandro, the shirt fits you well. Don't wait. Buy it now.
6. Javier, ask the clerk what time it is, and don't forget to look for your wallet.

7. Let's go now. I'm really hungry. Let's have lunch at the open air café.

8. Wait for me, please. I left my purse in the dressing room on the third floor.

F. **En grupos.** *Usted está en un probador de un almacén elegante en México. Está probándose un vestido o un traje. La dependienta trata de convencerle a Ud. que se lo compre, pero su amigo(a) le dice que le queda muy mal. En grupos, representen esta situación.*

G. **La Tarjeta American Express... no salgan sin ella.** *Lea Ud. el siguiente anuncio y conteste las preguntas.*

Solicítela hoy:

© P.B.O. & M. 1983

— *Profesor. No siga buscando, ya sé por qué no utilizaban dinero.*

Con la Tarjeta American Express usted tiene una cuenta abierta en miles de establecimientos seleccionados, puede alojárse en los mejores hoteles, disfrutar de los más refinados restaurantes... en todo el mundo. Además puede adquirir con ella sus billetes en más de cien líneas aéreas, pagar su exceso de equipaje o alquilar un coche sin depósito previo.

Usted puede utilizar su Tarjeta en todos los establecimientos donde vea el emblema de American Express. En el momento de pagar, presente su Tarjeta.

Miles de amigos a su entera disposición, para ayudarle ante cualquier emergencia. Para facilitarle dinero y alojamiento o para proporcionarle asistencia médica si lo necesita. Para que usted disponga de un apartado postal permanente en cada país a donde viaje. Si le roban la documentación, el dinero, billetes y equipaje, American Express también le saca del apuro.

Tanto en España como en el extranjero

1. ¿Quiénes son las personas en el dibujo? ¿Qué hacen? ¿Quiénes «utilizaban dinero»?

2. Con esta tarjeta, ¿qué puede hacer Ud. en un hotel, un restaurante y una línea aérea?

3. Nombre Ud. dos situaciones cuando esta tarjeta puede «sacarle del apuro».

4. ¿Tiene Ud. una tarjeta de crédito? ¿Cuál? ¿Qué compra con su tarjeta? ¿Cuáles son las ventajas y desventajas de usar una tarjeta de crédito?

5. Se dice que nuestra sociedad vive de crédito. Es decir, compramos ahora y pagamos más tarde. Dé unos ejemplos de este concepto.

H. *Composición*

1. Según la lectura, en Colombia se puede encontrar las mejores esmeraldas del mundo y excelentes artículos de lana, como las ruanas. También, es posible comprar artículos de cuero, plata y pieles de reptil, figuras de cerámica y madera y exóticos vestidos indígenas. Imagínese Ud. que su amiga, Luisa, está de vacaciones en Colombia. Escríbale una carta e incluya una lista de seis amigos para quienes ella debe comprar recuerdos. Use las expresiones impersonales y el subjuntivo.

> **MODELO**   Luisa, con el tremendo frío que hace aquí en el norte, es importante que tú le compres a tu abuelo un suéter de lana, y una ruana blanca y roja.

2. Todas las lecturas de esta lección incluyen información sobre Colombia. Repáselas brevemente. Imagínese que Ud. acaba de volver de Colombia. Su amiga quiere hacer el mismo viaje. Escríbale una carta en la que menciona qué hacer, ver y comprar allí. Dígale tres...

a. lugares que debe visitar.   **c.** actividades que debe hacer.
b. artículos que debe comprar.   **d.** cosas que debe ver.

Use Ud. el imperativo y un verbo distinto en cada frase. Incluya detalles importantes.

De viaje en España

A. Una breve historia de España. *Escoja Ud. la palabra apropiada o use la forma correcta del verbo entre paréntesis en el pretérito o imperfecto. Traduzca las palabras en inglés al español.*

España, cuya capital (*is*) Madrid, (*is*) situada en el suroeste de Europa, y forma, con Portugal, la Península Ibérica. Al norte, está separada de Francia (por, para) los Montes Pirineos y al sur el Estrecho de Gibraltar (*separates it*) de África. (*It is*) dos veces el tamaño del estado de Oregón, e incluye las Islas Baleares en el Mediterráneo, las Islas Canarias en el Océano Atlántico y Ceuta y Melilla al norte de África. (*It has*) una población de 40 millones de habitantes. (Es, Hay) una (gran, grande) diferencia de clima entre (los, las) regiones y no cabe duda que Madrid (tiene, tenga) (el, la) clima menos favorable del país.

(Por, Para) entender las costumbres y (el, la) gente de un país es necesario (sepa, saber) un poco de su historia.

Los (*first*) habitantes de la península (ser) los íberos. Del centro de Europa (venir) los celtas y la fusión de (*these*) pueblos (crear) la raza celtíbera. Mientras que los griegos y los fenicios (extender) su influencia cultural, (llegar) los cartagineses en el siglo V a. de C. Los romanos (encontrar) dura resistencia de los íberos, quienes (*refused*) someterse al dominio romano y (luchar [ellos]) (por, para) doscientos años. Los romanos (construir) acueductos, puentes y caminos, (influir) mucho en la formación de la lengua castellana y el sistema jurídico y (establecer) la religión católica. El imperio romano ya (decaer) cuando los visigodos (llegar) a la península.

En 711 los árabes (cruzar) el Estrecho de Gibraltar y en sólo ocho años (conquistar) casi toda la península. Un núcleo de hombres que no (querer) someterse a los árabes (refugiarse) en las montañas del norte y poco a poco les (ganar) territorio a los enemigos. Durante este período de ochocientos años, que (*is called*) «la Reconquista» (nacer) los reinos independientes cristianos. En 1492 los cristianos (conquistar) Granada, la última fortaleza árabe en España, y en ese mismo año Cristóbal Colón (salir) (por, para) el Nuevo Mundo.

Para comprender la fuerte influencia árabe en España, es recomendable que el visitante al país (viaje, viaja) por toda Andalucía. Es preciso que (conoce, conozca) la ciudad de Córdoba. Durante el reino árabe la ciudad (convertirse) en el principal centro cultural (e, y) intelectual de Europa, y allí (ir) los grandes sabios que (interesarse) en las ciencias, las matemáticas, la medicina y otras disciplinas.

B. Al Andalus Expreso. *Andalucía — el sur de España — donde se encuentran algunas de las ciudades más bellas y románticas de toda Europa. Sevilla, Córdoba, Granada... vivos reflejos de la brillantez de las culturas moras y romanas. Ud. puede verlo todo por tren — los expresos de lujo de la bella época — los primeros treinta años del siglo XX, cuando viajar por tren era un arte y un placer, no sólo un modo de transporte. Lea Ud. la siguiente lectura y haga las actividades.*

THE ANDALUSIAN EXPRESS

Los vagones son amplios y cómodos, y se les ha restaurado hasta el último detalle para devolverles su esplendor original. Tiene dos coches comedores suntuosos, donde se sirve cocina española tradicional. Dos coches bares, uno con el ambiente sobrio y elegante de un club privado de Londres; el otro es una discoteca con pista de baile. Cinco coches dormitorios decorados opulentamente, cada uno con seis compartimientos dobles y dos *suites* de lujo... Y veinte compartimientos para duchas (en dos vagones) con vestidores privados.

Hay aire acondicionado en todo el tren y servicio a los compartimientos las 24 horas. Una regulación que no permite a nadie subir a bordo a menos que sea con un pasajero, te garantiza tranquilidad y seguridad. Y el tren nunca está atestado... sólo transporta 80 pasajeros por viaje...

1. Conteste las preguntas.
   a. ¿Cómo son los vagones? ¿los comedores? ¿los bares? ¿los coches dormitorios?
   b. ¿A qué se refieren los números siguientes?
      24   20   80   6   5   2   1
   c. ¿Por qué quiere o no quiere Ud. viajar en el Al Andalus Expreso?

2. Lea Ud. el itinerario y haga las actividades.

SEVILLA-CÓRDOBA-GRANADA-MÁLAGA

Viernes de mayo-junio y septiembre-octubre.

Embarque a las 7:00 y salida a las 7:30. Desayuno a bordo. Llegada a Córdoba a las 9:00 para una visita guiada a la Gran Mezquita, el Alcázar y el barrio judío. Salida a las 13:00 para Granada. Almuerzo a bordo. Llegada a Granada a las 17:30, paseo por la ciudad y cena en un restaurante elegante. El resto de la noche, libre. Regreso al tren, que pasa la noche en Granada.

Sábado en la mañana: desayuno a bordo. Visita a la Alhambra y el Generalife. Tiempo para comprar. Almuerzo a bordo. Salida de Granada a las 14:30, llegada a Málaga a las 17:30.

---

a. Resuma el horario, convirtiendo las horas al sistema norteamericano.
b. Forme un itinerario en español para el nuevo tren «The United States Express».

Cámara uno: La Península Ibérica[1]
(Cassette 2, Episodio 18, Escena 1)

A. *Geografía, historia y sitios de interés.* *Llene Ud. el espacio con una de las palabras de la lista siguiente.*

edificios   América   artístico   mar   rey   Filipinas   español
monarquía   occidental   capital   Atlántico   Portugal

1. España forma con _____ la Península Ibérica.
2. Su costa oriental está bañada por el _____ Mediterráneo y su costa _____ por el Océano _____.
3. Madrid es la ciudad _____ de España.
4. En 1671, el _____ Felipe II se hizo construir el Monasterio del Escorial a 45 kilómetros de la capital.
5. En esta época, el imperio _____ incluía media Europa, casi toda _____ y parte del Pacífico sur.
6. Las Islas _____ se llaman así en honor al rey Felipe.

---

[1] See *Cámara uno: Manual de ejercicios*, pages 118-120, for vocabulary list and additional activities.

7. La corte de Felipe II se caracterizaba por su gran religiosidad y esplendor _____. Genios como el pintor Velázquez eran pintores de palacio.
8. En el siglo XVIII se contruyeron monumentos, paseos y espléndidos _____ que hoy son museos.
9. El estado de España hoy es una _____ parlementaria, y el rey actual se llama Juan Carlos I.

B. VIDEO-CULTURA. *Después de ver el video, haga las siguientes actividades.*

1. Nombre Ud...
   a. dos países que forman la Península Ibérica.
   b. dos funciones del Escorial.
   c. un museo de Madrid.
   d. una obra famosa de Picasso.
   e. dos fuentes de Madrid.
2. Conteste Ud. las siguientes preguntas sobre la familia real.
   a. ¿Cómo son el rey y la reina?
   b. ¿Dónde residen?
   c. ¿Cómo es su residencia?
   d. ¿Cuáles son algunas funciones importantes de la familia real?
   e. ¿Quién hereda la corona?
   f. ¿Dónde estudió el príncipe?

Hoy en las noticias

¡Llueve a cántaros!

HARÁ BUEN TIEMPO EN TODO EL PAÍS.
ESTARÁ DESPEJADO SIN CAMBIOS NOTABLES.

Vocabulario inicial

el ciclón *cyclone*
está despejado (nublado) *it's clear (cloudy)*
granizar *to hail*
el granizo *hail*
hace buen (mal) tiempo (calor, fresco, frío) *it's nice (bad) weather (hot, cool, cold)*

llover (ue) a cántaros (a mares) *it's pouring*
el (la) meteorólogo(a) *the weather-man (woman)*
pronosticar *to forecast*
el pronóstico *the weather forecast*
¿Qué tiempo hace? *What's the weather?*

Para comenzar...

1. Con la ayuda del vocabulario inicial, describa el dibujo.
2. Para muchas personas, la primera cosa que hacen al levantarse por la mañana es poner la tele o la radio para escuchar el pronóstico del día. ¿Para quiénes es necesario siempre saber el pronóstico? Dé cuatro ejemplos y explique por qué les importa tanto el pronóstico.
3. ¿Siempre pronostican con exactitud los meteorólogos? ¿Tiene Ud. confianza en su meteorólogo(a) favorito(a)? ¿Por qué? ¿Quién es? Descríbalo(a)
4. ¿Alguna vez arruinó sus planes un cambio de tiempo inesperado? Explique.

¡Llueve a cántaros!

¡Hola televidentes! Yo soy Juan Luis Correa, reportando para Uds. en vivo desde nuestra emisora en Madrid, deseando que Uds. siempre estén al tanto° de las noticias mundiales. Pero primero, vamos al pronóstico meteorológico:

estén... *are informed*

Parece que hoy continuarán las altas presiones sobre la Península. Sugiero que si Uds. van a salir, se pongan un abrigo porque las temperaturas seguirán bajas. En la mitad norte, el ambiente estará frío. Y, para otras regiones, el pronóstico es el siguiente:

ANDALUCÍA   Cielo nublado, con algún chubasco° durante la mañana y con alguna nevada leve en las cumbres° de la Sierra Nevada, mejorando durante el día. Los vientos serán del Noroeste.

downpour

peaks

CANARIAS   Cielo casi despejado. Sólo alguna nubosidad al norte de las islas. Las temperaturas serán normales para esta época. Máximas de 21°[1] y mínimas de 15°.

ÁREA DE MADRID   Continuará el cielo despejado en toda la zona, con temperaturas bajas. Heladas fuertes de madrugada. Máximas de 10° y mínimas de -4°.

EUROPA   Para hoy tenemos una borrasca° muy fuerte en el norte de Noruega° y asociado a ella un frente frío que afectará al Reino Unido, con chubacos moderados y lluvias fuertes en Escandinavia. Los vientos serán fuertes del Este en Italia y Yugoeslavia. El tiempo será malo con precipitaciones en toda Francia y Holanda. Otra borrasca en

storm

Norway

[1] Centigrade: 0° Centigrade = 32° Fahrenheit.

el norte de Polonia,° con lo cual las precipitaciones   *Poland*
afectarán a Alemania, Austria, Suiza y Hungría. Habrá
nevadas en los Pirineos y en los Alpes.

Conversemos

Refiriéndose a la lectura anterior, conteste Ud. las preguntas.

1. ¿Quién es Juan Luis Correa? ¿Qué hace? ¿Desde dónde reporta? ¿Cuál de las
tres áreas de España va a experimentar el mejor tiempo? Explique. ¿Cuál de
los países europeos va a experimentar el mejor tiempo? ¿Por qué?

2. ¿Qué tipo de clima asocia Ud. con los siguientes países: el Reino Unido,
Rusia, Italia y Noruega? De los países europeos mencionados en la lectura, ¿a
cuál(es) prefiere ir? ¿Por qué?

3. ¿Cuáles de las condiciones climáticas ha experimentado Ud.: una nevada, calor
extremo u otras condiciones? Descríbalas. ¿Cuáles fueron los efectos? ¿Fue una
emergencia climática? ¿Tomó Ud. las precauciones necesarias? ¿Cuáles?

Vocabulario

EXPRESIONES DE TIEMPO[2]

hace sol *it's sunny*
hace viento *it's windy*
hay humedad *it's humid*
hay luna *the moon is out*
hay neblina *it's misty*
hay niebla *it's foggy*
hay relámpagos *there's lightning*
hay sol *the sun is out*

LA MADRE NATURALEZA

helar[3] (ie) (la helada, el hielo)
 to freeze (frost, ice)
llover[3] (ue) (la lluvia) *to rain (rain)*
nevar[3] (ie) (la nieve) *to snow (snow)*
tronar[3] (ue) (el trueno) *to thunder
 (thunder)*

PALABRAS Y EXPRESIONES

(el) amanecer[3] *to dawn (dawn)*
(el) anochecer[3] *to become dark at
 nightfall (nightfall)*
el arco iris *rainbow*
 bajo cero *below zero*
el crepúsculo *dusk*
el grado *degree*
 oscurecer[3] *to grow dark*
la puesta del sol *sunset*
la salida del sol *sunrise*

FENÓMENOS NATURALES

el huracán *hurricane*
la nevada (la tormenta de
 nieve) *snowstorm*
la sequía *drought*
el terremoto *earthquake*
la tormenta *storm*

---

[2] **Hace** is used commonly with weather conditions that are not tangible. **Hay** is used with
more tangible or visible conditions.
[3] These verbs are used in the third person.

Repasemos el vocabulario

REFIÉRASE A LA LISTA DE VOCABULARIO Y AL VOCABULARIO INICIAL.

A. ¿Cuál no pertence? *Subraye Ud. la palabra que no está relacionada con las otras y explique por qué.*

1. relámpagos   trueno   sol   viento
2. niebla   granizo   hielo   nieve
3. huracán   grado   nevada   tormenta
4. anochecer   crepúsculo   puesta del sol   salida del sol
5. helar   nevar   oscurecer   llover

B. ¿Qué tiempo hace? *Combine Ud. las palabras en las dos columnas para formar frases lógicas. Cambie los verbos en la primera columna al presente del subjuntivo.*

Es necesario que tú...

1. conducir con cuidado **porque**	*a.* hay una sequía
2. llevar botas	*b.* hace mucho viento
3. poner las luces	*c.* hace mucho frío
4. conservar agua	*d.* hay relámpagos
5. salir de la piscina	*e.* oscurece
6. cerrar las ventanas	*f.* llueve a cántaros
7. ponerse el abrigo	*g.* hay niebla

C. Estaciones y sentimientos. *Llene Ud. el primer espacio con las estaciones del año (verano, otoño, invierno, primavera) y complete la frase según el modelo.*

MODELO   En _____ me siento _____ porque _____ y (no) puedo _____.
En otoño me siento triste porque llueve y no puedo ir a la playa.

D. El tiempo perfecto. *En su opinión, ¿cuáles son las condiciones climáticas ideales para las siguientes situaciones?*

MODELO   jugar al tenis
Es mejor que no haga mucho viento. La temperatura es de 75 grados, más o menos.
Prefiero que haga fresco. Es preferible que haga sol.

1. ver una película de horror en la tele con sus amigos
2. practicar el esquí
3. pasar una noche romántica con el hombre (la mujer) de sus sueños
4. divertirse en la playa

E. ¡Cómo cambia el tiempo! *Utilice Ud. los siguientes dibujos para contar una pequeña historia en el pasado. Incorpore palabras y frases de la lista de vocabulario y todos los detalles posibles. Use los verbos indicados en el pretérito y el imperfecto.*

hacer   haber   salir   saludar   llevar

F. Un pronóstico equivocado. *El meteorólogo se equivocó en hacer el pronóstico. Explique cómo este error afectó...*

1. su boda.
2. sus vacaciones.
3. su ceremonia de graduación

_____Gramática

THE USE OF THE SUBJUNCTIVE IN MORE NOUN CLAUSES
(El uso del subjuntivo en más cláusulas sustantivas)

The subjunctive commonly appears in subordinate or secondary clauses. It can be a noun, adjectival, or adverbial clause. A noun clause is a clause (subject + verb) that serves as the direct object of the verb in the main clause. It is usually introduced by the conjunction **que**.

Yo　　　quiero　　el libro.

subject + verb　　+ direct object

Yo　　　quiero　　que él venga.

subject + verb　　+ noun clause (direct object)

The subjunctive is used in a subordinate noun clause when the following conditions are present.

1. There is a change of subject. If the subject in the main clause is the same as that of the subordinate clause, the infinitive is used.

Yo quiero venir.   *I want to come.*
Yo quiero que él venga.   *I want him to come.*

2. The verb in the main clause expresses:
    a. advice, command, desire, insistence, hope, suggestion, opposition, petition, preference, prohibition, request, approval, or consent. Some verbs in this category are

aconsejar	esperar	necesitar	preferir
aprobar	exigir	obligar	prohibir
consentir	hacer	ojalá[4]	proponer
decir	hacer falta	oponer	querer
dejar	impedir	ordenar	rogar
desear	insistir en	pedir	sugerir
escribir	mandar	permitir	suplicar

NOTE Decir and **escribir** require the subjunctive when they are used to express a command rather than to relay information. Compare the following:

Yo te escribo (digo) que **vengas**   *I am writing (telling) you to come*
  mañana.   *tomorrow.*
Yo te escribo (digo) que Marta   *I am writing (telling) you that Marta*
  viene mañana.   *is coming tomorrow.*

    b. emotion, feelings, surprise, or fear. Some verbs in this category are

alegrarse de	estar contento de	sorprender(se)
enfadarse	lamentar	temer
enojarse	sentir	tener miedo de

    c. doubt, denial, or uncertainty. When verbs that express certainty are negated, the subjunctive is required. Conversely, when verbs that express doubt are negated, the indicative is used.

SUBJUNCTIVE	INDICATIVE
dudar	no dudar
negar	no negar
no creer	creer
no pensar	pensar

Dudo que **sea** tarde.   No dudo que **es** tarde.
No creo que **sea** tarde.   Creo que **es** tarde.

---

[4] Of Arabic origin; literally, *Would to Allah* or *May Allah let it be so.* The expression is actually an interjection, and is used to express *I hope* or *I wish.*

In an interrogative sentence, either the indicative or the subjunctive may be used, according to the degree of doubt or certainty expressed.

¿Crees que es tarde?   *Do you think it is late?* (The speaker thinks it is.)
¿Crees que sea tarde?   *Do you think it is late?* (The speaker has no idea.)

3. The expressions **quizá(s), tal vez,** and **acaso** require the subjunctive when the speaker is uncertain about an action. If the speaker is relatively certain, the indicative is used.

Quizás **llegue** a tiempo. No tengo la menor idea.   *Perhaps he will arrive on time. I don't have the slightest idea.*

Quizás **llega** a tiempo. Ya salió de su casa.   *Perhaps he will arrive on time (probably). He already left his house.*

Práctica

A. *Reportajes especiales en la televisión:*

1. *A causa del aumento de crimen en un pueblo pequeño la policía local tiene algunos consejos importantes para la gente. Termine Ud. las frases con la forma correcta de los verbos entre paréntesis.*

a. Rogamos que nadie (salir) _____ solo de noche.

b. Preferimos que todos (cerrar) _____ la puerta con llave, aun durante el día.

c. Recomendamos que, si van a salir, Uds. (poner) _____ la radio y que (prender) _____ las luces.

d. Insistimos en que sus hijos no (volver) _____ a casa muy tarde en la noche.

e. Pedimos que Uds. (cortar) _____ los árboles altos que rodean la casa.

f. Recomendamos que Uds. (fijarse) _____ en las personas desconocidas que pasan por su vecindad.

g. Queremos que todos nos (llamar) _____ si ven algo sospechoso.

h. Sobre todo, pedimos que Uds. (estar) _____ alertos y que (ser) _____ responsables.

2. *La gente que vive en las costas del Golfo de México se prepara para un huracán. Los reporteros le piden que siga las recomendaciones siguientes. Termine Ud. las frases con la forma correcta de los verbos apropiados en la lista.*

escuchar   cubrir   comprar   seguir   guardar   prestar   ir   quedarse

a. Aconsejamos que Uds. _____ mucha comida y que la _____ en el sótano.

b. Recomendamos que Uds. _____ con cuidado el pronóstico y que _____ mucha atención.

c. Sugerimos que Uds. _____ las ventanas con madera.

d. Si hay vientos fuertes, recomendamos que _____ al sótano y que _____ allí.

e. Esperamos que Uds. _____ este consejo.

3. *Mientras que la gente en los estados de Tejas, Luisiana y Misisipi sufren los efectos del huracán, los habitantes de California experimentan una sequía. Los reporteros les piden la completa cooperación a las ciudadanos. Busque Ud. en la segunda columna la terminación de las frases en la primera columna. Cambie los verbos entre paréntesis a la forma correcta del indicativo o subjuntivo.*

a. No permitimos que...	**(1)** la sequía (ir) _____ a terminar pronto.
b. En las zonas residenciales se prohibe que...	**(2)** la gente (ser) _____ tan cooperativa.
c. El gobierno del estado propone que...	**(3)** nadie (lavar) _____ su coche ni (llenar) _____ su piscina.
d. Naturalmente, los oficiales lamentan que...	**(4)** los habitantes (regar) _____ el césped.
e. Pero, se alegran de que...	**(5)** los oficiales locales (dar) _____ multas si la gente no obedece las leyes.
f. Finalmente, creemos que...	**(6)** (ser) _____ necesario imponer restricciones.

B. *Cambios de tiempo. Termine Ud. las frases siguientes con la primera expresión en cada columna.*

1. nevar en Los Ángeles
a. Yo dudo que...
b. Al meteorólogo le sorprende que...
c. María nos dice que...
d. Es imposible que...

2. salir cuando hace frío
a. Yo sé que Juan...
b. No me gusta...
c. Es ridículo...
d. Mamá no quiere que nosotras...

C. *Según el clima. Ahora forme Ud. cláusulas principales y un(a) compañero(a) va a terminarlas usando las frases siguientes y el subjuntivo, el indicativo o el infinitivo.*

MODELO llover mañana
Es posible que...
Es posible que llueva mañana.

1. pronosticar el tiempo **3.** ir a la playa cuando llueve
2. ponerse un abrigo **4.** haber una nevada en julio

D. *Nunca se sabe. Llene Ud. cada espacio con la forma correcta del verbo entre paréntesis, según el contexto.*

1. Quizás (llover) _____ hoy. No oí el pronósitco.
2. Tal vez (venir) _____ Pablo. Me escribió que estaría libre esta semana.

3. Tal vez (haber) _____ un huracán en el Golfo de México. Es la temporada.

4. Acaso el meteorólogo nos (decir) _____ el pronóstico correcta. Nunca se sabe.

*Ahora, haga frases originales con **acaso, tal vez** y **quizás** con respecto al pronóstico del tiempo.*

E. Consejos. *Todos necesitamos a veces ayuda con nuestros problemas. Dé Ud. una solución para los siguientes problemas. Emplee Ud. verbos como **sugerir, aconsejar, preferir** y **recomendar**.*

> **MODELO** A los chicos les falta dinero para la matrícula.
> Sugiero que soliciten una beca.

1. Mi mejor amigo(a) está enfadado(a) conmigo.

2. Hace frío y se me quedó el suéter en casa.

3. Mis amigos me invitaron a una fiesta elegante y no tengo nada que llevar.

4. Hace muy buen tiempo. Los estudiantes están en época de exámenes finales en la universidad.

5. El novio de Inés sale con otra.

6. Pensamos hacer la fiesta afuera y ahora llueve.

RELATIVE PRONOUNS *(Pronombres relativos)*

FORM

que	*that, which, who*
quien, quienes	*who, whom, the one(s) who*
el (la) cual, los (las) cuales	*which, who*
el (la, los, las) que	*the one(s) who (which), he (she, those) who*
lo cual, lo que	*what, which*
cuyo(a, os, as)	*whose (relative adjective)*

USE

Although frequently omitted in English, in Spanish the relative pronoun can not be left out.

> El libro que leí anoche es fascinante.   *The book (that) I read last night is fascinating.*

1. Que is the most common relative pronoun. It can be used:
  a. as a subject or object of a verb to refer to a person, place, or thing.

> La ciudad que vistamos ayer es bella.   *The city we visited yesterday is lovely.*
> El fotógrafo que conocí anoche   *The photographer I met last night won a*
> ganó un premio Pulitzer.   *Pulitzer Prize.*

b. after the simple prepositions **a, de, con,** and **en** to refer to a thing or place.

El hotel en que quedamos es lujoso.	*The hotel we stayed in is luxurious.*
El lápiz con que escribo es de Juan.	*The pencil with which I'm writing is Juan's.*

NOTE that although in informal English a sentence may end in a preposition, in Spanish the preposition is placed before the relative pronoun.

José es el chico con quien voy al baile.	*José is the boy I'm going to the dance with.*

2. Quien and **quienes** refer only to people. They are used:

a. instead of **que** to indicate the nearer of two antecedents or to introduce a nonrestrictive clause set off by commas.

Mi prima, quien es contadora, viene a visitarme hoy.	*My cousin, who is an accountant, is coming to visit me today.*

b. after a preposition.

El chico, con quien fui al baile, es mi novio.	*The boy, with whom I went to the dance, is my boyfriend.*

c. to translate *he who, the one(s) who,* etc.

Quien trabaja duro recibe beneficios.	*He (She) (The one) who works hard receives benefits.*

3. El que, el cual and all their forms are used:

a. with prepositions (excluding **a, de, con,** and **en**).

La dictadura bajo la cual (la que) vivieron los españoles duró cuarenta años.	*The dictatorship under which the Spaniards lived lasted forty years.*

b. in the case of two antecedents to refer to the most remote and to avoid confusion.

El amigo de mi profesora, el cual (el que) pasó un año en Nicaragua, viene a clase hoy.	*The friend of my professor, the one (friend) who spent a year in Nicaragua, is coming to class today.*

c. instead of **que** and as an alternative to **quien(es)** to introduce a nonrestrictive clause.

Aquella casa, la que (la cual) acaban de vender, es enorme.	*That house, the one they just sold, is enormous.*

4. In addition to the preceding uses, **el que** and its forms are used:
   a. to translate *the one(s) that*.

Me gusta esta playa pero la que vimos en Puerto Rico es magnífica.	*I like this beach, but the one that we saw in Puerto Rico is magnificent.*

   b. as a substitute for **quien** or **quienes** to mean *he who, those who, etc.*

El que corre más rápido ganará la carrera.	*He who runs the fastest will win the race.*

5. **Lo que** and **lo cual** are neuter relative pronouns and are used to refer to a preceding abstract idea, concept, or action.

Pasaron por mí, lo cual (lo que) me agradó mucho.	*They came by for me, which pleased me very much.*

6. In addition to the preceding use, **lo que** is also used to express *what*, in the sense of *that which*.

Ella me dijo todo lo que quería saber.	*She told me all that (which) I wanted to know.*
Lo que me importa es el dinero.	*What matters to me is money.*

7. **Cuyo(a, os, as)** is a relative adjective and therefore must agree in number and gender with the noun it modifies. It is used to express *whose*.

Nicolás, cuya esposa es alcaldesa, estudia derecho.	*Nicolás, whose wife is mayor, studies law.*

Práctica

A. Clarificaciones. *Combine Ud. las frases con la forma apropiada del pronombre relativo* **cuyo**. *Siga el modelo.*

   MODELO   José es médico. Su oficina queda cerca.
                  José es el médico cuya oficina queda cerca.

1. Él es meteorólogo. Sus pronósticos siempre son incorrectos.
2. Ellas son abogadas. Sus clientes son muy ricos.
3. Ud. es columnista. Sus artículos son muy conservadores.
4. El doctor Granero es profesor. Sus conferencias son aburridas.
5. Marta es reportera. Su hija estudia en España.
6. Carlos es agente de viajes. Sus giras son divertidas.

B. Pronombres relativos. *Llene Ud. cada espacio con el pronombre relativo apropiado.*

1. El meteorólogo de _____ hablamos se graduó conmigo.
2. Papá se fue durante la tempestad, _____ me dio mucho miedo.
3. Ese hombre, con _____ baila Rosa, sale por la televisión.
4. Allí está mi vecino, _____ jardín fue destruido por el granizo.

5. Este es el programa _____ más me gusta.

6. _____ a mí me gustaría hacer es vivir donde siempre haga buen tiempo.

7. Ese reportero, _____ reportajes son muy satíricos, siempre me hace reír.

8. Dicen que en Taxco siempre hace buen tiempo, _____ me parece increíble.

9. El hermano, _____ trabaja en la televisión, vuelve mañana.

10. Los pasajeros, a _____ me refiero, son todos de México.

Así se dice

¡AY, CARAMBA! ¡QUÉ DESILUSIÓN!

1. Like all languages, Spanish has ways of expressing disappointment or disgust with varying degrees of intensity. Two of the milder forms are:

¡Ay, caramba! ⎫	
¡Caray! ⎭	*Darn! Drat!*

2. To respond to bad news, you might say:

¡No puede ser! ⎫	
¡Ay, no! ⎬	*Oh, no! (It can't be!)*
¡Ay, mujer (hombre)! ⎭	
¡Qué pena (lástima)!	*That's too bad! (What a pity!)*
¡Qué desgracia (mala suerte)!	*What bad luck!*
¿Qué vamos a hacer?	*What can we do?*
¡No hay más remedio!	*It can't be helped.*
No es para tanto.	*It's not that bad (not the end of the world).*
¡Qué desilusión!	*What a disappointment!*

3. If you are really upset, other expressions may be helpful:

¡Qué horror (barbaridad)!	*That's terrible (awful)!*
¡Qué ridículo!	*That's ridiculous!*
¡Qué pesado!	*What a nuisance (pain)!*
¡Esto es insoportable! ⎫	
¡Esto es inaguantable! ⎭	*This is unbearable!*

And finally, when your patience has run out:

¡Esto es el colmo!	*This is the last straw!*
No hay caso.	*It's no use.*
No faltaba más.	*That's all I (we) needed.*
¡Ese hombre (profesor, etcétera) me trae frito(a)!	*That man (teacher, etc.) is driving me crazy!*
¡Estoy hasta las narices de él (ella, etcétera)!	*I've had it up to here with him (her, etc.)!*

4. Some common complaints you might hear are:

Siempre me lleva la contraria.   *He's (She's) always against me.*
Siempre se sale con la suya.   *He (She) always gets his (her) way.*

A direct comeback or two may be in order:

¡Me las vas a pagar!   *I'll get even!*
¡Bien te lo mereces!╮
¡Fastídiate!   ⎬ *It serves you right!*
¡Toma, pues!   *So there!*

¡A que sí! (¡A que no!)   ⎰ *Do you want to bet?*
                            ⎱ *(It is so! It is not!/*
                               I can so! You can not!)

Práctica

A. *Descríbale Ud. las siguientes desgracias a un(a) compañero(a). Luego, éste (ésta) le da su reacción.*

> **MODELO**   una mala nota
> Saqué una «F» en el examen.
> ¡Qué desgracia! (No es para tanto.)

1. un coche robado   **3.** un perro que no vuelve a casa
2. una enfermedad grave   **4.** un viaje cancelado

Ahora, invente sus propias situaciones y la clase le responderá.

B. *Escriba Ud. un diálogo (ocho a diez líneas) con las líneas indicadas. Incluya Ud. las palabras sugeridas y las reacciones apropiadas.*

1. Esta mañana salí tarde y perdí el autobús... (accidente, jefe, almuerzo, sueldo)
2. Anoche salimos a cenar en un restaurante italiano... (camarero, sopa, platos, camisa, cuenta)
3. El año pasado, mi tía hizo un viaje a... (avión, bosque, león, comida)

Y en resumen...

A. Tareas. *El jefe de la emisora decide quién debe hacer las tareas. Siga el modelo.*

> **MODELO**   escribir la carta/hacer la llamada telefónica
> ¿Desea Ud. que yo escriba la carta?
> No. Prefiero que hagas la llamada telefónica.

1. hacer la entrevista/escribir el informe
2. dar el pronóstico/leer las noticias
3. poner las luces/apagar el proyector
4. colgar los cuadros/colocar los muebles

5. ir a comprar los sándwiches/quedarse en la oficina

6. terminar el proyecto/irse a casa

B. *Traducciones: El tiempo nos afecta.*

1. We're happy that it's warm today. Maybe we can go to the beach.

2. But they forecasted a storm. Mom suggests that we wait until tomorrow.

3. Rain doesn't bother me. What I don't like are lightning and thunder.

4. Let's go. I'm content just to leave the city.

5. Me, too. This is the vacation for which I waited all year.

6. Look. The sun's out. The one who forecasted this weather is crazy!

C. *Pronóstico para España.* *Refiriéndose al mapa, escriba Ud. el pronóstico meteorológico para la Península. Describa también el terreno y la situación geográfica de algunas de las ciudades. ¿Adónde prefiere ir Ud.? ¿Por qué?*

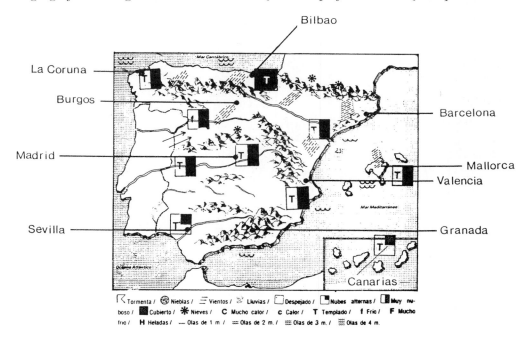

D. *Conversemos.*

1. ¿Ha vivido Ud. en un clima tropical? ¿frío? ¿templado? ¿Cuál prefiere Ud.? ¿Por qué? ¿Qué lugar considera Ud. ideal por el clima?

2. Describa Ud. los efectos de los siguientes fenómenos naturales: una nevada, un huracán, un terremoto, una inundación, un tornado. ¿Qué lugares (países y regiones) asocia Ud. con cada uno? ¿Recuerda Ud. un hecho histórico que incluyó uno de estos desastres?

3. ¿Prefiere Ud. vivir en un sitio donde hay cambios de clima según la estación? ¿Por qué? ¿Cuáles son las ventajas y desventajas de vivir en una región donde no hay cambios de clima?

Medias rojas 2; Tigres O

Vocabulario inicial

la anotación *score*
el árbitro(a) *umpire, referee*
el bate *bat*
  batear *to bat*
el cobertizo *dugout*
  coger *to catch*
el equipo *team*

el jonrón *home run*
el (la) jugador(a) *player*
el (la) lanzador(a) *pitcher*
el partido *game*
la pelota *ball*
la regla *rule*
  tirar (lanzar) *to throw*

236

Para comenzar...

1. Con la ayuda del vocabulario inicial, describa el dibujo.

2. ¿A Ud. le gusta el béisbol? ¿Por qué sí o por qué no? ¿Sabe jugar? ¿Juega bien? ¿Jugaba mucho de niño(a)? ¿Es un deporte peligroso? ¿Por qué? ¿Cuál es su equipo favorito? ¿y su jugador favorito? Nombre algunos beisbolistas famosos y explique por qué lo son.

3. ¿Le gustaría a Ud. poder ver un partido de béisbol desde el cobertizo? ¿Por qué? ¿Qué les preguntaría a los jugadores? ¿De qué hablan ellos en el cobertizo? ¿Qué hacen allí?

4. Explíquele Ud. a un(a) compañero(a) de clase que no sabe nada de béisbol lo siguiente:

    a. un jonrón   **b.** un strike   **c.** la anotación   **d.** un bateador

Medias rojas 2; Tigres O

En el mundo deportivo...

Un evento muy importante en la historia reciente de España fueron los Juegos Olímpicos que tuvieron lugar en Barcelona en el verano de 1992. Más de 170 naciones participaron en los Juegos y más de tres mil millones° de personas los vieron por televisión. Pero, ¿cómo se elige la ciudad para albergar° a los Juegos Olímpicos, y quiénes toman la decisión final? Es el trabajo del C.O.I. (Comité Olímpico Internacional), fundado en 1884 por el Barón Pierre de Corbetin de Francia. El comité, que consiste en once miembros, se reúne cada cuatro años para considerar las posibles ciudades internacionales y decide mediante un voto supersecreto.

three billion

host

En el mundo del fútbol (conocido en los EE.UU. como *soccer*) la pregunta que todos están haciendo últimamente es... ¿quiénes participarán en la Copa Mundial del 1994? Italia tiene un equipo superfuerte, pero Argentina va a ser difícil de vencer. Estados Unidos, que ha participado en el evento sólo en tres ocasiones (1930, 1934 y 1950), será la sede° mundial de 1994.

host site

Se dice que el béisbol es tradicionalmente un deporte de los EE.UU., pero hoy día es también muy popular en México, Cuba, Venezuela, la República Dominicana y Puerto Rico. De unos 1000 jugadores en las ligas mayores unos 170 son hispanos. El mundo hispano ha producido jugadores tan famosos como Roberto Clemente, Fernando Valenzuela, Juan Marichal, José Canseco, Luis Tiant, Tony Peña y muchos más. Las ligas caribeñas se reúnen cada año para jugar el anual campeonato llamado Winterball. Es cierto que veremos a muchas de sus estrellas en las ligas mayores muy pronto.

Conversemos

Refiriéndose a la lectura anterior, conteste Ud. las preguntas.

1. ¿Qué es *Winterball?* ¿En qué países es el béisbol un deporte muy popular? Nombre Ud. algunos jugadores de béisbol hispanos. ¿Dónde se celebraron los Juegos Olímpicos en 1992? Explique en sus propias palabras cómo escogen la ciudad para albergar los Juegos. ¿Qué pasará en los EE.UU. en 1994?

2. ¿Le gusta a Ud. mirar los Juegos Olímpicos en la tele? ¿Por qué? ¿Le gustaría asistir algún día? ¿participar? ¿en qué deporte? ¿Cuáles son algunos de los problemas que pueden ocurrir durante los Juegos Olímpicos? ¿Deben los grandes países del mundo solucionar sus disputas por medio de los Juegos Olímpicos en vez de las guerras? Explique.

3. ¿Cuáles son las semejanzas y diferencias entre el fútbol americano y el fútbol? ¿Cuál prefiere Ud.? ¿En qué deportes participa su universidad? ¿Asiste Ud. a los partidos? ¿Por qué sí o por qué no? ¿Gana o pierde el equipo?

4. ¿Cree Ud. que un atleta famoso tiene la responsabilidad de llevar una vida buena y ser ejemplo para los niños? ¿Por qué si o por qué no? ¿Cuál es un ejemplo de una situación en que un atleta se comportó mal? ¿Cuál fue el resultado? Se dice que el béisbol es el deporte nacional de los EE.UU. ¿Está Ud. de acuerdo? Explique. ¿Qué otros deportes pueden considerarse típicos de los EE.UU.?

Vocabulario

EL BÁSQUETBOL (EL BALONCESTO)

el (la) baloncestista *basketball player*
el banco *bench*
la cesta *basket*
el (la) entrenador(a) *trainer, coach*
  entrenarse *to train*
el marcador *scoreboard*
el punto (el tanto) *point*

EL FÚTBOL AMERICANO

el casco *helmet*
el (la) futbolista *football player*
patear *to kick*
la meta *goal line*
el uniforme *uniform*
la lucha libre *wrestling*
la natación *swimming*
el patinaje (sobre el hielo) *(ice) skating*

PALABRAS RELACIONADAS

el (la) aficionado(a) *fan*
el campeón (la campeona) (el campeonato) *champion(ship)*
la carrera *race, contest*

EL TENIS

la cancha de tenis *tennis court*
el cero (el nada) *love*
la partida *set*
la raqueta *racket*
la red *net*
el (la) tenista *tennis player*

OTROS DEPORTES

el ajedrez *chess*
el boxeo *boxing*
el campo y pista *track and field*
el ciclismo *cycling*
el esquí (el esquiar) *skiing*
el fútbol *soccer*
el (la) comentarista *commentator*
  la competencia *competition*
el (la) espectador(a) *spectator*
  estar de parte de *to be in favor of*
  ganar(le a uno) *to win (defeat someone)*
  practicar un deporte *to participate in a sport*
  vencer *to defeat*

Repasemos el vocabulario

A. ¿Cuál no pertenece? *Subraye Ud. la palabra que no está relacionada con las otras y explique por qué.*

1. nada	red	raqueta	banco
2. casco	uniforme	cesta	meta
3. ciclismo	béisbol	natación	esquí
4. marcador	lanzador	espectador	entrenador
5. partida	juego	partido	ajedrez

B. *¿Quién lo necesita?* *Escoja Ud. el objeto apropiado de la segunda columna.*

1. tenista   *a.* perro caliente
2. baloncestista   *b.* bicicleta
3. ciclista   *c.* cesta
4. futbolista   *d.* raqueta
5. comentarista   *e.* casco
6. espectador   *f.* pelota
7. lanzador   *g.* micrófono

Ahora, haga una lista de otros objetos que cada persona necesita.

C. *La agonía de la derrota.* *El equipo de béisbol tiene una temporada muy mala, y los jugadores se están quejando. Complete Ud. las frases con la palabra apropiada de las listas de vocabulario. Luego, forme una frase nueva, usando la frase entre paréntesis. Haga los cambios necesarios.*

> **MODELO**   Su _____ se llama los Osos. (Es cómico)
> Su equipo se llama los Osos.
> Es cómico que su equipo se llame los Osos.

1. Nuestro equipo pierde cada _____ esta temporada. (Lamentamos)
2. El _____ lanza muy mal. (No es cierto)
3. ¿Nosotros los jugadores? No. El _____ tiene la culpa. (Creo)
4. Los _____ siempre son fieles. Nunca faltan un partido. (Nos alegramos)
5. Podemos jugar en el _____ mundial. (Dudo)
6. El _____ no coge la pelota frecuentemente. (Es triste)

D. *Usos importantes.* *Diga Ud. para qué sirve...*

1. una red.   4. un bate.
2. un banco.   5. un casco.
3. un árbitro.   6. un cobertizo.

E. *¿A qué se refiere?* *Diga Ud. a qué deportes se refieren las siguientes frases. Explique. Hay varias respuestas posibles. Este deporte...*

1. se puede practicar con frecuencia sin gastar mucho dinero.
2. no requiere ropa y zapatos especiales.
3. puede ser peligroso.
4. se puede practicar solo(a).
5. ayuda a darle a Ud. un cuerpo sano y fuerte.

F. *Mi deporte favorito.* *Describa Ud. el deporte que Ud. practica más. ¿Cómo se interesó en él? ¿Cuánto tiempo hace que lo practica? ¿Cómo se juega?*

G. *Definiciones.* *Haga Ud. las siguientes actividades.*

1. En sus propias palabras, defina Ud. la palabra *competencia*.
   a. Muchas personas opinan que la competencia es un factor importante en el desarrollo del carácter de un individuo. ¿Está Ud. de acuerdo? Explique.
   b. ¿Cuáles son tres deportes que enfatizan la competencia? Explique.

2. En sus propias palabras, defina Ud. la palabra *aficionado.*
   a. Explique Ud. la diferencia entre un aficionado y un fanático.
   b. ¿Es Ud. fanático(a)? Describa Ud. la vida del esposo o de la esposa de un(a) fanático(a).

H. En grupos. Durante un campeonato de fútbol, un jugador no cogió la pelota en un momento importante en el partido. Con unos compañeros, representen cómo reaccionaron las siguientes personas.

1. el entrenador	**4.** el jugador mismo
2. otros jugadores	**5.** el comentarista deportivo
3. los aficionados de ambos equipos	**6.** el entrenador del equipo opuesto

Gramática

THE FUTURE TENSE (*El tiempo futuro*)

FORM

1. Regular verbs add the following endings to the infinitive.[1] Note that these endings are the same as those of the present tense of **haber—he, has, ha, hemos, habéis, han**.

hablar
comprender } **é, ás, á, emos, éis, án**
escribir

2. Some common verbs with irregular future stems are:

caber — **cabr**	poder — **podr**	salir — **saldr**
decir — **dir**	poner — **pondr**	tener — **tendr**
haber — **habr**	querer — **querr**	valer — **valdr**
hacer — **har**	saber — **sabr**	venir — **vendr**

NOTE Related compound verbs have the same irregularities. For example: **mantener — mantendrá**.

---

[1] Infinitives that have a written accent (**reír, oír**) drop the accent in the future and conditional tenses. For example: **Él lo oirá**.

USE

1. The future tense in Spanish is used to express what *will* or *shall* happen in the future.

Mañana jugaré al golf.   *Tomorrow I will play golf.*
Iremos al gimnasio el martes.   *We will go to the gym on Tuesday.*

2. It can be used to mildly command someone to do something.

Dejarás la raqueta en mi casa   *You will leave the racket at my house and you*
y volverás al gimnasio.   *will return to the gymnasium.*

3. It is also used to express probability or wonder in the present.

¿Quién será él?   *I wonder who he is? (Who do you suppose he is?)*
Marta estará en el estadio.   *Marta is probably in the stadium. (Marta must be*
                                 in the stadium.)

4. To express the immediate future, it is more common to use the present tense. (See Lesson 1.)

Esta tarde monto a caballo.   *This afternoon I'm going horseback riding.*

5. The expression **ir a** + infinitive is often used to express a future action. (See Lesson 1.) Compare the following sentences:

Mañana patinaré sobre el hielo.   *Tomorrow I will ice skate.*
Mañana voy a patinar sobre el hielo.   *Tomorrow I am going to ice skate.*

6. The future tense is not used to express the idea of *to be willing to*. Instead, the verbs **querer** or **desear** are used.

¿Quiere jugar a los naipes conmigo?   *Will you play cards with me?*
El no desea jugar por dinero.   *He won't gamble.*

Práctica

A. Mañana todo será diferente. *Siempre esperamos hacer todo mañana. Siga el modelo.*

MODELO   Ayer no <u>fui</u> al gimnasio pero mañana <u>iré</u>.

1. Anoche el tenista mexicano no le <u>ganó</u> al argentino, pero esta noche...
2. Hoy <u>hizo</u> mal tiempo pero la semana que viene...
3. Anteayer él no <u>salió</u> del cobertizo pero esta tarde...
4. Ayer no <u>pudimos</u> devolver la raqueta pero mañana...
5. El martes pasado no <u>quise</u> acompañarte a la carrera pero el martes que viene...
6. Ayer no <u>hubo</u> ningún jonrón pero seguramente mañana por la noche...

B. Lo que sea, sonará *(What will be will be). Haga Ud. las actividades siguientes.*

1. Mire Ud. los dibujos y use el tiempo futuro para describir la vida de las siguientes personas dentro de diez años. Incluya el trabajo, la familia, el aspecto físico y otros detalles.

a.

b.

c.

2. Describa la vida de un(a) compañero(a) de clase en diez años.
3. Ahora, describa la vida de su profesor(a) en diez años.

C. El partido. *Silvia y Cristina son muy aficionadas al fútbol. Aquí ellas comentan un partido. Para practicar probabilidad en el presente, busque Ud. las frases que correspondan y luego tradúzcalas.*

1. ¡Uf! El estadio está lleno de gente.
2. Allí está Maura otra vez.
3. El señor Vela siempre viene solo a los partidos.
4. Los futbolistas juegan muy bien.
5. Juan Ruíz está jugando muy mal.
6. ¡Ay! Se cayeron dos jugadores.
7. ¡Qué bien! Se están levantando.
8. Parece que hay alguna disputa.

a. Se entrenarán todos los días.
b. Habrá más de 20.000 personas aquí.
c. Su esposa no tendrá interés en el fútbol.
d. No será nada grave.
e. Será muy aficionada al deporte.
f. No estarán de acuerdo con el árbitro.
g. Estarán lastimados.
h. Le dolerá la pierna.

D. En parejas. *Ud. es un(a) locutor(a) de un programa de radio y va a entrevistarle a Julio Carrasco, un famoso tenista chileno. Con un(a) compañero(a), miren el calendario y use las siguientes frases para hacer y contestar preguntas.*

MODELO   *locutor(a)*   ¿Qué equipos participarán en el campeonato?
           Julio   Participarán México, Chile, España y Francia.

1. estar de vacaciones
2. salir para Buenos Aires
3. tener una partida con la tenista argentina
4. ser el campeonato
5. entrenarse para el campeonato
6. aparecer en un programa de televisión
7. casarse
8. volver de la luna de miel

THE CONDITIONAL TENSE (El tiempo condicional)

FORM

1. Regular verbs add the following endings to the infinitive. Note that these endings are the imperfect endings for **-er** and **-ir** verbs.

hablar
comprender } **ía, ías, ía, íamos, íais, ían**
escribir

2. Irregular conditional stems are the same as the irregular future stems.

USE

1. The conditional tense in Spanish is used to express the idea of *would* in English. It often refers to a projected future action in the past.

Me dijo que me compraría un uniforme nuevo.	*He told me he would buy me a new uniform.*
Nos indicó que el partido empezaría en seguida.	*He indicated to us that the match would start right away.*

2. It is frequently used with the verbs **poder** and **deber** in place of the present tense to express a polite request or suggestion.

¿Podría Ud. volver mañana?	*Could you please come back tomorrow?*
Ud. debería entrenarse más.	*You really ought to train more.*

3. It is also used to express probability or wonder in the past.

¿Ganaría el partido José?	*I wonder if José won the match? (Do you think José won the match?)*
Marta estaría en el estadio.	*Marta was probably in the stadium. (Marta must have been in the stadium.)*

4. The conditional tense is not used to express *would* in the sense of *used to*. Instead, the imperfect tense is used.

Cuando yo era niña, jugaba mucho al béisbol.	*When I was young, I would (used to) play baseball a lot.*

5. It is not used in a negative sentence to express *would not* in the sense of *refused*. Instead, **querer** in the preterite is used.

Rafael no quiso competir.	*Rafael would not (refused to) compete.*

Práctica

A. *Buenas intenciones.* *Siempre hay pretextos para evitar las responsabilidades. Termine Ud. la frase con un pretexto lógico.*

> **MODELO**   Yo/llevarte al aeropuerto
> Te llevaría al aeropuerto pero está descompuesto mi coche.

1. Manuel/participar en la carrera
2. El árbitro/decidir quién ganó
3. Nosotros/ir al club deportivo
4. Miguel/invitarnos a nadar en su piscina
5. Los chicos/devolverte los uniformes
6. El comentarista/entrevistar al boxeador

B. *No decir nunca jamás* *(Never say never). Diga Ud. seis cosas que Ud. nunca haría. Luego, pregúntele a un(a) compañero(a) si él (ella) las haría.*

> **MODELO**   Yo nunca practicaría la lucha libre.
> ¿Practicarías la lucha libre?

C. *¿Qué pasaría?* *(I wonder what happened?) A veces, no sabemos el resultado de un suceso. Para practicar probabilidad en el pasado, con un(a) compañero(a) de clase, adivine lo que pasó. Traduzca sus respuestas al inglés.*

> **MODELO**   El otro día un hombre se cayó al río...
> ¿Se moriría?   *I wonder if he died.*
> No, se salvaría.   *No, he was probably saved.*

1. Ayer se celebró el concurso de «Miss Universo».
2. Anoche cayó un relámpago en la Casa Blanca.
3. Un desconocido entró en el palacio de la Reina de Inglaterra.
4. Un cohete (*rocket*) con dos astronautas salió para el planeta Marte.
5. Dos OVNIS (objetos voladores no identificados) aterrizaron en Madrid.

Ahora piense Ud. en más sucesos y siga el ejercicio.

D. *Si yo fuera...* *(If I were...) ¿Qué haría Ud. si fuera...*

1. el (la) presidente de los EE.UU?
2. el campeón (la campeona) mundial de tenis?
3. un(a) millonario(a)?
4. una estrella de televisión?
5. el (la) profesor(a) de esta clase?

Así se dice

¡FENOMENAL!

1. Good news deserves an enthusiastic response from the listener, such as the following:

¡Qué bien (increíble, lindo)!	*How nice (incredible, lovely)!*
¡Qué fenomenal!	*How wonderful!*
¡Qué alegría!	
¡Cuánto me alegro!	*I'm so happy (for you)!*
¡Es estupendo (magnífico, formidable)!	*That's fantastic (wonderful, terrific)!*
¡Qué alivio!	*What a relief!*

2. To tell someone you really like something, you might use one of the following expressions.

¡Qué cosa (regalo, perrito, etcétera)!	*What a lovely (nice, good, etc.) thing*
más linda (rica, buena, etcétera)!	*(present, little dog, etc.)!*
¡Qué chulo(a) (mono[a], guapo[a])!	*How handsome (cute, pretty)!*
¡Es precioso (bellísimo, etcétera)!	*It's adorable (beautiful, etc.)!*

3. To express surprise, you might say:

¡Mira, tú!	*Well, what do you know?*
¡No puede ser! ¿Para mí?	*You're kidding! For me?*
¡Mira lo que es esto!	*Will you look at this!*
¡No lo esperaba!	*I wasn't expecting it!*
¡Qué emoción!	*What a feeling! (I'm touched.)*
¡Qué sorpresa!	*What a surprise!*
¿Cómo es posible?	*It can't be! (I don't believe it!)*

Práctica

A. *Anuncie Ud. las siguientes noticias. Un(a) compañero(a) le ofrecerá una respuesta correspondiente a la noticia.*

> **MODELO** un viaje a Grecia
> Me voy de viaje a Grecia el mes que viene.
> ¡Qué formidable! (¡Me alegro tanto!)

1. una subida de sueldo inesperada
2. un pariente que se mejoró de una enfermedad grave
3. una nota sobresaliente en el examen
4. un premio enorme en la lotería
5. un nuevo trabajo

Ahora, siga Ud. con otros ejemplos.

B. *Escriba Ud. un diálogo de seis a ocho líneas sobre las siguientes situaciones. Incluya Ud. las expresiones de alegría o sorpresa.*

1. Su amigo(a) le muestra una foto de su primo(a) muy guapo(a); quiere presentárselo(a).
2. Su compañero(a) consiguió un trabajo como reportero(a) en el extranjero. Sale pronto para África.
3. Su hermano tuvo un accidente y está en el hospital. Pero él no está muy grave y puede irse a casa mañana.
4. Su novio(a) acaba de darle a Ud. un regalo muy caro.

Ahora, siga Ud. con otros ejemplos.

Y en resumen...

A. ***El juego de dobles.*** *Raquel, Sara y sus novios van a jugar al tenis. Las chicas hacen los preparativos. Llene Ud. cada espacio con la forma correcta del verbo entre paréntesis, según el modelo.*

MODELO	**RAQUEL**	¿Les (gustar) <u>gustaría</u> comer antes de jugar?
	SARA	Sí, nosotros (comer) <u>comeremos</u> en mi casa.

RAQUEL   ¿(Hacer) _____ Vicente las reservaciones en el club?

SARA   Sí, él (llamar) _____ esta mañana.

RAQUEL   ¿(Traer) _____ tú las pelotas?

SARA   Sí, yo (comprarlas) _____ en la tienda.

RAQUEL   ¿(Llevar) _____ tú toallas para nosotros?

SARA   Sí, yo (poner) _____ unas extras en mi bolso.

RAQUEL   ¿(Ser) _____ posible jugar más de una partida?

SARA   Sí, (haber) _____ tiempo para dos.

RAQUEL   ¿(Poder) _____ tú prestarme una raqueta?

SARA   Sí, yo (darte) _____mi raqueta «Wilson».

RAQUEL   ¿(Enseñarme) _____ a servir más fuerte en tenis?

SARA   Sí, yo (ayudarte) _____ con tu saque (*serve*).

B. ***La fiesta de victoria.*** *Jorge y Graciela planean una fiesta para celebrar el triunfo de su equipo de fútbol, pero hay problemas. Siga el modelo y termine cada frase de una manera original.*

> **MODELO**   decorar el salón/Sandra
> ¿Quién decorará el salón?
> Sandra lo decoraría pero se rompió el brazo el otro día.

1. llevar las sillas/Roberto y Julio
2. sacar las fotos/tú
3. poner la mesa/tú y Armando
4. venir temprano para ayudar/Susana y yo
5. hacer las compras/yo
6. traer el vino/Anita
7. preparar el postre/Carlos
8. tocar la música/Menudo

C. ***Entrevista.*** *Rafaela se entrena para los Juegos Olímpicos. Un periodista le hace algunas preguntas. Forme Ud. frases según el modelo y termínelas de una manera original.*

> **MODELO**   ¿De qué tienen miedo sus padres? (yo/hacerse daño)
> Mis padres tienen miedo de que me haga daño durante el entrenamiento.

1. ¿En qué insiste su entrenador? (nosotros/practicar)
2. ¿Qué cosa no se permite? (nosotros/llegar)
3. ¿De qué no está segura Ud.? (la vida de una atleta/ser)
4. ¿Qué está prohibido en el programa? (los participantes/tener)
5. ¿De qué se alegra su novio? (no haber)
6. ¿Qué quieren sus padres? (yo/divertirse)
7. ¿Qué quiere Ud.? (mi familia/estar)

D. ***Conversemos.*** *Conteste Ud. las preguntas siguientes.*

1. ¿Es Ud. aficionado(a) a algún deporte? ¿Cuál? ¿Lo practica también? ¿Con qué frecuencia asiste Ud. a los partidos? ¿Con qué frecuencia los mira por televisión? ¿Por qué le gusta este deporte?
2. ¿Prefiere Ud. los deportes individuales o los deportes de equipo? ¿Por qué? ¿Cuáles son las ventajas de cada uno?
3. ¿Cuáles son los deportes más populares que se transmiten por televisión en los EE.UU.? ¿Cómo se explica su popularidad?
4. Hoy en día se da mucha importancia a la práctica de algún deporte. Explique. ¿Cuáles son algunas películas recientes o programas de televisión que reflejan este fenómeno?

E. ***Debate.*** *En grupos, escojan uno de los temas siguientes para discutir en clase.*

1. Los famosos deportistas merecen ser considerados como «héroes» y su vida debe servir como modelo para la gente joven.
2. Los deportistas universitarios y profesionales deben recibir ciertos «privilegios».

F. Composición.

1. ¿Qué papel tienen los deportes en la vida universitaria en los Estados Unidos? ¿en la vida de la comunidad? ¿Son una fuerza positiva o negativa? Explique.
2. ¿Cuáles son los deportes más violentos? ¿Cree Ud. que hay demasiada violencia en los deportes? Explique. ¿Qué podemos hacer para disminuir el nivel de violencia?

Y, las noticias...

Vocabulario inicial

arrestar *to arrest*
el crimen *crime*
culpable *guilty*
las esposas *handcuffs*
informar *to inform*
el ladrón (la ladróna) *thief*
la pena de muerte *death penalty*

la prensa *press*
el reportaje *report*
el (la) reportero(a) *reporter*
robar *to rob*
el robo *robbery*
el (la) testigo *witness*

Para comenzar...

1. Con la ayuda del vocabulario inicial, describa el dibujo.
2. ¿Es culpable el señor arrestado? ¿Qué evidencia hay? ¿Es un crimen muy grave? ¿Merece la pena de muerte? Si decide el juez que es culpable, ¿qué castigo debe recibir?
3. ¿Qué les pregunta el reportero a las siguientes personas: al ladrón, a la víctima, al testigo y al policía?

Y, las noticias...

Y ahora, les presentamos las últimas noticias de hoy.

Una gran cantidad de literatos y artistas panameños expresaron su condolencia por la muerte del escritor José de Jesús Martínez, de 61 años de edad. Además de obtener numerosos premios en concursos nacionales, ganó en 1987 el prestigioso premio Casa de las Américas con la obra *Mi General Torrijas.* Entre sus poemas principales figuran «Aquí, ahora» y «Aurora y mestizo».

Más de 2.000 cocineras fueron despedidas por el gobierno de Costa Rica como parte de su programa para reducir el empleo en el sector público. Las ex-cocineras hacen manifestaciones en las calles, exigiendo que el gobierno les devuelva su empleo. También, piden que la Iglesia Católica participe en este esfuerzo. Muchos de los comedores están localizados en zonas rurales, y los niños de estas áreas reciben allí su único alimento diario. La mayoría de las cocineras despedidas son mujeres sin marido y con hijos — mujeres cuyos salarios son la principal forma de ingreso para sus familias.

No hay nadie que pueda enloquecer a las masas como el creativo y dinámico cantante mexicano, Emmanuel. Es un consumado artista, de eso no hay duda, y su segunda visita a Venezuela fue un éxito tremendo.

En las noticias locales, el hijo de veintiún años del comisario de policía fue arrestado el domingo, acusado de haber penetrado en un automóvil y robado un equipo de estéreo y una cámara fotográfica, dijeron las autoridades. El comisario afirma que estará al lado de su hijo, pase lo que pase.° — No ha sido un buen día para mí —, dijo el comisario al enterarse del arresto. — No hay nada que sea más importante para mí que la familia. Tengo un respeto profundo por la ley. Justicia es lo que todos esperamos de nuestro sistema y yo no espero otra cosa.

pase... *come what may*

Conversemos

Refiriéndose a la lectura anterior, conteste Ud. las preguntas.

1. ¿Por qué perdieron su empleo las cocineras costarricences? Explique Ud. cómo el despido les afectará económicamente. ¿Quién es Emmanuel? ¿Por qué fue arrestado el hijo del comisario de policía? Describa la reacción del comisario.
2. Actualmente, ¿cuáles son los temas más frecuentes en las noticias internacionales? ¿nacionales? ¿locales? ¿Cree Ud. que los reporteros dan demasiado énfasis a lo negativo? Explique.
3. ¿Está Ud. al tanto de las noticias? ¿Prefiere Ud. leer un periódico o mirar el noticiero? ¿Hay otras maneras de enterarse de las noticias? ¿Cuáles son? Discuta las ventajas y desventajas de cada medio. En su opinión, ¿cuál es el mejor? Explique.
4. ¿Cuáles son los países extranjeros que más aparecen en las noticias hoy día? ¿Por qué?
5. ¿Cuáles son algunos acontecimientos en las noticias que Ud. recuerda más? ¿Cómo reaccionó cuando se enteró de ellas? ¿Cómo le afectaron estas noticias?

Vocabulario

EN LOS TITULARES *(In the headlines)*

el asesinato *murder*
el (la) asesino(a) *murderer*
la cárcel (la prisión) *jail*
el golpe de estado *coup d'etat*
la huelga *strike*
el incendio *fire*
la ley *law*
la manifestación *demonstration*
secuestrar *to hijack*

LAS NOTICIAS Y EL PERIODISMO

el anfitrión (la anfitriona) *host(ess)*
anunciar *to announce; to advertise*
el anuncio *advertisement*
la cadena *channel, network*
la censura *censorship*

el (la) columnista *columnist*
el (la) corresponsal extranjero(a) *foreign correspondent*
criticar *to criticize*
editar (redactar) *to edit*
la emisora *television or radio station*
estar al tanto de las noticias *to be informed about the news*
el (la) locutor(a) *announcer*
el noticiero *news program*
el poder (la libertad) de la prensa *power (freedom) of the press*
publicar *to publish*
la publicidad *publicity*
reportar *to report*

LAS SECCIONES DEL PERIÓDICO

los anuncios clasificados *classified ads*
las crónicas de modas *fashion section*
las crónicas de sociedad *society pages*
los editoriales *editorials*
las noticias (inter)nacionales
   (inter)national news
las noticias locales *local news*
los obituarios *obituaries*
la primera página *front page*

la sección de cocina *cooking section*
la sección deportiva (los
   deportes) *sports section*
la sección financiera (la bolsa) *finance
   section (stock exchange)*
la televisión y el cine (la cartelera)
   entertainment section
las tiras cómicas (las historietas)
   comic strips

Repasemos el vocabulario

REFIÉRASE A LA LISTA DE VOCABULARIO Y AL VOCABULARIO INICIAL.

A. ¿Cuál no pertenece? *Subraye Ud. la palabra que no está relacionada con las otras y explique por qué.*

1. robar   secuestrar   asesinar   arrestar
2. cadena   editoriales   historietas   la bolsa
3. reportero   ladrón   columnista   periodista
4. reportar   criticar   publicar   censurar
5. testigo   anfitrión   locutor   corresponsal

B. ¿Dónde se encuentra...? *Escoja la respuesta correcta de la segunda columna.*

1. una entrevista con la Reina de
   Inglaterra
2. el nombre del equipo que ganó
3. el pato Donald
4. los titulares
5. la hora de *El barrio Sésamo*
6. una crítica sobre la minifalda
7. una receta para la paella
8. un artículo sobre un incendio que
   destruyó el ayuntamiento

  a. la cartelera
  b. la sección de cocina
  c. las noticias locales
  d. las crónicas de modas
  e. las tiras cómicas
  f. la primera página
  g. los deportes
  h. las noticias internacionales

C. Definiciones. *En sus propias palabras, dé Ud. una definición de las siguientes palabras.*

1. el (la) anfitrión(a)
2. la censura
3. la huelga
4. las esposas
5. el crimen
6. el (la) testigo

D. En la primera página... *Escriba Ud. un titular original relacionado con...*

1. un incendio   **3.** un asesinato   **5.** el tiempo
2. un robo   **4.** un partido de fútbol   **6.** un descubrimiento científico

E. Precauciones. *El siguiente artículo apareció en las noticias locales del periódico. Complete Ud. el artículo con la forma imperativa (Ud.) del verbo apropiado de la lista.*

mencionar   encender (*to light*)   asegurarse   instalar
escribir   decir   desconectar   poner   dejar

¡QUE NO VENGA UN LADRÓN!

Proteja su casa contra la invasión de esos "huéspedes" indeseados tomando algunas medidas preventivas. Por ejemplo:

• _____ rejas° en las ventanas si vive en un piso bajo.

• No _____ las llaves de la casa en lugares tan fáciles de descubrir como tiestos° o alfombritas fuera de la puerta de entrada. Es preferible que cada miembro de la familia tenga sus propias llaves.

• _____ siempre antes de salir de casa que tanto las ventanas como las puertas quedan bien cerradas.

• Si va a estar muchos días fuera de casa _____ el teléfono o _____ el timbre a un tono bajo, de manera que nadie pueda oír desde afuera que suena sin que lo contesten.

• Nunca _____ identificaciones de ninguna clase en las llaves de la casa (solamente conseguiría hacerle el "trabajo" más fácil a los ladrones si llegan a perdérselas).

• _____ una luz en la parte de afuera de la casa.

• Si habla con personas extrañas nunca _____ sus horas de entrada o de salida ni mucho menos _____ planes de vacaciones o de viajes.

bars

flower pots

F. Malas consecuencias. *Una señora decidió no tomar las precauciones del artículo anterior. Cambie Ud. los verbos entre paréntesis al pretérito. Luego diga qué puede resultar como consecuencia de su negligencia.*

> MODELO   No (instalar) _____ rejas en las ventanas del primer piso.
> No instaló rejas en las ventanas del primer piso.
> Entonces, es posible que un ladrón entre fácilmente por una de esas ventanas.

1. (Esconder) _____ las llaves de la casa debajo de la alfombrita de la puerta de entrada.
2. No (cerrar) _____ bien las ventanas y las puertas antes de salir.
3. (Irse) _____ de vacaciones y no (bajar) _____ el timbre del teléfono.
4. (Poner) _____ una tarjeta de identificación en las llaves de las casa. Poco después (perder) _____ las llaves en el supermercado.
5. Nunca (encender) _____ luces en la parte afuera de la casa. Está siempre muy oscuro.
6. Un día, mientras caminaba por la vecindad, (conocer) _____ a un vecino nuevo. Le (decir) _____ que iba de vacaciones la próxima semana.

Gramática

NEGATIVE WORDS AND EXPRESSIONS
(Palabras y expresiones negativas)

FORM

AFFIRMATIVE	NEGATIVE
sí — *yes*	no — *no*
algo — *something*	nada — *nothing*
alguien — *someone*	nadie — *no one*
algún, alguno(a, os, as) — *some someone*	ningún, ninguno(a, os, as) — *none, no one*
de algún modo — *somehow*	de ningún modo — *by no means*
de alguna manera — *some way*	de ninguna manera — *no way*
alguna vez — *sometime, ever*	nunca, jamás — *never*
siempre — *always*	nunca, jamás — *never*
(o)... o — *(either) ... or*	(ni)... ni — *(neither) ... nor*
también — *also*	tampoco — *neither, not either*

OTHER NEGATIVE EXPRESSIONS

ahora no — *not now*	ni yo tampoco — *nor I, neither do I*
más que nada, nadie, nunca — *more than anything, anyone, ever*	nunca jamás — *never ever*
	todavía no — *not yet*
ni siquiera — *not even*	ya no — *no longer*

USE

1. The simplest way to negate a sentence is by placing the word **no** before the verb or its preceding object pronouns.

Yo no me enteré del robo.   *I didn't find out about the robbery.*

2. Other negative words can either be placed before the verb or can follow it when **no** or another negative word precedes the verb.

Un buen criminal no deja
 huellas nunca.
Un buen criminal nunca   *A good criminal never leaves traces.*
 deja huellas.

3. In Spanish, multiple negative words in the same sentence are common.

Yo no veo nunca a nadie tampoco.   *I don't ever (never) see anyone anymore either.*

4. When **nadie** and **ninguno** (referring to a person) are used as direct objects, the personal **a** is required.

¿Entrevistaste a alguno de los   *Did you interview one of the lawyers?*
 abogados?
No, a ninguno.   *No, none.*
No visité a nadie hoy.   *I didn't visit anyone today.*

5. Ninguno(a) is generally used in the singular.[1]

¿Tienes algunas pistas?   *Do you have any clues?*
No, no tengo ninguna.   *No, none.*

6. Nunca and **jamás** both mean *never*. **Jamás** can also mean *ever* in a question that anticipates a negative response. **Alguna vez** is used to mean *ever* in a question when no particular response is anticipated.

¿Jamás has comido carne de elefante?   *Have you ever eaten elephant meat?*
No, nunca.   *No, never.*
¿Alguna vez has estado en Nueva York?   *Have you ever been to New York?*

7. Algo and **nada** may also be used as adverbs.

Este artículo no es nada interesante.   *This article isn't at all interesting.*
Esto es algo raro.   *This is somewhat strange.*

---

[1] **Exception:** Use the plural only when the noun it modifies exists only in the plural. **No hay ningunas tijeras en el cajón.** *There are no scissors in the drawer.*

8. Some negative words can be used alone as complete answers to questions.

El reportero no llegó a tiempo.
¿Y el fotógrafo?
Tampoco.
¿Quieres preguntarle algo?
No, nada.

The report didn't arrive on time.
And the photograher?
He didn't either.
Do you want to ask him something?
No, nothing.

Práctica

A. La alarma falsa. *Cambie Ud. las frases del afirmativo al negativo.*

1. Hubo un incendio anoche en la Plaza Mayor.
2. Llegaron algunos bomberos en seguida.
3. Pero pasó algo muy raro.
4. Había alguien en la calle señalando a un joven.
5. La alarma era falsa.
6. Los bomberos y los policías estaban enojados.

B. Preguntas y más preguntas. *La hermanita de Violeta es muy preguntona. Conteste Ud. las preguntas en el negativo.*

1. ¿Anoche te llamó alguien por teléfono?
2. ¿Algún día me llevarás a una fiesta?
3. ¿Compraste algo para mí?
4. ¿Siempre usas tanto perfume?
5. ¿Vamos tú y yo al parque o a la piscina?
6. ¿Hay algún programa interesante en la televisión?
7. ¿Vas a salir con alguno de los muchachos que conociste este verano?
8. ¿Contestarás algunas de mis preguntas?

C. ¡Qué miedo! *Pedro acaba de ver una película de terror y ahora tiene miedo de todo. Tranquilícelo según el modelo.*

MODELO   alguien/a la puerta
Hay alguien a la puerta.
No te preocupes. No hay nadie a la puerta.

1. algo/en el armario
2. una rata/debajo de mi cama
3. una bomba/en la maleta
4. alguien/en mi cuarto
5. unos fantasmas/en el desván
6. un ruido/en el sótano

D. Perspectivas. *Alicia y Susana son amigas, pero son muy diferentes. La una es muy optimista, mientras que la otra es muy pesimista. Termine Ud. las frases de una manera original, desde la perspectiva de cada chica.*

1. Yo siempre...   Yo nunca...
2. Algún día...   Jamás...
3. Alguien...   Nadie...
4. De alguna manera...   De ningún modo...
5. Algunos...   Ninguno...

THE USE OF THE SUBJUNCTIVE IN ADJECTIVAL CLAUSES

(El uso del subjunctivo en cláusulas adjetivales)

An adjectival clause modifies a noun in the main clause. It is generally introduced by the conjunction **que**.

Yo   **busco**   **una casa**   **grande.**
↓   ↓   ↓   ↓
subject   +   verb   +   noun   +   adjective

Yo   **busco**   **una casa**   **que tenga piscina.**
↓   ↓   ↓   ↓
subject   +   verb   +   noun   +   adjectival clause

The subjunctive is used in the adjectival clause when the following conditions are present:

1. The antecedent is unknown or indefinite.

Quiero leer una revista que tenga artículos sobre Centroamérica.	*I want to read a magazine that has articles about Central America (I'm not sure it exists.)*
¿Hay alguna revista que tenga artículos sobre Centroamérica?	*Is there a magazine that has articles about Central America? (I'm not sure it exists.)*
Compré una revista que tiene artículos sobre Centroamérica.	*I bought a magazine that has articles about Central America. (I'm sure it exists.)*

2. The antecedent is negative.

No hay nadie que sepa resolver las crisis terroristas.	*There is no one who knows how to solve terrorist crises.*
Hay alguien que sabe resolver las crisis terroristas.	*There is someone who knows how to solve terrorist crises.*

3. The antecedent is a superlative expressing an opinion that can not be verified.

Éste es el peor artículo que él haya escrito.	*This is the worst article that he has written.*
José es el chico más alto que ha venido a la reunión.	*José is the tallest boy who has come to the meeting.*

Práctica

A. El policía del mes. *Para saber quién ganó este honor, llene Ud. el espacio con la forma correcta del verbo en el indicativo o el subjuntivo.*

1. El Departamento de Policía busca al agente que (haber) _____ contribuido más a combatir el crimen.
2. Quieren nombrar al individuo que más (merecer) _____ este honor.
3. Necesitan encontrar una persona que (poder) _____ representar al Departamento por su honradez y valentía.
4. ¿Hay un agente que (cumplir) _____ con estos requisitos?
5. Acaban de anunicar el nombre del individuo que (ir) _____ a recibir este honor.
6. Nombraron a Silvia Ramos, la agente que (poner) _____ en riesgo su vida todos los días para proteger a los ciudadanos.

B. ¿Qué quieren estas personas? *Mire Ud. los dibujos y diga lo que quieren las personas.*

MODELO

¿Qué necesita la familia Mendoza?
La familia Mendoza necesita una casa que sea más grande...que tenga cinco dormitorios, etc.

1.

¿Qué busca Ramón?

2.

¿Qué prefiere esta pareja?

3.

¿Qué le interesa a Susana?

4.

¿Qué quiere la señora?

C. No, en absuluto. *Conteste Ud. las siguientes preguntas en el negativo.*

1. ¿Hay alguna revista que no le interese a Ud.?
2. ¿Conoce Ud. a algún locutor que hable lento?
3. ¿Hay alguien que no mire el noticiero cada noche?
4. ¿Quiere Ud. leer un periódico que publique sólo las noticias locales?
5. ¿Busca Ud. la sección que contenga la cartelera?
6. ¿Quiere Ud. encontrar una cadena de televisión que presente sólo programas de deportes?

D. ¡Qué va! *A veces sospechamos que las noticias son exageradas. Siga Ud. el modelo.*

MODELO casa/tener 75 habitaciones
La casa tenía 75 habitaciones
¡Qué va! No hay ninguna casa que tenga 75 habitaciones.

1. presidente/hablar 19 idiomas
2. hotel/tener 200 pisos
3. hombre/pesar 400 kilos
4. avión/volar a 2000 millas por hora
5. perro/saber contar
6. gente/comer hormigas
7. mujer/vivir en el Polo Norte
8. niño/ser alcalde

E. La consultante. *¿Busca Ud. algún servicio o información especial? Escríbale a Alicia y ella lo (la) ayudará. Forme Ud. oraciones según el modelo. Luego, conteste usando expresiones como* **recomiendo que, sugiero que** *o* **aconsejo que.**

MODELO Mis padres buscan un piso/estar en un vecindario seguro.
Mis padres buscan un piso que esté en un vecindario seguro.
Yo les sugiero a sus padres que vivan en la calle Sol.

1. Me interesa comprar una computadora/enseñar lenguas extranjeras.
2. ¿Hay alguna inversión (*investment*)/ser segura y próspera?
3. Quiero hablar con un político/apoyar el control de las armas.
4. ¿Dónde hay una biblioteca/tener libros en francés?
5. Mi marido y yo queremos comprar un coche veloz/gastar poca gasolina.
6. Deseo un empleo con el gobierno/ofrecer buenas oportunidades.
7. Necesito una casa en la playa/no costar un ojo de la cara.
8. Mi tío busca un médico/saber mucho de las enfermedades exóticas.

F. Para terminar. *Termine Ud. cada frase de una manera original.*

1. ¿Hay alguien aquí que...
2. Vamos al club que...
3. No conozco a nadie que...
4. Buscamos una agencia de viajes que...
5. Prefiero ir a una playa que...
6. Hay alguien aquí que...
7. ¿Dónde está el museo que...
8. Necesitamos una casa que...
9. Tengo un profesor que...
10. Mis padres conocen a un hombre que...

Palabras problemáticas

Estudie Ud. las palabras siguientes. Son palabras que los estudiantes
norteamericanos de español suelen confundir.

1. el juego   *play, amusement, game, diversion*
   la partida   *set (tennis)*
   el partido   *game (match), contest*

Me gusta el juego de damas.	*I like the game of checkers.*
Perdí dos partidas de tenis.	*I lost two sets of tennis.*
No pudo asistir al partido de fútbol ayer.	*He couldn't attend the football game yesterday.*

2. el ambiente   *atmosphere (mood, ambience), surroundings*
   la atmósfera   *atmosphere (air)*

El restaurante italiano tiene un ambiente muy romántico.	*The Italian restaurant has a romantic atmosphere.*
La atmósfera está muy contaminada.	*The atmosphere is very polluted.*

3. emocional, emotivo   *emotional*
   emocionante   *thrilling, exciting, moving*
   entusiasmado con   *excited by, enthusiastic about*
   excitado   *stirred up, stimulated, roused*

La derrota de nuestro equipo fue muy emocional.	*The defeat of our team was very emotional.*
La regata fue emocionante.	*The boat race was exciting.*
Estoy muy entusiasmado con el juego de bolos. Juego cada semana.	*I'm very enthusiastic about bowling. I play every week.*
El viejo está demasiado excitado. Debe calmarse.	*The old man is too stirred up. He should calm himself.*

4. a solas   *alone, unaided*
   solo *(adjetivo)*   *alone, single, only, lonely*
   sólo (solamente) *(adverbio)*   *only, solely, merely*

¿Hay alguien en casa o está a <u>solas</u>?	*Is anyone home, or are you alone?*
No se puede jugar al vólibol <u>solo</u>.	*One can not play volleyball alone.*
El atleta ganó <u>sólo (solamente)</u> la primera carrera.	*The athlete won only the first race.*

5. pedir   *to ask for (an object or action)*
   preguntar   *to ask a question, solicit information*

El criminal <u>pide</u> que el juez lo perdone.	*The criminal asks that the judge pardon him.*
El abogado le <u>preguntó</u> al acusado dónde estaba anoche.	*The lawyer asked the accused where he was last night.*

Práctica

Escoja la palabra apropiada según el contexto.

1. Sus padres se fueron a Francia por dos semanas y por eso Javier se quedó (solo, sólo).
2. Quedan (a solas, solamente) dos jugadores en las bases.
3. Yo te (pido, pregunto) que no pesques en este lago.
4. José me (pidió, preguntó) si leí el periódico hoy.
5. ¿Les gustaría participar en los (Partidos, Juegos) Olímpicos algún día?
6. El (partido, juego) de básquetbol terminó a las seis.
7. No estoy muy (entusiasmado, emocionante) con la lucha libre. Es aburrida.
8. Fue (emocionante, excitado) cuando Sara ganó su primera partida.
9. Estaba tan oscuro en el club que había (una atmósfera, un ambiente) muy misterioso(a).

Y en resumen...

A. Todo le fue mal. *Concha pasó un día estupendo mientras que su amiga Carmen lo pasó fatal. Siga Ud. el modelo.*

> **MODELO** *Concha* Todas mis clases me fascinaron hoy.
> *Carmen* Ninguna de mis clases me fascinó hoy.

1. Algunos de mis amigos me invitaron a un concierto esta noche.
2. Mi abuelo me mandó algo para mi cumpleaños.
3. Conocí a alguien muy interesante en mi clase de periodismo.
4. Hoy nadie me molestó en la biblioteca.
5. El cartero me trajo algunas cartas.
6. Papá escribe que algún día iremos juntos a Europa.
7. ¡Qué bien! Siempre hay sol cuando quiero jugar al tenis.
8. No le debo ningún dinero a nadie.

B. Tú eres perfecto. *El pobre Juan necesita tener más confianza. Ayúdelo según el modelo.*

> **MODELO** cantar «La bamba»
> No hay nadie que cante «La bamba» mejor que tú.

1. leer en voz alta
2. hacer una cama
3. jugar a las damas
4. cocinar hamburguesas
5. saber hablar japonés
6. lanzar una pelota
7. pronosticar el tiempo
8. servir en tenis

C. ¿Qué pasa en el mundo de la música rock? *Estos artículos aparecieron en la cartelera del periódico. Escoja Ud. la palabra correcta o use la forma correcta del verbo entre paréntesis. Traduzca las palabras en inglés al español.*

Sergio Dalma, (*whose*) _____ voz (le, se) está gustando (a, _____) todo el mundo, sigue siendo muy popular. Su canción, «Esa chica es (*mine*) _____», lleva (un, una) mes entre los diez «hits» que suenan en las radios españolas. Esperamos que (seguir) _____ así (por, para) mucho tiempo.

Nombraron (a, _____) Madonna la (gran, grande) reina de los ochenta. (Es, Está) una enorme artista capaz de hacer «shows» y de componer música. ¿Cree Uds. que ella (poder) _____ seguir el (mismo camino, camino mismo) en los noventa?

No (es, hay) compositor que (merecer) _____ más el título, «El Mozart de (*our*) _____ tiempo», que Paul McCartney. Paul es el artista que ha vendido más discos en todo el mundo. (*He will return*) _____ a la escena con sus (*tours*) _____ a Europa, EE.UU. y (por, para) toda Sudamérica.

¿Necesita Ud. un libro que (dar) _____ un repaso de todos (las, los) artistas más populares de hoy? Pues, (comprar) _____ Ud., *Un año de rock*, un libro imprescindible (*indispensable*) (por, para) todos los que quieren (ser, estar) al tanto de (*what*) _____ pasa en el mundo de la música rock.

D. Una esquela de difunción. *En la América Latina, cuando una persona muere es común que los amigos de la familia compren anuncios en los periódicos para expresar públicamente su pésame (condolences). Estos anuncios se llaman «esquelas». Lea Ud. la siguiente esquela y haga el ejercicio.*

HA FALLECIDO
en esta capital la señora
Palmira Saviñón de Díaz
(Doña Mirita)

Su esposo: Manuel Emilio Díaz (Tote); sus hijos: Thelma, Olga, Marcos, Gladys, José, Francia, Ramona y Nixon Díaz Saviñón; sus hermanos: Pedro Tomás, Frank, Carmen y Rosa Saviñón; sobrinos: Zaida, Zareda y Freddy (Naño), y demás familiares, pasan por la honda pena de avisar su sentido fallecimiento acaecido ayer. Sus restos están siendo velados en la Funeraria La Altagracia, de la Avenida Bolívar, y recibirán cristiana sepultura hoy a las 10:00 de la mañana, en el Cementerio Nacional de la Avenida Máximo Gómez.

---

1. ¿Dónde y cuándo van a enterrarla?
2. ¿Qué otro nombre tiene la señora Saviñón de Díaz?
3. ¿Qué dice el anuncio de la familia de la señora?
4. ¿Qué es lo que se hace en este país para anunciar la muerte de una persona querida?

E. *Un reportaje de la policía.* *Lea Ud. el siguiente reportaje y haga los ejercicios.*

LADRÓN HERIDO

Dos desconocidos tocaron a la puerta de la residencia del 19315 N.W. 50 Court. Al no ser respondido su llamado, ambos sujetos empezaron a derribar la puerta a patadas. Mientras esto sucedía, el propietario de vivienda, identificado como Francisco Osorio, de 50 años, tomó un arma y cuando uno de los sujetos logró penetrar en el domicilio Osorio disparó, alcanzándolo en el hombro. Acto seguido, los presuntos asaltantes huyeron. Osorio no resultó herido y hasta el momento no hay información suficiente sobre los sujetos.

---

1. Busque Ud. en la lectura los sinónimos de las siguientes palabras.
   ladrones   llamado   dueño   casa   destruir
   escapar   entrar   pudo   pistola   pasaba
2. Escriba Ud. una conversación entre el señor Osorio, el policía y un testigo, cuya información es diferente de la información del señor Osorio.
3. Un hombre que lee el reportaje cree que la ley debe permitir que la gente tenga armas en la casa. Su esposa cree todo lo contrario. Con un(a) compañero(a), representen la conversación entre los dos.

F. 60 minutos

¿Conoce Ud. este programa? Consiste en cuatro «minidocumentales» cada semana. Si Ud. fuera el (la) reportero(a), ¿qué investigaría Ud.? Escriba una descripción de cada segmento del programa.

60 MINUTOS

¡PERIODISMO DINAMICO!

¡Eso es lo que tenemos para usted!
Una investigación profunda de los hechos que a todos interesan, tratados en forma veraz y objetiva.
A la manera de "60 MINUTOS" . . .
Periodismo de fondo en televisión.
A las 11 de la noche.

23:00

G. Composición. *Escoja Ud. uno de los titulares siguientes y escriba un artículo apropiado, o puede escribir su propio titular también.*

1. Protesta de los médicos
2. Jorge Avellaneda gana el maratón
3. En huelga de hambre en la prisión estatal
4. Reacciones a los ataques terroristas
5. Hombre condenado por asesinato de policía
6. A los ochenta y un años sigue trabajando en Hollywood

H. Minidrama. *En grupos, representen un noticiero «en vivo» (live). Incluyan lo siguiente:*

1. el pronóstico meteorológico
2. los deportes
3. las noticias actuales
4. una crítica de alguna película u obra teatral
5. un reportaje para los consumidores

Los deportes y los espectáculos

A. La corrida de toros — fiesta nacional de España. *Escoja Ud. la palabra apropiada o use la forma correcta del verbo entre paréntesis. Traduzca las palabras en inglés al español.*

Si el (*traveler*) en España busca (un, una) diversión (que, cual) (ser) emocionante, tradicional y muy española, se recomienda que (ir) a una corrida de toros. (Por, Para) muchas personas, no hay ningún espectáculo que (tener) tanto dramatismo y tanto color y movimiento como la corrida, la fiesta nacional de España. Y...¿(*what*) pasa en una corrida? (*At 5:00 sharp*) empieza con un paseo de todos los participantes. La banda toca un paso doble torero, que (ser) música de marcha y muy típica de la corrida. El público, silencioso y nervioso, espera que el matador (poder) mostrar (*his*) artes sin ser víctima del toro.

Siguen los tres segmentos de la corrida. (*There are*) tres matadores y cada uno mata dos toros. El último segmento, «la faena», es el más emocionante. Es (*the death*) del toro. Si la faena es buena, (oírse) los ¡olés! del público y el matador (recibir) las orejas o el rabo° del toro.   *tail*
(Alguien, Algunos) de los matadores como Manolete (y, e) Ignacio Sánchez Mejilla (*obtained*) fama mundial. Actualmente, Manuel Benítez, llamado «El Cordobés», entretiene (al, el) público con su valentía y técnicas nuevas y su personalidad animada. Para (*someone who likes*) la corrida, (*it would be*) memorable (verlo, verla) torear.

La corrida es antigua. (*It is believed*) que el arte taurino ya (*existed*) hace 15.000 años. La corrida (*used to be*) uno de los atractivos de los (*circuses*) romanos. Los árabes (*were*) los primeros en (*to call it*) un (*sport*). Y ellos introdujeron el caballo como parte integral de la corrida. (*It is known that*) el Cid participó en las corridas al igual que el Rey Juan II en 1418 y el emperador Carlos V en 1528.

B. SALSArobics. *Si la corrida es para el alma...Salsarobics es para el cuerpo. La salsa es el ritmo único que nació al combinar los sonidos calientes del «jazz» neoyorkino con los ritmos sensuales del Caribe. Lea Ud. el siguiente anuncio y haga las actividades.*

Rebaje con Salsarobics

¡A perder libras con ritmo! Si usted es de los que se niega a hacer ejercicio porque le resulta demasiado aburrido, se le acabó la excusa. Ahora existe **SALSArobics**, una nueva manera de mantenerse en forma mientras practica los exóticos y sensuales ritmos de bailes latinos y caribeños. La idea se debe a la joven **Esther Gutierrez Sloan**, una colombiana orgullosa de su país natal y empeñada en que la gente recupere su forma física a ritmo de merengue, cumbia, salsa y otros ritmos tropicales. El éxito está, según ella, en aprovechar los movimientos corporales (de bajo impacto) para expresarse a nivel físico, emocional y espiritual. Y por si esto fuera poco, se puede incorporar a la pareja en la práctica de los ejercicios. El video se puede conseguir en VHS y BETA por $24.95 más $3.00 de envío escribiendo a: SALSArobics Inc., P.O. Box 319, Lake Bluff, IL, o llamando al 1-800-252-6969. ◆

1. Conteste las preguntas.
   a. ¿Qué es SALSArobics?
   b. ¿Cuáles son tres ritmos tropicales incluidos en la videocinta?
   c. ¿Quién inventó salsarobics y de dónde es ella?
   d. ¿Cuáles son las ventajas de seguir el programa de SALSArobics?

2. Escoja Ud. uno de los siguientes programas de ejercicio y sustituya las palabras subrayadas en el anuncio por palabras apropiadas, según el programa que escogió.

   RAParobics   POLKArobics   ROCKarobics   CLÁSSICArobics

3. Forme Ud. mandatos de los verbos siguientes y haga una oración original para saber qué les dice el (la) instructor(a) a los participantes en la clase de SALSArobics.

   levantar   hacer   escuchar   seguir   mover
   bajar   respirar   correr   saltar

Cámara uno: El ejercicio aeróbico[1]

(Cassette 2, Episodio 12, Escena 2)

A. *Busque en la segunda columna la terminación apropiada de las frases en la primera columna.*

1. El ejercicio aeróbico...
2. El ejercicio de resistencia...
3. Todas las actividades diarias requieren energía muscular, como por ejemplo...
4. Al envejecer...
5. El ejercicio bien supervisado resulta...

a. perdemos masa y fuerza muscular.
b. en un aumento en fuerza a todas las edades.
c. permite una mejor utilización del oxígeno.
d. cargar paquetes y subir y bajar escaleras.
e. aumenta la masa de los músculos.

B. VIDEO-CULTURA. *Después de ver el video, haga la siguiente actividad. Todas las frases son falsas. Basándose en el video, corríjalas.*

1. El ejercicio aeróbico consiste en levantar pesas.
2. El ejercicio aeróbico consiste en hacer trabajar un solo músculo a la vez.
3. Sólo las mujeres asisten a clases de ejercicio aeróbico.
4. El ejercicio en general no puede corregir la pérdida de fuerza muscular causada por el envejecimiento.
5. El ejercicio de resistencia permite una mejor utilización del oxígeno.
6. Los ancianos no deben participar ni en el ejercicio aeróbico ni en el ejercicio de resistencia.
7. Son los hombres los que más se benefician del ejercicio de resistencia.
8. En países hispánicos la gente lleva ropa diferente de la que se lleva en los EE.UU. para hacer ejercicio.
9. Algunas actividades relacionadas con el diario vivir incluyen cargar pianos, mover coches y subir y bajar montañas.

---

[1] See *Cámara uno: Manual de ejercicios,* pages 73-75, for vocabulary list and additional activities.

6
UNIDAD

El legado hispano en los Estados Unidos

PESOS · DOLARES
Casa de Cambio
Regalos y Juguetes
HANDICRAFT ARTESANIAS WHOLESALE RETAIL

Barry LADIES FASHIONS   Joyería MEXICANA   Casa de Cambio PESC
TEL. 626-3863   CREDITO FACIL   DOLARE

Herederos de la Raza

Vocabulario inicial

la arquitectura *architecture*
asimilarse *to assimilate*
discriminar *to discriminate*
estereotipar *to stereotype*
heredar *to inherit*
el (la) heredero(a) *heir(ess)*

la herencia *heritage, inheritance*
la mayoría *majority*
la minoría *minority*
tener prejuicios *to be prejudiced*
el prejuicio *prejudice*
los rasgos *features*

Para comenzar...

1. Con la ayuda del vocabulario inicial, describa el dibujo.
2. ¿Cuáles son algunos lugares en los Estados Unidos que tienen nombres españoles? ¿En qué partes de los EE.UU. se ve más la influencia española? ¿Cómo se manifiesta esta influencia? Nombre Ud. algunas palabras inglesas de origen español.
3. ¿Qué significa «estereotipar»? ¿Por qué puede ser peligroso? ¿Existe un estereotipo del mexicano? ¿del mexicanoamericano? ¿Cuál es? ¿Cuál ha sido el papel de la televisión en la formación de estos estereotipos? Explique.

Herederos de la Raza

En las siguientes entrevistas, algunos mexicanoamericanos hablan de su historia y cultura.

RAÚL   Yo me considero americano de ascendencia mexicana. Otros usan la palabra «chicano». Para mí el término tiene un tono político y muestra una decisión consciente de exponer esa política.

MARÍA   Soy mexicanoamericana, o sea, ciudadana estadounidense pero de origen mexicano. Es irónico que muchos nos consideren extranjeros cuando, en realidad, muchos de nosotros llevamos más tiempo en este país que los americanos de otros orígenes. No elegimos ser parte de los EE.UU. sino que fuimos incorporados por fuerza — como resultado de una guerra entre México y los EE.UU. Decimos Aztlán para referirnos al suroeste de los EE.UU. Según una leyenda, Aztlán era el lugar donde se originó la tribu azteca. Pues, Tejas, Nuevo México, Arizona, el sur de California y parte de Colorado y Nevada eran una parte de México hasta fines de la guerra entre México y los EE.UU. Por medio del Tratado de Guadalupe Hidalgo en 1848, ese territorio pasó a ser parte de los EE.UU.

PABLO   Estamos muy orgullosos de nuestra herencia india. De los muchos pueblos° indios que habitaban la región de *peoples* México y partes de Centroamérica, los más conocidos eran los mayas y los aztecas. Los antiguos mayas se destacaron° *stood out* por sus descubrimientos astronómicos, por su sistema de números y de escritura, y por su religión compleja, que incluía a muchos dioses diferentes, tanto buenos como malos. Los aztecas eran conocidos por su deseo de conquistar a todos los otros pueblos del centro de México. El sacrificio humano era una práctica común entre ellos, y es quizás por eso que luchaban tanto — para conseguir sangre para alimentar a sus dioses. Moctezuma fue el gran emperador azteca que reinaba al llegar Cortés. Vivía en la ciudad de Tenochtitlán, rodeado de lujo y esplendor.

MARTA Hoy día, la vida de muchos mexicanoamericanos en el suroeste no es fácil. Hay muchos que son obreros migratorios o braceros. Las familias tienen que mudarse dos o tres veces al año, según dónde haya trabajo. De niña, asistía a una escuela por sólo tres meses seguidos, porque siempre teníamos que mudarnos al terminar la cosecha. No podía hacer amistades o recibir una buena educación. Además, me da mucha pena la imagen que nos ha dado la televisión norteamericana — la del bandido con poncho, bigote y pistolas. No es justo.

RAÚL Estoy muy orgulloso de mi raza y de los avances que hemos hecho en el campo político. Para nombrar sólo a algunos, tenemos al congresista Edward R. Roybal; a Catalina Vásquez Villalpando, quien es la tesorera de los Estados Unidos; a Javier Suárez, el alcalde de Miami; a Federico Peña, el alcalde de Denver y a Antonia Coello Novello, la Cirujana General. Hemos superado muchas dificultades y, por lo tanto, perduraremos.

Conversemos

Refiriéndose a la lectura anterior, conteste Ud. las preguntas.

1. Explique Ud. cómo llegaron a ser parte de este país Tejas, Arizona y Nuevo México. ¿Qué otros territorios pertenecían a México? ¿Qué sabe Ud. de Aztlán? ¿las antiguas tribus indígenas de México? ¿Moctezuma? ¿Por qué es difícil para muchos mexicanoamericanos vivir en el suroeste de este país? Nombre Ud. a unos hispanos famosos en los EE.UU.
2. ¿Conoce Ud. a alguien de ascendencia mexicana? ¿Mantiene esa persona sus tradiciones étnicas? ¿Cómo?
3. Mencione Ud. cinco hechos interesantes sobre la cultura de los antepasados de Ud. ¿Cuáles son cinco costumbres o tradiciones que sus antepasados han contribuido a la cultura norteamericana?

Vocabulario

SUSTANTIVOS

la alcachofa *artichoke*
el betabel *beet (Mexico)*
el boicoteo *boycott*
el bracero *day laborer*
el (la) campesino(a) *farmer, peasant*
el ciclo *cycle*
la cosecha *crop*
el (la) chicano(a) *Chicano*
la década *decade*
el (la) emigrante *emigrant*
el frijol *bean*
la frontera *border, frontier*
el (la) hispano(a) *Hispanic*
el (la) inmigrante *immigrant*
el (la) mestizo(a) *person of mixed Indian and European ancestry*
la mezcla *mixture*
el (la) mulato(a) *person of mixed African and European ancestry*
el patrón (la patrona) *boss*
el pepino *cucumber*
el porcentaje *percentage*
la Raza *commonly used to refer to Mexican-Americans*

el (la) refugiado(a) *refugee*
el tratado *treaty*

VERBOS

anexar *to annex*
aumentar *to increase*
compartir *to share*
cosechar *to harvest*
emigrar *to emigrate, migrate*
inmigrar *to immigrate*
mezclar *to mix, combine*
mudarse *to move*
pertenecer *to belong, pertain to*
regar (ie) *to water*
resistir(se) *to resist*
sembrar (ie) *to sow*

ADJETIVOS Y EXPRESIONES

de habla española *Spanish-speaking*
hispánico (hispano) *Hispanic*
ilegal *illegal*

Repasemos el vocabulario

REFIÉRASE A LA LISTA DE VOCABULARIO Y AL VOCABULARIO INICIAL.

A. ¿Cuál no pertenece? *Subraye Ud. la palabra que no está relacionada con las otras y explique por qué.*

1. mestizo   mulato   hispano   bracero
2. pepino   betabel   cosecha   alcachofa
3. patrón   boicoteo   inmigrante   refugiado
4. Tejas   La Florida   California   Nuevo México
5. pertenecer   discriminar   estereotipar   tener prejuicios

B. Antónimos. *Dé Ud. el antónimo de las siguientes palabras.*

1. mayoría
2. legal
3. emigrante
4. sembrar
5. reducir

C. Sinónimos. *Sustituya Ud. un sinónimo por las palabras subrayadas. Use Ud. las formas y los tiempos apropiados de las palabras y haga los cambios necesarios.*

1. Mucha gente <u>de ascendencia española</u> se ha asimilado a nuestra cultura.
2. En los últimos <u>diez años</u>, muchos mexicanoamericanos han llegado a ocupar puestos importantes en el gobierno de este país.
3. Es necesario <u>luchar contra</u> los estereotipos de los hispanos que existen en nuestra sociedad.
4. Antes de 1845, Tejas <u>formaba parte de</u> México.
5. ¿Qué otras tierras fueron <u>unidas</u> a este país después de la guerra con México?
6. Los braceros mexicanos tenían que <u>cambiarse de lugar</u> cada tres meses.
7. Los <u>jefes</u> han explotado mucho a los campesinos mexicanos.
8. La comida «tex-mex» <u>combina</u> los sabores mexicanos con los platos típicos de la frontera.

D. Definiciones. *En sus propias palabras, explique el significado de las siguientes palabras.*

1. boicoteo   2. bracero   3. inmigrar   4. patrón   5. refugiado

E. ¿Sabía Ud. que...? *Complete Ud. las frases con la palabra apropiada de la lista de vocabulario. Luego, conteste las preguntas.*

1. La _____ mexicana se siente mucho en el suroeste de los Estados Unidos. ¿Qué nombres de estados o ciudades reflejan la influencia hispana en esta región?
2. Además de la comida, la lengua y las tradiciones, la _____ también muestra la influencia hispánica en el suroeste. ¿Cómo son las casas, los edificios y otras estructuras que se construyen al estilo hispánico?
3. Además de la tortilla de maíz, el _____ forma la base de la comida mexicana. ¿Qué alimento(s) forma(n) la base de la comida española? ¿italiana? ¿estadounidense?
4. El _____, por su color rojo, es un ingrediente principal en un plato mexicano que se llama «ensalada de Nochebuena». ¿Qué platos mexicanos ha probado Ud.? Descríbalos.
5. «Mestizo» es el resultado de la _____ de la tradición española con la indígena. ¿Qué significa «mulato»? Explique Ud. en sus propias palabras.
6. El Instituto Smithsoniano ofrece maravillosos programas y exhibiciones sobre la cultura _____. ¿Qué aspectos de la vida en los países de habla española le interesan a Ud.? ¿Por qué?

F. La lengua de mi generación. *¿Cuáles son algunas palabras que se asocian con la cultura de Ud.? ¿Por qué?*

G. El taco. *Para saber cómo comer un taco, cambie Ud. los verbos entre paréntesis al mandato formal (Ud.). Luego, busque el dibujo que mejor corresponda a cada descripción.*

La etiqueta del taco

El arte de comer tacos es tan importante como el de hacerlos. Evite que se desarmen, y que las manchas le arruinen esta deliciosa experiencia

por Regina Córdova

1. (Extender) bien la tortilla sobre la mano izquierda.
2. (Asegurarse) de que el lado más delgado de la tortilla está para arriba.
3. (Distribuir) bien el relleno con la mano derecha, sin llenarla demasiado.
4. (Doblar) primero el borde derecho por el medio y sobrepóngale el izquierdo.
5. (Tomar) el taco entre los dedos y elévelo un poco para que no se salga la salsa.
6. (Inclinarse) hacia adelante, extendiendo la mano más allá de los hombros.

Gramática

THE PERFECT TENSES *(Los tiempos perfectos)*

FORM

The perfect tenses consist of a form of the verb **haber** *(to have)* + the past participle. **Haber** is used as an auxiliary verb and means *to have* in the context of *having done something*. It can not be used to replace **tener**.

1. The forms of **haber** corresponding to each perfect tense are as follows:

Present perfect (have)		Past perfect[1] (had)		Future perfect (will have)	
he	hemos	había	habíamos	habré	habremos
has	habéis	habías	habíais	habrás	habréis
ha	han	había	habían	habrá	habrán

Conditional perfect (would have)		Present perfect subjunctive (have)		Past perfect subjunctive (had)	
habría	habríamos	haya	hayamos	hubiera	hubiéramos
habrías	habríais	hayas	hayáis	hubieras	hubierais
habría	habrían	haya	hayan	hubiera	hubieran

2. The past participle of regular verbs is formed by removing the infinitive endings **(-ar, -er, -ir)** and adding **-ado** or **-ido**.

habl**ado**   comprend**ido**   recib**ido**
(spoken)   *(understood)*   *(received)*

3. Some common verbs with irregular past participles are:

abrir — **abierto**   hacer — **hecho**
(com)poner — **(com)puesto**   morir — **muerto**
decir — **dicho**   resolver — **resuelto**
(d)escribir — **(d)escrito**   romper — **roto**
(des)cubrir — **(des)cubierto**   ver — **visto**
(de)volver — **(de)vuelto**

4. The past participles of **-er** and **-ir** verbs whose stem ends in **a, e,** or **o** have a written accent over the **i**.

ca(er) — **caído**   cre(er) — **creído**   o(ír) — **oído**

5. When used in a perfect tense, the past participle never changes, regardless of the number or gender of the subject.

José ya ha llegado a Los Ángeles.   *José has already arrived in Los Angeles.*
Sus hermanas han venido con él.   *His sisters have come with him.*

---

[1] The preterite perfect tense **(hube, hubiste, hubo, hubimos, hubisteis, hubieron)** is mainly a literary tense and is rarely used in spoken Spanish.

6. Object and reflexive pronouns are always placed before the conjugated form of **haber**.

Pablo no me ha escrito todavía.   *Pablo has not written to me yet.*

USE

1. The present perfect tense is used to describe a recently completed action or event that is seen as still affecting the present.[2]

¿Has sembrado el jardín? Sí, sólo   *Have you planted the garden? Yes, it*
  falta regar.   *only needs watering.*

2. The past perfect tense is used to describe an action that was completed before another past action. Expressions such as **ya, antes, nunca,** and **todavía** often indicate that an action was completed prior to others.

Cuando llegaron los españoles, los   *When the Spaniards arrived, the Aztecs*
  aztecas ya habían establecido una   *had already established an advanced*
  civilización avanzada.   *civilization.*

3. The future and conditional perfect tenses are used to describe what *will* and *would have happened.* They may also be used to express probability like their corresponding simple tenses.

Habrá leído el artículo sobre los   *He will have read (has probably read)*
  mayas.   *the article on the Mayans.*
¿Habría hecho Marta lo mismo?   *Would Marta have done (Do you think*
                              Marta had done) the same?

Práctica

A. *Los recién llegados.* *Una familia inmigrante acaba de llegar a Los Ángeles y Ud. quiere ayudarla. Con un(a) compañero(a), hagan los dos papeles, según el modelo.*

    MODELO   comprar una casa
                    ¿Necesitan Uds. comprar una casa?
                    Ya hemos comprado una casa.

1. conseguir un trabajo
2. encontrar un coche
3. ver un mapa de L.A.
4. repasar una lista de tiendas cercanas
5. conocer a sus vecinos
6. visitar la Oficina de Inmigración
7. ir al consultorio del médico
8. matricular a los niños en la escuela

---

[2] In Spain, this tense is often used as a substitute for the preterite.

B. *Organizándose.* *Cuando uno es nuevo en la vecindad, siempre hay mucho que hacer. Siga Ud. el modelo.*

> **MODELO** Eché la carta que mi hermana/escribir
> Eché la carta que mi hermana había escrito.

1. Papá llevó las cajas que mamá/empaquetar
2. Pedimos el nombre del restaurante que el vecino/sugerir
3. Comimos el plato que mis abuelos/preparar
4. Lavamos el suelo que nosotros/ensuciar
5. Mi hermano arregló los platos que papá/romper
6. Sofía buscó el azúcar que mamá/devolver

C. *¿Todavía?* *Enrique va a pasar el mes de mayo en México y en la América Central. Con un(a) compañero(a), sigan Uds. el modelo.*

> **MODELO** hacer un viaje a la América Central
> ¿Has hecho un viaje a la América Central?
> No, pero lo habré hecho para junio.

1. visitar las pirámides mayas
2. ver las ruinas aztecas
3. viajar por Honduras
4. nadar en el Mar Caribe
5. quedarse una noche en Panamá
6. familiarizarse con la cultura
7. probar la comida indígena
8. investigar las costumbres mexicanas

D. *Una llamada de larga distancia.* *Guillermo es de México pero va a vivir con su primo en Tejas. Su padre lo llama por teléfono y le pregunta lo siguiente. ¿Qué le contesta?*

> **MODELO** ¿No llamaste a Juanita?
> Yo la habría llamado pero perdí su número de teléfono.

1. ¿No encontraste trabajo?
2. ¿No visitaste a los Gómez?
3. ¿No depositaste dinero en el banco?
4. ¿No le escribiste a tu mamá?
5. ¿No me enviaste las revistas?
6. ¿No renovaste el visado?

THE IMPERFECT SUBJUNCTIVE *(El imperfecto del subjuntivo)*

FORM

1. To form the imperfect subjunctive, the **-ron** ending is dropped from the third person plural of the preterite and the following endings are added:

HABLAR		COMPRENDER	
habl**ara**	hablá**ramos**	comprendi**era**	comprendié**ramos**
habla**ras**	habla**rais**	comprendi**eras**	comprendie**rais**
habla**ra**	habla**ran**	comprendi**era**	comprendie**ran**

ESCRIBIR	
escribi**era**	escribié**ramos**
escribi**eras**	escribie**rais**
escribi**era**	escribie**ran**

2. An alternate set of endings is commonly used in Spain: **-se, -ses, -se, -semos, -seis, -sen**. These two forms are virtually interchangeable.

3. There are no exceptions to the rule for forming the imperfect subjunctive. Therefore, an irregular third person preterite stem will have the same irregularity in the imperfect subjunctive.

decir	dijeron	dijeran (dijesen)	*they said*
dormir	durmieron	durmieran (durmiesen)	*they slept*
leer	leyeron	leyeran (leyesen)	*they read*
ser	fueron	fueran (fuesen)	*they were*

Práctica

A. Quizás. *Eduardo no sabe nada de las culturas indígenas de México y tiene unas ideas muy extrañas. ¿Qué piensa él?*

> **MODELO**   los toltecas/conducir coches grandes
> Quizás los toltecas condujeran coches grandes.

1. los aztecas/mirar la televisión
2. los mayas/vivir en apartamentos
3. los olmecas/comer hamburguesas
4. los toltecas/hablar inglés
5. los chichimecas/dormir todo el día
6. los huicholes/leer el periódico cada día
7. los coras/vestirse de la última moda
8. los lacandones/escuchar música «rap»

B. Ojalá. *Ud. está de visita en San Antonio, Tejas con un(a) compañero(a). Exprese los siguientes deseos no realizados, según el modelo. Luego, traduzca sus respuestas al inglés.*

> **MODELO**   nosotros/llegar a tiempo
> Ojalá llegáramos a tiempo.
> *I wish we arrived on time.*

1. yo/saber más sobre la historia de las misiones
2. la catedral de San Fernando/estar abierta por la noche
3. el hotel/ofrecer una gira por El Álamo
4. el restaurante/servir fajitas de pollo
5. nosotros/haber comprado piñatas en el mercado hispánico
6. yo/tener más dinero
7. nosotros/poder quedarse más tiempo

Ahora, exprese tres deseos originales.

SEQUENCE OF TENSES *(Correlación de tiempos)*

FORM

The following chart will help to determine when to use the present subjunctive and when to use the imperfect subjunctive.

MAIN CLAUSE	SUBORDINATE CLAUSE
present future command (any compound present or future tense)	present subjunctive or present perfect subjunctive
preterite imperfect conditional (any compound past or conditional tense)	imperfect subjunctive or past perfect subjunctive

1. Review the possibilities that follow:

Les manda		*You order*		
Les está mandando		*You are ordering*		
Les ha mandado	que vuelvan.	*You have ordered*	*them to return.*	
Les mandará		*You will order*		
¡Mándeles Ud... !		*Order . . . !*		

Les mandó		*You ordered*		
Les mandaba		*You were ordering*		
Les había mandado	que volvieran.	*You had ordered*	*them to return.*	
Les mandaría		*You would order*		
Les habría mandado		*You would have ordered*		

2. In some instances, the imperfect subjunctive may be used in the subordinate clause even though the verb in the main clause is in the present.

Dudo que él llegara anoche.   *I doubt that he arrived last night.*

3. The perfect subjunctive tenses are used when the speaker wishes to express an action in the subordinate clause that occurred before the action of the main clause — *have or had* + past participle.

Es una lástima que él no haya llegado.   *It's a shame that he hasn't arrived.*
Era una lástima que él no hubiera   *It was a shame that he hadn't arrived.*
  llegado.

Práctica

A. *Un sabor nuevo.* *El chocolate, ya conocido entre los aztecas, no se conoció en Europa hasta que Cortés lo envió a España. Llene Ud. cada espacio con la forma correcta del verbo entre paréntesis.*

1. Es verdad que los antiguos aztecas (beber) _____ mucho chocolate.
2. Moctezuma ordenaba que sus sirvientes le (dar) _____ chocolate todos los días.
3. Cortés insistió en (enviar) _____ muestras *(samples)* del chocolate a España.
4. No había nadie que no (querer) _____ probar el sabor nuevo.
5. Es evidente que hoy día el chocolate (seguir) _____ siendo popular.
6. Pero los dentistas prefieren que los niños no (comer) _____ demasiado chocolate.
7. Y es dudoso que (haber) _____ muchas vitaminas en el chocolate.
8. No conozco a nadie que no (preferir) _____ el chocolate a la vainilla.

B. *La mudanza.* *Termine Ud. las frases siguientes con la forma correcta de la primera expresión en cada grupo.*

1. mudarse de casa
  a. José se alegra de...
  b. Yo dudo que los García...
  c. No era fácil que nosotros...
  d. La semana pasada mi hermano...
2. hacer nuevas amistades
  a. Papi nos asegura que nosotros...
  b. Nunca será muy difícil...
  c. Era muy bueno que toda la familia...
  d. Es de esperar que los niños...

3. asimilarse fácilmente
  a. La familia querría...
  b. Esperaba que los niños...
  c. No era posible que el abuelo...
  d. Mamá cree que papá...
4. compartir sus tradiciones étnicas
  a. Era muy importante que los muchachos...
  b. Sería una lástima que la gente no...
  c. El presidente les sugirió que los ciudadanos... *(citizens)*
  d. Siempre es mejor...

C. Los primeros años. *Susana habla con su nueva vecina mexicana y le pregunta acerca de sus primeros años en los EE.UU. Termine Ud. cada frase según el modelo.*

> **MODELO** ¿Salió su familia de México en los años setenta? Sí, era preciso que...
> Sí, era preciso que saliera en los años setenta.

1. ¿Se establecieron Uds. primero en California? Sí, era más fácil que...
2. ¿Te adaptaste fácilmente a la cultura? Sí, pero mi papá dudaba que...
3. ¿Encontró tu marido empleo? Sí, me alegré de que...
4. ¿Tuvieron Uds. suficiente dinero? Sí, era bueno que...
5. ¿Asistió su hijo a la universidad? Sí, queríamos que...
6. ¿Aprendieron Uds. a hablar inglés en L.A.? Sí, era necesario que...
7. ¿No pudieron venir sus hermanos? No, sentía mucho que...
8. ¿Conocieron a gente simpática aquí? Sí, estaba contentísima de que...

D. Los titulares. *En el periódico hispano de Los Ángeles se encuentran los siguientes titulares. Al leerlos, ¿cómo reaccionó Ud.? Siga el modelo.*

> **MODELO** Encontraron petróleo en Sacramento
> Era sorprendente que encontraran petróleo en Sacramento.

sentía mucho	tenía miedo de
era una lástima	ojalá
era sorprendente	era mejor
sería maravilloso	era muy triste

1. Murió el dueño del Club Maya Sol
2. Empezaron un programa bilingüe en la escuela
3. Cerraron el restaurante mexicano
4. Pereda perdió las elecciones
5. Valenzuela ganó otro partido
6. Hubo un accidente terrible en la carretera
7. Lucía Méndez cantó en la fiesta
8. No había clases en las universidades ayer

E. ¿Qué cree Ud.? *Termine Ud. las frases de una manera original y lógica.*

1. Me alegro de que...
2. Era preferible...
3. No había nadie que...
4. Compró un libro que...
5. Será imposible que...
6. El niño insistió en que su mamá...
7. Me gusta que el (la) profesor(a)...
8. Ojalá...
9. Siempre creía que...
10. Le pediré a mi mejor amigo(a)...
11. Era de esperar que...
12. Estábamos seguros de que...

Así se dice

¡QUE LO PASES BIEN!

1. Parting can be sweet sorrow, and there are many ways to signal an upcoming separation, no matter how long or short.

¡Adiós!	*Good-bye!*
¡Chau! (¡Ciao!)	*Bye!*
Hasta luego (pronto, el lunes, la semana que viene).	*See you later (soon, on Monday, next week).*
Nos vemos...	*Be seeing you...*
Dios mediante. (Si Dios quiere.)	*God willing.*

2. Before someone departs, you might say the following:

Recuerdos a la familia (a todos, a tu hermano...).	*My regards to your family (to all, to your brother . . .).*
Dale recuerdos a...	*Give my regards (say hello) to . . .*
¡Que lo pases bien!	
¡Que se divierta (te diviertas)!	*Have a good time!*
¡Que pases un buen rato!	
¡Que te vaya bien!	*Hope all goes well! (Good luck!)*
Cuídate mucho.	*Take good care of yourself.*
Escríbenos cuando puedas.	*Write when you can.*
Avísame (Llámame) cuando vuelvas.	*Let me know (Call) when you get back.*

3. And sooner or later, when you meet again, you could say:

¡Tanto tiempo! (¿Cuánto tiempo sin verte [verlo, la])	*Long time (no see)!*
¿Cómo has estado?	*How have you been?*
¿Cómo te fue?	*How did it go?*
¿Qué tal?	
¿Cómo lo pasaste?	*How was it?*
¿Qué tal el viaje (la clase, las vacaciones...)?	*How was your trip (the class, vacation . . .)?*
¡Cuánto te eché de menos!	*I missed you so much!*
Lo pasé muy bien (de maravilla, fenomenal, muy mal).	*I had a good (marvelous, fantastic, terrible) time.*
¡Ya estás de regreso (de vuelta)!	*You're back already!*
¿Qué te trae por aquí?	*What are you doing here?*

Práctica

A. Dé Ud. una respuesta apropiada a las siguientes frases.

1. Acabo de terminar el examen de inglés.
2. Salimos para Monterrey la semana próxima por dos años.
3. ¿Dónde están los Ferreira? Hace tiempo que no los veo.
4. Mi mamá siempre habla de ti.
5. Bueno. Tengo que ir corriendo a la reunión.
6. Hola, José. Ya estoy de regreso.

Ahora, siga con otros ejemplos.

B. Escriba Ud. diálogos de seis a ocho líneas basados en las siguientes situaciones.

1. Dos estudiantes que vuelven al colegio después de las vacaciones de verano.
2. Un encuentro en la calle de dos colegas que no se ven desde hace mucho tiempo.
3. Un(a) hijo(a) que sale para un año de estudio en México; se despide de su familia.
4. Unos estudiantes salen de su última clase el viernes por la tarde.
5. Una pareja *(couple)* sale para Europa por quince días; deja a su hijo con los vecinos.

Y en resumen...

A. ¿Alguna vez? Pregúntele a un(a) compañero(a) de clase si alguna vez ha hecho las siguientes cosas. Él (Ella) le va a contestar.

> **MODELO**   tener el pelo largo
>   ¿Alguna vez has tenido el pelo largo?

1. comer una alcachofa
2. escribirle una carta al presidente
3. participar en un boicoteo
4. oír hablar de César Chávez
5. estar en la cárcel
6. ver la película *Viva Zapata*
7. perder la libertad
8. sentir la discriminación

B. En la oficina de inmigración. *El señor Rivera acaba de llegar a los EE.UU. y necesita visitar la oficina de inmigración. Siga Ud. el modelo.*

> **MODELO**   Dígame su nombre, por favor.
> Ya se lo he dicho.

1. Déme su carnet de identidad.
2. Llene Ud. el formulario.
3. Escriba los nombres de sus dependientes.
4. Incluya los nombres de sus padres.
5. Mencione su dirección previa.
6. Ponga todos los papeles en un sobre.

C. ¿Qué había hecho Ud...? *Describa dos cosas que Ud. había hecho en los tiempos mencionados.*

1. antes de llegar a clase ayer
2. a los quince años
3. antes de asistir a su primera clase universitaria
4. antes de acostarse anoche

D. Nada cambia nunca. *Tomás le cuenta a Paco, su hermano mayor, sus problemas. Son los mismos que tenía Paco a su edad. Siga Ud. el modelo.*

> **MODELO**   *Tomás*   Papá quiere que yo lo ayude.
> *Paco*   Papá quería que yo lo ayudara también.

1. No hay nadie que me entienda.
2. Mamá insiste en que yo practique el piano todos los días.
3. No me gusta que las chicas no me inviten a salir.
4. Tengo miedo de que no haya trabajo para mí.
5. Nuestro entrenador prohibe que salgamos de noche.
6. Mis maestros me aconsejan que yo vaya a Europa para estudiar.

Ahora, ¿cuáles son los problemas de Ud. y qué le contesta su hermano(a) mayor?

7. No me gusta que...
8. Mamá siempre pide que yo...
9. Mis profesores me mandan que...
10. No hay nadie que...
11. Tengo miedo de que...
12. Papá prohibe que yo...

E. ¿Sabe los tiempos verbales? *Escoja Ud. el verbo que completa las siguientes frases.*

1. No había nadie que... por sus derechos.
   a. luche   **b.** hubiera luchado   **c.** haya luchado
2. Yo le pediré a mi hermana que me... con estos documentos.
   a. ayudara   **b.** ayude   **c.** ayuda
3. Fue una lástima que Raúl no... conseguir una visa.
   a. haya podido   **b.** pudiera   **c.** pueda
4. Papá me ha aconsejado que... un trabajo que... más.
   a. busque... paga   **b.** buscara... pagara   **c.** busque... pague

5. Espero que los patrones no... a los trabajadores.

    a. hayan maltratado   **b.** han maltratado   **c.** hubieron maltratado

6. Tememos que el Servicio de Inmigración...

    a. prohiba que entre Paco.   **b.** prohibirá que entre Paco.

    c. prohibiría que entrara Paco.

7. Todos saben que... de que el pasaporte... esta mañana.

    a. me alegro... llegó   **b.** me alegre... ha llegado

    c. me alegro... haya llegado

8. ¿Le gustaría que... más gente en su ciudad que... español?

    a. haya... hable   **b.** había... hablara   **c.** hubiera... hablara

9. El policía hizo que... todos los inmigrantes ilegales.

    a. salir   **b.** salieron   **c.** salieran

10. No creo que... tantos mexicanoamericanos en Nueva York.

    a. hubiera   **b.** hay   **c.** haya

***F. El sueño real.** Lea Ud. el siguiente artículo sobre la hija de trabajadores migrantes que ha tenido mucho éxito. Luego, haga la actividad.*

Lupe con su hermano

Un sueño real

Hija de trabajadores migrantes y procedente de Chihuahua, México, **María Guadalupe Vásquez,** conocida como Lupe, con 18 años ha aprobado su segundo año de ingeniería en la destacada Universidad de Stanford. A pesar de haber vivido dos años en un albergue para desamparados, al perder su padrastro el trabajo, Lupe consiguió graduarse de bachiller con un segundo puesto. Ahora aspira a ser una investigadora científica. Su historia ha atraído a la prensa y a productores de cine. En febrero, Lupe recibió el premio Espíritu Público 1990, otorgado por la Legión Americana Auxiliar a personas que tipifican el espíritu de este país. ●

albergue:
shelter

otorgado:
given

Todas las frases son falsas. Basándose en la lectura, corríjalas.

1. Lupe es hija única.

2. Sus padres trabajan en un restaurante mexicano.

3. Nació en el sur de California.

4. No pudo graduarse de la escuela secundaria.

5. Lupe estudia para abogada en la Universidad de Harvard.

6. Recibió el Premio Nobel de la literatura.

7. Pasó dos años viviendo en un hotel de lujo.

G. *Composición.*

1. ¿Recuerda Ud. una vez en el colegio o en la escuela primaria cuando Ud. sintió el prejuicio de otras personas? ¿Cómo reaccionó? ¿Le influyó de alguna manera más tarde en su vida? ¿Cómo?

2. ¿Cuáles son los prejuicios más comunes y cuáles son algunas de las posibles causas?

3. ¿Hay más o hay menos prejuicios hoy día que en el pasado?

H. *Minidrama.* *En grupos, Ud. es un padre (una madre) mexicano(a) y los otros estudiantes son sus hijos. Explíqueles a sus hijos por qué salió de México para venir a los EE.UU. Explíqueles las esperanzas, las dudas, las desilusiones y los éxitos que experimentó y contésteles sus preguntas.*

De donde crece la palma

Vocabulario inicial

adaptarse *to adapt*
bilingüe *bilingual*
el bilingüismo *bilingualism*
el coco *coconut*
el (la) desterrado(a) *exiled person*
el destierro *exile*
establecerse *to establish oneself*

hispanoparlante (hispano-
hablante) *Spanish-speaking*
la palma (la palmera) *palm tree*
la patria *native country*
la piña *pineapple*
el plátano *plantain*
el puro *cigar*
el tabaco *tobacco*

Para comenzar...

1. Con la ayuda del vocabulario inicial, describa lo que pasa en este dibujo.
2. ¿Hay una comunidad cubana en su ciudad? Descríbala. ¿Es grande o pequeña? ¿Ha visitado Ud. alguna vez la «Pequeña Habana» en Miami? ¿Cómo es? ¿Cuáles son algunas de las contribuciones que han hecho los cubanos a la cultura norteamericana?
3. ¿Ha probado Ud. alguna vez la comida cubana? ¿En qué consiste? ¿Cuáles son algunos productos que Ud. asocia con Cuba?
4. ¿Quiénes son algunos famosos cubanos o cubanoamericanos? ¿Por qué son conocidos?

De donde crece la palma

Aquí hablan los cubanoamericanos. Los siguientes entrevistados dicen lo que ellos quieren que se sepa sobre la Cuba de entonces y la de ahora.

JOSÉ Cuba es una isla semitropical con una población de unos 9,5 millones de habitantes. Poco después de llegar Colón, la población indígena (taína y ciboneya) fue desapareciendo por el maltrato, el abuso y la explotación de parte de los colonizadores. Por eso no se ve una marcada influencia india. Es más bien una combinación del africano, traído a la isla como esclavo en el siglo XVI, y el español.

RAÚL José Martí es nuestro héroe nacional, por haber luchado tan valientemente contra los españoles por la independencia y la dignidad de Cuba.

ANA En 1898, como resultado de la explosión del buque° norteamericano *Maine* en Cuba, se inició la Guerra Hispanoamericana entre España y los EE.UU. y Cuba pasó a manos norteamericanas. Poco más tarde, consiguió la autonomía. En 1952, Fulgencio Batista dio un golpe de estado y se proclamó dictador. Destruyó nuestro gobierno constitucional y lo reemplazó con uno de censura, represión y corrupción.

ship

RAÚL En 1953, un joven abogado cubano, Fidel Castro Ruiz, organizó un ataque contra el régimen de Batista pero su misión fracasó. Sin embargo, había plantado las primeras semillas de revolución en la conciencia del pueblo. En 1958, a pesar de la represión política, Cuba era económicamente fuerte — siendo el segundo país más desarrollado de Latinoamérica, después de Argentina. En

1959 triunfó Fidel y había esperanzas para una Cuba nueva y libre. Es interesante que en ese mismo año Fidel se proclamara anticomunista. Un año más tarde empieza a establecer fuertes lazos con la Unión Soviética. Al año siguiente los EE.UU. rompe relaciones con Cuba.

TOMÁS   El lema del régimen de Fidel es «Dentro de la revolución todo, fuera de la revolución nada». Eso significa para nosotros que todo tiene límites y que el punto final de ellos es Fidel.

CARMEN   Lo bueno para muchos cubanos es que casi no hay analfabetismo en la isla. El cine, los deportes y el teatro están al alcance de todos, al igual que el cuidado médico.

RAÚL   Sí, han mejorado la educación y la salud pública, pero no hay que idealizar sobre eso. No hay profesores que puedan contradecir la política del gobierno — o que tengan acceso a libros que se publican en el extranjero. Sólo hay un periódico importante y está controlado por el gobierno.

ANA   Hay escasez de todo. Hay muy pocos automóviles y los que hay son de los años cuarenta o cincuenta. Usan el sistema de racionamiento. Cada familia recibe cupones que les permite comprar cada quince días tres latas° de leche   *cans*
condensada, un pollo, unas onzas de café, etcétera. Y no más. Es común que se agote el producto antes de poder comprarlo. Pueden comprar dos pares de pantalones al año y un par de zapatos.

JOSÉ   Los soviéticos les daban a Fidel más de 11 millones de dólares al día. Eran ellos que tomaban todas las decisiones. Ahora con los cambios políticos y la disolución de la Unión Soviética, ¿quién sabe qué va a pasar?

ANA   Para mí, Fidel significa separación de familia.

JOSÉ   Nosotros, los cubanoamericanos, primera generación de americanos, estamos muy al tanto de la situación política en Cuba. No hemos olvidado lo que les ha pasado a nuestros padres. Yo sé la razón por la cual estamos aquí; es por razones políticas. No vinimos aquí para aprovecharnos de las oportunidades de los EE.UU. sino por necesidad política.

Conversemos

Refiriéndose a la lectura anterior, conteste Ud. las preguntas.

1. Además del español, ¿cuál es el elemento cultural más notable en Cuba? ¿Por qué? Explique por qué la influencia indígena no es fuerte en la isla. ¿Quién fue José Martí? En tres frases, explique Ud. cómo Fidel Castro llegó a ser dictador de Cuba. En tres frases, describa la situación política y económica de Cuba. Use sus propias palabras.
2. ¿Hay mucha gente de ascendencia cubana en su universidad? ¿Qué sabe Ud. de sus intereses y de sus problemas?
3. ¿Ha estado Ud. alguna vez en un país comunista o de ideologías diferentes a las de los EE.UU.? Sino, ¿le gustaría ir? ¿Por qué? ¿Cómo sería? ¿Cuáles son las ventajas de un gobierno comunista? ¿Cuáles son las desventajas? ¿Cómo han cambiado algunos países comunistas en los últimos años?
4. ¿Vivimos en un país verdaderamente democrático? Explique. ¿Qué es lo que le gustaría cambiar de nuestro sistema? ¿Por qué?

Vocabulario

SUSTANTIVOS

el analfabetismo *illiteracy*
el beneficio *benefit*
la burguesía *bourgeoisie*
la clase alta (media, baja) *the upper (middle, lower) class*
el comunismo *communism*
el (la) comunista *Communist*
el crisol *melting pot*
la democracia *democracy*
el (la) demócrata *democrat*
la (des)igualdad *(in)equality*
el (la) dictador(a) *dictator*
la dictadura *dictatorship*
la escasez *scarcity*
la explotación *exploitation*

el (la) gobernador(a) *governor*
el gobierno *government*
el lema *slogan*
el levantamiento *uprising*
el maltrato (el abuso) *mistreatment*
el (la) monarca *monarch*
el partido político *political party*
el proletariado *proletariat*
la revolución *revolution*
el (la) revolucionario(a) *revolutionary*
la revuelta *revolt*
la semilla *seed*
el socialismo *socialism*
la tiranía *tyranny*
el voto *vote*

VERBOS

agotarse *to be used up*
beneficiar *to benefit*
contradecir (i) *to contradict*
fracasar *to fail*
gobernar (ie) *to govern*
huir *to flee*
incorporarse *to incorporate*
reemplazar *to replace*
votar *to vote*

ADJETIVOS

conservador *conservative*
democrático *democratic*

(des)igual *(un)equal*
liberal *liberal*
tiránico *tyrannical, despotic*

EXPRESIONES

las cosas van de mal en peor *things are going from bad to worse*
en busca de *in search of*
estar al alcance *to be within reach*
estar al tanto *to be up-to-date*

Repasemos el vocabulario

REFIÉRASE A LA LISTA DE VOCABULARIO Y AL VOCABULARIO INICIAL.

A. *¿Cuál no pertenece?* *Subraye Ud. la palabra que no está relacionada con las otras y explique por qué.*

1. beneficio	democracia	comunismo	socialismo
2. revolución	levantamiento	revolucionario	revuelta
3. burguesía	proletariado	clase alta	lema
4. crisol	gobernador	dictador	monarca
5. piña	plátano	patria	coco

B. *Formando palabras.* *Dé Ud. un sustantivo que corresponda a los verbos siguientes. Escoja cinco sustantivos y escriba una frase original.*

> **MODELO**   contradecir →
> contradicción

1. desterrar   **5.** votar
2. gobernar   **6.** revolucionar
3. maltratar   **7.** levantar
4. tiranizar   **8.** beneficiar

C. La Pequeña Habana... la nostalgia de Cuba en Miami. *Complete Ud. los párrafos con la palabra apropiada. Use la forma apropiada de los verbos.*

establecerse   coco   palmeras   en busca de   desterrados   piña
plátanos   patria   bilingües   puros   huir

En 1959, miles de cubanos, _____ asilo político, _____ de su _____ y _____ en Miami, Florida. El núcleo de estos cubanos _____ se encuentra en unas treinta manzanas de la Calle Ocho, la zona que se llama la Pequeña Habana.

La Pequeña Habana tiene restaurantes criollos, librerías _____, cines latinos, fábricas de _____ al estilo cubano, el Museo Cubano y clubes nocturnos donde tocan lo mejor de la música caribeña. Allí es posible sentarse en la Plaza del Dominó y ver a los hombres jugar al dominó o al ajedrez mientras charlan y toman una tacita de café cubano. Hay que probar un helado de _____, un jugo de _____ fresca y un plato de frijoles negros con _____ fritos... y todo debajo de las _____ que mecen en la brisa tropical. A los cubanos la Pequeña Habana les trae la nostalgia de su pasado. A nosotros, una experiencia inolvidable.

D. Políticos. *Dé Ud. un ejemplo de un(a).... famoso(a). Luego, haga un comentario sobre cada uno.*

1. dictador(a)   **4.** demócrata
2. revolucionario(a)   **5.** comunista
3. monarca   **6.** gobernador(a)

E. Sistemas políticos. *¿Qué cosas asocia Ud. con las siguientes formas de gobierno? Puede incluir países, personas, cosas, etcétera.*

1. una dictadura   **3.** un gobierno comunista
2. una democracia   **4.** un gobierno fascista

F. El golpe de estado. *Ha habido un golpe de estado en el país de Neolandia.[1] En grupos, describan el tipo de gobierno que existía antes y el que va a reemplazarlo. ¿Por qué ocurrió el golpe? Describan la vida y las condiciones de los neolandeses.*

---

[1] *a fictitious country*

Gramática

VERBS WITH PREPOSITIONS (Verbos con preposiciones)

In English some verbs require prepositions that in Spanish are not needed. For example: **buscar** means _to look **for**_, **pedir** means _to ask **for**_, and **escuchar** means _to listen **to**_. Similarly, in Spanish some verbs require prepositions while their English counterparts do not, or they require prepositions different from those in English. There are no specific rules that indicate which prepositions are used.

A _before an infinitive_

acostumbrarse a	dedicarse a
aprender a	empezar a
atreverse a	enseñar a
ayudar a	invitar a
comenzar a	(o)ponerse a
decidirse a	prepararse a

A _before an object_

acercarse a	dirigirse a
acostumbrarse a	oler a
asistir a	oponerse a

CON _before an infinitive_

contar con	soñar con

CON _before an object_

acabar con	encontrarse con
casarse con	quedarse con
contar con	soñar con
cumplir con	tropezar con
dar con	

DE _before an infinitive_

acordarse de	olvidarse de
alegrarse de	preocuparse de
cesar de	quejarse de
dejar de	tratar de

DE _before an object_

acordarse de	equivocarse de
aprovecharse de	gozar de
burlarse de	mudar(se) de
darse cuenta de	olvidarse de
depender de	reírse de
despedirse de	salir de

EN _before an infinitive_

consentir en	insistir en
consistir en	tardar en

EN _before an object_

confiar en	fijarse en
convertirse en	influir en
entrar en	

Siempre soñé con volver a Cuba.	_I've always dreamed of returning to Cuba._
Todo depende de la situación política.	_Everything depends on the political situation._

Práctica

A. Verbos y preposiciones. *Termine Ud. las frases a la izquierda con las respuestas que mejor correspondan.*

1. Mi papá asistió a
2. El sociólogo se dedica a
3. En Miami aprendimos a
4. Los indios contribuyeron mucho a
5. Miles de cubanos se decidieron a
6. ¡Qué rico! La torta huele a
7. No es fácil acostumbrarse a

a. preparar platos caribeños.
b. abandonar la isla.
c. piña y coco.
d. la Universidad Interamericana.
e. la vida norteamericana.
f. estudiar el problema del analfabetismo.
g. las tradiciones del Caribe.

Siga el ejercicio.

1. Acabamos de
2. Mamá depende de
3. Acuérdate de
4. Todavía no he dejado de
5. Nunca me olvidaré de
6. El abuelo siempre se queja de
7. Mañana nos mudamos de

a. los héroes de la revolución.
b. extrañar la vida isleña.
c. los sueldos de sus hijos.
d. Miami a Tampa.
e. la música que escucho.
f. mi primer viaje a Santo Domingo.
g. comer. No quiero helado, gracias.

B. ¿Qué nos cuenta? *Termine Ud. las frases de una forma original.*

1. Ha sido muy difícil acostumbrarme...
2. En la clase de español comenzamos...
3. Muchas personas no se dan cuenta...
4. Mis padres insisten...
5. De niño(a) yo siempre soñaba...
6. Mis amigos se quejan mucho...
7. Siempre puedo contar...
8. Yo nunca me atrevería...

MORE PREPOSITIONS *(Más preposiciones)*

Some common prepositions are:

a — *to*
acerca de — *about*
al lado de — *alongside of*
alrededor de — *around*
antes de — *before*
arriba de — *above*
bajo — *under*
cerca de — *near*
con — *with*
de — *of, from*

en lugar de — *in place of*
entre — *between, among*
en vez de — *instead of*
excepto — *except*
frente a — *in front of, opposite*
fuera de — *outside of*
hacia — *toward*
incluso — *including*
junto a — *next to*
lejos de — *far from*

debajo de — *beneath*
delante de — *in front of*
dentro de — *within, inside of*
después de — *after*
en — *in, on, into*
encima de — *on top of*

menos — *except*
para — *for*
por — *for, by*
salvo — *except*
según — *according to*
sin — *without*
sobre — *on, about, on top of*

PRONOUNS AS OBJECTS OF PREPOSITIONS

(Los pronombres usados como objeto de la preposición)

FORM[2]

mí	**nosotros(as)**
ti	**vosotros(as)**
él, ella, Ud. (sí mismo[a])	**ellos, ellas, Uds. (sí mismos[as])**

USE

1. These pronouns are used after most prepositions and are often used to clarify the third person object pronouns (**le, les**) and the possessive adjectives and pronouns (**su, suyo,** and their other forms) when they are ambiguous. They may also be used to place emphasis on something or someone.

Les doy la carta a ellos.	*I give them the letter.*
Es su casa. Es la casa de Ud.	*It's your house.*
Es suya. Es de Ud.	*It's yours.*
A mí me gusta viajar.	*I like to travel.*

2. The subject pronouns **yo** and **tú** are used instead of **mí** and **ti** after **entre, excepto, incluso, menos, salvo,** and **según**.

Entre tú y yo, no me gusta lo que dijo.	*Between you and me, I don't like what he said.*
Todos van al baile, menos yo.	*Everyone's going to the dance, except me.*

3. The forms **conmigo** and **contigo** are used to express **con** + **mí** and **con** + **ti**.

Iré contigo con tal que invites a Juan también.	*I'll go with you provided that you invite Juan also.*

---

[2] Note that prepositional pronouns are identical to subject pronouns except for the first and second person singular (**mí, ti**).

4. Prepositional pronouns can also be used reflexively by adding **mismo(a, os, as)** after them. **Mismo** agrees in number and gender with the subject. The third persons singular and plural use **sí**. The form **consigo** is used to express **con + sí**.

¿Lo haces para ella? No, ella lo hace para sí misma.   *Are you making it for her? No, she's making it for herself.*

Práctica

A. ¿Dónde están? *Describa Ud. la posición relativa de cada niño.*

   MODELO   Dos niñas están fuera de la casa.

B. Hechos cubanos. *Llene Ud. cada espacio con un pronombre apropiado.*

1. Según *(her)* _____, había dos oleadas de refugiados cubanos.
2. Para *(them)* _____ es más fácil hablar español que inglés.
3. Todos lo pasaron de maravilla en Miami, incluso *(me)* _____.
4. Los Ramírez llegaron a los EE.UU. antes de *(you,* fam.*)* _____ pero después de *(me)* _____.
5. Anoche él le contó a *(him)* _____ la historia de la salida de *(you,* pl.*)* _____ de Cuba.

C. ¿Para mí? *Conteste Ud. las preguntas siguientes según el modelo.*

> **MODELO**   ¿Son las piñas para mí? (Luisa)
> No son para ti. Son para ella.

1. ¿Baila Ud. conmigo? (Guillermo)
2. ¿Viven sus padres lejos de Uds.? (el tío Pepe)
3. ¿Se ha ido el avión sin ti? (Alberto y Carmen)
4. ¿Habla la gente en contra del gobernador? (los congresistas)
5. ¿Llegó Ud. después de nosotros? (Juana)

D. Ensimismado (conceited). *Conteste Ud. las preguntas según el modelo.*

> **MODELO**   ¿De quién habla Paco?
> Habla de sí mismo.

1. ¿Para quién hacen Uds. la torta?
2. ¿A quién ves tú en el espejo?
3. ¿Para quién compra Mari Luz el suéter?
4. ¿A quién se refiere Jorge?
5. ¿Con quién estás enojado?
6. ¿De quién hablan Uds.?

E. Secretos. *Termine Ud. cada frase de una forma original.*

1. Según mi psiquiatra...
2. Entre tú y yo...
3. Cuando estoy solo(a), a mí me gusta...
4. Debajo de mi cama hay...
5. Antes de cada clase nosotros...
6. Al lado de su casa vive...
7. La esposa de Miguel...
8. Yo como toda clase de comida, menos...

Así se dice

¡NO TENGO LA MENOR IDEA!

1. Sometimes, even the most informed have no answer to a question. Still, there is no need to remain speechless; you could fill in the gap with one of the following:

No lo sé.	*I don't know.*
No tengo la menor idea.	*I don't have the slightest idea.*
¿Quién sabe?	
¿Qué sé yo?	*Who knows?*
¡Vaya usted a saber!	
No se me ocurre nada.	*I can't think of anything.*
Me doy por vencido(a). Dame una pista.	*I give up. Give me a hint.*

2. At other times, if you are in doubt or not sure of your answer, you might say:

No estoy seguro(a).	*I'm not sure.*
Según parece... (Por lo visto...)	*Apparently . . .*
Lo dudo mucho.	*I doubt it very much.*
Que yo sepa...	*As far as I know . . .*
Si mal no recuerdo...	*If I remember correctly . . .*

3. But if you have no doubts at all, you could respond:

(No) te (le) conviene.	*It's (not) right for you.*
(No) te (se) lo aconsejo.	*I would (not) advise it.*
Yo en tu (su) lugar...	*If I were you . . .*
A mi parecer (modo de ver, entender)...	*As I see it . . .*
Estoy completamente en contra.	*I'm totally against it.*
Está(s) equivocado(a).	*You're wrong.*
¡No se (te) lo crea(s)!	*Don't you believe it!*

4. Of course, nobody's perfect. If you find yourself in an embarrassing situation or you have just made a naive comment, you could remedy the situation by saying:

Por otra parte (otro lado)...	*On the other hand . . .*
Me equivoqué.	*I'm wrong.*
Te (Le) doy toda la razón.	*You're absolutely right.*
¡Haberlo dicho antes!	*Why didn't you say so?*
Cambié de parecer (de idea).	*I've changed my mind.*
¡Metí la pata!	*I put my foot in my mouth!*

Práctica

A. Dé Ud. una respuesta a las siguientes preguntas.

1. ¿Cuál es la ciudad capital más alta del mundo?
2. ¿Qué libro me recomiendas para llevar a la playa?
3. ¿Qué explorador europeo descubrió el Océano Pacífico?
4. ¿Qué te parece mi idea de hacer un viaje a la Antártica?
5. ¿Qué color de suéter debo llevar con los pantalones verdes?
6. ¿Crees que el Brasil sea más grande que los Estados Unidos?
7. Pienso dejar mis estudios para casarme. ¿Qué te parece?
8. ¿Es el tomate un vegetal o una fruta?

Ahora, siga Ud. con otros ejemplos.

B. *Haga Ud. preguntas o déle recomendaciones a un(a) compañero(a) que se encuentra en una de las siguientes situaciones.*

1. Acaba de graduarse y todavía no tiene empleo.
2. Es el primero del mes y no tiene dinero para pagar el alquiler.
3. Tuvo un accidente con el carro prestado de un amigo.

Y en resumen...

A. Colón. *Llene Ud. el espacio con **a, bajo, de, en, entre** o **hasta**.*

Cuando Cristóbal Colón llegó _____ Cuba _____ su primer viaje _____ las Américas, no pudo creer la hermosura _____ esa isla tropical. Había flores, montañas y ríos por todas partes. Aunque había muchas guerras _____ las diferentes tribus _____ indios caribeños, las _____ Cuba gozaban _____ una vida llena _____ paz y tranquilidad.

La isla estuvo _____ el dominio de España desde el siglo XV _____ el año 1898, cuando los cubanos ganaron su independencia. _____ aquel tiempo, la vida económica _____ la isla dependía _____ la producción de azúcar y tabaco. El gobierno cubano _____ Batista desde 1952 _____ 1959 fue una dictadura. _____ 1959 Fidel Castro Ruz se hizo presidente por vida y estableció un gobierno comunista que sigue _____ hoy día.

B. Más preposiciones. *Termine Ud. las frases a la izquierda con las respuestas que mejor correspondan.*

1. Julio es moreno
2. La blusa es
3. Por favor, siéntese
4. Nunca quería ir
5. La fiesta de Cristina es
6. Ella quiere mandarle una tarjeta
7. Vengan, la comida ya está
8. Él me ha enseñado

a. de seda.
b. al Sahara.
c. a su novio.
d. en la mesa.
e. en su propia casa.
f. de ojos azules.
g. a hablar español.
h. a la mesa.

C. ¿Dónde? *Indique Ud. un lugar lógico para las siguientes cosas. Escriba Ud. una frase negativa y una positiva, incorporando una preposición distinta para cada frase, según el modelo.*

> **MODELO**   Dejar el dinero
> Deja el dinero en tu bolsillo.
> No lo dejes debajo de tu almohada.

1. Dejar las llaves
2. Colgar el cuadro
3. Poner la ropa
4. Colocar el cuchillo
5. Meter los recibos
6. Guardar las joyas

D. Abogados de inmigración. *Lea Ud. la tarjeta y conteste las preguntas.*

ABOGADOS DE INMIGRACIÓN

MAGGIO & KATTAR

HABLAMOS ESPANOL
AL SERVICIO DE LA COMUNIDAD

- RESIDENCIA PERMANENTE
- ASILO POLÍTICO
- APELACIONES
- CARTAS DE TRABAJO
- DEFENSA CONTRA DEPORTACIONES

1. ¿Qué servicios le ofrecen estos abogados a la comunidad hispana? ¿Quiénes tendrían necesidad de sus servicios?
2. ¿Por qué busca una persona una residencia permanente? ¿asilo político?
3. ¿Cree Ud. que debe haber un límite en cuanto a la cantidad de personas que pueden inmigrar a los EE.UU. todos los años? ¿Cuál debe ser? ¿Por qué? ¿Quién debe tener preferencia para inmigrar? ¿Cuáles deben ser los criterios en orden de importancia? ¿Por qué?

E. Debate. *En grupos, debatan la cuestión de la inmigración y los efectos positivos y negativos.*

Isla del encanto

Vocabulario inicial

la actitud *attitude*
la canoa *canoe*
el (la) conquistador(a) *conqueror*
  conquistar *to conquer*
  esclavizar *to enslave*
el (la) esclavo(a) *slave*
el (la) indígena *native*
el (la) indio(a) *indian*

la isla *island*
el (la) isleño(a) *islander*
  maltratar (abusar) *to mistreat, abuse*
la población *population*
el (la) taíno(a) *Indian native to Puerto Rico*
  la tribu *tribe*

Para comenzar...

1. Con la ayuda del vocabulario inicial, describa el dibujo.
2. ¿Es verdad que Colón «descubrió» América? Explique.
3. ¿Cuáles son algunas tribus de indios norteamericanos? ¿Dónde se encuentra la mayoría de los indígenas en este país? ¿Qué tribus vivían en su región antes de la colonización? ¿Cuáles son algunas de las contribuciones que han hecho los indios a la cultura norteamericana?
4. Cuando Ud. era niño(a), ¿miraba los programas de vaqueros en la televisión? Describa la relación entre los vaqueros y los indios. ¿Ha cambiado la imagen del indio? ¿Cómo?

Isla del encanto

Los siguientes puertorriqueños hablan de su querida isla y de su pueblo.

SUSANA   Somos ciudadanos estadounidenses y lo hemos sido desde 1917 por medio del acta Jones. Lo triste es que nadie lo sabe. Creen que somos extranjeros. A pesar de nuestra ciudadanía, los que vivimos en la isla no podemos votar en las elecciones presidenciales, pero sí somos elegibles para la conscripción.° Puerto Rico llegó a ser parte de los EE.UU. no por elección sino por ser despojo° de la Guerra Hispanoamericana en 1898.

draft
spoils

PABLO   Somos una mezcla de tres ricas culturas: la taína, la africana y la española. De los taínos hemos recibido la palabra «boricua», que significa puertorriqueño, porque ellos llamaban la isla Borikén. También nos han dejado instrumentos musicales, nombres de muchos pueblos y palabras como «tabaco», «batey»° y «hamaca». Los africanos aportaron también instrumentos musicales, así como ritmos que se oyen en la música y en la poesía, y su religión influyó en el catolicismo de la isla. El elemento español es el dominante porque los españoles trajeron la religión católica, el idioma y contribuyeron con sus instrumentos (como la guitarra y nuestra versión, «el cuatro») a la creación de una nueva música.

yard

LILIÁN   Somos una cultura diversa, sobre todo en cuanto al aspecto físico. Mamá tiene el pelo moreno con la piel oscura y los ojos oscuros. Mi papá tiene la piel blanca, los ojos verdes y el pelo claro. Yo, la piel de india, oscura, pecas, los ojos oscuros (casi negros), achinados° y el pelo rojo. Por eso nos llaman el pueblo arco iris.°

slanted
rainbow

DALIA   En 1952, entramos en una relación única con los EE.UU. — ELA, o Estado Libre Asociado. Lo irónico es que no somos estado, ni somos libres, pero sí estamos asociados con los EE.UU. de una forma ambigua, lo cual nos hace sentir una esquizofrenia política y cultural. Por eso, hay tres opciones para nosotros: u optamos por la estadidad, o nos independizamos, o seguimos así, en este limbo político. Muchos venimos a vivir en el continente porque la tasa° de desempleo en la isla es del 29 por ciento. Venimos a buscar empleo y sólo encontramos la desilusión, los prejuicios y el maltrato — o con suerte, algún empleo de lavaplatos o friegasuelos.

rate

PABLO   Puerto Rico tiene el nivel de vida más alto de todos los países latinoamericanos, pero también tiene el costo de vida más alto de los EE.UU. (5 por ciento más alto que Boston) y el promedio de salarios más bajo. También es una de las islas más sobrepobladas del mundo, con novecientas personas por milla cuadrada.

LILIÁN   Aunque muchos tienen miedo de que la estadidad les vaya a quitar la cultura y el idioma, yo creo que las dos cosas, lo puertorriqueño y lo americano, se pueden integrar en una.

Conversemos

Refiriéndose a la lectura anterior, conteste Ud. las preguntas.

1. En sus propias palabras, explique Ud. la «esquizofrenia» política y cultural que sienten muchos puertorriqueños. ¿Cuáles son los elementos étnicos que forman la cultura puertorriqueña? ¿Qué influencia tiene cada uno en la cultura? ¿Por qué comparan a la gente puertorriqueña a un arco iris?
2. ¿Ha ido Ud. alguna vez a Puerto Rico? ¿a alguna isla caribeña? ¿Cuál? ¿Es diferente la vida de los isleños? Explique.
3. ¿Qué sabe Ud. acerca de la situación política de Puerto Rico? ¿Qué relación tiene con los Estados Unidos?
4. ¿Le gustaría a Ud. que Puerto Rico se hiciera estado? ¿Cuáles son las ventajas para los EE.UU. de tener un estado hispano?
5. ¿Cuáles son otros lugares donde dos culturas se han integrado en una? ¿Es una más importante que la otra? Explique.
6. ¿Cuáles son algunos de los problemas que enfrentan el puertorriqueño que vive en el continente? ¿Cuáles son algunos de los pasos que se pueden tomar para mejorar esta situación?

Vocabulario

SUSTANTIVOS

la ambigüedad *ambiguity*
la autonomía *autonomy*
el bienestar (social) *well-being (welfare)*
el bongó *bongo drum*
el (la) boricua *person from the island of Borinquen (Puerto Rican)*
la ciudadanía *citizenship*
el (la) ciudadano(a) *citizen*
la confusión *confusion*
la conga *conga drum*
el costo de vida *cost of living*
el cuatro *twelve-stringed guitar*
la estadidad *statehood*
las estadísticas *statistics*
la hamaca *hammock*
los impuestos *taxes*
el nivel de vida *standard of living*
la peca *freckle*
la pérdida *loss*
el promedio *average*
el seguro social *Social Security*

VERBOS

combinar *to combine, blend*
diferenciar *to differentiate*
enriquecer *to enrich*
fomentar *to encourage*
integrarse *to integrate oneself*
rechazar *to reject*
tender (ie) *to tend*

ADJETIVOS

ambiguo *ambiguous*
borinqueño *Puerto Rican*
étnico *ethnic*
moreno *dark (hair, skin, etc.)*
pelirrojo *redhead*
sobrepoblado *overpopulated*
variado *varied*

EXPRESIONES

al margen de *on the border of*
por medio de *by means of*

Repasemos el vocabulario

A. ¿Cuál no pertenece? *Subraye Ud. la palabra que no está relacionada con las otras y explique por qué.*

1. taíno   ciudadano   indígena   indio
2. conquistar   esclavizar   fomentar   maltratar
3. conquistador puertorriqueño estadounidense boricua
4. ambigüedad   esquizofrenia   autonomía   confusión
5. bongó   hamaca   cuatro   conga

B. Formando palabras. *Dé Ud. un sustantivo que corresponda a los siguientes verbos.*

MODELO   combinar →
          combinación

1. costar   5. esclavizar
2. perder   6. abusar
3. diferenciar 7. imponer
4. conquistar   8. poblar

C. ¿Sabía Ud. que...? *Complete Ud. las frases con la palabra apropiada. Use la forma correcta de los verbos.*

conga   aportar   isla   tribus   esclavos   taínos
población   conquistadores   bongó   enriquecer   indios

1. Varias _____ indígenas poblaban Puerto Rico antes de la llegada de Colón.
2. A la llegada de los _____ españoles, la cultura puertorriqueña se caracterizaba por sus conocimientos agrícolas.
3. Los _____ que habitaban Puerto Rico eran apacibles. Se llamaban los _____.
4. Ponce de León fue el primer gobernador de la _____.
5. Las lenguas indígenas _____ el idioma castellano con palabras relacionadas a la flora y la fauna.
6. El elemento africano _____ a la cultura puertorriqueña la superstición religiosa, el vigor físico e instrumentos musicales como el _____ y la _____.
7. En 1873 el gobierno de Puerto Rico liberó a todos los _____.
8. Actualmente Puerto Rico tiene una _____ de unos 3.6 millones de habitantes.

D. Sinónimos. *Dé Ud. el sinónimo de las siguientes palabras subrayadas. Luego, conteste las preguntas.*

1. Muchos puertorriqueños han mezclado sus tradiciones con las costumbres de aquí.
   ¿Qué costumbres de otras culturas ha adoptado Ud. de alguna forma?
2. A algunos puertorriqueños les molesta mucho que tengan un status político incierto.
   ¿Cómo se sentiría Ud. si se encontrara en esta situación? Explique.
3. A muchos boricuas les gustaría volver permanentemente a la isla.
   Una vez establecidos aquí, resulta imposible para muchos boricuas volver a la isla. ¿Por qué será?
4. Los habitantes de Puerto Rico participan en algunos aspectos de la vida de los EE.UU.
   ¿Qué aspectos de la vida de este país comparten los puertorriqueños que viven en la isla?
5. Conozco a varios puertorriqueños que preferirían la libertad completa que la situación política actual.
   ¿Cuál es la situación política actual de los puertorriqueños con relación a los EE.UU.?
6. Es importante que distingamos entre los varios grupos hispanos que habitan este país.
   ¿Cuáles son los tres grupos principales de hispanos que viven en los EE.UU.? Para cada grupo, cite Ud. dos cosas que los distinguen de los otros grupos.
7. No entiendo por qué algunas personas de este país resisten la oportunidad de conocer y compartir la cultura hispana.
   ¿Qué pasos puede tomar Ud. para aprender a apreciar la presencia hispánica en los EE.UU.?

E. Palabras de origen indio. *¿Para qué sirve(n)... ?*

1. una hamaca   **3.** unas maracas   **5.** una barbacoa
2. una canoa   **4.** el tabaco

F. ¿Sabe Ud. la diferencia? *¿A qué pueblo se refieren las siguientes frases a los mexicanoamericanos, a los cubanoamericanos o a los puertorriqueños? Amplíe Ud. su respuesta.*

> **MODELO**   La gran mayoría vive en Tejas y California.
>   Se refiere a los mexicanoamericanos. Muchos también viven en los estados de Arizona, Colorado y Nuevo México.

1. Hace 40 años entraron en una relación política muy única con los EE.UU.
2. Su patria de origen sigue bajo el control del comunismo.
3. Cruzan la frontera en busca de una vida económica mejor.
4. Se han concentrado en la Florida.
5. Tienen que mudarse con frecuencia al terminar la cosecha.
6. A mediados del siglo XIX, su tierra de origen se incorporó a los EE.UU. como resultado de una guerra.
7. Su situación política es algo ambigua.
8. La primera oleada vino a este país hace treinta años.
9. La televisión los ha pintado como bandidos.

G. Problemas. *Lea Ud. el anuncio y conteste las preguntas.*

> # Su Seguro Social
>
> **PREGUNTA:** Si mi madre decide regresar a Puerto Rico permanentemente, ¿seguirá estando cubierta por Medicare?
>
> **RESPUESTA:** Sí. El Medicare generalmente no puede pagar por servicios médicos o de hospital que tienen lugar fuera de los Estados Unidos. Sin embargo, Puerto Rico, las Islas Vírgenes, Guam, Samoa Americana y las Islas Marianas del Norte se consideran parte de los Estados Unidos.

1. ¿De qué se preocupaba la hija? ¿Cómo se solucionó el problema?
2. ¿Qué problemas enfrentan muchos puertorriqueños que viven en el continente? ¿Cuáles son algunas posibles soluciones?

H. Los indios frente a los españoles. *Con un(a) compañero(a), preparen el primer diálogo entre Cristóbal Colón y el cacique (jefe) de los indios taínos que él «descubrió». ¿Qué les cuenta Colón después a sus compañeros? ¿y el cacique indígena a los suyos?*

Gramática

THE USE OF THE SUBJUNCTIVE IN ADVERBIAL CLAUSES
(El uso del subjuntivo en cláusulas adverbiales)

An adverbial clause is a clause that modifies a verb in the main clause. For example:

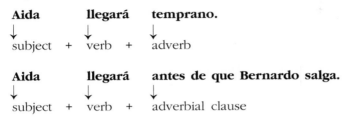

Aida   llegará   temprano.

subject + verb + adverb

Aida   llegará   antes de que Bernardo salga.

subject + verb + adverbial clause

The subjunctive is used in the subordinate adverbial clause when the following conditions are present.

1. after the following conjunctions:

a condición (de) que	*provided that*	antes (de) que	*before*
con tal que		de miedo (de) que	*for fear that*
a fin (de) que	*in order that*		
para que		en caso (de) que	*in case that*
a menos que	*unless*	sin que	*without*
a no ser que			

Iré a San Juan con tal que mi jefe
  me dé una semana de vacaciones.
Pablo salió temprano sin que nadie
  lo viera.

*I will go to San Juan provided that my
  boss gives me a week's vacation.*
*Pablo left early without anyone seeing
  him.*

2. with the following conjunctions when future time is implied (i.e., the action has not yet occurred). When a habitual action in the present or a completed action in the past is stated, the indicative is used.

así que		después (de) que	*after*
en cuanto		hasta que	*until*
luego que	*as soon as*	mientras (que)	*while*
tan pronto como		para cuando	*by the time that*
cuando	*when*	siempre que[1]	*whenever*

Cuando vengas, tráenos vino.
Cuando viniste, nos trajiste vino.
Cuando vienes, siempre nos traes
  vino.

When you come, bring us wine.
When you came, you brought us wine.
When you come, you always bring us wine.

---

[1] **Siempre que** can also mean *provided that*, in which case it always requires the subjunctive.

3. with the following conjunctions when doubt, uncertainty, purpose, or an objective is expressed. If certainty or result is expressed, the indicative is used.

a pesar (de) que	*in spite of*	de manera que	}	*so that, in a way that*
aun cuando	*even when*	de modo que		
aunque	*although*			

Aunque José esté (está) enfermo, él va a salir esta noche.	*Although José may be (is) sick, he is going to go out tonight.*
Lea el cuento de modo que esté preparada para la clase.	*Read the story so that you will be prepared for class.*
Leyó el cuento de modo que estaba preparada para la clase.	*You read the story so that you were ready for class.*

4. after expressions ending with **-quiera** and other similar indefinite expressions.

cual(es)quier(a)	*whichever, whatever*
cuandoquiera	*whenever*
dondequiera	*wherever*
quien(es)quiera	*whoever*
por + adj. o adv. + que	*no matter how, however*

Dondequiera que vayas, te seguiré.	*Wherever you (may) go, I will follow you.*
Por rico que sea el postre, no puedo comer más.	*As delicious as (However delicious) the dessert may be, I can't eat any more.*

5. If no subject is expressed in the subordinate clause, a preposition + infinitive is used.

Después de comer, lavaré los platos.	*After eating, I will wash the dishes.*
Después de que yo coma, mamá lavará los platos.	*After I eat, mom will wash the dishes.*

Práctica

A. Preparativos. *Lilián va a visitar a sus parientes en Nueva York. Es su primer viaje fuera de la isla. ¿Qué planes hace? Dé Ud. la forma correcta del verbo entre paréntesis.*

1. Haré reservaciones para (poder) _____ conseguir un buen asiento.

2. Hablaré por teléfono con mis primos con tal que (estar) _____ en casa cuando yo los (llamar) _____.

3. Sacaré todo mi dinero del banco sin que mis padres (saberlo) _____ para (comprarles) _____ muchos recuerdos.

4. Voy a llevar sofrito *(condiment)* y plátanos para que mis primos (probar) _____ la comida puertorriqueña.

5. Les escribiré a mis padres en cuanto yo (llegar) _____ para (decirles) _____ que llegué bien.

6. Me quedaré dos semanas a no ser que yo (gastar) _____ todo mi dinero antes.

7. Escribiré todas mis experiencias en un librito para no (olvidar) _____ mi viaje estupendo.

B. Hechos históricos sobre los taínos. *Cambie Ud. las siguientes frases al pasado.*

1. Cuando Colón llegue a Puerto Rico, hará buenas amistades con los taínos.
2. Mientras viva el cacique Agueybaná I, habrá paz en la isla.
3. Ponce de León se viste de armadura, de modo que los taínos crean que es un dios.
4. Los españoles hacen que los taínos trabajen duro aunque se enfermen.
5. Los taínos planean un levantamiento sin que los españoles lo sepan.
6. Los taínos van a escapar a las montañas antes que los españoles los maten a todos.

C. Padres e hijos. *Los padres de Luisito lo dejan solo en casa por un fin de semana. Complete Ud. la siguiente lista de instrucciones que ellos le dejan.*

1. Espera en casa de los Gómez hasta que...
2. Puedes ir a la fiesta esta noche con tal que...
3. Apaga la televisión antes que...
4. No abras la puerta a menos que...
5. Cámbiate la ropa en cuanto...
6. Ponte la chaqueta cuando...
7. Lleva el paraguas para que...
8. Cómete una manzana cuando...

THE USE OF THE SUBJUNCTIVE IN CONDITIONAL IF CLAUSES *(El uso del subjuntivo en las cláusulas condicionales con si)*

1. The present subjunctive is never used in a conditional clause.
2. The imperfect or past perfect subjunctive is used in a conditional clause to express a hypothetical condition or a statement that is contrary to fact.

Si yo fuera rico (pero no lo soy), me compraría una isla.	*If I were rich (but I am not), I would buy myself an island.*
Si tú hubieras llegado temprano (pero llegaste tarde), tú lo habrías conocido.	*If you had arrived early (but you arrived late), you would have met him.*

3. The imperfect or past perfect subjunctive is always used in a clause introduced by **como si** *(as if)*.

Él habla como si lo supiera todo.　　*He speaks as if he knew everything.*
Él habló como si lo hubiera sabido　*He spoke as if he had known*
todo.　　　　　　　　　　　　　　*everything.*

The following formulas will help to clarify the use of the subjunctive in conditional clauses.

Si + present indicative + present indicative or future

Si yo voy a la fiesta, Juan irá también.　　*If I go to the party, Juan will go also.*

Si + past indicative + indicative

Si Juan fue a la fiesta, no está en　*If Juan went (did, in fact, go) to the party,*
casa ahora.　　　　　　　　　　*he's not home now.*

Si + imperfect subjunctive + conditional

Si yo fuera a la fiesta, Juan iría　*If I were to go to the party, Juan would*
también.　　　　　　　　　　*go also.*

Si + past perfect subjunctive + conditional perfect or past perfect subjunctive

Si yo hubiera ido a la fiesta, Juan　*If I had gone to the party, Juan would*
habría (hubiera) ido también.　　*have gone, too.*

Práctica

A. *Realidad o fantasía.* *Exprese lo real y lo irreal según el modelo. Luego, traduzca las frases al inglés.*

MODELO　　Si estoy enfermo(a)...
　　　　　　Si estoy enfermo(a), no voy a clase.
　　　　　　Si estuviera enfermo(a), no iría a clase.
　　　　　　Si hubiera estado enfermo(a), no habría (hubiera) ido a clase.

1. Si me gradúo...　　　　**4.** Si no es demasiado tarde...
2. Si hace buen tiempo...　　**5.** Si tenemos tiempo...
3. Si soy millonario(a)...　　**6.** Si mi mejor amigo(a) se casa...

B. Siempre hay un «pero». *Conteste Ud. las preguntas según el modelo.*

   MODELO   ¿Me ayudas con la tarea?
                 Si pudiera, te ayudaría pero no tengo tiempo.

1. ¿Vienes a visitarnos?
2. ¿Posponen los profesores los exámenes?
3. ¿Llegan Uds. a tiempo?
4. ¿Me prestas el coche?
5. ¿Van Uds. a la manifestación?
6. ¿Te quedas conmigo?

C. Si yo fuera Ud.... *¿Qué consejos le daría Ud. a un(a) amigo(a) en las siguientes situaciones?*

1. Mañana es el examen final de química, pero esta noche hay una fiesta en la residencia y quiero ir.
2. Mi novio(a) está enojadísimo(a) conmigo. ¡Olvidé su cumpleaños!
3. Anoche conocí al hombre (a la mujer) de mis sueños... pero no recuerdo su nombre y no sé dónde vive.
4. Acabo de ver a una mujer robar la joyería. Lo malo es que ella también me vió a mí.
5. Llegó la cuenta del almacén El Corte Inglés. Es de 6.000,00 pesetas y sólo tengo 4.000,00 en el banco.

D. ¡Qué día más malo! *La señora Vega ha pasado un día muy malo. Conteste Ud. las preguntas que el señor Vega le hace a su esposa, según el modelo.*

   MODELO   ¿Vino mamá? (sentirse enferma)
                 No. Habría venido si no se hubiera sentido enferma.

1. ¿Leíste el artículo? (perder el periódico)
2. ¿Ganó la elección el gobernador? (ser conservador)
3. ¿Le escribiste a Julia? (olvidar su dirección)
4. ¿Llegó a tiempo Marta? (romperse la pierna)
5. ¿Hicieron los niños su tarea? (estar cansados)
6. ¿Fueron de compras tú y Carmen? (descomponerse el auto)

E. De visita. *Juan conoció por primera vez a sus parientes de Nueva York, que acaban de llegar a la isla de Puerto Rico. Sus amigos quieren saber cómo fue la visita. Siga Ud. el modelo.*

   MODELO   ¿Hablan ellos español? (vivir aquí por muchos años)
                 Sí, hablan como si vivieran aquí por muchos años.

1. ¿Se sintieron cómodos? (estar en su propia casa)
2. ¿Se llevaron Uds. bien? (ser íntimos amigos)
3. ¿Viven ellos bien en Nueva York? (tener mucho dinero)
4. ¿Se visten ellos de moda? (comprar todo en Bloomingdale's)
5. ¿Se rieron Uds. mucho? (estar locos)
6. ¿Habla mucho tu prima? (saberlo todo)

F. Descripciones. *Describa Ud. a las personas siguientes según el modelo.*

MODELO Pablo se porta como si fuera el presidente.

1. mi padre
2. mi mejor amigo(a)
3. mi novio(a)
4. mi profesor(a) de español
5. mi compañero(a) de cuarto
6. mi hermano(a)

Palabras problemáticas

Estudie Ud. las palabras siguientes. Son palabras que los estudiantes norteamericanos de español suelen confundir.

1. **ahorrar**   *to save (money), economize*
   conservar   *to preserve, maintain, keep*
   guardar   *to save, keep, take care of*
   salvar   *to save, free from danger*

Prefiero <u>ahorrar</u> mi dinero que gastarlo.	*I prefer to save my money than spend it.*
Muchos hispanos en los EE.UU. <u>conservan</u> sus tradiciones.	*Many Hispanics in the United States preserve their traditions.*
¡<u>Guárdame</u> el bolso mientras nado!	*Watch my bag while I swim!*
El médico no podía <u>salvarle</u> la vida al anciano.	*The doctor couldn't save the old man's life.*

2. **dejar**   *to leave behind (an object)*
   partir   *to depart*
   salir (de)   *to leave (a place), go out*

Si <u>sales</u> esta noche, <u>deja</u> la llave debajo de la alfombra.	*If you go out tonight, leave the key under the rug.*
El avión <u>parte</u> a las ocho.	*The plane departs at eight o'clock.*

3. **apoyar**   *to support, be in favor of*
   mantener   *to support (economically), feed*

<u>Apoyamos</u> al candidato liberal.	*We support the liberal candidate.*
Es difícil <u>mantener</u> a una familia y una casa con mi sueldo.	*It's difficult to support a family and a house on my salary.*

4. **pensar** + infinitivo   *to plan (to do something), intend*
   pensar de   *to have an opinion about*
   pensar en   *to think about, have in mind*

<table>
<tr><td>Pensamos ir al teatro hoy.</td><td>We're planning to go to the theater today.</td></tr>
<tr><td>¿Qué piensa José de mi idea?</td><td>What does José think of my idea?</td></tr>
<tr><td>¿En qué piensas?</td><td>What are you thinking about?</td></tr>
</table>

5. **la aparición**   *appearance, presence, apparition*
   la apariencia   *appearance, looks*
   el aspecto   *appearance, looks*

<table>
<tr><td>Vimos una aparición misteriosa a medianoche.</td><td>We saw a mysterious apparition at midnight.</td></tr>
<tr><td>Julio hizo una aparición personal.</td><td>Julio made a personal appearance.</td></tr>
<tr><td>Su aspecto físico (apariencia física) es muy agradable.</td><td>Her appearance is very pleasing.</td></tr>
</table>

Práctica

Escoja la palabra apropiada según el contexto.

1. ¿Qué piensas (de, en) mis zapatos nuevos?
2. Marta piensa (de, _____) viajar por Europa este verano.
3. Aunque trabajaba dieciséis horas al día, Miguel no podía (apoyar, mantener) a su familia.
4. ¿A qué partido político (mantienes, apoyas), el PNP o el PPD?
5. Antes de irse, (dejen, partan) la tarea en mi escritorio.
6. Elena (sale, deja) para Ponce esta tarde.
7. El bombero les (salvó, ahorró) la vida a los muchachos.
8. Los Correa tratan de (conservar, salvar) su cultura puertorriqueña.
9. Manolo (ahorra, guarda) su dinero porque piensa comprar una bicicleta.
10. En general, la (aparición, apariencia) física del puertorriqueño varía mucho.
11. (La aparición, El aspecto) de Miguel en la fiesta fue una sorpresa agradable.

Y en resumen...

A. Y va creciendo. *Una señora comenta el fenómeno de los hispanos que viven en los EE.UU. Escoja Ud. la palabra apropiada o use la forma correcta del verbo entre paréntesis. Traduzca las palabras en inglés al español.*

(Por, Para) todas partes de (esta, este) país, (*one sees*) _____ cada vez más la evidencia del rápido crecimiento de la (*population*) _____ hispana. (Por, Para) el año 2000 (*there will be*) _____ aproximadamente 35 millones de hispanos en los EE.UU. ¿Cuál (*will be*) _____ el aporte del hispano a la economía y a la sociedad de esta nación?

No hay duda que el hispano (tener) _____ una fuerte ética de trabajo. Según estadísticas, desde 1940, el hispano ha contribuido más a la fuerza laboral que cualquier otro grupo. (Por, Para) lo general, el hispano es muy patriótico. Ama este país y quiere que (*his*) _____ hijos (crecer) _____ apreciando (los, las) oportunidades que (les, se) ofrecen. Tiene un profundo fervor religioso y a él es importante que sus hijos (llevar) _____ una vida sana y honrada. Un alto (*percentage*) _____ de hispanos (*have won*) _____ la Medalla de Honor del Congreso. También, (*it would be*) _____ bueno que nosotros (seguir) _____ el modelo de la familia hispana. Es fuerte y unida, aún en estos tiempos de desintegración familiar.

Yo, por mi parte, deseo que mis hijos (romper) _____ piñatas, (comer) _____ tacos, (escuchar) _____ los ritmos calientes caribeños y (oír) _____ hablar español en sus diversos acentos mientras caminan (por, para) las calles de nuestra ciudad. Espero que los padres hispanos (hacer) _____ un (grande, gran) esfuerzo para que sus hijos no (perder) _____ su idioma, su cultura y sus tradiciones. Ojalá que ellos nunca (dejar) _____ de apreciar la rica (*heritage*) _____ de sus antepasados, y que nosotros nunca (olvidar) _____ que los hispanos se encontraron en esta tierra mucho antes que los anglosajones.

B. Siempre cumplida. *Adrián siempre hace lo que le pidan. Siga Ud. el modelo, empleando* **hasta que, en cuanto, mientras (que), tan pronto como** *o* **cuando.**

> **MODELO**   esperar   aquí/yo/volver
> *Jefe*   Espera aquí hasta que yo vuelva.
> *Adrián*   Entonces esperé aquí hasta que él volvió.

1. Avisarme/el señor Martínez/llamar
2. Escribir la carta/tú/tener tiempo
3. Devolverme el dinero/ellos/pagarte
4. Quedarte/tú/terminar el informe

5. Llamar a mi esposa/yo/salir
6. Venir temprano/mi secretaria/estar de vacaciones
7. No mandar el cheque/yo/ir al banco
8. No volver al trabajo/tú/sentirte mejor

C. *Siempre hay condiciones.* *Termine Ud. las frases a la izquierda con las respuestas que mejor correspondan.*

1. Votaré por ese candidato si
2. Raúl consiguió el puesto aunque
3. Saldremos para San Juan en cuanto
4. El partido liberal ganaría si
5. Paco trabajará de lavaplatos hasta que
6. Tendré más oportunidades de empleo si
7. Les prestaré dinero para que

a. no sabía leer bien.
b. tuviera más apoyo.
c. cambia su programa.
d. se gradúe.
e. tengamos el dinero.
f. aprendo a hablar español.
g. compren el pasaje para San Juan.

D. *Si y cuando.* *Llene Ud. cada espacio con la forma apropiada del verbo.*

1. Si él (volver) _____, yo lo veré.
2. Si él (volver) _____, yo lo vería.
3. Si él (volver) _____, yo lo habría visto.
4. Ella habla como si él (volver) _____ mañana.
5. Se lo diré cuando yo lo (ver) _____.
6. Se lo dijo cuando yo lo (ver) _____.
7. Siempre se lo digo cuando yo lo (ver) _____.
8. ¡Díselo tú cuando lo (ver) _____!

E. *Ahora no, antes sí.* *Cambie Ud. las frases al pasado, según el modelo.*

MODELO   Tú dudas que Puerto Rico sea parte de los EE.UU., ¿verdad?
Ahora no. Pero antes dubaba que Puerto Rico fuera parte de los EE.UU.

1. Tú crees que el gobierno cubano es una democracia, ¿verdad?
2. Uds. no creen que los chicanos sean ciudadanos estadounidenses, ¿verdad?
3. Tú piensas que la comida cubana es picante, ¿verdad?
4. Ud. no cree que el puertorriqueño sea mezcla de indio, africano y español, ¿verdad?
5. Uds. no dudan que los puertorriqueños necesitan visas para venir al continente, ¿verdad?
6. Ud. duda que el concepto del condominio sea un concepto puertorriqueño, ¿verdad?

F. ¿Cómo conservar la cultura? *Muchos hispanos intentan conservar su cultura pero no es siempre fácil. ¿Cuáles son dos razones por las cuales es importante que los hispanos conserven sus tradiciones culinarias? Además de esta solución, ¿qué otras soluciones hay? Invente Ud. tres otros aspectos de su cultura que se deben conservar y diga cómo pueden hacerlo.*

G. Tradiciones puertorriqueñas. *Cada cultura tiene sus tradiciones únicas y sus costumbres especiales. Aquí se ofrecen algunas de las tradiciones y costumbres puertorriqueñas. Léalas Ud. y conteste las preguntas.*

- *La bomba y la plena* son bailes folklóricos que se conservan hoy día por medio de grupos musicales como Mayohuacán o Areyto, la compañía de baile folklórico de Puerto Rico.
- *Asopao* es un guisado (soup) de pollo que se come durante la Navidad.
- *«Bendición* (Blessing) papá, bendición mamá» es lo que les pide a sus padres un niño puertorriqueño al salir de la casa. Los padres contestan, «Que Dios te bendiga».
- *El coquí* es un animalito que se parece al sapo y que canta su nombre todas las noches... «co – quí, co – quí». Según la leyenda popular, si deja la isla, deja de cantar.

1. ¿Qué costumbres o tradiciones de la cultura de Ud. corresponden a éstas? Descríbalas.
2. ¿Qué sabe Ud. de las siguientes tradiciones hispanas?
   * las posadas mexicanas
   * el Día de los Reyes Magos
   * Cinco de Mayo
   * Misa del gallo
   * el quinceañero
   * día del santo
   * Día de los Muertos
   * la piñata

H. ***Ya no estamos en los trópicos.*** *Lea Ud. el siguiente artículo. Escriba Ud. el resto del artículo que comienza así. Describa lo que pasó aquel día, cómo solucionaron todos los problemas y explique la ironía de la primera frase.*

Conmemoran 493 Aniversario De Puerto Rico

No fue fácil celebrar el 493 Aniversario del Descubrimiento de Puerto Rico en Boston debido a la tormenta de nieve que se desató° en la ciudad el mismo día de la conmemoración.

se desató:
broke out

Los hispanos en los Estados Unidos

A. Luis Santeiro, escritor y dramaturgo cubanoamericano: *Luis Santeiro nació en Cuba y vino a los Estados Unidos un año después de la revolución de Fidel Castro. Hoy día escribe para la televisión y el teatro. Escoja Ud. la palabra apropiada entre paréntesis. Traduzca las palabras en inglés al español.*

(*I have been writing for ten years*) (por, para) Sesame Street. En español (es, está) «Plaza Sésamo» pero verdaderamente Plaza Sésamo (*is done*) in México y aunque (usan, usen) algunos segmentos de Sesame Street, (es, está) diferente. Para (me, mí) (*it has been*) muy interesante. Me alegro de no siempre (escriba, escribir) cosas hispanas. A veces (hay, están) cosas que (*have to do with*) el mundo hispano, pero (*generally*) son cosas (*that*) enseñan en Sesame Street. (*I have written*) sobre los números, las letras, (los, las) emociones, etc. Es muy diferente pero (*I like it a lot*). (*I am writing*) para el teatro también. (El, La) televisión (*can be*) un poco frustrante porque escribes una cosa y (se la, te la) cambian. Mientras que en el teatro, (*that which*) el escritor pone es (*the law*). Yo (quería, quise) escribir algo que me (interese, interesara). Escribí, *Nuestra señora de la tortilla*, que trata con el conflicto entre los jóvenes hispanos y los abuelos. (Tenía, Tuvo) mucho (*success*) Off Broadway. Escribí otra pieza que (*is called*) *Mixed Blessings* (*which*) está basada en *El Tartufo* de Molière, pero adaptada al Miami de los latinos hoy en día. Una familia nueva rica (*is trying to live*) el sueño americano. Creen que el dinero (pueda, puede) (traerles, traelos) la felicidad, pero (*they realize*) que con el dinero también (*come*) conflictos.

B. Una pieza nueva. *Mire Ud. el anuncio para una nueva obra teatral que escribió Luis titulada,* The Lady from Havana. *En grupos, Uds. son los críticos teatrales para el periódico de su universidad. Usen la imaginación para escribir un resumen del argumento y una crítica de la pieza para el periódico.*

I N T A R

Hispanic American Arts Center; **Max Ferrá**, Artistic Director; **Eva Bruné**, Managing Director

p r e s e n t s

OCTOBER 17 -
NOVEMBER 25,
1990

INTAR
ON THEATRE ROW
420 W 42ND ST., NYC

For Reservations call

TICKET CENTRAL
(212) 279-4200

Student and senior discounts available

Special Discounts for Groups call

(212) 695-6135

THE LADY
from
HAVANA

Musical Arrangements

FERNANDO RIVAS

Stage Manager

ABIGAIL KORETO

Production Manager

PETER J. DAVIS

Press Representative

CROMARTY & CO.

General Manager

MICHAEL J. PALMA

Featuring

XONIA BENGURIA

OLGA MEREDIZ

ALINA TROYANO

Sets and costumes

CAMPBELL BAIRD

Lights

DEBRA DUMAS

Sound Design

BERNARD FOX

GENE PERLA

A new comedy by

L U I S   S A N T E I R O

Directed by

M A X   F E R R A

Printing courtesy of
Philip Morris Companies Inc.

INTAR
15TH
ANNIVERSARY
SEASON

This production is made possible, in part, by a special grant from the Lila Wallace - Reader's Digest Fund.
Additional support provided by National Endowment for the Arts; New York State Council on the Arts; New York City Department of Cultural Affairs; Dramatists Guild Fund; Paragon Cable Manhattan; and Theatre Communications Group. Additional Funders: Manhattan Borough President; American Express Foundation; AT&T Foundation; Arts & Business Council; BellTrre; DM Financial; Emery Savings Bank; Enrhodo; Erie Flute; Elaine Manhattan Bank; Citicorp/Citibank; Con Edison; El Diario-La Prensa; Going Fund; HBO; H&M Lurie America; Income Foundation; Litetion Foundation; Manufacturers Hanover Trust Company; Mr. Elaine Hill; Meet the Composer; Maria Marin-Gilmore Foundation; Morgan Guaranty Trust Company; National Broadcast Company; New York Telephone; New York Times Company Foundation; Off-Goel Western; Philip Morris Companies; Overton; Onyx Foundation; Paul Foundation; Rockefeller Foundation; RVG Area Foundation; Student Foundation; Summerel Group; Semich Information Service; Teleprade; Time Inc; UTW Local 114; Unisway; Victor's Bakery; Vivin Argentina; WABC; Andy Warhol Foundation; Walt Disney Companies; Time-Warner; WEA International; Westham Schrode; WNYC; James D. Wolfensohn Inc.; WNYS #1.

Design by Sebastian Kacoyani

Cámara uno: Luis Santeiro y ¿Qué pasa USA?[1] (Cassette 2, Episodio 10, Escena 1)

A. *Luis Santeiro, escritor de la popular serie de televisión, ¿Qué pasa USA? habla del programa. Escoja Ud. la forma apropiada del verbo entre paréntesis.*

¿Qué pasa USA? (fuera, era) un programa de televisión sobre una familia cubana en Miami, y (ser, era) un programa bilingüe, porque los abuelos (hablaron, hablaban) sólo en español, los padres (hablaban, hablaron) inglés pero (tuvieron, tenían) un acento marcado, y los hijos, aunque (pudieron, podían) hablar perfectamente el español, sólo querían (hablar, hablaban) inglés.

Era importante que el programa (tenía, tuviera) un mensaje cultural para que los televidentes (pudieran, podían) aprender algo sobre la comunidad cubana en los EE.UU. Por eso, antes de que yo (empecé, empezara) a escribir los episodios, los productores me (dieran, daban) una lista de posibles temas culturales, como por ejemplo la religión, la vida familiar, el chaperoneo y otros. También era importante que el

---

[1] See *Cámara uno; Manual de ejercicios*, pages 61-63, for vocabulary list and additional activities.

público (supiera, sepa) algo sobre los refugiados cubanos porque los cubanos (hacer, hicieron) un gran esfuerzo para adaptarse a la vida en los EE.UU. después de (haya, haber) dejado su patria, sus bienes y en muchos casos su familia para (buscar, buscaran) la libertad aquí.

B. VIDEO-CULTURA. *Después de ver el vídeo, haga las siguientes actividades.*

1. Conteste las siguientes preguntas.

    a. ¿Cuándo vino Luis a los EE.UU. y por qué?
    b. ¿Dónde se estableció al llegar?
    c. ¿Cuáles son tres características del programa de televisión *¿Qué pasa USA?*
    d. ¿Quiénes son algunos de los personajes del programa y cómo son?
    e. ¿Qué tiene Joe y qué va a hacer?
    f. ¿Qué ropa llevan las chicas? ¿Adónde irán?
    g. ¿Por qué tiene que taparse (*cover herself up*) Carmen?
    h. ¿Qué es la «generación congelada (*frozen*)»?
    i. ¿Por qué no querían americanizarse los abuelos?

2. Escuche bien el episodio del ladrón y llene los espacios con las palabras apropiadas.

    a. Un día toda la familia va a hacer algo diferente pero la _____ se queda en casa.
    b. Viene un _____ y ata (*ties up*) a la abuela.
    c. El ladrón tiene la _____ tapada (*covered*).
    d. Todos creen que el ladrón no puede ser _____.
    e. El ladrón dice — «Yo soy más cubano que el _____».
    f. Todas las joyas de la chica norteamericana son de _____.

Mujer, adelante

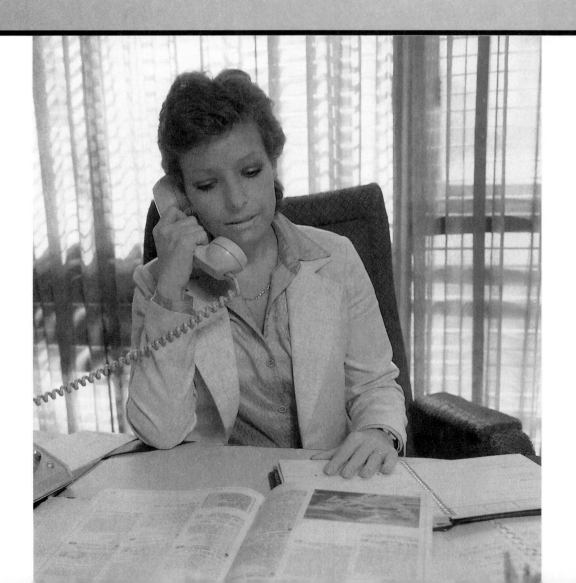

El amor hace girar al mundo

Vocabulario inicial

el anillo *ring*
  (de casamiento) *(wedding ring)*
  (de compromiso) *(engagement ring)*
apasionado *passionate*
atraer *to attract*
la cita *date, appointment*
comprometerse con *to become*
  engaged to
desilusionarse *to become disappointed*

enamorado *in love*
enamorarse de *to fall in love with*
la luna de miel *honeymoon*
el (la) novio(a) *boy(girl)friend,*
  fiancé(e), groom (bride)
romántico *romantic*
salir con *to go out with, date*
la sortija *ring with a stone*

Para comenzar...

1. Con la ayuda del vocabulario inicial, describa los dibujos.
2. ¿Cuál de los dos dibujos es más realista? Explique.
3. ¿Ha experimentado Ud. alguna vez el amor a primera vista? ¿Qué pasó? ¿Cómo se puede saber si es una relación seria o sólo una atracción física?
4. ¿Tiene Ud. novio(a)? ¿Cómo es? ¿Cómo y cuándo se conocieron? ¿Es su novio(a) también su amigo(a)? ¿Es importante tener amigos de ambos sexos? ¿Cuáles son las ventajas? ¿las desventajas?
5. Cuando alguien dice «ya se terminó la luna de miel», ¿a qué se refiere? ¿Qué puede hacer una pareja para que nunca se termine la luna de miel?

El amor hace girar al mundo

Hace unos quince años, Lisa, una norteamericana, fue a España para pasar un año como estudiante de intercambio. Allí, conoció a Cristián, un estudiante español de medicina, y los dos se enamoraron locamente. Lisa volvió a los EE.UU. pero los dos siguieron escribiéndose, esperando estar juntos algún día.

Mi querida Lisa,

Sentí una gran sensación de impotencia por tu partida. Resulta todo muy absurdo. Lo cierto es que te echo mucho de menos. Sin ti estoy nervioso, desequilibrado y poco seguro de mí mismo. Vivir contigo es un sueño, es la gloria, la felicidad. Vivir sin ti es un tormento. Por favor, necesito tus cartas cada día para poder seguir respirando. Cariño, cuando tú te marchaste de mi lado, mi vida dejó de tener sentido. Estoy vacío. Necesito tenerte a mi lado, cada día, cada noche. Oír tu voz, saber de cerca lo que sientes y lo que piensas.

Creo que en un futuro no muy lejano, todos estos sacrificios que estamos haciendo tendrán un significado, una recompensa. Nuestro corazón estará lleno de una inmensa felicidad — estaremos juntos para siempre.

Yo siempre te querré. Todo en ti es bonito, incluso tus lágrimas. Me gustaría que no hubiera más despedidas entre nosotros. Yo he andado errante° veintitrés años de mi vida hasta encontrar mi camino, mi luz, mi guía, y todo eso eres tú; y es el dolor más grande del mundo ver que te has ido.

wandering

Pero sé también que volverás cuanto antes° y sé que te esperaré siempre.

cuanto... *as soon as possible*

Te quiero, mi reina. No me olvides.

Cristián

Conversemos

Refiriéndose a la lectura anterior, conteste Ud. las preguntas.

1. ¿Cuáles son algunas de las imágenes que usa Cristián para describir a su querida Lisa? ¿Cómo se encuentra él sin ella? ¿Cuáles son las esperanzas de Cristián? ¿Qué tipo de persona es Cristián? Descríbalo.
2. ¿Dónde y cuándo se conocieron Lisa y Cristián? Invente Ud. los detalles de su primer encuentro. ¿Qué le dijo él a ella? ¿y ella a él?
3. ¿Alguna vez ha recibido Ud. una carta como ésta? ¿de quién? Explique. ¿Ha escrito Ud. una carta como ésta? Describa las circunstancias.
4. ¿Qué le contestará Lisa a Cristián? ¿Cree Ud. que ella volverá? ¿Por qué?
5. ¿Se acuerda Ud. de su primer amor? ¿Cuántos años tenía cuando se enamoró? ¿Fue la única ocasión? ¿Rompió Ud. con esta persona o sigue saliendo con él (ella)?
6. ¿Es el amor importante para Ud.? ¿Es Ud. una persona romántica? ¿Cómo se caracteriza a una persona romántica? ¿Cree Ud. que hoy día la gente en general es más práctica que romántica? ¿Por qué?
7. ¿Ha salido Ud. alguna vez con una persona que no conocía? ¿Cómo resultó? ¿Salió otra vez con esta persona? ¿Arregló Ud. alguna vez una cita entre dos amigos suyos que no se conocían antes? ¿Cómo resultó? ¿Son amigos de Ud. todavía? Describa Ud. una cita inolvidable.

Vocabulario

LA BELLEZA

fresco y juvenil *fresh and young-looking*
el lápiz labial *lipstick*
el maquillaje *makeup*
ondular el pelo *to curl one's hair*
el peinado *hairdo*
la peluquería *beauty parlor*
pintarse (maquillarse) *to put on make-up*

EL AMOR

abrazar *to hug*
el abrazo *hug*
el (la) amante *lover*
el amorío (la aventura) *love affair*
amor mío *my love*
besar *to kiss*
el beso *kiss*
la boda *wedding*
el caballero *gentleman*

el cariño *affection*
    cielito *sweetheart, darling*
la dama *lady*
la dulzura *sweetness*
el estado civil *marital status*
    la hembra *female*
    el matrimonio *matrimony, married couple*
    la pareja *couple*
        querido(a) mío(a) *my dear*
    el varón *male*

LOS SENTIMIENTOS *(Feelings)*

amoroso, (cariñoso) *loving, affectionate*

los celos *jealousy*
    celoso *jealous*
    coqueta *flirtatious*
    coquetear *to flirt*
la envidia *envy*
    envidioso *envious*
la lágrima *tear*
    odiar *to hate*
el odio *hatred*
    sensible *sensitive*
    sensual *sensual*
    sociable *sociable*
    sospechoso *suspicious*
    tener celos *to be jealous*

Repasemos el vocabulario

REFIÉRASE A LA LISTA DE VOCABULARIO Y AL VOCABULARIO INICIAL.

A. ¿Cuál no pertenece? *Subraye Ud. la palabra que no está relacionada con las otras y explique por qué.*

1. querido	amor	varón	cielito
2. celoso	amoroso	envidioso	sospechoso
3. sortija	luna de miel	boda	peluquería
4. desilusionado	cariñoso	enamorado	apasionado
5. lápiz labial	beso	maquillaje	peinado

B. La novia de Marcos. *Isabel y Teresa hablan de la relación entre su amigo Marcos y su novia. Haga las siguientes actividades.*

1. Dé Ud. un sinónimo de las siguientes palabras subrayadas. Lea la frase con las nuevas palabras.

ISABEL   La novia de Marcos es demasiado sentimental, ¿no crees? Se irrita fácilmente y no es muy cordial. ¿Qué te parece?

TERESA   Creo que ella se siente insegura en la relación, pero no sé por qué. Marcos la trata con mucho afecto y respeto, es amoroso, apasionado y muy caballero. Y muestra sus sentimientos públicamente, llamándola cielito y otras cosas bonitas. Y no es un tipo envidioso tampoco. ¿Qué más quiere?

ISABEL   Y es muy fiel. Nunca ha tenido una aventura.

TERESA Recuerdo cuando se conocieron. ¡Fue amor a primera vista! Poco después, <u>se hicieron novios</u>, y empezaron a planear el <u>casamiento</u>.

ISABEL Y será inolvidable... la ceremonia en la catedral, la recepción en el hotel y el <u>viaje de boda</u> en París... ¡Qué ilusión!

2. Ayude Ud. a la pareja a comprender su relación y a resolver sus problemas.
   a. En su opinión, ¿por qué se siente tan insegura de sí misma la novia de Marcos?
   b. Según las amigas, Marcos es el novio ideal. Pero, nadie es perfecto. ¿Cuáles son algunos posibles defectos de Marcos?
   c. ¿Qué puede hacer Marcos para asegurar a su novia de que está muy enamorado de ella? Dé tres recomendaciones, empleando el subjuntivo. **(Yo recomiendo que... Yo sugiero que ... Yo aconsejo que...)**

C. *En grupos.* *En grupos de tres o cuatro personas, escriban una lista de las características del matrimonio perfecto. Incluyan por lo menos cinco en orden de importancia y explique por qué son importantes.*

D. *Mi boda.* *Describa Ud. su boda. ¿Cuándo y dónde será? ¿Con quién se casará? ¿Cuántos invitados habrá? ¿Qué comerán? ¿Qué tipo de música tocarán? ¿Adónde irán de luna de miel? Si Ud. ya es casado(a), describa su boda en el pasado.*

E. *¿Un servicio necesario?* *Lea Ud. el anuncio y conteste las preguntas.*

1. ¿En qué consiste el servicio anunciado aquí? ¿Por qué cree Ud. que estos servicios son tan populares? ¿Ha usado Ud. un servicio como éste alguna vez? ¿Conoce a alguien que lo haya hecho? ¿Cómo resultó?
2. Dicen que hoy día es muy difícil encontrar a la pareja ideal. Dé Ud. cuatro razones que justifiquen este comentario.
3. Ud. piensa inscribirse en una agencia de «computer dating» y necesita preparar su auto-descripción. Diga tres cualidades personales que va a mencionar y tres que va a omitir. Explique.

F. Para evitar errores. *Mire Ud. el dibujo y haga los ejercicios.*

McNaught Syndicate, Inc.   9-19
—Nos puso en contacto un computador estropeado.°

damaged

1. En sus propias palabras, describa el dibujo. ¿Cómo es él? ¿Cómo es ella? ¿Qué problemas tienen? ¿Qué hacen allí?

2. Ud. no quiere que la escena representada en el dibujo le pase a Ud. Entonces, prepare una lista de seis preferencias acerca de su candidato(a) ideal. Incluya la siguiente información: aspecto físico, edad, trabajo, carácter, educación, pasatiempos y estado económico. Use el presente del subjunctivo según el modelo.

> **MODELO**   Busco una persona que tenga una educación universitaria. Prefiero que sea mayor que yo, (que sepa esquiar, que tenga coche...)

G. En parejas. *Escríbale Ud. una carta de despedida o una carta amorosa a su novio(a). Luego, cambie su carta con la de un(a) compañero(a) de clase y contéstela.*

Gramática

THE DEFINITE ARTICLE (_El artículo definido_)

FORM

1. The definite articles are **el, la, los,** and **las.** They agree in number and gender with the nouns they modify.

el caballero	_the gentleman_
los caballeros	_the gentlemen_
la dama	_the lady_
las damas	_the ladies_

2. With feminine singular nouns that begin with an emphasized **a** or **ha,** the masculine form of the article is used when it directly precedes the noun.

el agua	_the water_
las aguas	_the waters_
el hacha	_the ax, hatchet_
las hachas	_the axes, hatchets_

3. The prepositions **a** and **de** before the masculine singular definite article become the contractions **al** and **del.**

al teatro	_to the theater_
a la boda	_to the wedding_
del concierto	_from the concert_
de la peluquería	_from the beauty parlor_

USE

1. The definite article is used to express _the_ in Spanish.

2. The definite article is used with:
   a. certain countries and cities.

el Brasil	el Japón	el Paraguay
el Canadá	la India	El Salvador
la Argentina	el Ecuador	la Florida
la Habana	el Uruguay	el Perú

   b. compound geographic names.

los Estados Unidos
la América del Sur
la Gran Bretaña

c. geographic names modified by an adjective.

la España romántica

3. The definite article is used with languages, except after the prepositions **de** and **en,** after the verb **hablar,** and commonly after the verbs **escribir, leer, oír, saber, aprender, estudiar,** and **comprender.** It is used with the preceding verbs if a modifying word or phrase comes between the verb and the language.

El español es un idioma muy importante en los Estados Unidos.	*Spanish is a very important language in the United States.*
Mi novio peruano habla bien el inglés.	*My Peruvian boyfriend speaks English well.*
La señora Suárez es mi profesora de español.	*Mrs. Suárez is my Spanish professor.*
Se habla español en más de veinte países.	*Spanish is spoken in more than twenty countries.*
Gloria Estefan canta en español.	*Gloria Estefan sings in Spanish.*

4. The definite article is used with a noun employed in a general or abstract sense.

La envidia puede destruir un matrimonio.	*Envy can destroy a marriage.*
El amor al dinero es peligroso.	*Love of money is dangerous.*

5. It is also used with a modified first name.

El pobre Juan se ha enamorado otra vez.	*Poor Juan has fallen in love again.*

6. It is used with titles when talking about a person but omitted when directly addressing a person.

El doctor Peña se ha comprometido.	*Doctor Peña has become engaged.*
¡Hola, doctor Peña! ¿Cómo está?	*Hello, Doctor Peña! How are you?*

EXCEPTIONS The titles **don, doña, fray, sor, san(to),** and **santa** never require a definite article.

7. It is used with reflexive verbs followed by parts of the body and articles of clothing.

Me lavo la cara.	*I wash my face.*
Se pone el smoking.	*He puts his tuxedo on.*

8. It is used instead of the indefinite article when referring to quantity, frequency or weight.

El conjunto cobra $100,00 la noche.　　*The band charges $100.00 a night.*
La champaña cuesta $8,00 la botella.　*Champagne costs $8.00 a bottle.*

9. It can be used with names of sports and games.[1]

Él juega al tenis y ella juega a las damas.　　*He plays tennis, and she plays checkers.*

10. It is used with names of meals.

Después del almuerzo, fuimos al cine.　　*After lunch, we went to the movies.*

11. It is used with the nouns **escuela, cárcel, iglesia,** and **centro** after a preposition.

José ya se fue al centro.　　*José already went downtown.*
Los novios se casaron en la iglesia.　*The bride and groom got married in church.*

12. It is used with days of the week, seasons, and other time expressions when they are modified. It is also used with days of the week to express *on* in English.

el lunes que viene　　　　　　　　*next Monday*
el verano pasado　　　　　　　　　*last summer*
Es la una.　　　　　　　　　　　　*It is one o'clock.*
Los sábados por la noche, la pareja sale　*On Saturday nights, the couple*
a bailar y los domingos, ellos descansan.　*goes dancing, and on Sundays, they rest.*

13. The definite article is usually repeated in a series.

Compramos todo menos la crema, el　*We bought everything except the cream,*
lápiz labial y el perfume.　　　　　　*lipstick, and perfume.*

---

[1] In some Latin American countries, the preposition and article are not used with **jugar.** Example: **Juego tenis.**

THE INDEFINITE ARTICLE *(El artículo indefinido)*

FORM

1. The indefinite articles are **un, una, unos,** and **unas.** They agree in number and gender with the noun they modify.

un peinado	*a hairdo*
unos peinados	*some hairdos*
una boda	*a wedding*
unas bodas	*some weddings*

2. With feminine singular nouns that begin with an emphasized **a** or **ha,** the masculine form of the article is used when directly preceding the noun.

un alma	*a soul*
unas almas	*some souls*
un hacha	*an ax, a hatchet*
unas hachas	*some axes, hatchets*

USE

1. The singular forms, **un** and **una,** are used to express *a* or *one.* The plural forms, **unos** and **unas,** are used to express *some, a few,* or *about.* They are more general than **algunos(as).**

2. The indefinite article is usually repeated in a series.

Juan le dio a su novia un anillo de oro, una sortija de rubíes y un collar de perlas.	*Juan gave his girlfriend a gold ring, a ruby ring and a pearl necklace.*

3. The indefinite article is omitted:
  a. before the words **cien(to), mil, otro, medio, cierto,** and after **qué** and **tal.**

Necesito otro boleto para mi esposa.	*I need another ticket for my wife.*
Tenía tanta sed que bebí media botella de tónica.	*I was so thirsty that I drank half a bottle of tonic.*
¡Qué hombre más cariñoso!	*What an affectionate man!*

  b. after the prepositions **sin** and **con,** and after verbs like **tener** and **buscar** unless the indefinite article is needed to indicate quantity.

Venimos sin coche.	*We came without a car.*
¿Tienes televisión en color?	*Do you have a color television?*
Busco solución.	*I am looking for a solution.*
No podemos hacerlo sin un ayudante, o posiblemente dos o tres.	*We can not do it without one helper, or possibly two or three.*

c. after the verb **ser** with professions, religion, nationality, or political affiliation if they are not modified.

Ella es directora.   *She is a director.*
Ella es una directora talentosa.   *She is a talented director.*

Práctica

A. *De viaje y de compras.* *Llene Ud. cada espacio con el artículo definido apropiado si es necesario.*

1. _____ matrimonio pasará _____ luna de miel en _____ Ecuador, país encantador que está en _____ costa de _____ América del Sur. Quito, _____ capital, está rodeado por los Andes y tiene un clima agradable. En _____ parte vieja de _____ ciudad, se puede notar mucha influencia de _____ España colonial. La mayoría de _____ gente allí habla _____ español, pero algunos también hablan quechua, un idioma de _____ indios.

2. _____ semana pasada, fui a comprar _____ zapatos. Fui primero a _____ tienda que me recomendó _____ doña Inés. _____ empleado me mostró muchos estilos bonitos. Me gustaban todos — _____ rojos, _____ azules y _____ blancos. Compré _____ azules y me los puse en seguida. Luego, fui a un restaurante para merendar. Después de _____ merienda, volví a _____ casa y me quité _____ zapatos porque me dolían _____ pies.

B. *La sangría y una pareja.* *Llene Ud. cada espacio con el artículo indefinido apropiado si es necesario.*

1. La sangría es _____ bebida típica de España. _____ de los ingredientes principales es el vino tinto. Se añade _____ medio litro de coñac al vino y se echa _____ cucharadas de azúcar. _____ otro ingrediente importante es la fruta — naranjas y melocotones *(peaches).* Luego, se añade _____ poquito de canela *(cinnamon),* y ya está. ¡Qué _____ bebida más rica!

2. Anoche, en _____ boda, conocí a _____ pareja muy interesante. Gustavo es _____ chileno y es _____ escritor muy conocido en su país. Se casó con _____ italiana, Sandra. Ella es _____ poeta. Ahora los dos viajan por todo el mundo escribiendo artículos para _____ revista turística. ¡Qué _____ vida más fascinante!

C. *¡Qué comida más rica!* *Llene Ud. cada espacio con la forma correcta del artículo definido o indefinido. Si no se requiere ninguno, escriba una X.*

Soy _____ profesora de _____ español en _____ escuela secundaria y mi marido es _____ médico. Cuando llega _____ fin de semana, estamos demasiado cansados para cocinar. A veces, vamos a _____ restaurante chino cerca de _____ centro. _____ comida china nos gusta mucho, sobre todo _____ sopas y _____ pollo.

También _____ comida mexicana es deliciosa, pero picante. A veces, después de comerla, me duele _____ estómago. _____ empanadas que se comen en _____ Argentina y en _____ Colombia también son muy ricas. _____ de nuestras vecinas, _____ señora Rivera, las preparó para mi clase de _____ español _____ día. En realidad, _____ langosta es nuestra comida favorita pero cuesta $9,00 _____ libra en _____ restaurantes. Pues, creo que vamos a quedarnos en _____ casa esta noche y preparar _____ cena.

ADVERBS *(Los adverbios)*

FORM

1. The most common way to form an adverb is to add the suffix **-mente** to the feminine form of the adjective. This ending is comparable to *-ly* in English.

ADJECTIVE	FEMININE FORM	ADVERB	TRANSLATION
cariñoso	cariñosa	cariñosamente	*affectionately*
elegante	elegante	elegantemente	*elegantly*
cortés	cortés	cortésmente[2]	*courteously*

2. An alternate method for forming adverbs is to use the preposition **con** + a noun.

elocuentemente   con elocuencia
fácilmente   con facilidad
perfectamente   con perfección

3. In spoken Spanish it is common to hear the masculine singular form of the adjective used as an adverb.

Él condujo demasiado rápido (rápidamente).	*He drove too quickly.*
Hable Ud. más lento (lentamente), por favor.	*Speak more slowly, please.*

USE

1. Adverbs are usually placed after the verb. When two or more adverbs are used to modify the same verb, only the last of the series has the suffix **-mente**.

El joven le habló apasionada y amorosamente.	*The young man spoke to her passionately and lovingly.*

---

[2] Note that when an adjective has a written accent, the adverb maintains the accent.

2. Adverbs usually precede the adjective or adverb they modify.

La pulsera es demasiado cara.   *The bracelet is too expensive.*
Sara se lleva muy bien con sus   *Sara gets along very well with her*
  suegros.   *in-laws.*

Práctica

A. La historia del amor. *A Carlos y Sandra les gustan mucho las películas románticas. Hablan de* La historia de un amor, *un melodrama que acaban de ver. Siga Ud. el modelo.*

MODELO   El desarrollo de la intriga es <u>magnífico</u>.
              Sí, todo se desarrolla <u>magníficamente</u>.

1. Ramón y Juliana son muy <u>apasionados</u>. Sí, se besan _____.
2. Al principio eran <u>felices</u>. Sí, vivían _____.
3. La desintegración de su relación es <u>gradual</u>. Sí, se desintegra _____.
4. La voz de Juliana es <u>dulce y cariñosa</u>. Sí, ella habla _____.
5. Su sufrimiento es <u>trágico</u>. Sí, ella sufre _____.
6. El final es <u>misterioso y triste</u>. Sí, termina _____.

B. La primera cita. *Anoche Alicia salió por primera vez con un hombre que trabaja en su oficina. Su amiga le pide detalles. Siga Ud. el modelo.*

MODELO   ¿Fumó mucho? (constante)
              Sí, él fumó constantemente.

1. ¿Te trató bien? (cariñoso)
2. ¿Manejó el coche con cuidado? (lento)
3. ¿Se portó bien con tu familia? (cortés)
4. ¿Se sintió cómodo después de un rato? (inmediato)
5. ¿Bailó bien? (horrible)
6. ¿Habló de cosas interesantes? (elocuente)
7. ¿Te gustaría salir con él otra vez? (frecuente)

C. El hombre de mis sueños. *En cada frase, cambie Ud. la construcción* **con** + *sustantivo a la construcción de un adverbio con* **-mente.**

El hombre ideal será capaz de amarme con profundidad. Él hablará con inteligencia y compartirá mis problemas con sensibilidad. Si estoy nerviosa, él me hablará con tranquilidad. Si le pido un favor, lo hará con felicidad. Con frecuencia me mandará flores y bombones. ¡Qué hombre!

THE USES OF PERO, SINO, AND SINO QUE

(*Los usos de* **pero, sino** *y* **sino que**)

USE

1. **Pero** means *but* in the sense of *however* or *nevertheless* and can be used in either an affirmative or a negative sentence.

No me gusta Tomás pero saldré con él esta vez.	*I don't like Tomás, but (nevertheless) I will go out with him this time.*
Quiero ir a la boda pero no me invitaron.	*I want to go to the wedding, but (however) they didn't invite me.*

2. **Sino** is used only in a negative sentence. It expresses the idea of *but rather* or *on the contrary*. It is not used before conjugated verbs.

No me gusta Tomás sino Miguel.	*I don't like Tomás but rather Miguel.*
No quiero ir a la boda sino al teatro.	*I don't want to go to the wedding but to the theater.*

3. **Sino que** is used in a negative sentence when the clause following it has a conjugated verb. It has the same meaning as **sino**.

No fui a la boda sino que me quedé en casa.	*I didn't go to the wedding; on the contrary, I stayed home.*

Práctica

A. Permiso del padre. *El pobre José quiere casarse con Mari Luz pero necesita permiso de su papá. Llene Ud. cada espacio con* **pero, sino** *o* **sino que**.

1. No soy rico, _____ pobre, _____ voy a trabajar mucho para mantener bien a la familia.
2. No tengo un trabajo muy bueno ahora _____ voy a conseguir uno en el futuro.
3. No estudio para médico _____ para abogado. Pronto terminaré la carrera.
4. No salgo mucho por la noche _____ me quedo en casa leyendo.
5. No soy rey _____ quiero mucho a su hija y la querré para siempre.

B. Las excusas. *Los novios acaban de tener su primera riña. Pablo tenía una cita con Susana, pero cuando llegó a su casa, ella no estaba. Susana le da excusas. Termine Ud. las frases de una forma original.*

1. No salí con ningún otro hombre anoche sino que...
2. Quería llamarte antes pero...
3. No fui a la fiesta sino...
4. Yo te dejé un recado pero...
5. No creí que nuestra cita era para anoche sino...
6. Espero que no te enfades sino que...

Al día siguiente Susana... *(termine la historia)*

Así se dice

QUERIDO MÍO

1. Words and expressions to describe the love of your life are varied and always changing. The following are only a few of the most common:

mi novio(a)	*my (steady) boy(girl)friend*
el hombre (la mujer) de mis sueños	*the man (woman) of my dreams*
el príncipe azul	*knight in shining amor*
¡ _____ de mi alma!	*_____ of my heart!*
¡Qué guapo (chulo, mono)!	*How good-looking (gorgeous, cute)!*

2. Some common expressions of affection you might hear are:

¡Mi amor (amorcito[a])!	
¡Mi corazón! ¡Mi vida!	*My love (honey, sweetheart, darling)!*
¡Mi cielo (cielito, dulzura)!	

3. A declaration of true love might take one of the following forms:

Me gustas.	*I like you.*
Te quiero (amo, adoro) tanto.	*I love (adore) you so much.*
Estoy locamente enamorado(a) de ti.	*I'm head over heels in love with you.*
Me muero sin ti.	*I'll die without you.*

4. . . . and may be followed by an impassioned plea:

¡Cásate conmigo!	*Marry me!*
Dame un besito.	*Give me a kiss.*
Quédate siempre aquí a mi lado.	*Stay by me forever.*
No me dejes (olvides) nunca.	*Don't ever leave (forget) me.*

5. However, the course of true love does not always run smoothly. In these instances, you might hear:

Me dejó plantada(o).	*He (She) stood me up.*
Ya no me quiere.	*He (She) doesn't love me anymore.*
Me hace sufrir tanto.	*He (She) makes me suffer so much.*
Sufro tanto por él (ella).	*I suffer a lot for him (her).*
Se fue con otra(o).	*He (She) left me for another.*
Tiene celos. (Está celoso[a]).	*He (She) is jealous.*

Práctica

A. *Dé una expresión o una respuesta apropiada para las siguientes situaciones.*

1. Un soldado sale para la guerra; se despide de su novia.
2. La Cenicienta *(Cinderella)* deja al príncipe en el baile.
3. El príncipe azul llega al lado de la Bella Durmiente. *(Sleeping Beauty)*

4. Romeo y Julieta se encuentran por primera vez.

5. Unos novios por fin se encuentran solos después de la boda.

6. Rhett Butler deja a Scarlett O'Hara por última vez.

B. *Explique Ud. las circunstancias desde los dos puntos de vista en las siguientes situaciones.*

1. La novia:
¡Me dejó plantada! _____
_____.

El novio:
No es cierto. _____
_____.

2. Él:
¡Ya no me quiere! _____
_____.

Ella:
¿Cómo que no lo quiero? _____
_____.

3. Ud:
¡Tiene tantos celos! _____
_____.

El hombre (La mujer):
Yo, ¿celos? _____
_____.

Y en resumen...

A. ***Cómo conquistar a un hombre.*** *Forme Ud. adverbios de los adjectivos siguientes y llene los espacios con el más apropiado.*

feliz   confiado   maravilloso   impaciente
tímido   elegante   dulce   solo
amistoso   inmediato   rápido   ansioso

1. Vístete muy _____ y vete _____ a una discoteca.

2. Siéntate en una mesa cerca de la pista de bailar y mira _____ a tu alrededor.

3. Cuando veas a la «víctima», míralo _____ a él y sonríe _____.

4. Él vendrá _____ para hablar contigo. Dile que él baila _____, y Uds. pasarán unas horas charlando _____.

5. Después de un rato, él ofrecerá _____ a llevarte a tu casa, pero dile que es mejor que vayas sola porque tu mamá te espera _____.

6. El próximo día, espera _____ en casa porque te llamará _____ por teléfono.

B. ***Encuesta amorosa.*** *¿Cómo es su novio(a)? Cambie Ud. las expresiones a la forma adverbial con **-mente** y conteste las preguntas.*

1. ¿Se enoja con facilidad?

2. ¿Trata a la gente con sensibilidad?

3. ¿Gasta su dinero con dificultad?

4. ¿Vive con tranquilidad?

5. ¿Se viste con elegancia?

6. ¿Te habla con cariño?

7. ¿Te quiere con sinceridad?

C. La pareja perfecta, ¿dónde buscarla? *En la primera columna se ofrece una lista de lugares donde se puede encontrar al hombre ideal. Haga las siguientes actividades.*

1. Busque Ud. en la segunda columna el comentario que corresponde a cada lugar.

a. el mostrador de corbatas
b. la lavandería
c. la tienda de alquilar videos
d. el museo
e. un evento deportivo
f. las bodas de sus amigos
g. los cursos de educación para adultos

1. Allí Ud. conocerá a los hombres que aprecian la cultura.
2. Habrá miles de hombres en un solo lugar.
3. Ud. tendrá que indicar que las está comprando para su padre, su tío o su jefe.
4. Tendrán mucho en común, como la tarea.
5. Mientras Uds. esperan habrá suficiente tiempo para conversar.
6. Si él está allí, probablemente no hay nadie en casa esperándolo.
7. En este ambiente romántico él estará pensando en el futuro.

2. Ahora, explique por qué estos lugares no serán ideales para conocer al hombre perfecto.

3. Nombre cinco lugares buenos para conocer a la mujer perfecta. Explique sus selecciones.

D. «Al natural». *Mire Ud. el dibujo y conteste las preguntas.*

—Antes que pida tu mano, ¿podría verte con una bata y con rizadores en el pelo?

1. ¿De qué se preocupa el hombre? ¿Qué le contesta la señorita? ¿Está bien que él le pida esto? Explique.

2. ¿Cuándo está Ud. más atractivo(a), por la mañana o por la tarde? ¿Por qué? En la mañana antes de salir, ¿tarda mucho en arreglarse? ¿Cuáles son sus preparativos usuales? ¿Deben las mujeres usar maquillaje para mejorar su apariencia? ¿y los hombres? Explique.

E. Conversemos.

1. ¿Es costumbre en su universidad que las mujeres inviten a los hombres a salir? Para las mujeres: ¿Suele Ud. invitar al hombre? ¿Por qué? ¿Cuáles son las ventajas de invitarlo? Para los hombres: ¿Le gustaría que las mujeres lo invitaran a Ud. a salir? Explique.

2. ¿Por qué es importante la primera impresión? ¿Qué impresión intenta Ud. comunicar cuando sale con alguien por primera vez? ¿Qué es lo que le llama la atención de Ud. a una persona?

3. Cuando Ud. sale con una persona por primera vez, ¿adónde suelen Uds. ir? ¿Es importante gastar mucho dinero en la primera cita? Explique.

4. ¿Es difícil conocer a gente con quien salir? ¿Por qué? ¿Cuáles son algunas maneras de conocer a nuevos amigos?

F. En grupos. *Representen Uds. una de las situaciones siguientes.*

1. El hombre o la mujer de sus sueños acaba de invitarlo(la) al gran baile.
2. Dos novios han peleado; ahora intentan resolver el problema.
3. En una tienda, Ud. busca el regalo perfecto para su novio(a).
4. Dos novios del colegio se encuentran después de diez años.

G. Composición.

1. Para Ud., su luna de miel fue fabulosa, perfecta, un sueño hecho realidad. Pero, para su esposo(a), fue todo lo contrario. Descríbala en su diario de viajes. Su pareja también escribirá una descripción del viaje, pero será muy diferente. Incluya: lugar, clima, comida, alojamiento, comodidades, ambiente y más.

2. Describa Ud. una luna de miel...
   a. tropical.   **b.** económica.   **c.** desastrosa.   **d.** invernal.

¿El que manda?

Vocabulario inicial

agresivo *aggressive*
el ama de casa *housewife (f.)*
la bata *bathrobe*
capacitado (capaz) *capable*
cuidar (de) *to take care of*
los deberes (las obligaciones) *duties*
el delantal *apron*
desempeñar *to perform*
despeinado *uncombed*

fastidiar *to upset, irk*
la feminidad *femininity*
hacer (desempeñar) un papel *to play a role*
hacer las tareas domésticas *to do housework*
la masculinidad *masculinity*
el mito *myth*
pasivo *passive*

Para comenzar...

1. Con la ayuda del vocabulario inicial, describa el dibujo.
2. ¿Es típica esta escena? Explique las circunstancias. ¿Se ve esto más en los EE.UU. hoy día? ¿A qué se debe?
3. ¿Debe haber un papel específico para el hombre y otro para la mujer? ¿Por qué? ¿Cuáles deben ser?
4. En su familia, ¿trabajan ambos padres fuera de la casa? ¿Quién hace las tareas domésticas? Explique cómo dividen las tareas. ¿Hacen los hermanos y las hermanas tareas diferentes? Explique.

¿El que manda?

De vuelta en los EE.UU., Lisa decide alquilar un apartamento en la playa donde va a pasar el verano trabajando de camarera con unas amigas. A Cristián no le gusta nada su decisión y le escribe a Lisa sobre sus preocupaciones.

Querida,

Desde que te conocí (y consciente de que eres americana), he querido tener relaciones democráticas contigo, pero no ha sido posible. Tú puedes comprobarlo por los problemas que han surgido. Y el fracaso de esto es debido a que, americana o no, eres una mujer, como cualquier otra mujer, aunque para mí diferente de todas las demás, claro. Y, realmente tú lo sabes. Darle democracia a una pequeña como tú, a una mujer, es imposible. Porque me has demostrado que no has sabido utilizarla. Y realmente lo prefiero así, porque te veo más femenina si eres menos segura en tus decisiones. Pero no te preocupes, cariño. Ya te dije que te quiero y que siempre haré lo posible para resolver cualquier problema nuestro. No puede ser 50 por ciento. Yo procuraré° hacer todo lo posible para que no tengas que tomar decisiones difíciles. Quizás así tengamos más suerte y menos problemas.

will try

Necesito y necesitas que seas mujer siempre, cuando estés conmigo y cuando estés sin mí. Yo tengo confianza en que mi novia es una mujer y no una niña mimada y caprichosa.

Te quiero pero estoy intranquilo. Escríbeme y explica todos tus actos.

Cristián

Conversemos

Refiriéndose a la lectura anterior, conteste Ud. las preguntas.

1. ¿Cuál es el motivo de la carta de Cristián? ¿Qué es lo que él nunca puede darle a Lisa? ¿Por qué? ¿Qué debe hacer Lisa para evitar problemas en la relación? ¿Qué quiere él que ella escriba en su próxima carta?
2. ¿Qué piensa Ud. de la actitud de Cristián? ¿Es justificado su enojo? Explique. ¿Cómo va a reaccionar Lisa al recibir la carta? ¿Cómo reaccionaría Ud. si recibiera esta carta?
3. Describa Ud. las características de una persona posesiva. ¿Es Ud. posesivo(a)? ¿Por qué sí o por qué no? ¿Le gusta que su novio(a) sea posesivo(a)? Explique.
4. ¿En qué consiste la feminidad? ¿y la masculinidad? ¿Es femenino no tomar decisiones? ¿Quién toma las decisiones en su familia?
5. ¿En qué consiste «una relación democrática»? ¿Es posible tener una relación así con su novio(a)? ¿Por qué sí o no? ¿Le gusta que su novio(a) sea dominante? ¿Son los hombres agresivos más atractivos? ¿y las mujeres sumisas?

Vocabulario

SUSTANTIVOS

el centro para niños *day-care center*
el embarazo *pregnancy*
la guardería infantil *day-care center*
la maternidad *maternity*
la partera *midwife*
el parto *labor*
la paternidad *paternity*
el poderío *power, authority*

ADJETIVOS

caprichoso *capricious*
contenido *contained, moderate*
dominante *domineering*
encinta (embarazada) *pregnant*
expresivo *expressive*
flexible *flexible*
materno *maternal*
macho (machista) *exaggeratedly masculine*

obediente *obedient*
paterno *paternal*
rígido *rigid, inflexible*
sumiso *submissive*
valiente *valient*
virtuoso *virtuous*

VERBOS

comprobar (ue) *to prove*
criar *to raise*
dar a luz *to give birth to*
divorciarse *to get divorced*
dominar *to dominate*
enfadarse (enojarse) *to become angry*
evitar *to avoid*
provocar *to provoke*
someter *to submit, subdue*
surgir *to appear*

cambiar una llanta *to change a tire*
es debido a *it is because of*
ir por un mandado *to do an errand*

el movimiento de liberación
femenina *the women's liberation
movement*
   sacar la basura *to take out the
garbage*

Repasemos el vocabulario

REFIÉRASE A LA LISTA DE VOCABULARIO Y AL VOCABULARIO INICIAL.

A. ¿Cuál no pertenece? *Subraye Ud. la palabra que no está relacionada con las otras y explique por qué.*

1. rígido	pasivo	obediente	sumiso
2. dominante	macho	flexible	agresivo
3. enfadar	enojar	fastidiar	criar
4. mito	deber	obligación	trabajo
5. parto	embarazo	bata	partera

B. La riña. *Dé Ud. el sinónimo de las palabras subrayadas. Use la forma apropiada.*

Anoche Juliana se enojó con su esposo. Según Raúl, fue ella quien causó la riña. Juliana quería salir con sus amigas pero Raúl insistió en que se quedara en casa para atender a los niños. Juliana dice que esta riña es consecuencia del carácter super autoritario de su esposo. No es que no sea decente, porque lo es, pero es uno de esos hombres que se creen superiores a las mujeres, y éste es un gran defecto. Raúl intenta subordinar a Juliana y hacerla creer que no cumple con sus deberes domésticos.

C. El análisis. *Refiriéndose a la relación entre Juliana y Raúl, conteste las preguntas.*

1. ¿Qué tipo de mujer quiere Raúl?
2. ¿Qué otras acciones o actitudes de Juliana fastidian a Raúl?
3. Describa Ud. dos otras ocasiones cuando, según Raúl, Juliana provocó una riña.
4. ¿Qué recomienda Ud. que hagan ellos para mejorar su relación? Haga tres recomendaciones.

D. *Mi media naranja.* *(My better half.) Escoja Ud. tres adjetivos de la lista siguiente para llenar los espacios. Luego complete las frases.*

flexible, contenido, sumiso, expresivo, virtuoso, pasivo, valiente, dominante

1. Quiero un(a) novio(a) que sea _____ porque...
2. Prefiero que un hombre (una mujer) sea _____ porque...
3. No me gustaría que un(a) esposo(a) fuera _____ porque...

E. *El dibujo lo dice todo.* *Mire Ud. el dibujo y conteste las preguntas.*

Ahora que tenemos los esquíes, podemos empezar a ahorrar para comprar un barco de motor el próximo año.

1. Describa Ud. la relación que existe entre estas dos personas.
2. En su opinión, ¿por qué permite ella que su esposo la trate así?
3. ¿Quién es el hombre más machista que Ud. conoce? Descríbalo. ¿A qué se debe esta actitud?

F. *En grupos.* *Es evidente que la mayoría de los anuncios comerciales que salen por la televisión durante el día se dirigen a la mujer. Ahora que es más frecuente que el hombre se quede en casa, ¿cómo van a cambiar estos anuncios? En grupos, escriban un anuncio comercial dirigido al hombre de la casa y represéntenlo delante de la clase.*

Gramática

THE PAST PARTICIPLE USED AS AN ADJECTIVE
(El participio pasado usado como adjetivo)

USE

1. As discussed in Unit VI, when the past participle is used to form a perfect tense, the final **-o** ending remains invariable. However, when used as an adjective, the past participle agrees in number and gender with the noun it modifies.

He **hecho** los trabajos de la casa.	Son trabajos **hechos.**
La mujer se ha **capacitado** para trabajar fuera de casa.	Es una mujer **capacitada.**

2. The past participle is often used with the verbs **dejar, estar, quedar,** and **tener** to express the result of an action.[1]

Dejé abiertas las ventanas.	_I left the windows open._
La teoría está comprobada.	_The theory is proven._
Tengo hecho el trabajo.	_I have the work done._

3. It may be used to indicate the time or the circumstances existing when an action takes place. In this case, the past participle generally precedes the noun.

Pagada la cuenta, Raquel salió del restaurante.	_The check paid, Raquel left the restaurant._
Cambiada la llanta, Laura siguió su camino.	_Having changed the tire, Laura continued on her way._

THE PAST PARTICIPLE AND THE PRESENT PARTICIPLE
(El participio pasado y el participio presente)

USE

1. The past participle is used as an adjective with the verb **estar** to express the result of an action or a change of state or condition. In English the present participle is often used.

El nene está dormido en la cuna.	_The baby is asleep (sleeping) in his crib._
Mamá estaba acostada después de un largo día de trabajo.	_Mom was lying down after a long day of work._

---

[1] The past participle is also used with the verb **ser** to form the passive voice. This is discussed in Unit VIII.

2. The present participle is used with the verb **estar** to express an action in progress.

El nene está durmiendo. *The baby is sleeping.*
Mamá se estaba acostando cuando *Mom was (in the process of) lying down*
 alguien tocó a la puerta. *when someone knocked on the door.*

3. Some common past participles in Spanish that are translated as present participles in English are:

aburrido — *boring*   colgado — *hanging*
atrevido — *daring*   divertido — *amusing*
bien parecido — *good-looking*   sentado — *sitting*

Práctica

A. La casa ideal. *Después de muchos años, los Miranda pueden construir la casa de sus sueños. Siga Ud. el modelo.*

> **MODELO**   las paredes del comedor/pintar
> Las paredes del comedor están pintadas.

1. la piscina y el patio/construir
2. las canchas de tenis/hacer
3. las rejas en el balcón/poner
4. las lámparas de la entrada/colgar
5. el trabajo eléctrico de la sauna/terminar
6. el arquitecto/pagar

B. Los trabajos de la casa. *Leonor tiene que asistir a una reunión importante. Su esposo le pregunta qué debe hacer en casa durante su ausencia.*

> **MODELO**   ¿Barro el suelo de la cocina?
> Sí, y una vez barrido el suelo, debes ir al supermercado.

1. ¿Hago las compras para la fiesta?   **4.** ¿Acuesto a los niños a mediodía?
2. ¿Saco toda la basura?   **5.** ¿Cocino el pollo?
3. ¿Levanto la alfombra de la sala?   **6.** ¿Lavo los platos?

C. Vuelve la inspectora. *Cuando Leonor vuelve de su reunión, le pregunta a su esposo si él terminó todas sus tareas. Conteste Ud. las preguntas con el participio pasado y los verbos **tener** o **dejar**.*

> **MODELO**   ¿Abriste las ventanas?
> Sí, dejé abiertas las ventanas.

1. ¿Cerraste todas las puertas?   **4.** ¿Preparaste la ensalada?
2. ¿Lavaste los vasos?   **5.** ¿Hiciste las camas?
3. ¿Planchaste mis pantalones?   **6.** ¿Freíste las papas?

COMPARATIVES AND SUPERLATIVES
(Los comparativos y los superlativos)

FORM AND USE

Comparisons of inequality are formed as follows:

1. When the comparison involves one clause, the following constructions are used:

Superiority and inferiority:

a. | **Más (menos)** + adjective, adverb, or noun + **que** + person or thing |

Mi trabajo es más (menos) difícil que el tuyo.	*My work is more (less) difficult than yours.*
Juana se levanta más (menos) temprano que su esposo.	*Juana gets up earlier (less early [i.e., later]) than her husband.*
Raúl gana más (menos) dinero que su hermana.	*Raúl earns more (less) money than his sister.*

b. | Verb + **más (menos) que** + person or thing |

Pablo come más (menos) que yo.	*Pablo eats more (less) than I.*

c. Más (menos) de is used before numbers.[2]

Tengo más (menos) de cinco amigos peruanos.	*I have more (less) than five Peruvian friends.*

d. Contrary to English, in Spanish the negative is used after expressions of comparison.

Te quiero más que nunca.	*I love you more than ever.*
Susana lo sabía más que nadie.	*Susana knew it more than anyone.*

2. When the comparison involves two clauses, the following constructions are used:

Superiority and inferiority:

a. When comparing an adjective, adverb, or idea, **de lo que** is used.

Juan es más (menos) guapo de lo que me dijiste.	*Juan is more (less) handsome than you told me.*
Es más tarde de lo que crees.	*It's later than you think.*

---

[2] The construction **no** + verb + **más que** + number is used to express the idea of *only*. **No tengo más que quince centavos.** *(I have only fifteen cents.)*

b. When comparing a noun, the phrase **del (de la, de los, de las) que** is used. It agrees in number and gender with the noun to which it refers.

Raúl le compró más brillantes de los que puede pagar.

Raúl bought her more diamonds than he can pay for.

Tenemos más (menos) comida de la que necesitamos.

We have more (less) food than we need.

FORM AND USE

Comparisons of equality are formed as follows:

1. | **Tan** + adjective or adverb + **como** + person or thing |

José es tan romántico como Romeo.

José is as romantic as Romeo.

Alfredo canta tan bien como Julio Iglesias.

Alfredo sings as well as Julio Iglesias.

2. | **Tanto(a, os, as)** + noun + **como** + person or thing |

Yo tengo tanto trabajo como tú.

I have as much work as you.

Marta tiene tantas amigas como yo.

Marta has as many friends as I.

3. | Verb + **tanto como** + person or thing |

Pablo sale tanto como nosotros.

Pablo goes out as much as we.

FORM AND USE

There are two types of superlatives — relative and absolute.

1. The relative superlative of adjectives and adverbs requires the following constructions:

a. | Definite article + **más (menos)** + adjective + **de** + person or thing |

Sara es la (chica)[3] más guapa de la clase.

Sara is the prettiest (girl) in the class.

Carlos y Pepe son los (chicos)[3] más guapos del colegio.

Carlos and Pepe are the most handsome (boys) in the school.

b. | Verb + **lo** + **más (menos)** + adverb + **posible (que poder)** |

Comimos lo más pronto posible (que pudimos).

We ate as soon as possible (we could).

---

[3] In this construction, the noun need not be expressed because it is understood.

2. The absolute superlative of adjectives and adverbs requires the following constructions:

a. There are three possible superlative adjective forms, in order of degree:

muy + adjective	**sumamente** + adjective

muy guapo
very handsome

sumamente guapo
extremely handsome

adjective + **-ísimo(a, os, as)**

guapísimo
indescribably handsome

Note the following orthographic changes that occur in some adjectives.

z → c   feliz — feli**c**ísimo   **c → qu**   rico — ri**qu**ísimo
g → gu   largo — lar**gu**ísimo   **ble → bil**   amable — ama**bil**ísimo

b. There are three possible superlative adverb forms, in order of degree:

muy + adverb	**sumamente** + adverb

muy rápidamente
very quickly

sumamente rápido
extremely quickly

adverb + **-ísimo (-ísimamente)**

rapidísimamente
incredibly quickly

FORM

The following are some irregular comparatives and superlatives:

ADJECTIVE	ADVERB	COMPARATIVE	SUPERLATIVE
bueno *(good)*	bien *(well)*	mejor *(better)*	el (la) (lo) mejor *(the best)*
malo *(bad)*	mal *(badly)*	peor *(worse)*	el (la) (lo) peor *(the worst)*
mucho *(many, much)*	mucho *(a lot)*	más *(more)*	el (la) (lo) más *(the most)*
poco *(few, little)*	poco *(a little)*	menos *(less)*	el (la) (lo) menos *(the least)*
grande[4]		mayor *(older)*	el (la) mayor *(the oldest)*
pequeño[4]		menor *(younger)*	el (la) menor *(the youngest)*

---

[4] When **grande** and **pequeño** refer to size rather than age, **más (menos)** is used for comparison. For example: **Ella es más grande que yo.** *(She is bigger than I.)*

Práctica

A. ¿Más, menos o tan? *Escoja Ud. una de las formas comparativas y forme frases completas, según el modelo.*

> **MODELO** las mujeres/capacitadas/los hombres
> Las mujeres son más capacitadas que los hombres.

1. los estudiantes/inteligentes/los profesores
2. Romeo/apasionado/Julieta
3. los padres/sabios/los niños
4. Sancho Panza/gordo/Don Quijote
5. yo/alto(a)/mi madre
6. mi hermano/fuerte/yo

Ahora, forme Ud. tres comparaciones originales.

B. ¿Cuál es su relación? *Compare Ud. las siguientes cosas de una forma original, según el modelo.*

> **MODELO** España/Estados Unidos
> España es más pequeña que los EE.UU.

1. el chocolate/la vainilla
2. mi madre/mi padre
3. yo/mi profesor(a)
4. una boda/una fiesta de cumpleaños
5. los programas de televisión/las películas
6. la revista *Time*/la revista *Newsweek*
7. mi novio/Kevin Costner (mi novia/Julia Roberts)

C. Al extremo. *Termine Ud. las frases con comparativos de una forma original, según el modelo.*

> **MODELO** Barbra Streisand canta bien... pero yo canto mejor.

1. Tú bailas mal...
2. Mi madre cocina bien...
3. Mi abuela es vieja...
4. Tú eres joven...
5. Yo tengo mucho dinero...
6. Ud. tiene pocos amigos...

D. Siempre hay alguien que lo hace mejor. *Forme Ud. los superlativos siguientes.*

> **MODELO** Yo corro rápidamente... pero Joan Benoit corre más rápidamente que yo. Ella corre rapidísimamente.

1. Susana se viste elegantemente...
2. Pablo habla elocuentemente...
3. Mi secretario trabaja eficazmente...
4. Yo me levanto temprano...
5. Tú manejas cuidadosamente...
6. Papá canta felizmente...

MODELO   Ana gana mucho dinero. (su esposo)
Sí, pero no gana tanto dinero como su esposo.

1. Paco se enfada mucho. (Pepe)
2. El embarazo fue difícil. (el parto)
3. Mi hermano es agresivo. (mi hermana)
4. Los españoles se divorcian. (los norteamericanos)
5. El hombre es expresivo. (la mujer)
6. Hoy día la mujer tiene muchos derechos. (el hombre)
7. Mi padre trabaja muy duro. (mi madre)
8. Hay muchas oportunidades de trabajo para las chicas. (los chicos)

Así se dice

A QUIÉN CORRESPONDA...

1. Letter salutations may be formal or informal, depending on the purpose of your correspondence.

Querido Juan,	*Dear Juan,*
Muy señor (señores) mío(s):	*Dear sir(s):*
Estimado(a) (apreciable, distinguido[a]) señor(a):	*Dear sir (madam):*
A quién corresponda:	*To whom it may concern:*

2. The body of the letter usually begins with an explanation of why you are writing. The following may be helpful in business or formal letters:

He recibido su apreciable carta.	*I have received your kind letter.*
En referencia a su carta de...	*In reference to your letter of . . .*
Acabamos de recibir...	*We have just received . . .*
El motivo de la presente es... La presente sirve para...	*I am writing (this letter) to . . .*
Tengo el gusto de comunicarle... Me es grato dirigirme a Ud... Quiero informarle...	*I am pleased to inform you . . .* *I would like to let you know . . .*
Mucho nos duele comunicarle...	*We are very sorry to inform you . . .*
En contestación me permito manifestarle...	*In response, let me say . . .*

3. And in closing, you might use:

Dándole las gracias por...	
Agradeciéndole de nuevo...	*Thank you for . . .*
Confiando en que...	*I hope that . . .*
En espera de sus noticias...	*I look forward to hearing from you . . .*
Me subscribo...	*I remain . . .*
Cordialmente (Atentamente)	*Sincerely*
Saludos a la familia.	*Say hello to your family.*
Besos y abrazos	*Hugs and kisses*

Práctica

A. *Prepare Ud. una carta breve acerca de las siguientes situaciones.*

1. Un redactor le escribe a un autor; tiene que rechazar el manuscrito que éste le había mandado.

2. Un(a) hijo(a) en la universidad les escribe a sus padres después de los primeros exámenes.

3. El director de la Facultad de Medicina le escribe a un estudiante; le dice que fue aceptado para el curso del otoño.

4. Una mujer le escribe a su novio, que está en el extranjero; le dice que ya no quiere esperarlo más.

5. Un empleado le escribe a su jefe; quiere dejar el trabajo.

6. Un líder de un club universitario le escribe al senador/diputado de su estado; quiere que éste venga al campus para dar un discurso.

7. Un niño le escribe a Santa Claus; le pide regalos de Navidad.

B. *Cite Ud. una situación en la cual emplearía las siguientes expresiones:*

1. Muy señora mía: **4.** Besos y abrazos,
2. Estimado Señor Alegre: **5.** Agradeciéndolo de nuevo... me subscribo,
3. A quién corresponda:

Y en resumen...

A. No vale la pena. *María José consiguió un nuevo puesto que requiere largas horas en la oficina. Su esposo decidió ayudarla con las tareas domésticas, pero parece poco capacitado. Siga Ud. el modelo.*

MODELO Perdió la lista de recados.
   Ahora la lista está perdida.

1. Rompió los vasos de cristal. **4.** Ensució el suelo de la cocina.
2. Quemó la cafetera. **5.** Destruyó su vestido de seda.
3. Arruinó la alfombra en el salón. **6.** Pero preparó una cena romántica.

B. ¿Más que? *Haga comparaciones entre las siguientes personas según el modelo.*

> **MODELO** ¿Fue elegante la boda? (la de Mariela/la de la princesa Diana)
> Sí, fue más elegante que la de Mariela pero menos que la de la princesa Diana.

1. ¿Es machista Aurelio? (Javier/Sylvester Stallone)
2. ¿Es celoso tu marido? (Federico/Rhett Butler)
3. ¿A tí te fastidian los trabajos domésticos? (a mí/a Jackie Onassis)
4. ¿Es musculoso tu novio? (mi primo/Arnold Schwarzenegger)
5. ¿Usa ella mucho maquillaje? (esa modelo/Liz Taylor)

C. Dichos. *Hay muchos dichos en español que emplean el comparativo. ¿Qué quieren decir los siguientes? ¿Cuáles serían los equivalentes en inglés?*

1. Más listo que un coyote.   3. Más inútil que cenicero en moto.
2. Más larga que la Cuaresma *(Lent).*

Ahora, emplee Ud. los siguientes adjetivos en comparaciones originales.

> **MODELO** inútil
> Este libro es más inútil que una bocina *(horn)* en un avión.

1. rico   2. tonto   3. aburrido   4. rápido   5. largo   6. pobre

D. Conversemos. *Mire Ud. el dibujo y haga las actividades.*

1. ¿Es gracioso este dibujo? ¿Por qué? ¿Cuáles han sido los cambios más obvios entre los hombres y las mujeres en los últimos diez años? ¿Qué derechos ha conseguido la mujer durante el siglo pasado? ¿Hay derechos que todavía no tiene? ¿Cuáles?

2. ¿Qué significa para Ud. «ser hombre»? ¿Cuál es el hombre que Ud. más admira hoy día? ¿Por qué?

3. Cite Ud. a la mujer (aparte de su madre) que más influyó en su vida. ¿Qué cualidades suyas admira? ¿Cuáles intenta imitar?

E. Composición. *¿Cómo se reflejan los cambios en los papeles de hombre (mujer) en el cine o en la televisión? Cite Ud. algunos ejemplos específicos. Compare Ud. estos ejemplos con una película o programa de televisión de hace diez años o más.*

F. En grupos. *Representen Uds. una escena familiar tres veces: La primera vez es el hombre el que manda. La segunda vez es la mujer la que manda. La tercera vez no hay jefes... es una cooperativa.*

G. Chistes. *Lea Ud. los chistes siguientes y conteste las preguntas.*

> — Estoy preocupado. Está a punto de llover y mi mujer ha salido sin paraguas.
> — Vamos, hombre. No se mojará. Se refugiará en cualquier tienda hasta que pase la lluvia.
> — Eso es lo que me preocupa.

> — Mi mujer es capaz de hablar dos horas de una cosa.
> — La mía le gana. Habla dos horas de nada.

¿Son graciosos estos chistes? ¿Por qué? ¿Cuáles son las supuestas características femeninas de que se burlan los hombres? ¿Cuáles son las características masculinas de que se burlan las mujeres? ¿Qué otros chistes sobre las mujeres o los hombres sabe Ud.?

L E C C I Ó N 21

La mujer hispana: ¿En camino o en cadenas?

«Quiero decirle al público que las mujeres merecemos los mismos derechos que tienen los hombres y quiero decirle a mi esposo que le dejé un sandwich en la nevera.»

Vocabulario inicial

al mismo tiempo *at the same time*
auto-afirmarse *to assert oneself*
estar de huelga *to be on strike*
estar harto(a) (de) *to be fed up (with)*
la jornada *working day*
la protesta *protest*
protestar *to protest*
renunciar *to give up*
respecto a *in regard to*

Para comenzar...

1. Con la ayuda del vocabulario inicial, describa el dibujo.
2. ¿Por qué están de huelga estas mujeres? ¿De qué se preocupa la mujer en el centro? ¿Cuáles son sus prioridades?
3. ¿Tiene la mujer hoy día un papel doble que desempeñar? ¿En qué consiste? ¿Hay más presiones para la mujer hoy día de ser «super mujer/madre/profesional»? ¿A qué se debe esta presión? ¿Qué se puede hacer para disminuirla?
4. ¿Deben recibir pago las mujeres por el trabajo doméstico que hacen? ¿Quién debe pagarles? ¿Cuánto deben cobrar?

La mujer hispana: ¿En camino o en cadenas?

Pues, pasan los meses y los dos siguen escribiéndose. Lisa ha decidido seguir la carrera de abogado, lo cual no le encanta a Cristián. Lo difícil para Lisa es acostumbrarse a la actitud machista de su novio español, una actitud que no ve con frecuencia en su propio ambiente pero que es más conocida y aguantada entre las mujeres hispanas... hasta hace poco.

Querida Lisa,

Muchísimas gracias por tu última carta. Me alegro que todo te vaya tan bien y que estés tan contenta. De todas maneras me parece que hay algunas cosas de las cuales tenemos que hablar.

En tu carta me dices que finalmente has decidido estudiar la carrera de abogado, lo cual no me parece muy bien. Lo que creo es que no te has puesto a pensar en lo que eso significaría.

Para empezar, la carrera en sí ya son tres años. Después tendrás que buscar trabajo, y aunque lo encontrarás, tardarás otros diez años más en llegar a ser alguien en la profesión. Ser un buen abogado no es fácil. Tendrás que trabajar mucho y aguantar mucho más. ¿Crees que podrías avanzar fácilmente en una profesión que siempre ha sido de hombres? ¿Crees que podrías aguantar todo el sufrimiento que implica esta profesión?

Por otra parte, no podrías ejercer en España con un título de los EE.UU. y eso supondría una separación. Sabes muy bien lo mucho que te quiero y lo mucho que quiero que estés conmigo. Pero también yo estoy haciendo mi carrera y bien sabes lo mucho que significa para mí. ¿Por qué no vienes a vivir conmigo? Si vienes, te encontraré un trabajo como secretaria o un trabajo en una boutique. Así no tendrás tanto trabajo y podremos estar juntos. De todas maneras, cuando yo acabe mi carrera y encuentre trabajo, no necesitarás trabajar, y además alguien tendrá que cuidar la casa. Sabes que sólo quiero lo mejor para ti. Piensa bien en lo que te he dicho y después decide lo que quieres hacer. Un beso muy fuerte. Te quiero.

Cristián

Conversemos

Refiriéndose a la lectura anterior, conteste Ud. las preguntas.

1. ¿Qué decisión ha tomado Lisa? Explique cómo esto afectará su relación con Cristián. ¿Qué solución al problema propone él? Describa cómo sería la vida de Lisa si ella viviera en España con Cristián.
2. ¿Cómo están discriminadas las mujeres en la oficina? ¿Hay profesiones que han sido reservadas exclusivamente para hombres? ¿Cuáles? ¿Cree Ud. que los hombres se sienten amenazados por una mujer en su propia profesión? ¿Qué se puede hacer para evitar que se sienta así?
3. Cite Ud. casos en que el jefe saca provecho de la mujer o la soborna con la posibilidad de un ascenso sólo si ella «coopera». ¿Es contra la ley este comportamiento? ¿Qué haría Ud. en esta situación?

Vocabulario

SUSTANTIVOS

la alternativa *alternative*
el ascenso *promotion*
la aspiración *goal*
la determinación *determination*
la estabilidad *stability*
la falta de comprensión *lack of understanding*
la (in)decisión *(in)decision*
la (in)dependencia *(in)dependence*
la (in)discreción *(in)discretion*

el remordimiento *remorse*
la voluntad *will*

ADJETIVOS

complaciente *willing*
dinámico *dynamic*
enérgico *energetic*
formidable *terrific*
razonable *reasonable*
subordinado *subordinate*

VERBOS

abusar *to abuse*
adquirir (ie) *to acquire*
aspirar a *to aspire to*
delegar *to delegate*
deshonrar *to dishonor*
exceder *to exceed*
mejorar *to improve*
provenir (ie) *to originate*
respetar *to respect*

sobornar *to bribe*
superar *to overcome*
tomar por *to take for*

EXPRESIONES

de cierta manera *in a way*
de paso *incidentally*
desde luego *of course*
de un golpe *all at once*

Repasemos el vocabulario

REFIÉRASE A LA LISTA DE VOCABULARIO Y AL VOCABULARIO INICIAL.

A. ¿Cuál no pertenece? *Subraye Ud. la palabra que no está relacionada con las demás y explique por qué.*

1. deshonrar   abusar   maltratar   respetar
2. voluntad   indecisión   determinación   aspiración
3. mejorar   superar   exceder   renunciar
4. enérgico   formidable   subordinado   dinámico
5. complaciente   razonable   flexible   dominante

B. Formando palabras. *Dé Ud. el sustantivo que corresponde a los siguientes verbos.*

1. protestar   **4.** comprender
2. depender   **5.** decidir
3. ascender   **6.** determinar

C. Definiciones. *Dé Ud. la palabra que corresponde a las definiciones subrayadas.*

1. Sara es un líder muy efectivo porque ella sabe <u>darles responsabilidades</u> a sus empleados.
2. El jefe de la compañía le dio a Cintia <u>una subida en su empleo</u>.
3. ¿El problema de Rodolfo? Es la <u>falta de resolución</u>.
4. Estoy cansada...harta...ya no tengo la <u>fuerza de hacer nada</u>.
5. Espero que ese hombre sienta una <u>gran pena interna</u> por haberte tratado tan mal.

D. Sinónimos. *Dé Ud. el sinónimo de las siguientes palabras subrayadas. Luego, conteste las preguntas.*

1. Marisa se lleva bien con él porque ella tiene un carácter <u>servicial</u>.
   ¿Cómo será el carácter del esposo de Marisa?
2. No tienen problemas grandes. Van al consejero para <u>perfeccionar</u> su relación.
   ¿Qué debe hacer una pareja para perfeccionar su relación?

3. Se cree que la actitud machista <u>se origina</u> en la relación entre la madre y el hijo.

Describa Ud. la actitud materna que crearía una actitud machista.

4. Lo que más quiero es que mi esposo me <u>honre</u>.

¿Qué hace un(a) esposo(a) para mostrar respeto a su pareja?

5. Ana me dijo que se sentía muy <u>inferior</u> en su matrimonio.

¿Qué hará el esposo de Ana para hacer que se sienta así?

6. Tienen mucho en común, comparten todo. Es una pareja <u>dinámica</u>.

¿Qué otros ingredientes constituyen una relación dinámica?

E. Prisionero. *Lea Ud. el dibujo siguiente y conteste las preguntas.*

—Si por lo menos hicieras algún intento de escaparte de la cárcel . . .

1. ¿Por qué sonríe el hombre? ¿Por qué está furiosa la mujer?

2. ¿Cuáles son tres razones por las que él no quiere escaparse de la cárcel?

3. ¿Cómo será un día típico en la casa de este hombre? ¿Cómo será un día típico en la cárcel? ¿Cuál escogería Ud.? ¿Por qué?

4. En grupos, representen un día típico en la vida de esta familia.

F. El señor en casa. *En grupos, representen la escena siguiente.*

Un «amo» de casa llama a su mujer ejecutiva a su oficina y le pide que pase por el supermercado por algunas cosas antes de volver a casa. Cuando esta mujer vuelve a casa la misma noche, el esposo (con la ayuda de los hijos) le cuenta todo lo que pasó durante el día.

G. Tres generaciones. *Compare Ud. la vida de su madre, de su abuela y de su bisabuela.*

Gramática

DIMINUTIVES AND AUGMENTATIVES
(Los diminutivos y los aumentativos)

FORM

1. Diminutives are formed by adding the following endings (and their corresponding feminine and plural forms) to nouns, adjectives, or adverbs: **-ito, -cito, -ecito** or **-illo, -cillo, -ecillo.**[1] These endings are interchangeable, but preference for one or the other is regional.

   a. Generally, if a word contains only one syllable and ends in a consonant, **-ecito** or **-ecillo** is used. The diminutive endings will vary in number and gender.

   pan — panecillo   flor — florecita   flan — flanecito

   b. Commonly, if a word of more than one syllable ends in a consonant, **-e,** or an accentuated vowel, **-cito** or **-cillo** is added.

   joven — jovencito   pobre — pobrecilla   papá — papacito

   c. For most other words, the final vowel is dropped and **-ito** or **-illo** is added.

   trabajo — trabajito   cosa — cosita   Rosa — Rosita

   d. Note that the following orthographic changes will occur before adding the **-ito** or **-illo** suffixes.

g → gu	amigos — ami**gu**itos
c → qu	cerca — cer**qu**ita
z → c	lápiz — lapi**c**ito

2. Augmentatives are formed by dropping the final vowel and adding the following suffixes (and their corresponding feminine and plural forms) to nouns, adjectives, and adverbs: **-ón, -azo (-tazo), -ote (-zote), -acho,** and **-ucho.**

   el muchacho — el muchachón   grande — grandote   pelota — pelotaza

---

[1] Other diminutive endings including **-ín, -uelo,** and **-ico.**

USE

1. Diminutives are used to
   a. express affection.

   Hola, cielito.   *Hello, my darling.*
   El viejecito pasea por el parque. *The dear old man walks through the park.*
   Hijita mía, te quiero mucho. *My darling daughter, I love you very much.*

   b. indicate smallness or youth.

   Su casita es muy linda. *Their little house is very pretty.*
   El conejito es muy mono. *The little (baby) rabbit is very cute.*

   c. accentuate an idea.

   Inés vive aquí cerquita.   *Inés lives very close by here.*
   Dame sólo un poquito porque *Give me just a little because I need to lose*
    necesito adelgazar.   *weight.*

2. Augmentatives are used to
   a. express contempt or negative qualities.

   ¡Qué feote es Jaime!   *Jaime is so big and ugly!*
   Ella me dijo una palabrota. *She told me a swear word.*
   Aquí viene la gentuza. *Here comes the (disorderly) mob.*

   b. indicate large size.

   ¡Ay, qué librote!   *What a huge book!*
   Se sentó en el sillón. *She sat in the armchair.*

   c. express the idea of *a blow* or *strike* with the endings **-azo** and **-ada**.

   Le dio una palmada al gato. *She slapped the cat.*
   El sonido del martillazo era muy *The sound of the hammer blow was very*
    fuerte.   *loud.*

Práctica

A. *¿Qué significa?* *Ana no habla bien el español y ha hecho una lista de palabras para que se las explique su amiga hispana. Dé Ud. la forma regular de cada palabra y la definición en español.*

1. regalito **3.** amorcito **5.** poquito **7.** niñita
2. gordito **4.** coquetilla **6.** Paquito **8.** cafecito

B. Gemelas. *María y Marisa son gemelas pero tienen temperamentos muy distintos. María es pesimista y, a veces, sarcástica. Use Ud. el aumentativo que corresponda a las palabras subrayadas.*

Mi vecindario me tiene harta. No aguanto que el <u>hombre</u> de al lado use estas <u>palabras</u> a cada instante. Vive en una <u>casa</u> miserable, de la cual casi nunca sale, y sus únicos compañeros son un <u>perro grande</u> y una gata <u>fea</u> que es <u>flaca</u>.

En cambio, Marisa es optimista. Use el diminutivo que corresponda.

Visitamos un <u>pueblo</u> muy <u>cerca</u> de un <u>lago</u> bonito. Cada mañana, los <u>pájaros</u> cantaban sus <u>canciones</u> alegres mientras las <u>viejas</u> recogían las <u>flores</u> y los <u>muchachos</u> nadaban en el lago.

REVIEW OF THE SUBJUNCTIVE I *(Repaso del subjuntivo I)*

1. The present subjunctive form is used to express affirmative and negative **Ud., Uds.,** and **nosotros** commands and negative **tú** commands.

Traígamelo. No me lo traiga.	*Bring it to me. Don't bring it to me.*
Acuéstense. No se acuesten.	*Go to bed. Don't go to bed.*
Salgamos. No salgamos.	*Let's leave. Let's not leave.*
No me hables así.	*Don't talk to me like that.*

Remember that the affirmative **tú** command generally requires the third person singular of the indicative. For example: **Háblame.** *(Speak to me.)*

2. The following formulas explain when the present subjunctive is needed as opposed to the imperfect subjunctive.

present future command	present subjunctive present perfect subjunctive
preterite imperfect conditional	imperfect subjunctive past perfect subjunctive

3. The subjunctive is used in a noun clause when

  a. there is a change of subject in the subordinate clause, which is introduced by the conjunction **que**.

  Yo prefiero **que tú** vengas conmigo.   *I prefer **that you** come with me.*

  b. the verb in the first clause expresses hope, doubt, denial, consent, prohibition, permission, obligation, supplication, emotion, regret, advice, insistence, desire, necessity, preference, or any similar sentiments.

  Yo quiero (espero, dudo, mando, recomiendo, obligo, permito, necesito, sugiero, prefiero, prohibo, aconsejo, temo, siento) que tú te vayas.
  I want (hope, doubt, order, recommend, oblige, permit, need, suggest, prefer, forbid, advise, fear, regret) you to go (that you go).

  c. the main clause of the sentence contains an impersonal expression that does *not* indicate certainty.

  Es importante (bueno, malo, útil, ridículo, mejor, posible, probable) que tú te vayas.
  It is important (good, bad, useful, ridiculous, better, possible, probable) that you go.

  Es evidente (cierto, obvio, verdad) que te vas.
  It is evident (certain, obvious, the truth) that you are going.

  d. the expressions **quizá(s), tal vez,** or **acaso** indicate uncertainty or doubt.

  Quizá sea tarde. No tengo reloj.   *Perhaps it's late. I don't have a watch.*
  Quizá es tarde. Ya se va la gente.   *Perhaps it's late. Everyone's leaving.*

Práctica

A. Consejos. *Silvia, una estudiante, desea aprovecharse de sus años universitarios. Su tía, una distinguida ejecutiva empresarial, le aconseja. Cambie Ud. los verbos a mandatos familiares.*

1. (Escuchar) _____ los consejos de personas que han experimentado más que tú.
2. No (complicarse) _____ la vida con problemas económicos.
3. (Estar) _____ dispuesta a luchar contra la discriminación.
4. Nunca (desanimarse) _____ ni (perder) _____ la fe.
5. No (actuar) _____ impulsivamente.
6. (Darse cuenta de) _____ que los sueños pueden realizarse.
7. (Tomar) _____ en serio cualquier trabajo.
8. (Ser) _____ entusiasta y optimista.
9. (Recordar) _____ que «las apariencias engañan».
10. Siempre (tratar) _____ bien a la gente.
11. No (casarse) _____ muy joven.
12. Sobre todo, (conocerse) _____ bien.

B. ¿Qué hacemos? *Conteste Ud. las siguientes preguntas en el afirmativo y el negativo, según el modelo.*

> **MODELO** ¿Nos quedamos en casa?
> Sí, quedémonos en casa. No, no nos quedemos en casa.

1. ¿Cambiamos la llanta?
2. ¿Conseguimos un mejor trabajo?
3. ¿Nos casamos en diciembre?

4. ¿Sacamos la basura?
5. ¿Nos ponemos el maquillaje?
6. ¿Vamos a la boda?

C. Recomendaciones. *Todos los ejecutivos (sean hombres o mujeres) necesitan reanimarse durante las horas de trabajo. Para aumentar la productividad en la oficina, un médico les recomienda que sigan estos consejos. Use Ud. los verbos siguientes y siga el modelo.*

sugerir   recomendar   aconsejar

> **MODELO** mantener un balance entre el trabajo y el recreo
> Yo sugiero que Uds. mantengan un balance entre el trabajo y el recreo.

1. tomar una merienda de fruta o yogurt
2. no quedarse en el mismo lugar por mucho tiempo
3. practicar la respiración profunda del yoga
4. seguir un programa regular de ejercicios
5. hacer el trabajo más difícil por la mañana
6. evitar alimentos que tienen azúcar o cafeína

Ahora, cambie Ud. todas las frases al pasado.

D. Dos conversaciones. *Eva no está de acuerdo con las ideas de su abuela acerca de las mujeres y las profesiones. Cambie Ud. los verbos si es necesario. Luego, cambie cada frase al pasado.*

1. Las mujeres no necesitan profesiones. (No es verdad que...)
2. El hombre tiene más capacidad intelectual. (Es imposible que...)
3. La profesión hace imposible el matrimonio feliz. (No es necesario que...)
4. Pocas mujeres alcanzan posiciones de importancia. (No es cierto que...)
5. Las profesiones exigen demasiados sacrificios. (No creo que...)

Pero, luego, en una conversación con una amiguita...

6. Hay más alternativas profesionales ahora que antes. (Es evidente que...)
7. El éxito profesional de la mujer va creciendo. (Yo también creo que...)
8. Las mujeres pueden obtener estabilidad económica. (Es importante que...)
9. El matrimonio no es el único camino para la mujer. (Es bueno que...)
10. La mujer posee bastante determinación para triunfar. (No dudo que...)

Palabras problemáticas

Estudie Ud. las palabras siguientes. Son palabras que los estudiantes norteamericanos de español suelen confundir.

1. coger   *to grasp, seize*
   llevar   *to take along, carry away, wear*
   tomar   *to take* (in hand), *eat or drink*
   traer   *to bring*

Te lanzo la pelota. <u>Cógela</u>.	*I'll throw you the ball. Catch it.*
Si vas al parque, <u>lleva</u> un paraguas.	*If you go to the park, take along an umbrella.*
¿Quieres una manzana? <u>Toma</u>.	*Do you want an apple? Here, take it.*
<u>Tráeme</u> un vaso de agua, por favor.	*Bring me a glass of water, please.*

2. buscar   *to look for*
   mirar   *to look at*
   parecer   *to seem*
   parecerse a   *to resemble*
   ver   *to see*

<u>Buscamos</u> un trabajo que ofrezca oportunidades de avance.	*We're looking for a job that offers opportunities for advancement.*
¡No me <u>mires</u> así!	*Don't look at me like that!*
Elena <u>parece</u> estar cansada.	*Elena seems to be tired.*
Sofía <u>se parece</u> mucho <u>a</u> su mamá.	*Sofía looks a lot like her mom.*
<u>Vi</u> a José ayer en el mercado.	*I saw José yesterday in the market.*

3. todavía   *yet, still*
   ya   *already*
   ya no   *no longer*

¿<u>Ya</u> llegaron los invitados?	*Have the guests arrived already?*
<u>Todavía</u> no.	*Not yet.*
<u>Ya no</u> salen muchas chicas hispanas con chaperona.	*Many Hispanic girls no longer go out on dates with chaperons.*

Práctica

Escoja Ud. la palabra apropiada, según el contexto.

1. ¿Vas a (llevar, tomar) vino a la fiesta?
2. Cuando vengas a casa esta noche, (llévame, tráeme) leche.
3. ¿Tienes sed? ¿Qué quieres (coger, tomar)?
4. (Busco, Miro) mis llaves pero no las encuentro.
5. No te (miramos, vimos) anoche en el concierto.
6. Pablo (parece, se parece a) Don Johnson. ¡Ay, qué guapo!
7. Creo que le gustas mucho a Jaime porque en clase él siempre te (ve, mira).
8. ¿(Ya no, Todavía) estás aquí? Es tarde (ya, todavía). Vete a casa.
9. (Ya no, Ya) celebran las bodas como las celebraban cuando yo era pequeño.

Y en resumen...

A. La mujer latina. *Escoja Ud. la palabra correcta. Traduzca las palabras en inglés al español.*

La mujer latina (actual, actualmente) (es, está) en un período de transición. (Es, Está) dejando atrás el (*role*) _____ tradicional que ha (mantenido, mantenida) (por, para) tantos años y revistiéndose de un nuevo traje de auto-conocimiento, auto-reafirmación y auto-determinación.

(Por, Para) muchos años, (_____, las) mujeres latinas (*have had*) _____ que contentarse con el papel de ciudadana de (segundo, segunda) clase. El mundo profesional no (estaba, era) (fácil, fácilmente) a su alcance.

(*It hasn't been*) _____ siempre así para la mujer caribeña. En épocas anteriores la mujer taína tenía oportunidades de llegar a ser (una, _____) cacique y era responsable por (todo el, toda la) _____ tribu. Pero, con la llegada de los españoles, llegó también el papel tradicional de la mujer española — el de (el, la) sumisión y (el, la) maternidad.

(El, La) _____ problema se intensifica para la mujer hispana en los Estados Unidos, donde no sólo es (discriminada, discriminado) por ser (una, _____) mujer, (pero, sino) también por (ser, estar) minoritaria y quizás también por no hablar inglés.

B. *¿-Ito u -ote?* *Escriba Ud. el diminutivo y el aumentativo de las palabras siguientes. Luego escriba una frase original con cada uno.*

1. luz   4. pata   7. coche
2. sala   5. mano   8. amigo
3. mujer   6. silla   9. canción

C. *La entrevista.* *Esta tarde la novia de Ricardo tiene una entrevista con los jefes de una compañía grande. Él espera que todo le vaya bien. Haga el papel de Ricardo y exprese cada frase con* **ojalá** *o* **no hay duda que***. Siga el modelo.*

MODELO   ella/llegar a tiempo
        Ojalá llegue a tiempo.

1. ella/ponerse nerviosa
2. ellos/tratarla con respeto
3. ella/vestirse bien
4. ellos/darse cuenta de su talento
5. ella/demostrar un aire de confianza
6. ellos/estar impresionados
7. ella/comunicarse dinámicamente
8. ellos/tomar una decisión pronto

Ahora, cambie Ud. todas las frases al pasado.

D. *La discriminación.* *Irene es abogada y trabaja con casos de discriminación contra la mujer. Les cuenta a sus amigas sus casos. ¿Qué dicen ellas?*

1. No hay siempre pago igual para hombres y mujeres. (No puedo creer que...)
2. A veces los hombres tienen actitudes negativas hacia las mujeres. (Es una lástima que...)
3. Frecuentemente les dan mejores puestos a los hombres. (Es seguro que...)
4. Algunos no aceptan la idea de una mujer en la oficina. (Creo que...)
5. Otros discriminan contra la mujer mayor de treinta años. (No es justo que...)
6. También, se niegan a aumentar sus sueldos. (Es increíble que...)

E. *Un repaso.* *Escoja Ud. la forma correcta del verbo.*

1. Siento que ella... que renunciar el puesto.
   a. tenga   **b.** tendría   **c.** tuvo
2. Los jefes tenían miedo de que... una manifestación.
   a. hubiera   **b.** haya   **c.** haber
3. Es triste que él no... solución.
   a. encontrará   **b.** encuentra   **c.** encuentre
4. Marta se alegraba de... encontrado el puesto ideal.
   a. había   **b.** hubiera   **c.** haber
5. Tal vez le... a pagar muy bien. No han hablado del sueldo todavía.
   a. fueron   **b.** vayan   **c.** fueran
6. Ellos tendrán que... una guardería infantil.
   a. buscara   **b.** busque   **c.** buscar

*F. **Mujeres unidas.*** *Mire Ud. el siguiente anuncio y haga las actividades.*

MUJERES UNIDAS EN ACCIÓN OFRECE
CURSOS GRATIS DE INGLÉS

Mujeres Unidas en Acción ofrece cursos gratis de Inglés como Segundo Idioma. Los siguientes servicios son ofrecidos a las estudiantes del programa: cuidado de niños durante las clases, consejería, talleres de información general e introducción a las computadoras.

Habrá matrícula el jueves 3, el viernes 4 y el miércoles 9 de enero de 9:30 a.m. hasta la 1:30 p.m. en nuestras oficinas que están localizadas en el 1534 de la Avenida Dorchester. Para más información favor de llamar a nuestro teléfono 265-3015.

Exhortamos por este medio a todas las mujeres latinas a superarse y romper con las limitaciones del idioma. Inscríbase, la esperamos.

---

1. Basándose en el anuncio, conteste Ud. las preguntas.
   a. ¿Cuánto cuesta el curso?
   b. ¿Cuáles son tres otros servicios que se ofrecen además de la enseñanza de inglés?
   c. ¿Qué debe hacer una persona que se interesa en matricularse pero trabaja hasta las dos?
   d. ¿Por qué es la consejería un aspecto importante de este programa?
2. Usando su imaginación, conteste Ud. las preguntas.
   a. ¿Cómo puede el idioma limitar a una mujer?
   b. ¿Cuáles son otros tipos de cadenas que lleva la mujer latina en los EE.UU.?
   c. ¿Qué otros cursos se pueden ofrecer para ayudar a la mujer latina a superar estos problemas?

G. Conversemos

1. ¿Puede haber un matrimonio feliz entre una mujer que tiene una profesión y un hombre que no es profesional?
2. ¿Cuáles son los mayores obstáculos que una mujer encuentra diariamente en su profesión?
3. ¿Cuáles son las cualidades que quizá sean más características de las mujeres y que las hagan mejores ejecutivas que los hombres?

*H. **Minidrama: Grandes parejas.*** *Imagínese Ud. una conversación entre las siguientes personas en la época histórica que les corresponde y también en el año 1995. Con un(a) compañero(a), represéntenla delante de la clase o inventen su propia situación.*

1. Fernando e Isabel (los Reyes Católicos de España)
2. Romeo y Julieta
3. Lucy y Ricky (Ricardo)

El papel de la mujer

A. Cambios para la mujer. *Escoja Ud. la palabra apropiada o forme el mandato del verbo entre paréntesis. Traduzca las palabras en inglés al español.*

La vida y (el, la) situación de (las, _____) mujeres empezaron a cambiar (*in*) el mundo cuando, a partir (del, de la) «boom» económico de la posguerra, (éstas, estas) empezaron a capacitarse a trabajar. Avances científicos permitieron que (controlen, controlaran) su función reproductiva. Así (podían, pudieron) entrar como una nueva fuerza en el mercado de trabajo y (se convirtieron, se convertían) en seres activos en la vida productiva. (*This*) (les, las) dio a muchas mujeres independencia económica y un poco más de control sobre (*their*) propio destino.

Hoy día (ya, todavía) son muchos (*those who*) creen que (el, la) inferioridad de (la, _____) mujer (está, es) biológica y congénita. La directora de un colegio tradicional en Bogotá, educa a sus discípulas en la filosofía del «ala de pollo».° «(Acostumbrarse) a (sufriendo, sufrir), mis hijas. La pechuga° del pollo es (por, para) el esposo, que es (*the one who*) tiene que (ser, estar) fuerte para trabajar porque (lleva, trae) el pan para la casa. Darles los perniles° a los niños porque (*they are growing*) y (sacrificarse) con (el, la) ala.» Muchas mujeres se limitan a (comiendo, comer) ala y a (llorando, llorar) en silencio en la (*kitchen*).

Un (gran, grande) número de mujeres (ha, han) salido a trabajar, a educarse para poder (*fight*). (por, para) su parte de la pechuga. Sin embargo, no todo es un lecho de rosas° para la mujer (*who*) trabaja. (*Housework*) sigue monopolizando la mitad de su tiempo. A un horario de trabajo igual al del hombre, la mujer (*must*) añadir (un, _____) otro similar en extensión, (*which*) le dedica a casa y familia. Así trabaja 20 horas ininterrumpidas y esto (*is called*) la doble jornada.

chicken wing

breast

thighs

bed of roses

B. Antes que te cases, mira lo que haces. *Lea Ud. el siguiente artículo y haga las actividades.*

¿Miedo a qué?...

Según reciente encuesta, las principales causas de miedo o preocupación en vísperas de boda, son:
- ¿Tendremos dinero para mantenernos?
- ¿Habré elegido bien?
- ¿Me llevaré bien con la familia de mi pareja?
- ¿Podremos hablarnos con franqueza?
- ¿Deberíamos hacer un contrato antes de casarnos?

1. Arregle Ud. las preocupaciones anteriores en orden de importancia que tiene para Ud. Explique.
2. Forme Ud. su propia lista de cinco preocupaciones más que Ud. tendrá antes de casarse. ¿Cómo se pueden resolver?
3. Forme Ud. una lista de cinco preocupaciones que tendrá su pareja de Ud. ¿Cómo se pueden resolver?
4. Con un(a) compañero(a), hagan los papeles de los novios. El novio va a contestar las preocupaciones de su pareja, usando el tiempo futuro. Debe describir cómo serán las cosas después de casarse.

Cámara uno: La mujer hispánica[1]
(Cassette 1, Episodio 4, Escena 1)

A. La caja de Pandora. *Lea Ud. el siguiente párrafo sobre el papel de la mujer, y dé la forma apropiada de los verbos entre paréntesis.*

Según la mitología griega, Pandora (ser) la primera mujer en la faz de la tierra. El Dios Júpiter le (entregar) una cajita que (contener) todos los males del mundo. Él le ordenó que no la (abrir). Era difícil que Pandora no (sentir) la tentación y decidió (abrir) la cajita. Al (hacerlo), todos los males (volar) por el mundo.

Este mito es muy similar a la historia bíblica de Eva, quien (desobedecer) la orden divina de no (comer) frutos del árbol prohibido. En cuanto que Eva (comer) la manzana, ella (caer) en el pecado. Pero dice la Biblia que «la mujer se salvará si (cumplir) con sus deberes de madre y si con buen juicio (mantenerse) la fe, el amor y la santidad». Estas historias (atribuir) a la mujer los males del mundo.

B. VIDEO-CULTURA. *Después de ver el video, haga la actividad siguiente.*
Nombre Ud...

1. un factor importante en cambiar la posición social y económica de la mujer.
2. dos tipos de tareas a las que estaban limitadas las mujeres durante las primeras tres décadas de este siglo.
3. dos razones por las que trabajan las mujeres.
4. cinco profesiones a las que se dedican las mujeres actualmente.
5. una canción que representa los avances que han hecho las mujeres hispánicas.

---

[1] See *Cámara uno: Manual de ejercicios*, pages 21-24, for vocabulary list and additional activities.

Ferias, fiestas y festivales

Como de costumbre

Vocabulario inicial

al parecer *apparently*
el bien *good*
la casa de Dios *house of worship*
el cura (el sacerdote) *priest*
de buena (mala) gana *(un)willingly*
en manos de *in the hands of*
la iglesia *church*

el mal *evil*
el pecado *sin*
el pecador *sinner*
pecar *to sin*
rezar (orar) *to pray*
el sacrificio *sacrifice*
sagrado *sacred*

Para comenzar...

1. Con la ayuda del vocabulario inicial, describa el dibujo.
2. ¿Cuál es su religión? ¿Va Ud. a la casa de Dios todas las semanas? ¿Cuándo va? Describa Ud. el papel de la religión en su vida. ¿Es importante la religión para las familias en general? ¿Por qué? ¿Es importante que su esposo(a) en el futuro sea de la misma religión que Ud.? ¿Por qué sí o por qué no?
3. En muchos países hispanos, la iglesia está situada en el centro del pueblo y sirve de centro de reuniones políticas, de escuela o de reuniones festivas. ¿De qué sirve su casa de Dios? ¿Va Ud. allí sólo para rezar?
4. ¿Qué es un pecado? ¿Cuáles son algunos pecados comunes? ¿Peca Ud.? ¿Cuál es su peor pecado? ¿Qué se siente Ud. después de pecar? Explique.

Como de costumbre

España, al igual que muchos países hispanos, es un país religioso. Se puede decir que la mayoría de los españoles (e hispanos en general) son católicos, aunque empieza a hacerse notar la existencia de otras religiones, como la judía y la protestante.

La juventud de hoy día es muy liberal. Cada vez es más raro ver a jóvenes en misa los domingos. La tradicional devoción que tenían sus abuelos y antepasados ya no existe. Por otra parte, por lo menos en España, este hecho también depende de la región. La parte sur de España, Andalucía, es la más religiosa de todas. Madrid, la capital, también es una ciudad religiosa. Sin embargo, Barcelona no lo es tanto. En general la religiosidad hispana se ve mucho más en las zonas rurales que en las zonas industriales, donde el trabajo y el ritmo de vida son mucho más acelerados. Otro factor es que existen grandes influencias del exterior y que la gente utiliza su tiempo para salir de la ciudad o descansar en casa.

Aunque la juventud no sea tan religiosa como antes, tanto las fiestas como las tradiciones católicas siguen celebrándose de la misma manera en que lo han sido por tantos años. Por ejemplo, la primera comunión sigue siendo uno de los momentos más importantes de la infancia.

Conversemos

Refiriéndose a la lectura anterior, conteste Ud. las preguntas.

1. ¿Qué papel tiene la religión en la sociedad hispana? ¿Cuál es el estado del catolicismo en la España actual?
2. ¿Qué papel tiene la religión en la sociedad norteamericana? ¿Cuál es la relación entre el estado y la iglesia en los EE.UU.? Dé unos ejemplos.
3. ¿Cree Ud. en Dios? ¿Por qué? ¿Cómo es? Cuando Ud. era pequeño(a), ¿qué concepto tenía de Dios? ¿Ha cambiado su imagen de Dios? ¿En qué sentido?
4. ¿Por qué cree Ud. que hay tantas religiones? ¿Son realmente diferentes? Explique. ¿Ha presenciado Ud. alguna vez un servicio religioso de una religión diferente de la suya? Describa la experiencia.

Vocabulario

(NO)CREYENTES *([Non]believers)*

el (la) agnóstico(a) *agnostic*
el (la) ateo(a) *atheist*
el (la) budista *Buddhist*
el (la) católico(a) *Catholic*
el (la) cristiano(a) *Christian*
el (la) judío(a) *Jew*
   el musulmán *Muslim*
   la musulmana *Muslim*
el (la) protestante *Protestant*

LÍDERES RELIGIOSOS

la monja *nun*
el papa *pope*
el pastor (el ministro) *minister*
el rabino *rabbi*

VERBOS

alabar *to praise*
arrodillarse *to kneel*
bendecir (i) *to bless*
condenar *to condemn*
confesar (ie) *to confess*
decir una oración *to say a prayer*
predicar *to preach*

EN LA CASA DE DIOS *(In the house of worship)*

el altar *altar*
el banco *pew*
la bendición *blessing*
la Biblia *Bible*
la capilla *chapel*
la congregación *congregation*
el coro *choir*
la creencia *belief*
el crucifijo *crucifix*
el diablo *devil*
Dios *God*
la fe *faith*
el himno *hymn*
la mezquita *mosque*
el milagro *miracle*
la misa *mass*
el sacrilegio *sacrilege*
el salmo *psalm*
el (la) santo(a) *saint*
el sermón *sermon*
la sinagoga *synagogue*

Repasemos el vocabulario

REFIÉRASE A LA LISTA DE VOCABULARIO Y AL VOCABULARIO INICIAL.

A. ¿Cuál no pertenece? *Subraye Ud. la palabra que no está relacionada con las otras y explique por qué.*

1. judío   católico   agnóstico   budista
2. santo   ministro   pastor   rabino
3. sermón   ateo   salmo   himno
4. rezar   orar   predicar   decir una oración
5. monja   papa   sacerdote   cura

B. Relaciones. *Termine Ud. las asociaciones según el modelo.*

    MODELO   sinagoga... judío
                      mezquita... musulmán

1. altar... pastor   banco...
2. el bien... Dios   el mal...
3. condenar... pecador   alabar...
4. congregación... confesar   cura...
5. sacerdote... católico   ministro...

C. El diccionario teológico. *Dé Ud. la palabra que corresponde a las siguientes definiciones.*

1. ángel malo
2. niega la existencia de Dios
3. hombre que tiene la suma autoridad en la Iglesia Católica
4. transgresión de la ley divina
5. profanación de una cosa sagrada
6. ofrenda que, acompañada de ciertas ceremonias, se le hace a Dios
7. hecho sobrenatural atribuido al poder divino
8. sacrificio del cuerpo y sangre de Jesucristo que hace el cura católico en el altar

D. ¿Qué es...? *Dé Ud. una definición para las siguientes palabras.*

1. una monja   **3.** la Biblia   **5.** un santo
2. un pastor   **4.** el coro   **6.** una mezquita

E. Sinónimos. *Dé Ud. el sinónimo de las siguientes palabras subrayadas. Luego, conteste las preguntas.*

1. Después de hablar con el cura, Antonio sintió una gran <u>tranquilidad</u>.
   ¿Dónde busca Ud. la paz? Explique.
2. El domingo pasado nuestro <u>pastor</u> predicó sobre la importancia de la educación.
   ¿Sobre qué otros temas suelen predicar los pastores?

3. Mi amiga Ada me pidió que <u>rezara</u> por su abuela.
Defina Ud. «rezar». ¿Reza Ud.? Explique.

4. En la iglesia los cristianos <u>glorificaban</u> a Dios con sus himnos.
¿Qué más hace la gente cuando va a la iglesia?

5. La <u>comunidad</u> de la iglesia decidió buscar un nuevo director del coro.
¿Qué otras responsabilidades tienen los miembros de una iglesia?

Gramática

THE TRUE PASSIVE VOICE *(La verdadera voz pasiva)*

FORM

Subject + **ser** + past particple used as an adjective + **por** + agent

USE

1. In an active sentence, the subject performs the action of the verb. In a passive sentence, however, the subject receives the action.

ACTIVE:

El autor escribió[1] las novelas.   *The author wrote the novels.*

PASSIVE:

Las novelas fueron[1] escritas   *The novels were written*
 por el autor.   *by the author.*

2. Note that the verb **ser** may be used in any tense in the passive sentence.

La cena $\begin{cases} \text{es} \\ \text{será} \\ \text{fue} \\ \text{sería} \\ \text{ha sido} \end{cases}$ preparada por ella.   *The meal* $\begin{cases} \textit{is} \\ \textit{will be} \\ \textit{was} \\ \textit{would be} \\ \textit{has been} \end{cases}$ *prepared by her.*

3. Since the past participle is used as an adjective, it will agree in number and gender with the subject it modifies.

El premio fue ganado por Raúl.   *The prize was won by Raúl.*
Las elecciones fueron ganadas por   *The elections were won by my party.*
 mi partido.

---

[1] Note that the verb **ser** will appear in the passive sentence in the same tense as the verb in the active sentence.

4. Although **por** is generally used to introduce the agent, if the verb indicates emotion rather than action, **de** is used.

El pastor fue amado de su congregación.   *The pastor was loved by his congregation.*

5. Although **estar** + past participle is another common construction, it is *not* the passive voice. This construction stresses the result of an action, not the action itself. The agent is unknown or unimportant.

La puerta está abierta.   *The door is open.*

The result of a previous action is that the door is now open.

SUBSTITUTES FOR THE TRUE PASSIVE VOICE
(Sustitutos por la verdadera voz pasiva)

1. If the agent is not known or expressed, the third person plural may be used.

Hablan español en esa iglesia.   *They speak Spanish (Spanish is spoken) in that church.*
Eligieron al senador ayer.   *They elected the senator (The senator was elected) yesterday.*

2. If the agent is not known or expressed, the passive **se** construction may be used as an alternative to the third person plural construction.[2]
  a. If the subject is an inanimate object, incapable of performing the action of the verb, the following construction is used:

Se + verb in third person singular or plural + subject

Se vende perfume aquí.   *Perfume is sold here.*
Se venden boletos aquí.   *Tickets are sold here.*

Since tickets and other objects can not sell themselves, it is understood that they "are sold" by some unknown or unimportant agent.

  b. If the subject is a person, capable of performing the action of the verb, the following construction is used:

Se + direct object pronoun + verb in third person singular + **a** + direct object

Se le eligió al político.[3]   *The politician was elected.*
Se les eligió a los políticos.   *The politicians were elected.*

This construction is necessary because politicians (people) can elect themselves.

---

[2] See Unit III for other uses of **se.**
[3] In this construction, **le** and **les** are always used to refer to masculine nouns.

SUMMARY

AGENT EXPRESSED (THING)	AGENT NOT EXPRESSED (THING)
True passive voice: El templo fue construido por los creyentes.	*Third person plural:* Construyeron el templo. *Passive* **se** *construction:* Se construyó el templo.
AGENT EXPRESSED (PERSON)	**AGENT NOT EXPRESSED (PERSON)**
True passive voice: El cura fue respetado de todos.	*Third person plural:* Respetaron al cura. *Passive* **se** + *direct object pronoun construction:* Se le respetó al cura.

Práctica

A. ***El bautismo.*** *Esta mañana la hija de los Flores-Bonilla fue bautizada. Después de la ceremonia hubo una reunión familiar en su casa. Conteste Ud. las preguntas usando la voz pasiva, según el modelo.*

> **MODELO** ¿Quién preparó la comida? (la abuelita)
> La comida fue preparada por la abuelita.

1. ¿Quién hizo la torta? (la tía Luisa)
2. ¿Quién trajo las bebidas (papá)
3. ¿Quién sirvió la comida? (la criada)
4. ¿Quién tocó la música? (el guitarrista)
5. ¿Quién hizo el vestido de la nena? (una modista francesa)
6. ¿Quién compró los regalos? (todos los parientes)
7. ¿Quién arregló las flores? (Carlitos)

B. ***Siempre equivocado.*** *Pobre Víctor. Nunca recuerda bien los hechos históricos. Corrija Ud. sus errores.*

> **MODELO** Leonardo da Vinci pintó la Capilla Sixtina.
> No es cierto. La Capilla Sixtina fue pintada por Miguel Ángel.

1. Hernán Cortés descubrió América.
2. Los españoles construyeron las pirámides de México.
3. Cervantes escribió *Romeo y Julieta.*
4. Los hermanos Wright inventaron el teléfono.
5. Jack Ruby mató al presidente Kennedy.
6. El sur ganó la Guerra Civil Estadounidense.
7. Mel Gibson firmó la Declaración de Independencia.
8. España regaló la Estatua de la Libertad.

C. Edificios religiosos. *Cambie Ud. las frases de la voz pasiva a la voz activa.*

> MODELO La iglesia fue renovada por el arquitecto.
> El arquitecto renovó la iglesia.

1. La mezquita de Córdoba fue diseñada por los moros.
2. Las sinagogas antiguas de Toledo fueron conservadas por los toledanos.
3. La catedral de Valencia sería pintada por un artista famoso si el cura recibiera las contribuciones.
4. El monasterio es decorado por las monjas cada Navidad.
5. Muchas misiones han sido fundadas por misioneros españoles.

D. Los domingos. *Llene Ud. cada espacio con la forma correcta de **ser** o **estar**.*

Nuestra familia se reúne todos los domingos para comer juntos después de misa. La paella siempre _____ cocinada por la abuela. El vino _____ traído por mi tío de su pueblo. Los pasteles siempre _____ preparados por Luisa con mucho cuidado, porque cuando la puerta del horno _____ abierta, se le caen las tortas. Me gustan mucho estas reuniones, sobre todo en el invierno cuando hace frío y las calles _____ cubiertas de nieve. Cuando todo _____ preparado, nos sentamos a comer.

E. La nueva iglesia. *Traduzca Ud. las frases siguientes al español.*

1. The church was built last year. (two ways)
2. The money was contributed by the congregation.
3. The pastor was named yesterday. (two ways)
4. Everyone was invited by the minister to attend the sermon on Sunday.
5. Hymns were sung by the choir, and psalms were read by the pastor's wife.

TO BECOME

In Spanish there are various ways to express the idea of *to become*.

1. **Llegar a ser** (literally, *to arrive at being*) + a noun or an adjective is used to imply that a lot of time, effort, and perhaps previous events or actions have preceded the outcome.

Después de una larga campaña, Silvia llegó a ser presidente.	*After a long campaign, Silvia became president.*

2. **Hacerse** (literally, *to make oneself*) + a noun or an adjective implies that the outcome has been achieved through a lot of personal effort. It indicates a change or the attainment of a new state or condition and is often used with professions.

Juan se hizo médico y se hizo experto en cirugía.	*Juan became a doctor and became an expert in surgery.*

Hacerse can also mean *to turn into*.

> El agua se hizo vapor.   *The water became steam.*

3. **Ponerse** + an adjective is often used to refer to a sudden change in a mental or physical condition.

> Pablo se puso rojo cuando María le dijo que lo quería.
>
> *Pablo became (turned) red when María told him that she loved him.*
>
> Al saber que iba a cantar en el coro, Paula se puso nerviosa.
>
> *Upon finding out that she was going to sing with the choir, Paula became nervous.*

4. **Volverse** + an adjective indicates that no effort is implied on the part of the subject. It may be used to indicate that a sudden or drastic change has taken place.

> El pobre se volvió loco cuando se enteró del incendio.
>
> *The poor man went crazy when he found out about the fire.*

5. **Convertirse en** + a noun is used to express *to turn into*. It indicates an unexpected change.

> El agua se convirtió en vino.   *The water turned into wine.*

Práctica

A. Cambios. *Termine Ud. cada frase con la forma correcta de **to become**.*

1. Después de muchísimos años de duro trabajo, mi tío...
2. Laura se dio cuenta de su error y...
3. Poco después de graduarse, Felipe...
4. El campesino pobre ganó la lotería y...
5. Estudiaré mucho porque quiero...
6. Cuando la gente se duerme durante el sermón, el ministro...

B. Todos cambiamos. *Para cada frase, elija un verbo de la segunda columna y luego termine la frase de una forma original.*

1. En la Víspera del Año Nuevo yo siempre
2. Después de largos años de sacrificio, papá
3. Salió el sol y la nieve
4. Estudian química y biología porque quieren
5. Con la nueva promoción, mi marido
6. Paquito no quiso asistir a misa y mamá
7. Con un problema cardíaco es importante no
8. Heredaron de su tío rico y ellos
9. Anoche durante la ceremonia en la catedral yo

a. se convirtió en...
b. ponerse...
c. se hizo...
d. me puse...
e. me pongo...
f. hacerse...
g. se volvieron...
h. se puso...
i. llegó a ser...

Así se dice

LOS SABIOS DICEN...

From time immemorial, one way of passing on conventional wisdom has been the proverb, or **refrán**. Proverbs are an integral part of the oral tradition of all societies. Some can be readily translated from one language to another; others use totally different images to convey the same idea. The following are literal translations of some well-known Spanish proverbs.

1. No hay mejor espejo que los ojos ajenos.
   There is no better mirror than another's eye.
2. Mono de seda, mono se queda.
   A monkey in silk is still a monkey.
3. Al que madruga, Dios le ayuda.
   God helps him who gets up early.
4. En boca cerrada no entran moscas.
   Flies don't enter a closed mouth.
5. Dime con quién andas, y te diré quién eres.
   Tell me with whom you walk, and I'll tell you who you are.
6. El amor y la fe en las obras se ve.
   Love and faith are seen in works (deeds).
7. Más se acierta en el callar que en el hablar.
   Being quiet will succeed (hit the mark) more than speaking.
8. Quien todo lo quiere, todo lo pierde.
   He who wants it all, loses it all.
9. Libro cerrado no saca letrado.
   A closed book doesn't produce a learned person.
10. Caras vemos, corazones no sabemos.
    Faces we see, hearts we can't know.
11. De tal palo, tal astilla.
    From such a pole (tree), such chips.
12. Del dicho al hecho hay gran trecho.
    From the word to the deed there is a great stretch (distance).
13. Adonde fueres, haz lo que vieres.
    Wherever you may go, do what you see.
14. No es oro todo lo que brilla.
    All is not gold that glitters.
15. Ver es creer.
    Seeing is believing.
16. Al hierro caliente batir de repente.
    Strike the hot iron quickly.
17. Antes que te cases, mira lo que haces.
    Before you marry, think (about) what you're doing.
18. Más vale pájaro en mano que cien volando.
    A bird in the hand is worth more than a hundred flying.
19. Más enseñan los desengaños que los años.
    Disappointments teach more than years.
20. Hablando del rey de Roma y aquí se asoma.
    Speaking of the king of Rome and here he is (appears).
21. Mientras que en mi casa estoy, rey soy.
    While I am in my house, I am king.

Práctica

A. Busque de la lista el refrán español equivalente.

1. Look before you leap.
2. Like father, like son.
3. All that glitters is not gold.
4. A bird in the hand is worth two in the bush.
5. Silence is golden.
6. You can't tell a book by its cover.
7. When in Rome, do as the Romans do.
8. Early to bed, early to rise, make a man healthy, wealthy, and wise.
9. Speak of the devil . . .
10. A man is known by the company he keeps.
11. You can't make a silk purse out of a sow's ear.
12. Strike while the iron is hot.

B. Busque Ud. un refrán apropiado para las siguientes situaciones.

1. Un niño no quiere levantarse por la mañana. Su papá le dice...
2. Una alumna no quiere estudiar. Su profesor le dice...
3. El hijo de los vecinos es un matemático brillante como su papá. Ud. le dice...
4. Ud. entra en un restaurante japonés y ve que todos se quitan los zapatos. Ud. dice...
5. Una agencia de viajes le ofrece a una pareja un viaje gratis a París. Sus amigos les dicen...
6. Un compañero sufre un desastre económico cuando invierte su dinero. Ud. le dice...
7. Una jefa le promete a un empleado un aumento de sueldo. El empleado le dice...
8. El novio de una muchacha le propone matrimonio. Su mamá le dice...

C. Describa Ud. una situación en la cual emplearía los siguientes refranes:

1. El amor y la fe en las obras se ve.
2. No hay mejor espejo que los ojos ajenos.
3. Mono de seda, mono se queda.

Y en resumen...

A. ¿Activa o pasiva? *Cambie Ud. las frases siguientes de la voz activa a la voz pasiva, expresándolas de dos maneras, según el modelo.*

> **MODELO**   La congregación eligió a Susana.
> Susana fue elegida por la congregación.
> Eligieron a Susana.

1. José ha dicho una oración.
2. El criminal confesó su pecado.
3. El coro nombró a Julio director.
4. El público respeta a los sacerdotes.
5. Las monjas estudian la Biblia.

B. Sus planes y acciones. *Para practicar las formas apropiadas de* **to become***; termine Ud. las frases siguientes de una forma original.*

1. Una vez, me puse... cuando...
2. Creí que iba a volverme... porque...
3. Un día, llegaré a ser... si yo...
4. Si yo... , me habría hecho...

C. Las muchas funciones de la iglesia. *Mire Ud. el anuncio y conteste las preguntas.*

**Iglesia Bautista
Hispano-Americana de Boston**

Servicios:
DOMINGOS: Escuela Bíblica 12:30 p.m.
CULTO DE PREDICACION: 1:30 p.m.
MIERCOLES: Culto de Oración y
Estudio Bíblico: 6:30

Rev. DR. MARCO ESPINOZA
Especializado en consejería
individual y de familia

---

1. ¿Cuáles son algunos de los servicios que ofrecen en esta iglesia? ¿Aprovecharía Ud. alguno? ¿Cuál? ¿Por qué? ¿Cuáles ayudan más a la gente? ¿Cuáles son los problemas más comunes que tienen las personas que acuden al doctor Espinoza?
2. ¿Cuáles deben ser los propósitos principales de los líderes religiosos? ¿Qué tipo de educación, aparte de la educación religiosa, deben tener?

D. Hoja de caridad. *Lea Ud. el artículo y conteste las preguntas.*

«No prives al pobre del sustento, ni dejes en suspenso los ojos suplicantes.» (Eclesiástico, 4,1.)

Número 2.636. —Familia compuesta por ocho miembros, no trabaja ninguno, por ello no tienen ingresos fijos. Necesitan 30.000 pesetas para pagar recibos urgentes.

Número 2.637 —Esposa abandonada del marido, con dos hijos a su cargo, ambos impedidos, necesita 4.000 pesetas semanales para alimentar y cuidar a sus hijos; ella está enferma.

Número 2.638. —Madre viuda, con siete hijos a su cargo, todos menores de 8 años, necesitan unas 50.000 pesetas para pagar los gastos del piso que han tenido que alquilar, por haberles echado del que vivían por derribo. Son muy pobres.

---

1. De los tres casos mencionados en el artículo, ¿cuál es el más necesitado? ¿Por qué?
2. En el primer caso, ¿por qué no trabaja ninguno de los miembros de la familia? Para el tercer caso, invente Ud. más detalles sobre su situación enonómica.
3. Escoja uno de los casos y diga cuáles son algunas maneras, aparte del dinero, en que Ud. los puede ayudar.
4. ¿Debe la caridad ser la única función de la religión? ¿Por qué? ¿Qué función debe ser más importante? ¿Por qué? ¿Cómo pueden las organizaciones religiosas ayudar a los necesitados?

E. Conversemos.

1. ¿Qué se entiende por «religión organizada»? ¿Cuáles son sus aspectos positivos y negativos? ¿Cuál es el aspecto más importante de una casa de Dios? ¿Cuáles son los beneficios espirituales y físicos de la religión? ¿Cuáles son los más importantes? Se dice que la religión puede servir de un apoyo o un escape emocional para algunas personas. ¿Está Ud. de acuerdo? Explique.
2. ¿Qué es lo que atrae a las personas a la religión? ¿Cuál es su preocupación religiosa más desconcertante? Las preguntas sin respuesta, ¿le hacen a Ud. desconfiar de la religión? ¿Por qué?

F. Debate.

1. Un Dios de amor habría (no habría) creado un infierno.
2. La religión es un detrimento (una ayuda) para la sociedad.
3. Los líderes religiosos deben (no deben) meterse en la política.

El alma hispana

Vocabulario inicial

asustar (espantar, dar miedo) *to scare*

el cementerio *cemetery*

el Día de los Muertos *All Souls' Day*

el (la) difunto(a) *dead person*

el esqueleto *skeleton*

estar (ser) muerto *to be dead (killed)*[1]

llorar *to cry*

el más allá *the beyond (afterlife)*

mientras tanto *in the meantime, meanwhile*

mórbido (morboso) *morbid*

el sepulcro *grave*

sobrenatural *supernatural*

vestirse (i) de luto *to dress in mourning*

---

[1] **Estar muerto** means *to be dead*, but **ser muerto** usually means *to be killed*.

Para comenzar...

1. Con la ayuda del vocabulario inicial, describa el dibujo.
2. ¿Ha asistido Ud. alguna vez a un funeral? Describa la experiencia. ¿Cómo se portó la gente? ¿Se vistió Ud. de negro?
3. El dibujo intenta representar la celebración del Día de los Muertos en México. Es una fiesta única en la cual la gente mexicana recuerda a sus queridos muertos de una manera muy especial. ¿Cómo se llama la fiesta de los EE.UU. que es semejante al Día de los Muertos? ¿Cuándo se celebra? ¿En qué consiste la celebración? ¿Participa Ud.? Explique.
4. ¿Ha estado Ud. alguna vez en un cementerio? ¿Cuándo y por qué? En los EE.UU., ¿cuándo se suele visitar los cementerios?

El alma hispana

Aunque la actitud hacia la muerte parezca diferente en los países hispanos, no lo es en muchos sentidos. La muerte en España es una cosa tan poco deseada como en cualquier otro país del mundo, pero los actos fúnebres son quizás más ceremoniosos. Es una despedida a una persona querida, en la que participan la familia y los amigos. Aunque antes era costumbre llevar a toda la familia al velorio o al funeral (incluso a los niños), hoy día un entierro no se considera como una cosa para niños. A menos que sean los hijos de la persona que van a enterrar, los niños se quedan en casa.

En el mundo hispano, la muerte se considera como el paso a una nueva vida — a una vida mejor que la terrenal. Es una idea que sirve como consuelo a los familiares y amigos que tienen que despedirse de alguien. En un país donde el catolicismo predomina, tanto las funciones religiosas como las fúnebres adquieren más importancia que en otros países.

Existen dos días festivos cuando se venera a los muertos. Son el Día de Todos los Santos, el primero de noviembre, y el Día de los Muertos, el 2 de noviembre. La gente va a los cementerios a rezar sobre las tumbas de sus familiares o van a misa. En México, en los cementerios mismos, hacen comidas al aire libre, hay vendedores de tacos y de varios refrescos, y los niños juegan mientras las viejecitas vestidas de luto lloran la pérdida de un ser querido. En Andalucía es costumbre llorar en la capilla ardiente durante la primera noche.

Conversemos

Refiriéndose a la lectura anterior, conteste Ud. las preguntas.

1. En la cultura hispánica, ¿qué aspecto del velorio ha cambiado en los últimos años? Explique. Describa Ud. cómo se celebra el dos de noviembre en México. ¿Qué significa la muerte para muchos hispanos?
2. Compare Ud. el concepto hispánico de la muerte con el de Ud. ¿Cuáles son las diferencias? ¿y las semejanzas? ¿Se ve la presencia de la muerte en los EE.UU.? ¿Cómo se explica esto? ¿Cuántos años tenía Ud. cuando asistió a un funeral por primera vez? ¿Cómo lo (la) afectó? ¿Cree Ud. que se debe proteger a los niños de la idea de la muerte? ¿Por qué?
3. ¿Existe una vida después de la muerte? ¿Cómo será? ¿Cómo quiere Ud. que sea? ¿Qué es el alma? ¿Qué le pasa al cuerpo después de morirse una persona? ¿y al alma?
4. Cuentan algunas personas que tuvieron accidentes en los cuales casi murieron que vieron una luz al fondo de un túnel. ¿Cree Ud. eso? ¿Qué significa esta imagen? ¿Cómo se explica el hecho de que más de una persona dice que ha visto esta luz?
5. ¿Qué es un fantasma? ¿Existen de verdad? ¿Ha visto Ud. alguna vez un fantasma? ¿Por qué cuenta la gente «cuentos de fantasmas»? ¿Por qué nos gusta tanto escucharlos? ¿Por qué nos asusta la idea de lo sobrenatural?

Vocabulario

SUSTANTIVOS

el alma *soul* (f.)
el cielo *heaven*
el consuelo *consolation*
el cuerpo *body*
el dolor *grief*
el elogio *eulogy*
el entierro *burial*
el epitafio *epitaph*
el espíritu *spirit*
el fantasma *ghost*
el funeral *funeral*
el infierno *hell*
la muerte *death*
el (la) muerto(a) *dead person*
el paraíso *paradise*
el sufrimiento *suffering*
la tumba *tomb, grave*
el velorio *wake*

VERBOS

consolar (ue) *to console*
elogiar *to eulogize*
enterrar (ie) *to bury*
lamentar *to regret, mourn*
reflejar *to reflect*
salvar *to save*
sufrir (padecer) *to suffer*

OTRAS PALABRAS Y EXPRESIONES

dar el pésame *to express one's condolences*
estar de luto *to be in mourning*
transitorio *transitory*
ultratumba *beyond the tomb*

Repasemos el vocabulario

REFIÉRASE A LA LISTA DE VOCABULARIO Y AL VOCABULARIO INICIAL.

A. ¿Cuál no pertenece? *Subraye Ud. la palabra que no está relacionada con las otras y explique por qué.*

1. difunto   muerte   muerto   muerta
2. pésame   dolor   entierro   sufrimiento
3. dar miedo   reflejar   asustar   espantar
4. cielo   cementerio   sepulcro   tumba
5. más allá   ultratumba   cuerpo   sobrenatural

B. Formando palabras. *Dé Ud. el sustantivo que corresponde a los siguientes verbos.*

1. morir   4. enterrar
2. consolar   5. elogiar
3. doler   6. velar

Ahora, busque Ud. el verbo que corresponde a los siguientes sustantivos.

1. salvación   4. susto
2. reflejo   5. vestido
3. lamento   6. sufrimiento

C. Charlando con mi abuelo. *El abuelo de Paquito siempre le hablaba de temas religiosos. Complete Ud. las frases con el antónimo de las palabras subrayadas.*

1. El ser humano es a la vez <u>cuerpo</u> y _____.
2. Para muchos, el velorio es una ocasión para <u>reír</u> y para _____.
3. El pastor nos enseñó sobre el <u>paraíso</u> y el _____.
4. Esta vida no es <u>permanente</u>. Al contrario, es _____.
5. Decía el abuelo: «Tengo los pies plantados en la <u>tierra</u>, pero mi corazón está en el _____.»

D. Costumbres funerarias. *En este país, ¿qué suele hacer la gente cuando...*

1. está de luto?
2. va a un velorio?
3. le da el pésame a un familiar de un muerto?
4. resulta imposible asistir al funeral de un familiar de un amigo íntimo?

E. Composición. *El abuelo de Paquito acaba de morir y el niño va a participar en los actos funerarios con los demás familiares. Con el fin de prepararlo para esta experiencia, su abuela le escribe una carta muy amorosa en la cual le explica lo siguiente: muerte, alma, cielo, funeral, cementerio, tumba. Escriba Ud. la carta, que empieza así:*
«Mi querido Paquito...»

F. En parejas. *Con un(a) compañero(a), escriban un elogio para una persona conocida por toda la clase.*

G. En grupos. *Inventen epitafios para los miembros del grupo. Pueden ser de hasta dos frases y deben resumir sus vidas. Pueden ser serios o cómicos.*

Gramática

THE USE OF THE INFINITIVE *(El uso del infinitivo)*

The infinitive is used:

1. as a noun. The use of the definite article **(el)** is optional.

(El) nadar es buen ejercicio.	*Swimming is good exercise.*
(El) fumar es malo para la salud.	*Smoking is bad for one's health.*

2. after prepositions, instead of the present participle as in English.

Al entrar en la iglesia, Javier se quitó el sombrero.	*Upon entering the church, Javier took off his hat.*
Después de rezar, cantaron un himno.	*After praying, they sang a hymn.*

3. with verbs of perception[2] **(escuchar, oír, mirar, ver, sentir).**

Vimos acercarse al cura.	*We saw the priest approaching.*
Oí llorar mucho al viudo.	*I heard the widower crying a lot.*

4. with the verbs **mandar** and **hacer** to express the idea of *having something done.*

Yo hice venir al médico.	*I had the doctor come.*
Mandó hacer un traje en Hong Kong.	*He had a suit made in Hong Kong.*

5. with the verbs **mandar, hacer, invitar, dejar, (im)pedir, obligar a, aconsejar, permitir, prohibir,** and **ordenar** instead of the subjunctive.

Él deja que yo venga. Él me deja venir.	*He allows me to come.*
Yo aconsejo que tú estudies. Yo te aconsejo estudiar.	*I advise you to study.*

---

[2] The present participle is also used at times with verbs of perception.

6. instead of the subjunctive with impersonal expressions. In this case, the subject of the second clause is expressed as the indirect object of the impersonal expression.

Es necesario que tú duermas un poco.⎫
Te es necesario dormir un poco.   ⎬ *It is necessary for you to sleep a bit.*

7. if there is no change of subject.

Espero poder asistir al funeral de tu   *I hope to be able to attend your*
abuelo.   *grandfather's funeral.*

8. to express a general or public command that is not directed at a specific person, such as on a street sign.

No estacionar aquí.   *No parking.*
No fumar.   *No smoking.*

9. after the preposition **a** to express a first person plural **(nosotros)** command.

Comamos. Vamos a comer. A comer.   *Let's eat.*

THE USE OF THE PRESENT PARTICIPLE
(El uso del participio presente)

The present participle is used:

1. with the verb **estar** to form the progressive tenses. (See Units I and II.)

2. as an adverb:
   a. to describe the conditions that were present when the action of the main verb took place.

Siendo muy pequeño, empezó a   *While very young, he began to study*
estudiar inglés.   *English.*
Hablando tanto, no se dio cuenta de   *Since he was talking so much, he didn't*
la hora.   *realize the time.*

   b. to express the method or manner in which something is done.

Viviendo en España, se aprende a   *By living in Spain, one learns to speak*
hablar español fácilmente.   *Spanish easily.*
José llegó a la fiesta cantando   *José arrived at the party singing happily.*
alegremente.

   c. to indicate the result of a specific action.

Nos contaron de su muerte, entriste-   *They told us of his death, which*
ciéndonos mucho.   *saddened us greatly.*

3. after the verbs **continuar, seguir, andar, venir,** and **ir.**

Continuó (Siguió) llorando por horas.	*He continued crying for hours.*
Daniel anda buscando trabajo.	*Daniel goes around looking for work.*
Marta vino sonriendo.	*Marta came smiling.*
Él iba hablando de sus coches.	*He went around talking about his cars.*

Alternate adjectival forms that may be substituted for the English present participle are words ending in **-or, -ante, -ente, -iente,** and the past participle.

Papá es muy trabajador.	*Dad is very hard-working.*
A causa de la población creciente, hay mucho desempleo.	*Because of the growing population, there is a lot of unemployment.*
Este libro es aburrido.	*This book is boring.*

Práctica

A. El entierro. *Una chica de diez años acaba de asistir a un funeral y le hace unas preguntas a su papá. Dé Ud. el infinitivo de los sustantivos subrayados según el modelo.*

> **MODELO** ¿Es necesario *el sufrimiento*?
> Sí, <u>el sufrir</u> es una realidad.

1. ¿Se pone la gente muy triste en <u>un entierro</u>? Sí, _____ a un ser querido puede ser muy triste.
2. ¿Crees que <u>la vida</u> es preciosa? Sí, _____ feliz es lo más valioso.
3. ¿Te da miedo <u>la muerte</u>? Sí, _____ me da miedo de vez en cuando.
4. ¿Sabes darle <u>consuelo</u> a una persona? Sí, _____ requiere compasión.
5. ¿Te pone muy triste <u>el pensamiento</u> de perder a alguien querido? Sí, _____ en perder a alguien me entristece mucho.

B. El servicio funerario. *Cambie Ud. las frases para poder usar el infinitivo en vez del subjuntivo.*

> **MODELO** No permitieron que fumáramos en la iglesia.
> No nos permitieron fumar en la iglesia.

1. Le pidió que diera el elogio.
2. No dejaron que papá viera al difunto.
3. Ella mandó que yo me vistiera de negro.
4. Era necesario que nosotros pidiéramos muchas flores.
5. Les aconsejamos que asistieran al servicio religioso.
6. Esto hizo que yo creyera en Dios.
7. Era difícil que ellos no lloraran.
8. Papá permitió que los niños asistieran también.

C. El velorio. *Estando enferma, Susana no pudo asistir al velorio de su tía. Al día siguiente habló con su mamá. Cambie Ud. las frases incorporando el infinitivo, según el modelo.*

> **MODELO** ¿Lloraban mucho los hijos? (ver)
> Sí, los vi llorar mucho.

1. ¿Iban y venían amigos y familiares? (mirar)
2. ¿Consolaban los amigos al tío Luis? (oír)
3. ¿Bebía y comía mucha gente? (ver)
4. ¿Decía el doctor que murió sin sufrir? (escuchar)
5. ¿Contaba la abuela anécdotas de la niñez de la tía? (oír)

D. ¡No puedo llegar tarde al funeral! *Susana no pudo asistir al velorio de su tía pero sí va a asistir al funeral. Complete Ud. el párrafo con la forma correcta del infinitivo o participio presente.*

Ayer, antes de (sonar) _____ el despertador, me levanté y fui (correr) _____ al baño porque creí que era muy tarde. Tenía que (estar) _____ en la iglesia a las diez para (leer) _____ el elogio en el funeral de mi tía. Pensé en la hora tan tarde, seguí (vestirse) _____ rápido, y después de (haber) _____ escogido la ropa que quería (ponerse) _____, bajé la escalera (apresurarse) _____, todavía (creer) _____ que era muy tarde. Tenía miedo de (llegar) _____ muy tarde.

E. El participio presente. *Usando los verbos en la lista, complete las frases lógicamente. Hay más de una posibilidad. Luego, explique el significado.*

andar   ir   venir   seguir   entrar   salir   llegar

> **MODELO** El pobre hombre _____ (correr) del hospital.
> El pobre hombre sale corriendo del hospital.

1. Mucha gente _____ (buscar) respuestas a las preguntas eternas.
2. Los padres _____ (esperar) que la enfermedad de su hijo no sea grave.
3. Todavía _____ (crecer) el número de cementerios en esta ciudad.
4. La familia _____ (llorar) en la iglesia.
5. Nosotros _____ (quejarse) del costo de un entierro.
6. Ella siempre _____ (hablar) de sus problemas.
7. Ellos _____ (consolar) a la familia.
8. Leonor _____ (decir) que el coche nos espera.

F. Descripciones. *Escoja Ud. la palabra correcta y explique por qué.*

1. La mujer (trabajadora, trabajando) ha cambiado la economía de su país.
2. En ese pueblo todavía hay viviendas sin agua (corriente, corriendo).
3. Don Tomás me leyó un cuento (aburriendo, aburrido) sobre los fantasmas de la región.
4. La semana (entrando, entrante) visitaremos la Capilla de Santa Ana.
5. Me ofreció su ayuda con una cara (sonriendo, sonriente).
6. Es el hombre más (comprendiendo, comprendedor) del mundo.

G. La viuda. *Termine Ud. las frases siguientes de una forma original, empleando el infinitivo.*

1. El marido de la señora Contreras murió sin...
2. Sus amigos asistieron al entierro para...
3. Los hijos del difunto insistieron en...
4. La viuda se quedará con su hermano hasta...
5. La hija mayor pasará una semana con su mamá antes de...
6. La viuda piensa viajar un poco después de...

THE RECIPROCAL CONSTRUCTION *(La construcción recíproca)*

The reciprocal construction is used to express the concept in English of *each other* or *one another*. It requires that two or more subjects carry out and receive the action of the verb mutually.

1. It is used with the first, second, and third person plural verb forms **(nos, os, se).**

Nos vemos muy a menudo. *We see each other very often.*
Se escriben con frecuencia. *They write to each other frequently.*

2. Since the reciprocal and reflexive constructions are identical, the forms **el uno al otro, la una a la otra, los unos a los otros,** and **las unas a las otras** are used to clarify or emphasize reciprocity.[3] Compare the following sentences.

Se conocen bien.   {*They know each other well.*
                    {*They know themselves well.*
Se conocen bien el uno al otro.   *They know each other well.*

3. Unless both subjects are feminine, the masculine forms of clarification are used.

Carlos y María se miran apasionadamente   *Carlos and María look at each other*
 el uno al otro.   *passionately.*

4. The reflexive pronoun is omitted when *each other* is the object of a preposition and the verb is nonreflexive.

Van el uno con el otro.   *They go with each other.*

---

[3] The use of the definite article is optional with these expressions.

Práctica

A. La reunión familiar. *Los miembros de la familia Robles se reúnen para una celebración. Hace meses que Carolina no ve a su prima y le hace muchas preguntas. ¿Qué le contesta? Use Ud. la construcción recíproca.*

> **MODELO** ¿Ves a Pilar de vez en cuando? (todas las semanas)
> Sí, nos vemos todas las semanas.

1. ¿Escriben tus hermanos a tu novio? (todos los meses)
2. ¿Quieres a Jaime? (mucho)
3. ¿Visitan tus padres a la familia de Jaime? (frecuentemente)
4. ¿Ayudas a tu amiga con sus estudios? (siempre)
5. ¿Extrañas a tus amigos del pueblo? (muchísimo)

B. El uno al otro. *Conteste Ud. las frases siguientes con la forma enfática de la construcción recíproca.*

1. Cuando salen Ud. y su novio(a), ¿se besan y se abrazan mucho?
2. ¿Se ayudan sus padres mucho con las tareas domésticas?
3. Cuando ve a un(a) amigo(a) en la calle, ¿se sonríen Uds.?
4. ¿Se escriben mucho Ud. y su mejor amigo(a)?
5. Cuando están solos(as) Ud. y su compañero(a) de cuarto, ¿qué se dicen?

Así se dice

¡FELICITACIONES!/MI MÁS SINCERO PÉSAME.

1. There are a couple of ways to congratulate a person in Spanish:

¡Felicitaciones!	
¡Te (Lo, La) felicito!	*Congratulations!*
¡Enhorabuena!	
¡Felicidades!	*Much happiness!*

2. Many holidays and other festive occasions have their own particular phrases. Some of the most common are:

¡Feliz cumpleaños!	*Happy birthday!*
¡Que lo cumplas feliz!	
¡Que viva el santo!	*(greeting or cheer on a person's saint's day)*
¡Feliz Navidad!	*Merry Christmas!*
¡Próspero Año Nuevo!	*Happy New Year!*
¡Felices Pascuas!	*Happy Holidays! (often used at Christmas and Easter)*

3. To make a toast, you might say:

¡Salud!	*Cheers!*
Salud, dinero y amor, ¡y el tiempo para gastarlos!	*Health, money, and love, and the time to spend them!*
Vamos a brindar...	*Let's toast . . .*

4. Unfortunately, there are also many sad occasions in life. To express your condolences to someone, you might use one of the following expressions:

Mi más sincero pésame.	
La (Lo) acompaño en sus sentimientos.	*I'm so sorry; my condolences.*
Mis profundos sentimientos.	
Que en paz descanse.	*May he (she) rest in peace.*
Se hizo la voluntad de Dios.	*It was God's will.*
¡Qué tragedia!	*What a tragedy!*
¡Ay, Dios! (¡Dios mío!)	*Dear God! (My God!)*
¡Ave María purísima!	

5. References to saints and a supreme being are more common and more accepted in everyday speech in Spanish than in English. Many common expressions (although some are now a bit antiquated) contain religious references. Some you might hear are:

pobre como un cura	*poor as a church mouse*
No está muy católico(a).	*He's (She's) not feeling well.*
Se me fue el santo al cielo.	*I lost my train of thought.*
en un santiamén	*in a twinkling (in a flash)*
en el quinto infierno	*out in the sticks*
desnudar un santo para vestir a otro	*rob Peter to pay Paul*
cada muerte de obispo	*once in a blue moon*
si Dios quiere	*God willing*

Práctica

A. *Busque Ud. una expresión apropiada para las siguientes situaciones.*

1. Su vecino sacó el premio gordo *(won the grand prize in the lottery)* del Año Nuevo.
2. Ud. va a casa de los suegros el 25 de diciembre.
3. Su compañero (a) de cuarto le dice que va a casarse.
4. Va a casa de una vecina cuyo esposo murió ayer.
5. Su compañero ganó un premio por los poemas que escribió.
6. Ud. acaba de escuchar las noticias del terremoto en México.

B. *Dé Ud. una explicación en español de las siguientes expresiones coloquiales.*

1. No está muy católico(a).
2. Se me fue el santo al cielo.
3. Lo hizo en un santiamén.

4. Es pobre como un cura.
5. Ocurre cada muerte de obispo.
6. Vive en el quinto infierno.

C. *Escriba Ud. un breve diálogo entre dos novios el 31 de diciembre (la Noche Vieja). Emplee Ud. expresiones de «Así se· dice» (Lección 19) además de las de esta lección.*

Y en resumen...

A. El niño y el hombre sospechoso. *Llene Ud. cada espacio con la forma correcta del infinitivo, participio presente o participio pasado.*

El hombre que corría por la calle (acompañar) _____ por su perro tenía una expresión de horror en la cara. Vi a un policía (perseguirlo) _____.

El hombre continuó (huir) _____ sin (descansar) _____ hasta (dar) _____ con una pared. No podía (subir) _____ por miedo a (caerse) _____. Se quedó (mirar) _____ al policía, que ahora estaba (sentar) _____ en un banco (respirar) _____ fuerte. Yo quería (ayudar) _____ al pobre, pero (ser) _____ tan joven, no sabía qué (hacer) _____. Noté una puerta (abrir) _____ de una casa cercana y empecé a (gritar) _____. El hombre me oyó, y se fue (correr) _____ hacia la casa. Miré al policía, que ahora estaba (acostar) _____ en el banco, (soñar) _____ con los ángeles.

B. Preposiciones. *Termine Ud. las frases de una forma original.*

1. Al pensar en su querido esposo...
2. Después de escuchar las palabras del pastor...
3. Al ver a sus antiguos amigos...
4. Antes de salir para la iglesia...
5. Para llegar a la reunión...
6. Hasta terminar el sermón...

C. Letreros. *¿Cuál sería el comportamiento correcto en los siguientes lugares? Emplee Ud. el infinitivo y forme tres mandatos que correspondan a cada lugar.*

> **MODELO** el museo
> No tocar las obras de arte.

1. una catedral   **3.** una carretera
2. un cementerio   **4.** un aula

D. Reacciones. *Conteste Ud. las preguntas usando la construcción* **al** *+ el infinitivo.*

> **MODELO**   ¿Qué pidió cuando salió del cementerio?
> Al salir del cementerio pidió un pañuelo.

1. ¿Qué hizo cuando supo lo del accidente?
2. ¿Qué dijo cuando oyó el elogio?
3. ¿Qué vio cuando entró en la iglesia?
4. ¿Qué gritó cuando se cayó en el hielo?
5. ¿Qué dijo cuando vio al fantasma?
6. ¿Qué preguntó cuando conoció al Papa?

E. Traducciones. *La muerte de un amigo.*

1. Yesterday, my boss died after suffering for many years.
2. Upon entering the synagogue, old friends greeted each other sadly.
3. His former secretary was there. When we saw each other, we began to cry.
4. They let his little children see the tomb. I didn't think that was necessary.
5. His mother went around talking about her grief.
6. I heard the rabbi try to console her.
7. It was difficult for us to accept his death.
8. But, after talking to the rabbi, we decided that remembering the good times we had together would be a great consolation.
9. By attending the funeral and meeting his family, I learned a lot more about him.

F. Conversemos.

1. ¿Qué figuras o símbolos representan la muerte en la literatura? ¿en las películas? ¿Por qué han escogido tales imágenes?
2. ¿Cuáles son algunas cosas, aparte de dar el pésame, que solemos hacer para los amigos y familiares que han perdido a un ser querido?
3. ¿Teme Ud. la muerte? ¿Por qué?

¡Celebremos!

Vocabulario inicial

el árbol de Navidad *Christmas tree*
el balcón *balcony*
   Belén *Bethlehem*
el belén *nativity scene*
el camello *camel*
   dar de comer *to feed*
   ¡Feliz Navidad! *Merry Christmas*
la Navidad *Christmas*

la Nochebuena *Christmas Eve*
el pesebre *manger*
el Polo Norte *the North Pole*
el reno *reindeer*
los Reyes Magos *the Three Wise Men*
   San Nicolás *Saint Nick (Santa Claus)*
el trineo *sleigh*
el villancico *Christmas carol*

Para comenzar...

1. Con la ayuda del vocabulario inicial, describa Ud. el dibujo.
2. ¿Celebra Ud. la Navidad? ¿Cómo la celebra? ¿Cuáles son las tradiciones navideñas que se conservan en los EE.UU.? ¿Cuáles son sus tradiciones favoritas? ¿Sabe Ud. cuál es el origen de algunas de estas tradiciones? Descríbalo.
3. ¿Cuáles son algunas tradiciones navideñas de otros países? ¿Por qué cree Ud. que hay tantas maneras diferentes de celebrar la misma fiesta? ¿Qué otras fiestas se celebran en muchas partes del mundo? ¿Cómo se celebran en los EE.UU. y en otros países?

¡Celebremos!

Las fiestas religiosas más importantes durante el año son la Navidad y la Pascua. En España y en muchos países de Latinoamérica, los niños reciben sus regalos el Día de Reyes, Epifanía, que se celebra el 6 de enero. Se dice a los niños pequeños que los traen los Reyes Magos. Los niños ponen sus zapatos en el balcón y si son buenos, se llenan de dulces. Si son malos, se llenan de carbón.° El turrón y el pavo son típicos en esta época. En la Nochebuena todos van a la Misa del Gallo.° En Puerto Rico los niños ponen cajitas con hierba debajo de sus camitas para dar de comer a los camellos. En Chile se abren los regalos el 25 de diciembre. Se dice que los trae el Viejito Pascuero, que se parece a Santa Claus, pero no anda en trineo. Quizás vaya a pie o coja un taxi. Nadie lo sabe. En Colombia y Venezuela se dice que el Niño Jesús trae los regalos en Nochebuena. Y lo típico de México son las posadas.° Todas las noches a partir del 16 de diciembre, un grupo de personas va de casa en casa con velas encendidas. Cuando llegan a una casa llaman a la puerta. Desde dentro alguien grita que no hay posada. Se canta una canción que dice que es José y que pide albergue° para María porque va a dar a luz al Niño Jesús. Entonces la familia los deja entrar. La Noche Vieja se celebra con champaña y en muchos países hispanos existe la costumbre de comer una uva con cada una de las doce campanadas del reloj.

coal

Misa... *Midnight Mass*

inns

shelter

Aparte de celebrar los cumpleaños, los hispanos celebran también el día de su santo. Aunque no se celebra tanto como el cumpleaños, aún hay gente que lo celebra dando regalos. En ciertos días del año, se celebran con fiestas populares el día de algunos santos. Por ejemplo, el día de San Jorge es también el día del libro y del amor. Los días de San Pedro y San Juan se celebran de modo especial, con verbenas donde es costumbre que en las fiestas haya fuegos artificiales.

Conversemos

Refiriéndose a la lectura anterior, conteste Ud. las preguntas.

1. ¿Quiénes son los Reyes Magos? ¿Qué papel desempeñan durante esta época? Describa Ud. una tradición navideña de España, de México y de Sudamérica. Además de la Navidad, ¿cuáles son algunas fiestas principales en el mundo hispánico?
2. ¿Qué fiestas hispánicas son idénticas a las que se celebran en los EE.UU.? ¿Cuáles son diferentes? Explique. ¿Cuáles se celebran en los EE.UU. y no en el mundo hispánico?
3. ¿Hay en su pueblo o ciudad fiestas, ferias o festivales especiales? ¿Cuáles son? ¿Cómo se celebra la Navidad en su pueblo? ¿y el 4 de julio? ¿y la Noche Vieja? ¿Qué hace Ud. a medianoche el 31 de diciembre?
4. ¿Cuál es su fiesta favorita? ¿Por qué? ¿Dónde prefiere Ud. celebrarla? ¿y con quién(es)? Cuando Ud. era pequeño(a), ¿cuál era su fiesta preferida? ¿Cuáles fiestas son más apreciadas por los niños? ¿y por los adultos?

Vocabulario

EN LA FIESTA

el (la) aguafiestas *party pooper*
   animado *exciting*
el (la) cantante *singer*
   convidar *to invite*
   estimulante *stimulating, exciting*
   el globo *balloon*
   la grabadora *tape recorder*
   hacer una fiesta (festejar) *to have a party*
   la invitación *invitation*
el (la) invitado(a) *guest*

juntarse *to get together*
picar *to snack, munch*
ser pesado *to be dull, boring*

SALUDOS

¡Enhorabuena! *Congratulations!*
Felices Pascuas *Merry Christmas*
¡Felicidades! *Much happiness! (Congratulations!)*
feliz (cumpleaños, día del santo) *happy (birthday, saint's day)*
Próspero Año Nuevo *Happy New Year*

FIESTAS Y FESTIVALES

el aniversario *anniversary*
la Cuaresma *Lent*
la champaña *champagne*
la despedida de soltero(a) *bachelor party (shower)*
el espectáculo *show*
la Noche Vieja *New Year's Eve*
la Pascua *Easter*
la procesión (el desfile) *parade*
la quinceañera *sweet 15*
el santo *saint's day*
el santo patrón *patron saint*

la tarjeta de Navidad *Christmas card*
el traje típico *typical costume*
el turrón *almond Christmas candy*

EXPRESIONES

dentro de poco *shortly, soon*
dicho y hecho *no sooner said than done*
en aquel entonces *at that time*
pasado mañana *the day after tomorrow*
sano y salvo *safe and sound*

Repasemos el vocabulario

REFIÉRASE A LA LISTA DE VOCABULARIO Y AL VOCABULARIO INICIAL.

A. ¿Cuál no pertenece? *Subraye Ud. la palabra que no está relacionada con las otras y explique por qué.*

1. Pascua   Navidad   Año Nuevo   Cuaresma
2. reno   camello   trineo   Polo Norte
3. santo   quinceañera   cumpleaños   aniversario
4. grabadora   globo   invitado   balcón

B. Mis recuerdos navideños. *Dé Ud. el sinónimo de las siguientes palabras y frases subrayadas.*

En esa época, nosotros <u>hacíamos una fiesta</u> con toda la familia. <u>Nos reuníamos</u> en la casa de mi abuela e <u>invitábamos</u> a todos los familiares y amigos íntimos. Los niños nos entretenían con sus dulces <u>canciones navideñas</u>, la conversación siempre era muy <u>animada</u> y a cada rato se oía: «¡Felices Pascuas!». El único <u>invitado pesado</u> que había era el tío Ernesto, quien se divertía solo en la sala mirando la tele.

C. ¡Hagamos fiesta! *Varias personas hablan de las costumbres en sus países. Haga Ud. las actividades.*

1. Complete Ud. los párrafos con la forma correcta de las siguientes palabras.

   procesiones   turrón   invitados   Santa   invitar   árbol   Nochebuena
   quinceañera   Cuaresma   belén   hacer una fiesta   Navidad   Magos   champaña

«Cuando era niña, soñaba con tener mi fiesta de _____ en un gran hotel de lujo en la capital, con más de doscientos _____. Sin embargo, cuando cumplí los quince, mi familia me _____ en la sala de nuestra casa e _____ sólo a cincuenta personas. Comimos, bailamos y todos me brindaron con _____. Lo pasé de maravilla.»

«El 24 de diciembre, que es la _____, celebramos con una íntima cena familiar. Al día siguiente, el Día de _____, vamos de visita a las casas de nuestros familiares. En España, el dulce navideño más típico es el _____. No es Navidad si no lo hay en casa.»

«Soy de Antigua, Guatemala. Allí la culminación de la _____ es la celebración de Semana _____. El Viernes Santo es el día de las principales _____. Soldados romanos montados a caballo recorren la ciudad temprano en la mañana anunciando la sentencia de muerte. Centenares de hombres vestidos de morado *(purple)* llevan sobre sus hombros *(shoulders)* la enorme cruz de Jesucristo.»

«Hoy día en México es común tener un _____ de Navidad. Esta tradición no es de origen hispano, sino de países del norte de Europa. Llegó a Latinoamérica a través de los EE.UU. Pero, en mi casa siempre ponemos el _____ con sus pequeñas figuras de animales, de la Virgen, del Niño Dios y de los Reyes _____.»

2. Identifique Ud...
  a. una celebración española que es íntima y familiar.
  b. una costumbre que proviene de Alemania.
  c. un dulce que se come sin falta durante las Navidades.
  d. una fiesta que conmemora las últimas horas en la vida de Jesucristo.
  e. un cumpleaños muy especial.

D. *Costumbres norteamericanas.* *Describa Ud. dos costumbres relacionadas a las siguientes celebraciones.*

1. la Cuaresma
2. una boda
3. la Noche Vieja
4. el cumpleaños de un(a) niño(a) pequeño(a)

5. la Pascua
6. la despedida de soltera
7. la despedida de soltero

E. *En parejas.* *Escríbales Ud. una carta a los Reyes Magos, contándoles por qué ha sido muy bueno(a). También dígales qué quiere para la Navidad. Un(a) compañero(a) va a contestar su carta. Empiece la carta con: «Queridos Reyes Magos.»*

F. *Recuerdo...* *Cuénteles Ud. a sus compañeros del peor (mejor) cumpleaños que Ud. ha pasado en su vida y por qué fue así.*

Gramática

REVIEW OF THE SUBJUNCTIVE II (Repaso del subjuntivo II)

1. The subjunctive is used in an adjectival clause when
    a. the antecedent is undetermined.

Busca un regalo que le vaya a gustar a su novia.	_He's looking for a gift that will please his girlfriend._
Quería encontrar una tienda que vendiera pulseras de oro.	_He wanted to find a store that sold gold bracelets._

    b. the antecedent is negative.

No hay nada que sea mejor que la Navidad.	_There is nothing (that is) better than Christmas._

    c. the antecedent is a superlative that expresses a nonverifiable opinion.

Éstos son los peores regalos que tú me hayas comprado.	_These are the worst presents you have (ever) bought me._

2. The subjunctive is used in an adverbial clause with
    a. the following adverbial conjunctions:

        a condición (de) que, con tal que, a fin (de) que, para que, a menos que, a no ser que, antes (de) que, de miedo (de) que, en caso de que, sin que

Iré a la fiesta con tal que (a condición [de] que) él me invite.	_I will go to the party provided that (on the condition that) he invites me._

    b. conjunctions that refer to future time.

Estaré lista para cuando tú me recojas.	_I'll be ready by the time you pick me up._

    c. aunque and **a pesar (de) que** to express doubt and **de modo (manera) que** to express intention.

Aunque llueva, la procesión seguirá.	_Although it may rain, the parade will continue._
Levántame de modo que pueda ver el desfile.	_Lift me up so I can see the parade._

    d. expressions ending with **-quier(a)** or expressions with similar meanings.

Cualquier cosa que compres les va a gustar.	_Anything you buy will please them._

3. The imperfect or past perfect subjunctives are used in a conditional **(si)** clause with

    a. a contrary-to-fact situation.

    Si hubiera sabido la fecha, te habría   *If he had known the date, he would*
      enviado una tarjeta para tu santo.   *have sent you a card for your saint's*
                                   day.

    b. a hypothetical idea.

    Si me dieras tu coche, iría por   *If you gave (were to give) me your car, I*
      champaña.   *would go for champagne.*

    c. the expression **como si.**

    Él celebra como si fuera la Noche   *He celebrates as if it were New Year's Eve.*
      Vieja.

Práctica

A. *La buena fiesta.* *Los González son famosos por sus fiestas divertidas. Aquí comparten sus secretos. Dé Ud. la forma correcta del verbo.*

1. El buen anfitrión planea bien para que sus invitados (divertirse) _____.
2. La fiesta al aire libre es buena idea a menos que (hacer) _____ mal tiempo.
3. Nosotros siempre invitamos a gente de diversas profesiones para que la conversación (ser) _____ estimulante.
4. Yo saludo personalmente a cada invitado en cuanto (llegar) _____.
5. Nunca hacemos una fiesta sin que (haber) _____ entretenimiento.
6. Mientras los invitados (bailar) _____, cantamos.
7. La fiesta no termina hasta que la última persona (irse) _____.
8. Cualquier fiesta puede ser un éxito con tal que Uds. (servir) _____ buena comida.

B. *La Nochebuena.* *Llene Ud. cada espacio con la forma correcta del verbo.*

1. ¿Hay alguien que (haber) _____ visto a Santa Claus alguna vez?
2. Conozco a alguien que (haber) _____ dado de comer a sus renos.
3. Quiero encontrar calcetines que (ser) _____ grandísimos para colgar en mi chimenea.
4. No hay nadie que (haber) _____ sido mejor que yo.
5. Quiero comprar galletas que le (gustar) _____ a Santa Claus.
6. Compré un árbol de Navidad que (ser) _____ enorme y muy bonito.
7. No hay nada que (ser) _____ mejor que la torta navideña que prepara mi tía.
8. Cualquier regalo que Santa me (traer) _____ me va a gustar.

C. Si... *Llene Ud. cada espacio con la forma correcta del verbo.*

1. Si te invitan, tú (tener) _____ que llevar un regalo.
2. Si yo (ser) _____ Ud., yo no aceptaría la invitación.
3. Si Uds. no (picar) _____, habrían comido la cena.
4. Si él (ser) _____ menos pesado, tendría más amistades.
5. Si nosotros nos hubiéramos dado cuenta de la fecha, (celebrar) _____ su cumpleaños.

D. Pero si... *Termine Ud. las frases de una forma lógica, empleando el imperfecto o el pluscuamperfecto[1] del subjuntivo y las formas apropiadas del condicional.*

> MODELO   No quiero salir ahora, pero si...
>   No quiero salir ahora, pero si Juan me invitara, saldría con él.

1. No me gusta bailar, pero si...   4. Ayer no tuve dinero, pero si...
2. Nunca van al médico, pero si...   5. Anoche no estudió, pero si...
3. No maneja bien, pero si...   6. No fuimos a la fiesta, pero si...

E. Observaciones. *Aurelio es un gran observador de la gente, y por eso le gusta mucho asistir a las fiestas. Cambie Ud. el verbo entre paréntesis.*

1. Ese hombre se comporta como si (tener) _____ miedo.
2. La chica morena sonríe como si (saber) _____ un secreto fantástico.
3. Los hermanos Torres tratan a sus novias como si (ser) _____ reinas.
4. La anfitriona anda como si le (doler) _____ los pies.

Ahora, termine Ud. las frases siguientes de una forma original.

5. Ella baila como si...   7. Los jóvenes comen como si...
6. Ese político habla como si...   8. Los músicos tocan como si...

VERBS OF OBLIGATION *(Verbos que expresan obligación)*

1. **Tener que** + infinitive expresses obligation and necessity. It is an expression that is commonly used in Spanish.

   ¿Por qué tengo yo que hacerlo?   *Why do I have to do it?*

2. **Haber de** + infinitive is used to express the idea of being expected or supposed to do something. It is less emphatic than **tener que** and is perhaps more literary or formal.

   Han de llegar muy pronto.   *They are to arrive very soon.*
   He de irme ahora mismo.   *I'm supposed to leave right now.*

---

[1] **Pluscuamperfecto:** Past perfect (imperfect of **haber** + past participle).

3. Hay (Había, Habrá, Habría) que + infinitive is used to express the idea of *one must* or *it is necessary*. It is used in a more general or impersonal sense, since there is no specific subject.

Hay que contestar cuanto antes.	*One must answer as soon as possible.*
Había que aprenderlo de memoria.	*It was necessary to learn it by heart.*

4. Deber de + infinitive is used to indicate conjecture, probability, or likelihood.

Debes de bailar bien porque siempre te llevan a discotecas.	*You must (probably) dance well because they always take you to discotheques.*

Deber + infinitive implies pure obligation *(should, must, ought to).*

Debes bailar bien si quieres ser primera bailarina con la compañía de ballet.	*You must (have to) dance well if you want to be prima ballerina with the ballet company.*

The imperfect of **deber + haber** + past participle means *should have done something.*

Tú debías haber sabido que ayer fue mi aniversario.	*You should have known that yesterday was my anniversary.*

Práctica

A. Semana Santa en Sevilla. *Antonia es sevillana pero ahora vive en los EE.UU. Sus hijos van a pasar Semana Santa en Sevilla y ella les ofrece consejos. Cambie Ud. las frases a una construcción con* **tener que, deber, haber de** *o* **hay que** + *infinitivo.*

1. Consigan a un buen guía en Sevilla.
2. Vayan a misa el Domingo de Resurrección.
3. Sáquenme fotos de las estatuas en las procesiones.
4. Vean las representaciones de la Pasión.
5. Prueben los postres típicos de la región.
6. Busquen el pueblo de su bisabuelo.
7. Visiten a los primos de su papá.
8. Asistan a una corrida de toros.

B. La Noche Vieja — cómo pasarla sano y salvo. *Complete Ud. las frases de una forma original.*

1. Antes de salir, hay que...
2. Al llegar a la fiesta, Uds. han de...
3. Cuando les ofrecen bebidas, deben...
4. Antes de sentarse a comer, tienen que...
5. A medianoche, hay que...
6. Cuando vuelvan a casa, deben...

Palabras problemáticas

Estudie Ud. las palabras siguientes. Son palabras que los estudiantes norteamericanos de español suelen confundir.

1. darse cuenta de   *to become aware of, realize*
  realizar   *to accomplish, achieve, realize (an ambition)*

<u>Se dio cuenta de</u> que había dejado su libro en casa.	*He realized he had left his book at home.*
Por fin <u>realicé</u> mi sueño.	*I finally accomplished my dream.*

2. caliente (cálido, caluroso)   *hot (referring to temperature)*
  picante   *hot, spicy*

La sopa está demasiado <u>caliente</u>. No la comas todavía.	*The soup is too hot. Don't eat it yet.*
La paella no es muy <u>picante</u>.	*Paella is not very spicy.*

3. porque (conjunción)   *because, for the reason that*
  a causa de (por) (preposición)   *because, on account of*

No fui a la reunión <u>porque</u> estaba nevando.	*I didn't go to the meeting because it was snowing.*
No fui a la reunión <u>a causa de (por)</u> la nieve.	*I didn't go to the meeting on account of the snow.*

4. trabajar   *to work, labor, toil*
  funcionar   *to work, operate, function*
  andar   *to work, run (a machine), walk*

Descansa un poco. <u>Trabajas</u> demasiado.	*Rest a bit. You work too much.*
El tocadiscos no <u>funciona</u>. Me lo van a arreglar.	*The record player doesn't work. They are going to fix it for me.*
Mi reloj nuevo <u>anda</u> muy bien.	*My new watch works very well.*

5. perder   *to miss (a bus, etc.), lose*
  echar de menos (extrañar)   *to miss (a person or thing), feel a lack of*
  añorar   *to long for*

Si no te das prisa, <u>perderás</u> el tren.	*If you don't hurry, you'll miss the train.*
<u>Echo</u> mucho <u>de menos</u> a mi perro Dino.	*I miss my dog Dino a lot.*
<u>Añoro</u> mi país natal.	*I long for my native land.*

6. la cita   *date, appointment*
  la fecha   *date (date, month, year)*

Tiene una <u>cita</u> con Luis esta noche.	*She has a date with Luis tonight.*
¿Cuál es la <u>fecha</u> de hoy?	*What is today's date?*

Práctica

Escoja Ud. la palabra apropiada según el contexto.

1. No (me di cuenta de, realicé) la hora. ¿Es la una ya?
2. Sara (se dio cuenta de, realizó) sus sueños de viajar por Europa a caballo.
3. Prueba los tacos. No son nada (picantes, calientes).
4. No vayas descalzo porque la arena está (caliente, picante).
5. No fueron a la fiesta (porque, a causa de) la lluvia.
6. Juan llegó tarde (porque, a causa de) su coche no (trabaja, funciona) bien.
7. Miguel (funciona, trabaja) tanto (por, porque) necesidad.
8. Tuve una (fecha, cita) a las ocho con el dentista, pero (extrañé, perdí) el autobús y cuando por fin llegué a su oficina, (realicé, me di cuenta de) que me había equivocado.
9. Cielito, te (pierdo, echo de menos). Vuelve pronto.

Y en resumen...

A. Conservando costumbres. *Escoja Ud. la palabra correcta o use la forma correcta del verbo entre paréntesis. Traduzca las palabras en inglés al español.*

Es cierto que la Navidad (tener) _____ (numerosas tradiciones, tradiciones numerosas) que se han (conservado, conservadas) a través de los años. (Por, Para) muchos hispanos, el belén es (*one of the most important*) _____. El belén (originarse) _____ en el siglo trece con San Francisco de Asís. Según lo que (*is known*)_____, (*the saint*) _____ (construir) _____ el (primer, primero) belén (por, para) (explicarse, explicarles) a los pobres y humildes campesinos el misterio del nacimiento de Jesucristo. En (*Christmas Eve*) _____ del año 1223, San Francisco (representar) _____ el nacimiento de Cristo en una cueva en Italia. Él le (*asked*) _____ a uno de los campesinos que (llevar) _____ allí heno (*hay*), un buey y un burro vivos. Después de (terminar) _____ la representación, San Francisco (repartir) _____ el heno entre las personas que (*attended*) _____ a la representación.

(*It is believed*) _____ que la tradición de (mandar) _____ (*Christmas cards*) _____ (comenzar) _____ en la Roma clásica, donde (*it used to be*) _____ común intercambiar tarjetas (para, por) mostrar generosidad y amistad. (*The first*) _____ tarjeta está (fechar) _____ 1476.

Las costumbres navideñas hispánicas varían de país en país. Sin embargo, para todos los padres hispanos es importante que (hacer) _____ todo lo posible para que sus hijos (recordar) _____ con (*affection*) _____ las tradiciones y las costumbres de esta época tan especial.

B. *Preparativos navideños.* *Termine Ud. las frases siguientes de una forma original empleando el subjuntivo o el infinitivo.*

1. Iré al centro para...
2. Decoraré toda la casa con ornamentos cuando...
3. Compraré muchas cosas en cuanto...
4. Mandaré todas las tarjetas de Navidad de modo que...
5. Esconderé los regalos sin que...
6. Dejaré mis zapatos en el balcón para que...
7. Envolveré todos los paquetes antes de...
8. No encenderemos un fuego en la hoguera en caso de que...
9. Visitaremos a nuestros amigos a condición de que...
10. Cantaremos villancicos después de...
11. Los niños se dormirán temprano por miedo de que...
12. No nos acostaremos hasta...

C. *Los nervios.* *Josefina se pone nerviosa en las fiestas grandes y por eso siempre le va mal.*

> **MODELO**   Rompí el vaso. (poner/suelo)
> No habrías roto el vaso si no lo hubieras puesto en el suelo.

1. Decía muchas tonterías. (beber/champaña)
2. Me caí por la escalera. (usar/esos zapatos)
3. Me enfermé. (comer/demasiado)
4. Me llamó aquel hombre tan desagradable. (darle/número de teléfono)

Ahora, invente las acciones de Josefina que tuvieron estos resultados.

5. Me dolía mucho la cabeza.
6. Arruiné mi vestido favorito.

D. *Remordimientos.* *La fiesta fue un fracaso total. ¿Por qué? ¿Qué opinan los anfitriones? Use Ud. el subjuntivo para terminar las frases siguientes.*

1. Si hubiéramos...
2. Ojalá...
3. Antes de que...
4. La próxima vez buscaremos un músico que...
5. Si yo pudiera...
6. Los invitados se portaron como si...
7. A menos que yo...
8. Habría sido mejor si...

E. *Costumbres.* *Explíquele Ud. el significado de las siguientes fiestas a la gente indicada. Describa también las costumbres y tradiciones relacionadas con cada una. Emplee frases con **hay que, tener que, deber** y **haber de.***

1. el día de acción de gracias/a los peregrinos de Massachusetts
2. la celebración del 4 de julio/a Jorge Washington
3. la celebración de Navidad/a Jesucristo
4. el 12 de octubre/a Cristóbal Colón

F. Días festivos. *¿Cuáles son tres tradiciones relacionadas con las siguientes ocasiones festivas?*

1. el cumpleaños de un(a) niño(a)
2. una boda
3. la Navidad
4. la Pascua
5. el Año Nuevo
6. el cumpleaños de una joven estadounidense de dieciséis

G. En parejas. *Con un(a) compañero(a), escriban un diálogo en el cual Ud. le explica a su sobrino(a) el mito de Santa Claus y las costumbres relacionadas con él. Entonces él (ella) le hará muchas preguntas. Represéntenlo delante de la clase.*

Ferias y festivales

A. Las fiestas patrióticas. *Escoja Ud. la palabra apropiada o use la forma correcta del verbo entre paréntesis en el pasado del indicativo o subjuntivo. Traduzca las palabras en inglés al español.*

La (*majority*) de los festivales nacionales de México son de carácter religioso, pero también (*there are*) varias fiestas patrióticas que (*are celebrated*) de una manera especial. «El Cinco de Mayo» recuerda la victoria de los mexicanos sobre (*the French*) en Puebla en 1862. El «Día de la Raza» (*is*) el 12 de octubre y conmemora (el, la) fusión de razas (*that*) forma el México de hoy.

Dolores Hidalgo es (un, una) ciudad semidesértica en el estado de Guanajuato. Es la cuna° de la independencia y hoy día un santuario patriótico. Miguel Hidalgo y Costilla (ser) (*priest*) parroquial de Dolores cuando (*he became*) jefe de un movimiento (*revolucionary*). El 16 de septiembre de 1810, Hidalgo (sonar) la campana de su (*church*) y (*upon giving*) su famoso «Grito de Dolores» diciendo: «¡Mueran los gachupines°!», empezó la lucha (por, para) la libertad. Él (pedir) que la gente (levantar) armas contra los españoles y (luchar) por su país. Con su ejército de voluntarios, (conseguir) una serie de victorias. Poco después, (morir) en Chihuahua. Cada 16 de septiembre, este acto heroico (*is remembered*) (por, para) los mexicanos en los «zócalos», o plazas públicas con desfiles militares, fuegos artificiales y otras actividades. Esta fiesta se celebra en todas partes del país pero (por, para) verla en su forma más espectacular, (*one must*) ir al palacio nacional de la capital o a Ciudad Dolores Hidalgo.

cradle

Spaniards (Mex.)

B. ¿Fiesta o peligro en las calles? *El siguiente artículo se refiere a una fiesta española muy única. Desafortunadamente, no es fuera de lo común leer sobre los muchos heridos o muertos como resultado de esta celebración. ¿La causa? Haber sufrido heridos por asta° de toro o haber sido atropellado° por la muchedumbre°. Lea Ud. el artículo y haga las actividades.*

°born
°stampeded/
crowd

Sólo Doce Heridos En Fiesta De San Fermín

PAMPLONA - La segunda fase de la Fiesta de San Fermín se desarrolló en forma rápida y dejó una docena de heridos leves, según informó la Policía.

Unos 1.200 participantes corrieron perseguidos por los toros, a lo largo de aproximadamente un kilómetro que separa los corredores de la Plaza de Toros en sólo dos minutos y 37 segundos.

Durante el recorrido no hubo ningún herido por asta de toro, pero se produjo frecuentes caídas de los corredores, aunque sin registrarse situaciones de peligro.

1. ¿Qué impresión le ha causado a Ud. el titular de este artículo? ¿Por qué? ¿Cuál es la ironía del titular?

2. ¿Qué opina Ud. de este espectáculo?

3. ¿Por qué motivo correrá la gente delante de los toros? ¿Correría Ud.? Explique.

4. ¿Hay alguna tradición de igual peligro en los EE.UU.? Descríbala.

Cámara uno: La fiesta de San Fermín[1]
(Cassette 2, Episodio 17, Escena 1)

A. ¿En qué consiste? *Para saber más sobre la fiesta de San Fermín, llene Ud. los espacios con las palabras apropiadas de la lista siguiente.*

bandas	extranjeros	peligrosas	novela	toros	semana
julio	autor	alcalde (*mayor*)	diversiones	norte	calles

1. La fiesta de San Fermín es una de las fiestas más emocionantes pero también más _____ del mundo.

2. Fue inmortalizada por el _____ norteamericano Ernest Hemingway en su _____ *The Sun Also Rises.*

---

[1] See *Cámaro uno: Manual de ejercicios*, pages 110-111, for vocabulary list and additional activities.

3. Esta fiesta se celebra en el mes de _____, en Pamplona, una ciudad al _____ de España.

4. La fiesta dura una _____ entera y empieza cuando el _____ de Pamplona lanza un cohete (*rocket*) desde el balcón del ayuntamiento.

5. Hay actividades y _____ por toda la ciudad que incluyen danzas típicas, _____ de música y fuegos artificiales (*fireworks*).

6. La parte más emocionante empieza cuando los _____ comienzan su carrera por las _____ estrechas, acompañados por los muchos hombres españoles y _____ que tratan de estar muy próximos de los toros, incluso intentan tocarlos.

B. VIDEO-CULTURA. *Después de ver el video, haga Ud. las siguientes actividades.*

1. Conteste Ud. las preguntas.

    a. ¿Cuáles son cinco actividades o diversiones relacionadas con la fiesta de San Fermín?

    b. ¿Cuál es el objetivo principal de esta fiesta?

    c. ¿Cuál es la parte más emocionante de la celebración? Descríbala.

    d. ¿Cuáles son los sentimientos de los que participan en la carrera?

    e. ¿Cuáles son algunos de los posibles peligros de correr con los toros?

    f. ¿Dónde termina la carrera? ¿Qué pasa después?

2. Escoja Ud. la respuesta correcta.

    a. El color que mejor representa esta fiesta es...

        1) rojo.   2) verde.   3) amarillo.

    b. Los muñecos representan...

        1) estrellas del cine.   2) reyes y reinas.

        3) políticos contemporáneos.

    c. Las calles por las que corren los toros son...

        1) cortas.   2) anchas.   3) estrechas.

    d. Los hombres que corren con los toros se visten de...

        1) negro.   2) azul.   3) blanco.

Appendices

Appendix A

ACCENTUATION

1. A word that carries a written accent is always stressed on the syllable that contains the accent.

página   ca**pí**tulo   **fá**cil   o**rí**genes   can**ción**

2. If a word has no written accent and ends with a vowel, **n**, or **s**, the stress is on the second-to-last syllable.

o**ri**gen   cumple**añ**os   pe**di**mos   pre**gun**ta   consi**de**ro

3. If a word has no written accent and ends in a consonant other than **n** or **s**, the stress is on the last syllable.

pa**pel**   obli**gar**   pa**red**   re**loj**   fe**liz**

CAPITALIZATION

Capital letters are used less in Spanish than in English. Capital letters are *not* used:

1. with the subject pronoun **yo** *(I)* unless it begins a sentence.

Ellos quieren leer pero yo quiero bailar.   *They want to read, but I want to dance.*

2. with days of the week and months of the year.

Hoy es lunes, el 25 de mayo.   *Today is Monday, May 25.*

3. with names of languages or adjectives and nouns of nationality.

Son colombianos y por eso hablan español.   *They are Colombians, and therefore, they speak Spanish.*

4. with words in a title, except the first word and proper nouns.

Historia de la isla de Cuba   *History of the Island of Cuba*
Lo que el viento se llevó   *Gone with the Wind*

5. to express **usted, ustedes, señor, señora,** and **señorita,** except in their abbreviated forms: **Ud(s)., Vd(s)., Sr., Sra., Srta.**

Appendix B

COLLECTIVES: AGREEMENT IN NUMBER

1. The collective noun usually requires a singular verb, especially if the verb follows the noun.

La gente va a trabajar a las ocho.   *The people go to work at eight o'clock.*
La mayoría no votó en las elecciones.   *The majority did not vote in the elections.*

2. When the collective noun is followed by **de** + a plural noun, the verb is plural.

Un grupo de niños jugaban en el parque.   *A group of children were playing in the park.*

La mayor parte de los alumnos estudian un idioma extranjero.   *The majority of students study a foreign language.*

3. If the predicate noun is plural, the verb must be plural.

La mayoría parecían turistas.   *The majority seemed to be tourists.*

4. Two or more neuter subjects require a singular verb.

Lo que quiero y lo que necesito es más tiempo libre.   *What I want and what I need is more free time.*

5. Since the infinitive is considered neuter, two or more infinitives used as a subject require a singular verb.

Nos gusta cantar y bailar   *We like to sing and dance.*
Nadar y tomar el sol es divertido.   *Swimming and sunbathing are fun.*

Appendix C

DAYS OF THE WEEK

el lunes	Monday	el viernes	Friday
el martes	Tuesday	el sábado	Saturday
el miércoles	Wednesday	el domingo	Sunday
el jueves	Thursday		

MONTHS

enero	January	julio	July
febrero	February	agosto	August
marzo	March	se(p)tiembre	September
abril	April	octubre	October
mayo	May	noviembre	November
junio	June	diciembre	December

SEASONS

la primavera	spring	el otoño	autumn
el verano	summer	el invierno	winter

EXPRESSING THE DATE

¿Cuál es la fecha? ⎫	What is the date?
¿A cuántos estamos? ⎭	
Hoy es martes, el 2 de octubre.	Today is Tuesday, October 2.
Hoy es miércoles, el primero de julio de 1992.	Today is Wednesday, July 1, 1992.

Appendix D

CARDINAL NUMBERS

0	cero	31	treinta y uno(a)
1	uno(a)	40	cuarenta
2	dos	50	cincuenta
3	tres	60	sesenta
4	cuatro	70	setenta
5	cinco	80	ochenta
6	seis	90	noventa
7	siete	100	cien, ciento
8	ocho	101	ciento uno(a)
9	nueve	120	ciento veinte
10	diez	200	doscientos(as)
11	once	201	doscientos uno(a)
12	doce	300	trescientos(as)
13	trece	400	cuatrocientos(as)
14	catorce	500	quinientos(as)
15	quince	600	seiscientos(as)
16	dieciséis (diez y seis)	700	setecientos(as)
17	diecisiete (diez y siete)	800	ochocientos(as)
18	dieciocho (diez y ocho)	900	novecientos(as)
19	diecinueve (diez y nueve)	1,000	mil
20	veinte	2,000	dos mil
21	veintiuno(a) (veinte y uno[a])	100,000	cien mil
22	veintidós (veinte y dos)	500,000	quinientos(as) mil
30	treinta	1,000,000	un millón

1. **Uno(a)** agrees in gender with the noun it modifies. The final **o** is dropped before a masculine noun.

Hay veintiún muchachos y veintiuna muchachas.	*There are twenty-one boys and twenty-one girls.*
¿Cuántos libros tienes, uno o dos?	*How many books do you have, one or two?*

2. **Cien** is used instead of **ciento** before a noun and before **mil** and **millones**. It is used alone as a pronoun.

Ojalá tuviera cien mil dólares.	*I wish I had a hundred thousand dollars.*
Quedan cien boletos pero necesito ciento cincuenta.	*There are a hundred tickets left, but I need a hundred and fifty.*

3. The even-hundred numbers 200 through 900 will agree in gender with the nouns they modify.

Hay quinientos escritorios y setecientas sillas.   *There are five hundred desks and seven hundred chairs.*

4. All other cardinal numbers are invariable.

Tengo cuatro tazas y cinco platillos.   *I have four cups and five saucers.*

5. Millón and **millones** require the preposition **de** before a noun.

Hay más de 2 millones de personas en Nueva York.   *There are more than 2 million people in New York.*

6. Cardinal numbers are used in dates, except to express the first.

Hoy es el 3 de enero.   *Today is January 3.*
Mañana es el primero de junio.   *Tomorrow is June 1.*

ORDINAL NUMBERS

primero	cuarto	séptimo	décimo
segundo	quinto	octavo	undécimo
tercero	sexto	noveno	duodécimo

1. Ordinal numbers agree in number and gender with the noun they modify or replace.

Es la primera vez que ella maneja un coche.   *It's the first time she's driven a car.*

Vive en el sexto piso.   *He lives on the sixth floor.*

2. Primero and **tercero** drop the **o** before a masculine singular noun.

El primer capítulo es aburrido pero el tercer capítulo es fascinante.   *The first chapter is boring, but the third chapter is fascinating.*

3. Ordinal numbers may be placed before or after the noun. However, they always follow the noun when they refer to sovereigns and popes.

Felipe Segundo   *Philip the Second*
Carlos Quinto   *Charles the Fifth*

4. Generally, ordinal numbers are not used after 10.

el siglo diecinueve   *the nineteenth century*
el capítulo trece   *the thirteenth chapter*
Luis Catorce   *Louis the Fourteenth*

FRACTIONS

1/2	un medio	1/7	un séptimo
1/3	un tercio	1/8	un octavo
1/4	un cuarto	1/9	un noveno
1/5	un quinto	1/10	un décimo
1/6	un sexto	1/100	un centésimo

Medio(a) is used for a half in expressions of the time and measurement. Otherwise, **la mitad (de)** is used.

medio kilo de jamón	*half a kilo of ham*
media hora	*half an hour*
la mitad de la clase	*half of the class*
la mitad de tu sándwich	*half of your sandwich*

Appendix E

EXPRESSING TO LIKE AND TO LOVE

There is no verb in Spanish that is the direct equivalent of *to like*. Students of Spanish therefore have a tendency to misuse the verbs **querer** and **amar**. Study the following chart:

caer bien	*to suit, be becoming* (The subject is a thing.)	
	El traje le cae bien.	*The suit is becoming to him.*
	to seem nice, likable (The subject is a person.)	
	Susana me cae muy bien.	*Susana seems nice to me. (I like her.)*
gustar	*to be pleasing*	
	Me gustan los dulces.	*Sweets are pleasing to me. (I like sweets.)*
	Tú me gustas.	*You are pleasing to me. (I like you.)*
querer	*to love, want* (The object is a person.)	
	Quiero un médico.	*I want a doctor.*
	Quiero mucho a mi abuela.	*I love my grandmother a lot.*
	to want (The object is a thing.)	
	Quiero leer el periódico.	*I want to read the newspaper.*
	Quiero dos pasteles.	*I want two pastries.*

amar   *to love* (Amar is used mainly with people. It expresses deep love and nowadays is used either in literature or in jest. It is used, however, to express love of God, of country, or of an abstract ideal.)
Amo a mi patria y la libertad.   *I love my country and liberty.*

Appendix F

REVIEW OF PRONOUNS

Subject pronouns	Direct object pronouns	Indirect object pronouns	Reflexive pronouns	Prepositional pronouns
yo	me	me	me	mí (yo)[3]
tú	te	te	te	ti (tú)[3]
él, ella, Ud.	lo, la, le[1]	le (se)[2]	se	él, ella, Ud. (sí)[4]
nosotros, nosotras	nos	nos	nos	nosotros, nosotras
vosotros, vosotras	os	os	os	vosotros, vosotras
ellos, ellas, Uds.	los, las, les[1]	les (se)[2]	se	ellos, ellas, Uds. (sí)[4]

1. **Le** and **les** are used in Spain when the direct object pronoun refers to a masculine person or persons.
2. **Se** is used when the direct and indirect objects appear together and are both third person. **Él le escribe *la carta* a María, Él se *la* escribe.**
3. **Yo** and **tú** are used instead of **mí** and **ti** after **según, menos, salvo, excepto, entre,** and **incluso**.
4. **Sí** is used when the object of the preposition is reflexive (*himself, herself, themselves,* and so on).

Appendix G

STEM-CHANGING VERBS

1. first class: **-ar, -er (e → ie, o → ue)**.

PENSAR
present indicative: pienso, piensas, piensa, pensamos, pensáis, piensan
present subjunctive: piense, pienses, piense, pensemos, penséis, piensen
imperative: piensa tú, pensad vosotros

VOLVER

present indicative: vuelvo, vuelves, vuelve, volvemos, volvéis, vuelven
present subjunctive: vuelva, vuelvas, vuelva, volvamos, volváis, vuelvan
imperative: vuelve tú, volved vosotros

Other verbs in this category:

acertar	contar	forzar	rogar
acordar(se)	costar	helar	sentar(se)
acostar(se)	defender	llover	soler
almorzar	demostrar	manifestar	sonar
aprobar	despertar(se)	mostrar	soñar
atravesar	devolver	mover	temblar
calentar	empezar	negar	tropezar
cerrar	encender	perder	volar
colgar	encontrar	probar	
comenzar	entender	recordar	
confesar	envolver	regar	

2. Second class: **-ir** (**e** → **ie** and **i, o** → **ue** and **u**).

SENTIR

present indicative: siento, sientes, siente, sentimos, sentís, sienten
present subjunctive: sienta, sientas, sienta, sintamos, sintáis, sientan
preterite: sentí, sentiste, sintió, sentimos, sentisteis, sintieron
imperfect subjunctive: sintiera, sintieras, sintiera, sintiéramos, sintierais, sintieran
sintiese, sintieses, sintiese, sintiésemos, sintieseis, sintiesen
imperative: siente tú, sentid vosotros
present participle: sintiendo

DORMIR

present indicative: duermo, duermes, duerme, dormimos, dormís, duermen
present subjunctive: duerma, duermas, duerma, durmamos, durmáis, duerman
preterite: dormí, dormiste, durmió, dormimos, dormisteis, durmieron
imperfect subjunctive: durmiera, durmieras, durmiera, durmiéramos, durmierais,
durmieran
durmiese, durmieses, durmiese, durmiésemos, durmieseis,
durmiesen
imperative: duerme tú, dormid vosotros
present participle: durmiendo

Other verbs in this category:

advertir	convertir	hervir	preferir
arrepentirse	divertir(se)	mentir	referir(se)
consentir	herir	morir(se)	sugerir

3. Third class: **-ir** (**e** → **i**).

PEDIR
present indicative: pido, pides, pide, pedimos, pedís, piden
present subjunctive: pida, pidas, pida, pidamos, pidáis, pidan
preterite: pedí, pediste, pidió, pedimos, pedisteis, pidieron
imperfect subjunctive: pidiera, pidieras, pidiera, pidiéramos, pidierais, pidieran
                         pidiese, pidieses, pidiese, pidiésemos, pidieseis, pidiesen
imperative: pide tú, pedid vosotros
present participle: pidiendo

Other verbs in this category:

competir	despedir(se)	perseguir	seguir
concebir	elegir	reír(se)	servir
conseguir	impedir	reñir	vestir(se)
corregir	medir	repetir	

VERBS WITH ORTHOGRAPHIC CHANGES

1. Verbs that end in **-car** (**c** → **qu** before **e**).
BUSCAR
preterite: busqué, buscaste, buscó, buscamos, buscasteis, buscaron
present subjunctive: busque, busques, busque, busquemos, busquéis, busquen

Other verbs in this category:

acercar(se)	comunicar	explicar	sacar
atacar	dedicar	indicar	secar
colocar	evocar	marcar	tocar

2. Verbs that end in **-gar** (**g** → **gu** before **e**).
PAGAR
preterite: pagué, pagaste, pagó, pagamos, pagasteis, pagaron
present subjunctive: pague, pagues, pague, paguemos, paguéis, paguen

Other verbs in this category:

colgar	llegar	obligar	rogar
jugar	negar	regar	

3. Verbs that end in **-zar** (**z** → **c** before **e**).
GOZAR
preterite: gocé, gozaste, gozó, gozamos, gozasteis, gozaron
present subjunctive: goce, goces, goce, gocemos, gocéis, gocen

Other verbs in this category:

alcanzar	cazar	cruzar	forzar
almorzar	comenzar	empezar	rezar
avanzar			

4. Verbs that end in **-cer** and **-cir** preceded by a vowel (**c** → **zc** before **a** and **o**).

CONOCER

present indicative: conozco, conoces, conoce, conocemos, conocéis, conocen
present subjunctive: conozca, conozcas, conozca, conozcamos, conozcáis, conozcan

Other verbs in this category:

agradecer	crecer	nacer	parecer
aparecer	establecer	obedecer	pertenecer
carecer	merecer	ofrecer	producir
conducir			

(Exceptions: hacer, decir.)

5. Verbs that end in **-cer** and **-cir** preceded by a consonant (**c** → **z** before **a** and **o**).

VENCER

present indicative: venzo, vences, vence, vencemos, vencéis, vencen
present subjunctive: venza, venzas, venza, venzamos, venzáis, venzan

Other verbs in this category:

convencer   ejercer

6. Verbs that end in **-ger** and **-gir** (**g** → **j** before **a** and **o**).

COGER

present indicative: cojo, coges, coge, cogemos, cogéis, cogen
present subjunctive: coja, cojas, coja, cojamos, cojáis, cojan

Other verbs in this category:

corregir	elegir	exigir	proteger
dirigir	escoger	fingir	recoger

7. Verbs that end in **-guir** (**gu** → **g** before **a** and **o**).

SEGUIR

present indicative: sigo, sigues, sigue, seguimos, seguís, siguen
present subjunctive: siga, sigas, siga, sigamos, sigáis, sigan

Other verbs in this category:

conseguir   distinguir   perseguir

8. Verbs that end in **-uir** (except **-guir** and **-quir**).

HUIR

present indicative: huyo, huyes, huye, huimos, huís, huyen
preterite: huí, huiste, huyó, huimos, huisteis, huyeron
present subjunctive: huya, huyas, huya, huyamos, huyáis, huyan
imperfect subjunctive: huyera, huyeras, huyera, huyéramos, huyerais, huyeran
huyese, huyeses, huyese, huyésemos, huyeseis, huyesen
imperative: huye tú, huid vosotros
present participle: huyendo

Other verbs in this category:

atribuir	contribuir	distribuir	influir
concluir	destruir	excluir	instruir
constituir	disminuir	incluir	sustituir
construir			

9 Some verbs change unaccentuated **i** → **y**.

LEER

preterite: leí, leiste, leyó, leímos, leísteis, leyeron
imperfect subjunctive: leyera, leyeras, leyera, leyéramos, leyerais, leyeran
leyese, leyeses, leyese, leyésemos, leyeseis, leyesen
present participle: leyendo
past participle: leído

Other verbs in this category:

caer(se)   creer   oír   poseer

10. Some verbs that end in **-iar** and **-uar** (except **-guar**) have a written accent on the **i** and **u** in the singular forms and third person plural in some tenses.

ENVIAR

present indicative: envío, envías, envía, enviamos, enviáis, envían
present subjunctive: envíe, envíes, envíe, enviemos, enviéis, envíen
imperative: envía tú, enviad vosotros

Other verbs in this category:

acentuar	confiar	espiar	variar
actuar	continuar	graduar	
ampliar	criar	situar	

(Exceptions: cambiar, estudiar, limpiar)

11. Verbs that end in **-guar** (**gu** → **gü** before **e**).

AVERIGUAR

preterite: averigüé, averiguaste, averiguó, averiguamos, averiguasteis, averiguaron
present subjunctive: averigüe, averigües, averigüe, averigüemos, averigüéis, averigüen

Appendix H

SIMPLE TENSES

HABLAR, COMER, VIVIR

Infinitive	Present participle / Past participle	Imperative	Indicative		
			Present	Imperfect	Preterite
hablar	hablando	habla	hablo	hablaba	hablé
	hablado	hablad	hablas	hablabas	hablaste
			habla	hablaba	habló
			hablamos	hablábamos	hablamos
			habláis	hablabais	hablasteis
			hablan	hablaban	hablaron
comer	comiendo	come	como	comía	comí
	comido	comed	comes	comías	comiste
			come	comía	comió
			comemos	comíamos	comimos
			coméis	comíais	comisteis
			comen	comían	comieron
vivir	viviendo	vive	vivo	vivía	viví
	vivido	vivid	vives	vivías	viviste
			vive	vivía	vivió
			vivimos	vivíamos	vivimos
			vivís	vivíais	vivisteis
			viven	vivían	vivieron

COMPOUND TENSES

HABLAR

Compound infinitive	Compound present participle	Present perfect	Indicative		
			Past perfect	Preterite perfect	Future perfect
haber	habiendo	he hablado	había hablado	hube hablado	habré hablado
hablado	hablado	has hablado	habías hablado	hubiste hablado	habrás hablado
		ha hablado	había hablado	hubo hablado	habrá hablado
		hemos hablado	habíamos hablado	hubimos hablado	habremos hablado
		habéis hablado	habíais hablado	hubisteis hablado	habréis hablado
		han hablado	habían hablado	hubieron hablado	habrán hablado

Indicative		Subjunctive		
Future	**Conditional**	**Present**	**Imperfect (ra)**	**Imperfect (se)**
hablaré	hablaría	hable	hablara	hablase
hablarás	hablarías	hables	hablaras	hablases
hablará	hablaría	hable	hablara	hablase
hablaremos	hablaríamos	hablemos	habláramos	hablásemos
hablaréis	hablaríais	habléis	hablarais	hablaseis
hablarán	hablarían	hablen	hablaran	hablasen
comeré	comería	coma	comiera	comiese
comerás	comerías	comas	comieras	comieses
comerá	comería	coma	comiera	comiese
comeremos	comeríamos	comamos	comiéramos	comiésemos
comeréis	comeríais	comáis	comierais	comieseis
comerán	comerían	coman	comieran	comiesen
viviré	viviría	viva	viviera	viviese
vivirás	vivirías	vivas	vivieras	vivieses
vivirá	viviría	viva	viviera	viviese
viviremos	viviríamos	vivamos	viviéramos	viviésemos
viviréis	viviríais	viváis	vivierais	vivieseis
vivirán	vivirían	vivan	vivieran	viviesen

Indicative	Subjunctive		
Conditional perfect	**Present perfect**	**Past perfect (ra)**	**Past perfect (se)**
habría hablado	haya hablado	hubiera hablado	hubiese hablado
habrías hablado	hayas hablado	hubieras hablado	hubieses hablado
habría hablado	haya hablado	hubiera hablado	hubiese hablado
habríamos hablado	hayamos hablado	hubiéramos hablado	hubiésemos hablado
habríais hablado	hayáis hablado	hubierais hablado	hubieseis hablado
habrían hablado	hayan hablado	hubieran hablado	hubiesen hablado

IRREGULAR VERBS

Infinitive	Present participle Past participle	Imperative	Indicative		
			Present	Imperfect	Preterite
andar, *to walk; to go*	andando andado	anda andad			anduve anduviste anduvo anduvimos anduvisteis anduvieron
caber, *to fit; to be contained in*	cabiendo cabido	cabe cabed	quepo cabes cabe cabemos cabéis caben		cupe cupiste cupo cupimos cupisteis cupieron
caer, *to fall*	cayendo caído	cae caed	caigo caes cae caemos caéis caen		caí caíste cayó caimos caísteis cayeron
conducir, *to lead, drive*	conduciendo conducido	conduce conducid	conduzco conduces conduce conducimos conducís conducen		conduje condujiste condujo condujimos condujisteis condujeron
dar, *to give*	dando dado	da dad	doy das da damos dais dan		di diste dio dimos disteis dieron

Indicative		Subjunctive		
Future	Conditional	Present	Imperfect (ra)	Imperfect (se)
			anduviera	anduviese
			anduvieras	anduvieses
			anduviera	anduviese
			anduviéramos	anduviésemos
			anduvierais	anduvieseis
			anduvieran	anduviesen
cabré	cabría	quepa	cupiera	cupiese
cabrás	cabrías	quepas	cupieras	cupieses
cabrá	cabría	quepa	cupiera	cupiese
cabremos	cabríamos	quepamos	cupiéramos	cupiésemos
cabréis	cabríais	quepáis	cupierais	cupieseis
cabrán	cabrían	quepan	cupieran	cupiesen
		caiga	cayera	cayese
		caigas	cayeras	cayeses
		caiga	cayera	cayese
		caigamos	cayéramos	cayésemos
		caigáis	cayerais	cayeseis
		caigan	cayeran	cayesen
		conduzca	condujera	condujese
		conduzcas	condujeras	condujeses
		conduzca	condujera	condujese
		conduzcamos	condujéramos	condujésemos
		conduzcáis	condujerais	condujeseis
		conduzcan	condujeran	condujesen
		dé	diera	diese
		des	dieras	dieses
		dé	diera	diese
		demos	diéramos	diésemos
		deis	dierais	dieseis
		den	dieran	diesen

continued on next page

IRREGULAR VERBS — CONTINUED

Infinitive	Present participle / Past participle	Imperative	Indicative Present	Indicative Imperfect	Indicative Preterite
decir, *to say, tell*	diciendo / dicho	di / decid	digo / dices / dice / decimos / decís / dicen		dije / dijiste / dijo / dijimos / dijisteis / dijeron
estar, *to be*	estando / estado	está / estad	estoy / estás / está / estamos / estáis / están		estuve / estuviste / estuvo / estuvimos / estuvisteis / estuvieron
haber, *to have*	habiendo / habido	he / habed	he / has / ha / hemos / habéis / han		hube / hubiste / hubo / hubimos / hubisteis / hubieron
hacer, *to do, make*	haciendo / hecho	haz / haced	hago / haces / hace / hacemos / hacéis / hacen		hice / hiciste / hizo / hicimos / hicisteis / hicieron
ir, *to go*	yendo / ido	ve / id	voy / vas / va / vamos / vais / van	iba / ibas / iba / íbamos / ibais / iban	fui / fuiste / fue / fuimos / fuisteis / fueron
oír, *to hear*	oyendo / oído	oye / oíd	oigo / oyes / oye / oímos / oís / oyen		oí / oíste / oyó / oímos / oísteis / oyeron

Indicative		Subjunctive		
Future	Conditional	Present	Imperfect (ra)	Imperfect (se)
diré	diría	diga	dijera	dijese
dirás	dirías	digas	dijeras	dijeses
dirá	diría	diga	dijera	dijese
diremos	diríamos	digamos	dijéramos	dijésemos
diréis	diríais	digáis	dijerais	dijeseis
dirán	dirían	digan	dijeran	dijesen
		esté	estuviera	estuviese
		estés	estuvieras	estuvieses
		esté	estuviera	estuviese
		estemos	estuviéramos	estuviésemos
		estéis	estuvierais	estuvieseis
		estén	estuvieran	estuviesen
habré	habría	haya	hubiera	hubiese
habrás	habrías	hayas	hubieras	hubieses
habrá	habría	haya	hubiera	hubiese
habremos	habríamos	hayamos	hubiéramos	hubiésemos
habréis	habríais	hayáis	hubierais	hubieseis
habrán	habrían	hayan	hubieran	hubiesen
haré	haría	haga	hiciera	hiciese
harás	harías	hagas	hicieras	hicieses
hará	haría	haga	hiciera	hiciese
haremos	haríamos	hagamos	hiciéramos	hiciésemos
haréis	haríais	hagáis	hicierais	hicieseis
harán	harían	hagan	hicieran	hiciesen
		vaya	fuera	fuese
		vayas	fueras	fueses
		vaya	fuera	fuese
		vayamos	fuéramos	fuésemos
		vayáis	fuerais	fueseis
		vayan	fueran	fuesen
		oiga	oyera	oyese
		oigas	oyeras	oyeses
		oiga	oyera	oyese
		oigamos	oyéramos	oyésemos
		oigáis	oyerais	oyeseis
		oigan	oyeran	oyesen

Continued on next page

IRREGULAR VERBS — CONTINUED

Infinitive	Present participle Past participle	Imperative	Indicative		
			Present	*Imperfect*	*Preterite*
oler, *to smell*	oliendo olido	huele oled	huelo hueles huele olemos oléis huelen		
poder, *to be able*	pudiendo podido		puedo puedes puede podemos podéis pueden		pude pudiste pudo pudimos pudisteis pudieron
poner *to put*	poniendo puesto	pon poned	pongo pones pone ponemos ponéis ponen		puse pusiste puso pusimos pusisteis pusieron
querer, *to want*	queriendo querido	quiere quered	quiero quieres quiere queremos queréis quieren		quise quisiste quiso quisimos quisisteis quisieron
reír, *to laugh*	riendo reído	ríe reíd	río ríes ríe reímos reís ríen		reí reíste rió reímos reísteis rieron
saber *to know*	sabiendo sabido	sabe sabed	sé sabes sabe sabemos sabéis saben		supe supiste supo supimos supisteis supieron
salir, *to go out*	saliendo salido	sal salid	salgo sales sale salimos salís salen		

	Indicative		Subjunctive		
Future	Conditional	Present	Imperfect (ra)	Imperfect (se)
		huela		
		huelas		
		huela		
		olamos		
		oláis		
		huelan		
podré	podría	pueda	pudiera	pudiese
podrás	podrías	puedas	pudieras	pudieses
podrá	podría	pueda	pudiera	pudiese
podremos	podríamos	podamos	pudiéramos	pudiésemos
podréis	podríais	podáis	pudierais	pudieseis
podrán	podrían	puedan	pudieran	pudiesen
pondré	pondría	ponga	pusiera	pusiese
pondrás	pondrías	pongas	pusieras	pusieses
pondrá	pondría	ponga	pusiera	pusiese
pondremos	pondríamos	pongamos	pusiéramos	pusiésemos
pondréis	pondríais	pongáis	pusierais	pusieseis
pondrán	pondrían	pongan	pusieran	pusiesen
querré	querría	quiera	quisiera	quisiese
querrás	querrías	quieras	quisieras	quisieses
querrá	querría	quiera	quisiera	quisiese
querremos	querríamos	queramos	quisiéramos	quisiésemos
querréis	querríais	queráis	quisierais	quisieseis
querrán	querrían	quieran	quisieran	quisiesen
		ría		
		rías		
		ría		
		riamos		
		riáis		
		rían		
sabré	sabría	sepa	supiera	supiese
sabrás	sabrías	sepas	supieras	supieses
sabrá	sabría	sepa	supiera	supiese
sabremos	sabríamos	sepamos	supiéramos	supiésemos
sabréis	sabríais	sepáis	supierais	supieseis
sabrán	sabrían	sepan	supieran	supiesen
saldré	saldría	salga		
saldrás	saldrías	salgas		
saldrá	saldría	salga		
saldremos	saldríamos	salgamos		
saldréis	saldríais	salgáis		
saldrán	saldrían	salgan		

IRREGULAR VERBS — CONTINUED

Infinitive	Present participle Past participle	Imperative	Indicative		
			Present	Imperfect	Preterite
ser, *to be*	siendo sido	sé sed	soy eres es somos sois son	era eras era éramos erais eran	fui fuiste fue fuimos fuisteis fueron
tener, *to have*	teniendo tenido	ten tened	tengo tienes tiene tenemos tenéis tienen		tuve tuviste tuvo tuvimos tuvisteis tuvieron
traer, *to bring*	trayendo traído	trae traed	traigo traes trae traemos traéis traen		traje trajiste trajo trajimos trajisteis trajeron
valer, *to be worth*	valiendo valido	val(e) valed	valgo vales vale valemos valéis valen		
venir, *to come*	viniendo venido	ven venid	vengo vienes viene venimos venís vienen		vine viniste vino vinimos vinisteis vinieron
ver, *to see*	viendo visto	ve ved	veo ves ve vemos veis ven	veía veías veía veíamos veíais veían	

Indicative		Subjunctive		
Future	**Conditional**	**Present**	**Imperfect (ra)**	**Imperfect (se)**
		sea	fuera	fuese
		seas	fueras	fueses
		sea	fuera	fuese
		seamos	fuéramos	fuésemos
		seáis	fuerais	fueseis
		sean	fueran	fuesen
tendré	tendría	tenga	tuviera	tuviese
tendrás	tendrías	tengas	tuvieras	tuvieses
tendrá	tendría	tenga	tuviera	tuviese
tendremos	tendríamos	tengamos	tuviéramos	tuviésemos
tendréis	tendríais	tengáis	tuvierais	tuvieseis
tendrán	tendrían	tengan	tuvieran	tuviesen
		traiga	trajera	trajese
		traigas	trajeras	trajeses
		traiga	trajera	trajese
		traigamos	trajéramos	trajésemos
		traigáis	trajerais	trajeseis
		traigan	trajeran	trajesen
valdré	valdría	valga		
valdrás	valdrías	valgas		
valdrá	valdría	valga		
valdremos	valdríamos	valgamos		
valdréis	valdríais	valgáis		
valdrán	valdrían	valgan		
vendré	vendría	venga	viniera	viniese
vendrás	vendrías	vengas	vinieras	vinieses
vendrá	vendría	venga	viniera	viniese
vendremos	vendríamos	vengamos	viniéramos	viniésemos
vendréis	vendríais	vengáis	vinierais	vinieseis
vendrán	vendrían	vengan	vinieran	viniesen

Spanish-English Vocabulary

This vocabulary follows the Spanish style of alphabetization. Exact or reasonably close cognates of English, most proper nouns, and words well within the mastery of second-year students have been omitted. Stem-changing verbs are indicated by (**ie**), (**ue**), or (**i**) following the infinitve.

The gender of nouns is given except for masculine nouns ending in **-o** and feminine nouns ending in **-a, -dad, -tad, -tud,** or **-ión**. In most cases, only the masculine noun is given, unless the English and Spanish correspondents are different words (for example, *mother* and *father*). Adjectives are given only in the masculine singular form.

The following abbreviations have been used:

abbr.	abbreviation	*f.*	feminine	*pl.*	plural
adj.	adjective	*inf.*	infinitive	*p.p.*	past participle
adv.	adverb	*m.*	masculine	*prep.*	preposition
conj.	conjunction	*n.*	noun	*sing.*	singular

A

abierto *p.p.* open; opened
abogado *n* lawyer
abordar to board
a bordo on board
abrazar to hug
abrigo *n.* overcoat
abrir to open
abuela *n.* grandmother
abuelo *n.* grandfather
aburrido *adj.* boring; bored
aburrirse to become bored
acabar to finish; **acabar de +** *inf.* to have just done
acampar to camp
acera *n.* sidewalk
acercarse a to approach
aconsejar to advise
acostarse (ue) to go to bed; to lie down
actitud *n.* attitude
actriz *n. f.* actress
actual *adj.* current, present-day, recent
actuar to behave, act
acusar to tattle, accuse
adelantado *adj.* ahead of schedule
adelgazar to lose weight
adivinar to guess
adolescencia *n.* adolescence

adquirir (ie) to acquire
aduana *n.* customs
afeitarse to shave
aficionado *n.* fan, supporter
afuera *adv.* outside, outdoors
agradable *adj.* pleasant, agreeable
agradar to please
agradecer to be grateful for, thank for
agregar to add
agua *n.* water
aguacero *n.* downpour
aguafiestas *n. sing.* party pooper
ahijada *n.* goddaughter
ahijado *n.* godson
ahora *adv.* now
ahorrar to save money
ajedrez *n. m.* chess
alabar to praise
alcachofa *n.* artichoke
alcoba *n.* bedroom
alegrar to make happy
alegre *adj.* happy, glad
alemán *n. m.* and *adj.* German
algo *adv.* somewhat
algodón *n. m.* cotton
alistarse to get ready

alma *n.* soul
almacén *n. m.* department store
almeja *n.* clam
almohada *n.* pillow
almorzar (ue) to eat lunch
alojarse to lodge, stay
alrededor *adv.* around
alto *adj.* tall, high
alumno *n.* student
allí *adv.* there
ama de casa *n.* housewife, housekeeper
amable *adj.* kind
amanecer to dawn; *n. m.* dawn
amar to love
ambiente *n. m.* environment, atmosphere
ambos *adj.* both
amistad *n.* friend
amo *n.* owner
amor *n.m.* love
amueblar to furnish
ancho *adj.* wide, broad
andar to walk
anejar to annex
anfitrión *n. m.* host
anillo *n.* ring
animado *adv.* exciting

anoche *adv.* last night

anochecer to become dark at nightfall

anotación *n.* score

antepasado *n.* ancestor

antes *adv.* before; **antes de** *prep.* before

antiguo *adj.* old, ancient, former

anuncio *n.* announcement, advertisement

añadir to add

aparecer to appear

apasionado *adj.* passionate

apellido *n.* last name

apenas *adv.* scarcely

apoyar to support

aprender to learn; **aprender de memoria** to learn by heart

aprobar (ue) to approve

apropiado *adj.* appropriate, correct

aquí *adv.* here

árbitro *n.* umpire, referee

árbol *n. m.* tree

arbusto *n.* bush

arco iris *n.* rainbow

arena *n.* sand

arete *n. m.* earring

argumento *n.* plot

armario *n.* clothes closet

arreglar to fix, repair; to arrange

arrestar to arrest

asado *adj.* roasted

ascensor *n. m.* elevator

así *adv.* so, thus, like this

asignatura *n.* subject

asistencia *n.* attendance

asistir a to attend

aspiradora *n.* vacuum cleaner

asustar to scare

atender (ie) to attend to, wait on

ateo *n.* atheist

aterrizaje *n. m.* landing

aterrizar to land

atestado *adj.* crowded

atraer to attract

atreverse a to dare

aumentar to increase

aún *adv.* still, yet

aunque *conj.* although, even if

ausentarse to be absent

avenida *n.* avenue

avión *n. m.* airplane

ayer *adv.* yesterday

ayuda *n.* help, assistance

ayudar to help, aid

ayuntamiento *n.* city hall

azafata *n.* flight attendant

azúcar *n. m.* sugar

azul *adj.* blue

B

bachillerato *n.* high school degree

bailar to dance

bailarín *n. m.* dancer

bajar to lower; to get out of

bajo *adj.* short, low; *adv.* under

banco *n.* bench, pew, bank

banquero *n.* banker

bañar to bathe; **bañarse** to take a bath

barato *adj.* inexpensive, cheap

barra *n.* bar

barrio *n.* neighborhood

bata *n.* bathrobe

batear to bat

beber to drink

bebida *n.* drink, beverage

beca *n.* scholarship

bendición *n.* blessing

besar to kiss

biblioteca *n.* library

bibliotecario *n.* librarian

biftec *n. m.* steak

bilingüe *adj.* bilingual

billete *n. m.* ticket

billetera *n.* billfold

bisabuela *n.* great-grandmother

bisabuelo *n.* great-grandfather

blanco *adj.* white

boca *n.* mouth

boda *n.* wedding

boleto *n.* ticket

bolígrafo *n.* ballpoint pen

bolsa *n.* bag, purse

bolsillo *n.* pocket

bombero *n.* firefighter

boricua *n.* and *adj.* Puerto Rican

borracho *adj.* drunk

borrasco *n.* storm, tempest

bosque *n. m.* forest

bostezar to yawn

bota *n.* boot

botella *n.* bottle

bracero *n.* day laborer

brindar to toast

brindis *n. m.* toast

buscar to look for

butaca *n.* armchair; theater seat

buzón *n. m.* mailbox

C

caballero *n.* gentlemen

caber to fit

cada *adj. (invariable)* each, every

cadena *n.* channel, network; chain

caer to fall; **caerse** to fall down

caja *n.* box; **caja fuerte** strongbox; safe

cajero *n.* cashier

calefacción *n.* heating

calentador *n. m.* heater

caliente *adj.* hot

calor *n. m.* heat

caluroso *adj.* hot

callado *adj.* silent, quiet

callarse to be quiet

calle *n. f.* street

cama *n.* bed

camarera *n.* waitress

camarero *n.* waiter

cambiar to change

cambio *n.* change

caminar to walk

camión *n. m.* truck

camisa *n.* shirt

camiseta *n.* T-shirt
campeón *n. m.* champion
campesino *n.* peasant, country person
camping *n. m.* campsite; **hacer camping (acampar)** to go camping
campo *n.* country; field
canal *n. m.* channel
canción *n.* song
cansado *adj.* tired; tiresome
cantante *n. m./f.* singer
cantar to sing
cantidad *n.* quantity
capacitado *adj.* capable
capaz *adj.* capable
capilla *n.* chapel
caprichoso *adj.* capricious
carbón *n. m.* coal
cárcel *n. f.* jail
cariñoso *adj.* affectionate
carne *n. f.* meat
caro *adj.* expensive
carrera *n.* career; race
carta *n.* letter, card, menu
cartel *n. m.* poster
cartero *n.* letter carrier
casarse con to get married to
casi *adv.* almost
castigo *n.* punishment
catedral *n. f.* cathedral
catedrático *n.* university professor
cebolla *n.* onion
celebre *adj.* famous
celoso *adj.* jealous
cena *n.* supper
cenar to eat supper
centro *n.* center, downtown
cerca (de) *adv.* near, close
cerdo *n.* pork
cerrar (ie) to close
cerveza *n.* beer
césped *n. m.* lawn
cielo *n.* sky, heaven
científico *n.* scientist
cierto *adj.* certain, sure
cine *n. m.* movie theatre
cinturón *n. m.* belt; **cinturón de seguridad** safety belt

circo *n.* circus
cirujano *n.* surgeon
cita *n.* date, appointment
ciudad *n.* city
ciudadano *n.* citizen
clima *n. m.* climate
cobertizo *n.* dugout
cobija *n.* blanket
cobrar to charge
cocina *n.* kitchen
cocinar to cook
cocinero *n.* cook
coco *n.* coconut
coche *n. m.* car
coger to grasp, seize, catch
cola *n.* line; tail
coleccionar to collect
collar *n. m.* necklace
comadre *n. f.* close family friend; godmother
comedor *n. m.* dining room
comenzar (ie) to begin, start
comer to eat
comerciante *n. m./f.* merchant
comida *n.* food, meal
como *conj.* as, since
cómodo *adj.* comfortable
compadre *n. m.* close family friend; godfather
compañero de clase *n.* classmate; **c. de cuarto** roommate
compartir to share
competencia *n.* competition
competir (i) to compete
complaciente *adj.* willing
comportamiento *n.* behavior
comportarse to behave
comprar to buy
comprender to understand
comprobar (ue) to prove
comprometerse con to become engaged to
conducir to drive
conferencia *n.* lecture
confianza *n.* confidence
conjunto musical *n.* band
conocer to know; to meet
conquistar to conquer
conseguir (i) to get; to obtain

consejero *n.* counselor, adviser
consejo *n.* advice
conservar to keep, maintain
construir to build
contabilidad *n.* accounting
contador *n. m.* accountant
contar (ue) to tell; to count
contestar to answer
contra *prep.* against
convertirse (ie) en to turn into
convidar to invite
copa *n.* wine glass; **tomar una copa** to have a drink
coqueta *adj.* flirtatious
corazón *n. m.* heart
corregir (i) to correct
correo *n.* post office
correr to run
corresponsal *n. m.* correspondent
cortar to cut
corte *n. f.* court
corto *adj.* short, brief
cosa *n.* thing
cosecha *n.* crop
costumbre *n. f.* custom, habit
crear to create
creencia *n.* belief
creer to believe, think
crepúsculo *n.* dusk
creyente *n. m./f.* believer
criada *n.* maid
criado *n.* servant
crisol *n. m.* melting pot
cruz *n. f.* cross
cruzar to cross
cuaderno *n.* notebook
cuadra *n.* block
cuadro *n.* picture
cualquier, cualquiera *adj., pron.* any
cuánto *adj.* how much; **en cuanto** *adv.* as soon as
cuarto *n.* room; *adj.* fourth
cubierto *p.p.* covered
cubrir to cover
cuchara *n.* spoon
cuchillo *n.* knife

cuenta *n.* check, bill; **darse cuenta de** to realize
cuento *n.* story; **cuento de hadas** fairy tale
cuero *n.* leather
cuestión *n.* question; matter
cuidado *n.* care; **tener cuidado** to be careful
cuidar to care for, take care of
culpa *n.* guilt
culpabilidad *n.* guilt
culpable *adj.* guilty
cumpleaños *n. m. sing.* birthday
cumplir con to fulfill
cuñado *n.* brother-in-law
cura *n. m.* priest
curso *n.* course

CH

chaleco *n.* vest
chaqueta *n.* jacket
charlar to chat
chica *n.* girl
chico *n.* boy
chisme *n. m.* gossip
chismear to gossip
chiste *n. m.* joke
chubasco *n.* downpour

D

daño: hacer daño to do harm
dar to give; **dar a** to face; **dar a luz** to give birth; **dar asco** to disgust; **dar una conferencia** to give a lecture; **dar un paseo** to take a walk
debajo (de) *prep.* under, below
deber *n. m.* duty; *v.* should, ought to
débil *adj.* weak
decano *n.* dean
decidir to decide; **decidirse a** to make up one's mind to
decir to say, tell

dejar to leave behind; to allow; **dejar de** + *inf.* to stop
delantal *n. m.* apron
delante (de) *prep.* before, in front of
delgado *adj.* thin
demasiado *adj.* and *adv.* too, too much
dependiente *n. m./f.* clerk
dentro (de) *prep.* in, within
deporte *n. m.* sport
deprimido *adj.* depressed
derecha *n.* right
derecho *n.* right, privilege; law; *adv.* straight ahead
desaparecer to disappear
desarreglado *adj.* messy
desarrollar to develop
desayunar to have breakfast
desayuno *n.* breakfast
descansar to rest
descubierto *p.p.* discovered
descubrir to discover
desde *adv.* since; *prep.* from
desear to desire, want
desempleo *n.* unemployment
deseo *n.* desire
desigualdad *n.* inequality
desilusión *n.* disappointment
despacio *adv.* slowly
despacho *n.* office
despedida *n.* farewell, parting; dismissal
despedirse (i) to say good-bye
despejado *adj.* clear (*weather*)
despertarse (ie) to wake up
después de *prep.* after
desterrado *adj.* exiled
destierro *n.* exile
destruir to destroy
desván *n. m.* attic
detalle *n. m.* detail
detrás de *prep.* behind, in back of
devolver (ue) to return, give back
día *n. m.* day; **hoy día** nowadays

diario *adj.* daily
dibujo *n.* sketch, drawing
dicho *n.* saying; *p.p.* said
difícil *adj.* difficult
dineral *n.m.* large sum of money
dinero *n.* money
Dios *n.* God
dirigirse a to address oneself to
disco *n.* record
disfrutar de to enjoy
disponible *adj.* available
distinto *adj.* different
divertido *adj.* amusing
divertirse (ie) to have a good time
doblar to turn a corner; to fold
doler (ue) to hurt; to grieve
dolor *n. m.* pain; grief
domicilio *n.* address
domingo *n.* Sunday
dormir (ue) to sleep; **dormirse** to fall asleep
dormitorio *n.* bedroom
ducharse to take a shower
dudar to doubt
dudoso *adj.* doubtful
dueño *n.* owner
dulce *adj.* sweet
durante *prep.* during
duro *adj.* hard, difficult

E

echar to throw; **echar de menos** to miss
edad *n.* age
edificio *n.* building
EE.UU. *abbr.* USA
eficaz *adj.* efficient
ejemplo *n.* example
elegir (i) to elect; to choose
elogiar to praise
embarazada *adj.* pregnant
embarazo *n.* pregnancy
emborracharse to get drunk
embotellamiento *n.* traffic jam
emocionante *adj.* exciting

empezar (ie) to begin, start
empleado *n.* employee
empleo *n.* job, work
enamorarse de to fall in
love with
encantador *adj.* charming
encantar to delight, fascinate
encargado de *adj.* in charge of
encinta *adj.* pregnant
encontrar (ue) to find
enfadarse to become angry
enfermarse to become sick
enfermedad *n.* illness,
disease
enfermero *n.* nurse
enfermo *adj.* sick, ill
engordar to gain weight, get
fat
enojarse to become angry
enriquecer to enrich
enseñanza *n.* education;
teaching
enseñar to teach
ensuciar to get (*something*),
dirty, **ensuciarse** to get dirty
entender (ie) to understand
enterarse de to find out
about
enterrar (ie) to bury
entierro *n.* burial
entonces *adv.* then
entrada *n.* entrance; ticket
entre *prep.* between, among
entregar to hand in
entrenador *n. m.* trainer
entrenamiento *n.* training
entrenar to train
entrevista *n.* interview
entrevistar to interview
entusiasmado *adj.* excited
enviar to send
envolver (ue) to wrap up
época *n.* time, age, epoch
equipaje *n. m.* luggage
equipo *n.* team
escala *n.* stopover
escalar to climb, scale
escaparate *n. m.* store
window
esclavizar to enslave
esclavo *n.* slave

escoba *n.* broom
escoger to choose
esconder to hide
escribir to write; **escribir a
máquina** to type
escrito *p.p.* written
escritor *n. m.* writer
escritorio *n.* desk
escuchar to listen to
especializarse en to major in
espectador *n. m.* spectator
espejo *n.* mirror
esperanza *n.* hope
esperar to wait for; to
expect; to hope
espíritu *n. m.* spirit
esposas *n. pl.* handcuffs
esposo *n.* spouse
esquiar to ski
esquina *n.* corner
estación *n.* station; season
estadidad *n.* statehood
estadio *n.* stadium
estadísticas *n. pl.* statistics
estante *n. m.* bookcase, shelf
estar to be
estereotipar to stereotype
estrecho *adj.* narrow, close
estudiante *n. m./f.* student
estudiar to study
estupendo *adj.* stupendous,
wonderful
evitar to avoid
exigente *adj.* demanding
exigir to demand, require
éxito *n.* success; **tener éxito**
to be successful
exitoso *adj.* successful
explicar to explain
explotar to exploit
extranjero *n.* foreigner; *adj.*
foreign, alien
extrañar to miss, long for
extraño *adj.* strange

F

fábrica *n.* factory
fabricante *n. m.* manufac-
turer
fácil *adj.* easy

facturar to check (*luggage*)
facultad *n.* school department
falda *n.* skirt
faltar to be lacking; to miss
familiar *n.* relative, family
member; *adj.* pertaining to
the family
fantasma *n. m.* ghost
farmacéutico *n.* pharmacist
farmacia *n.* pharmacy
fascinante *adj.* fascinating
fascinar to fascinate
fastidiar to upset, irk, annoy
fe *n. f.* faith
fecha *n.* date
felicitar to congratulate
feliz *adj.* happy
feo *adj.* ugly
fichero *n.* card catalog
firma *n.* signature
firmar to sign
física *n.* physics
flojo *adj.* light; weak; lazy
flor *n. f.* flower
foca *n.* seal
fomentar to encourage,
foster
formidable *adj.* terrific
fracasar to fail
franela *n.* flannel
frase *n. f.* sentence, phrase
fregar (ie) to scrub
fresa *n.* strawberry
frío *n.* and *adj.* cold; **tener
frío** to be cold
frito *adj.* fried
frontera *n.* frontier, border
fuego *n.* fire
fuerte *adj.* strong
fumar to smoke
funcionar to work, function,
run

G

gafas *n. pl.* eyeglasses
galleta *n.* cookie
gamba *n.* shrimp
ganar to earn; to win
ganas: tener ganas de to
feel like, have the desire

gaseosa *n.* soda
gastar to spend; to use; to waste
gasto *n.* expense; waste
gemelo *n.* twin
gente *n. f.* people
gira *n.* tour
globo *n.* balloon
gobernador *n. m.* governor
gobierno *n.* government
golpe *n. m.* blow; **golpe de estado** coup d'état
gordo *adj.* fat
grabadora *n.* tape recorder
grado *n.* degree
granizar to hail
granizo *n.* hail
gratis *adj.* free of charge
gratuito *adj.* free of charge
grave *adj.* serious
gris *adj.* gray
gritar to shout, yell
guante *n. m.* glove
guapo *adj.* handsome, attractive
guardar to keep, save
guerra *n.* war
guía *n. m./f.* guide
gustar to be pleasing
gusto *n.* taste

H

haber to have (*auxiliary verb*)
habitación *n.* room
hacer to do, make; **hacer autostop** to hitchhike
hacia *prep.* toward
hada *n.* fairy
hamaca *n.* hammock
hambre *n. f.* hunger; **tener hambre** to be hungry
harto: estar harto de to be fed up with
hasta *prep.* until, up to
hay *v.* there is, there are
hecho *n.* fact, event; *p.p.* done, made
helado *n.* ice cream
helar (ie) to freeze

heredero *n.* heir
herencia *n.* inheritance; heritage
herir (ie) to wound
hermana *n.* sister
hermano *n.* brother
hermoso *adj.* beautiful
hervir (ie) to boil
hielo *n.* ice
hígado *n.* liver
hija *n.* daughter
hijastra *n.* stepdaughter
hijastro *n.* stepson
hijo *n.* son; *pl.* children
hispanoparlante *adj.* Spanish-speaking
historia *n.* history; story
hogar *n. m.* home
hombre *n. m.* man
hora *n.* hour, time
horario *n.* schedule
hormiga *n.* ant
hoy *adv.* today
huelga *n.* strike
huésped *n. m./f.* guest
huracán *n. m.* hurricane

I

idioma *n. m.* language
iglesia *n.* church
igual *adj.* equal, same
igualdad *n.* equality
imagen *n. f.* image
impaciente *adj.* impatient
impedir (i) to prevent, impede
impermeable *n. m.* raincoat
imponer to impose
importar to import; to be important
impresionante *adj.* impressive
impresionar to impress
impuesto *n.* tax
incendio *n.* fire
incluir to include
incluso *prep.* including
incómodo *adj.* uncomfortable
indígena *n. m./f.* native person; *adj. (invariable)* indigenous

inesperado *adj.* unexpected
infancia *n.* childhood
infeliz *adj.* unhappy
influir en to influence
ingeniería *n.* engineering
ingeniero *n.* engineer
ingresar to enroll
intentar to try, attempt
íntimo *adj.* close, intimate
inundación *n.* flood
inútil *adj.* useless
invierno *n.* winter
invitado *n.* guest
ir to go
isla *n.* island
isleño *n.* islander
izquierda *adj.* left

J

jabón *n. m.* soap
jardín *n. m.* garden; **jardín zoológico** zoo
jefe *n. m.* boss
jornada *n.* working day
joven *n. m./f.* young person; *adj.* young
joyería *n.* jewelry store
judío *n.* Jew; *adj.* Jewish
jueves *n. m.* Thursday
juez *n. m./f.* judge
jugador *n. m.* player
jugar (ue) to play
jugo *n.* juice
juguete *n. m.* toy
juntar to join; **juntarse** to get together
junto *adj.* together
juntos *adv.* together
juventud *n.* youth

L

lado *n.* side; **al lado de** *prep.* next to
ladrillo *n.* brick
ladrón *n. m.* thief, burglar
lámpara *n.* lamp
lana *n.* wool
langosta *n.* lobster
lanzador *n. m.* pitcher

lanzar to throw
lápiz *n. m.* pencil
largo *adj.* long
lástima *n.* pity, shame
lavabo *n.* washbasin, bathroom sink
lavaplatos *n. m./f.* dishwasher
lavar to wash; **lavarse** to get washed
lectura *n.* reading
leche *n. f.* milk
lechuga *n.* lettuce
leer to read
legumbre *n. f.* vegetable
lejos *adv.* far
lengua *n.* language
lento *adj.* slow; *adv.* slowly
leña *n.* firewood
levantar to raise, pick up; **levantarse** to get up
ley *n. f.* law
libre *adj.* free
librería *n.* bookstore
licenciatura *n.* bachelor's degree, master's degree
limpiar to clean
limpio *adj.* clean
liquidación *n.* sale
listo *adj.* clever, smart; ready
locutor *n. m.* announcer
lograr to achieve; to succeed; to attain
luchar to fight
luego *adv.* later, then
lugar *n. m.* place
lujo *n.* luxury
luna de miel *n.* honeymoon
luz *n. f.* light

LL

llamar to call; **llamarse** to be called
llave *n. f.* key
llegar to arrive; **llegar a ser** to become
llenar to fill
lleno *adj.* full
llevar to carry, take, wear; **llevarse** to carry off, take away; **llevar una vida (feliz)** to lead a (happy) life
llorar to cry
llover (ue) to rain
lloviznar to drizzle
lluvia *n.* rain

M

madera *n.* wood
madrastra *n.* stepmother
madre *n. f.* mother
madrina *n.* godmother
maduro *adj.* mature; ripe
maestría *n.* master's degree
maleta *n.* suitcase
maltrato *n.* mistreatment, abuse
manchar to stain
mandamiento *n.* commandment
mandar to order, command; to send
manejar to drive
manifestación *n.* protest, demonstration
mano *n. f.* hand
manta *n.* blanket
mantel *n. m.* tablecloth
mantener to maintain, support
manzana *n.* apple; block
maquillaje *n. m.* makeup
marca *n.* brand
marcador *n. m.* scoreboard
marciano *n.* Martian
marido *n.* husband
martes *n. m.* Tuesday
matar to kill
matrícula *n.* tuition
matricularse to register, enroll
matrimonio *n.* matrimony; married couple
mayor *adj.* older, oldest; greater, greatest
mayoría *n.* majority
mecedora *n.* rocking chair
medianoche *n. f.* midnight
medias *n. pl.* stockings
medio *n.* middle; half; *adj.* average

medir (i) to measure
mejor *adj.* better, best
mejorar to improve
menor *adj.* younger, youngest; smaller, smallest
mentir (ie) to lie
mentira *n.* lie
menudo: a menudo *adv.* often
merecer to deserve
merienda *n.* snack
mes *n. m.* month
meteorólogo *n.* weatherman
meter to put into
mezcla *n.* mixture, combination
mezclar to mix, combine
miedo *n.* fear; **tener miedo** to be afraid
miel *n. f.* honey
mientras *adv.* while; **mientras que** *conj.* while
miércoles *n. m.* Wednesday
milagro *n.* miracle
mimado *adj.* spoiled
minoritario *adj.* minority
mirar to look at, watch
misa *n.* Mass
mismo *adj.* same
mitad *n.* half
mito *n.* myth
mochila *n.* knapsack
moda *n.* fashion, style
modo *n.* way, manner
mojarse to get wet
molestado *adj.* annoyed
molestar to bother, annoy
molestia *n.* annoyance
monja *n.* nun
mono *n.* monkey; *adj.* cute
morir (ue) to die
mostrador *n.* counter
mostrar (ue) to show
mudanza *n.* move, change of residence
mudarse to move, change residence
muerte *n. f.* death
muerto *n.* dead person; *adj.* dead
mujer *n. f.* woman

multa *n.* fine; traffic ticket
muñeca *n.* doll
músico *n. m./f.* musician
musulmán *n. m.* and *adj.*
Moslem

N

nacer to be born
nacimiento *n.* birth
nadar to swim
naturaleza *n.* nature
Navidad *n.* Christmas
neblina *n.* mist
necesitar to need
negar (ie) to deny; **negarse a** to refuse to
negocio *n.* business
nevada *n.* snowstorm
nevar (ie) to snow
niebla *n.* fog
nieto *n.* grandson; *pl.* grandchildren
nieve *n. f.* snow
niñera *n.* nursemaid, baby-sitter
niñez *n. f.* childhood
nivel *n. m.* level
noche *n. f.* night
nota *n.* grade
noticias *n. pl.* news
novia *n.* girlfriend, fiancée
novio *n.* boyfriend, fiancé
nuboso *adj.* cloudy
nuevo *adj.* new; **de nuevo** *adv.* again

O

obedecer to obey
obligar a to oblige
obra *n.* work (*of art*)
obrero *n.* worker
obtener to get
odiar to hate
ofrecer to offer
oír to hear
ojalá I hope that
orar to pray
orgullo *n.* pride
orgulloso *adj.* proud

oro *n.* gold
oscurecer to grow dark
oso *n.* bear
otro *adj.* other, another

P

padrastro *n.* stepfather
padre *n. m.* father; *pl.* parents
país *n. m.* country
paisaje *n. m.* landscape, countryside
pájaro *n.* bird
palabra *n.* word
pan *n. m.* bread
pana *n.* corduroy
pantalones *n. m. pl.* pants
papel *n. m.* paper; role; **hacer un papel** to play a role
paquete *n. m.* package, pack
par *n. m.* pair
paraguas *n. m. sing.* umbrella
paraíso *n.* paradise
pararse to stop
parecer to seem; **parecerse a** to look like, resemble
pared *n. f.* wall
pareja *n.* pair, couple; partner
pariente *n. m./f.* relative
párrafo *n.* paragraph
particular *adj.* private
partido *n.* (*political*) party; game, match
parto *n.* childbirth, labor
pasaje *n. m.* ticket; passage
pasajero *n.* passenger, traveler
paso *n.* step
pastel *n. m.* pastry
pastor *n. m.* minister
patear to kick
patinar to skate
pato *n.* duck
patria *n.* country, fatherland
paz *n. f.* peace
peatón *n. m.* pedestrian
peca *n.* freckle
pecado *n.* sin

pecar to sin
pedazo *n.* piece
pedir (i) to ask for, request, order (*food*)
peinado *n.* hairdo
pelear(se) to fight
película *n.* movie, film
peligro *n.* danger
peligroso *adj.* dangerous
pelirrojo *adj.* redheaded
pelota *n.* ball
pensar (ie) to think; **pensar + *inf.*** to plan to; **pensar de** to have an opinion about; **pensar en** to think about, have in mind
peor *adj.* worse, worst
pepino *n.* cucumber
pequeño *adj.* small
perder (ie) to lose; to miss
pérdida *n.* loss
perezoso *adj.* lazy
periódico *n.* newspaper
periodista *n. m./f.* journalist
pertenecer to belong
pesar to weigh; **a pesar de** *prep.* in spite of
pescar to fish
pez *n. m.* fish
picante *adj.* spicy
piel *n. f.* skin; fur
pieza *n.* room
piloto *n.* pilot
pintar to paint
pintor *n. m.* painter
pintura *n.* painting
piña *n.* pineapple
piscina *n.* swimming pool
piso *n.* floor (*of a building*)
pista *n.* dance floor
pizarra *n.* blackboard
plancha *n.* iron
planchar to iron
planta *n.* plant; floor of a building
plata *n.* silver
plato *n.* plate, dish
playa *n.* beach
plomero *n.* plumber
población *n.* population
pobre *adj.* poor, unfortunate

pobreza *n.* poverty
poder (ue) to be able to
poderío *n.* power, authority
política *n.* politics
político *n.* politician
poner to put, place; **ponerse** to put on (clothing); to become
portarse to behave
portero *n.* doorman
posponer to postpone
postre *n. m.* dessert
precio *n.* price
preciso *adj.* necessary
predicar to preach
preferir (ie) to prefer
prejuicio *n.* prejudice
premio *n.* prize
prensa *n.* press
preocuparse to worry
prestar to lend; **prestar atención** to pay attention
primavera *n.* spring
primo *n.* cousin
prisa *n.* haste; **tener prisa** to be in a hurry
probador *n. m.* dressing room
procedente de *prep.* coming from
procurar to try
producir to produce
profesorado *n.* faculty
prognosis *n. f.* weather forecast
promedio *n.* average
prometer to promise
pronosticar to forecast the weather
pronóstico *n.* weather forecast
propina *n.* tip
propio *adj.* appropriate; one's own
propósito *n.* purpose
próspero *adj.* prosperous
proteger to protect
próximo *adj.* next
psicólogo *n.* pyschologist
psiquiatra *n. m./f.* psychiatrist
puesto *n.* job; *p.p.* placed, put
punto *n.* point

puro *adj.* pure; *n.* cigar

Q

quedar to have left; **quedarse** to stay, remain
quehacer *n. m.* chore
queja *n.* complaint
quejarse de to complain about
quemar to burn
querer (ie) to want, wish; to love
queso *n.* cheese
química *n.* chemistry
químico *n.* chemist
quinto *adj.* fifth
quiosco *n.* newsstand
quitar to take away, remove; **quitarse** to take off

R

rabino *n.* rabbi
raíz *n. f.* root
rana *n.* frog
rápido *adv.* quickly
raptar to kidnap
raqueta *n.* racket
raro *adj.* strange, odd
rascacielos *n. m. sing.* skyscraper
rayuela *n.* hopscotch
raza *n.* race
razón *n. f.* reason
razonable *adj.* reasonable
realizar to accomplish, carry out
recado *n.* message
recibir to receive, get
recién *adv.* recently
reclamar to claim
recoger to pick up, gather
recordar (ue) to remember, recall
recreo *n.* recreation
recuerdo *n.* souvenir
rechazar to reject
red *n. f.* net
redactor *n. m.* editor
referirse (ie) to refer

reflejar to reflect
refugiado *n.* refugee
regalar to give a gift
regalo *n.* gift, present
regañar to quarrel
regar (ie) to water
regatear to bargain, haggle
regla *n.* rule
regresar to return
reina *n.* queen
reír(se) (i) to laugh
relámpago *n.* lightning
reloj *n. m.* watch, clock
remedio *n.* solution
remordimiento *n.* remorse
reno *n.* reindeer
renunciar to give up
reñir (i) to quarrel
requerir (ie) to require
requisito *n.* requirement
residencia estudiantil *n.* dormitory
resolver (ue) to solve
respetar to respect
respeto *n.* respect, admiration
respuesta *n.* answer
resultado *n.* result
resumen *n. m.* summary
retrasado *adj.* delayed
retrete *n. m.* toilet
reunión *n.* meeting
reunir to unite; **reunirse** to get together
revisar to inspect
revista *n.* magazine
rey *n. m.* king
rezar to pray
río *n.* river
robo *n.* robbery
rodeado *adj.* surrounded
rogar (ue) to beg, plead
romper to break, tear
ropa *n.* clothing
ropero *n.* clothes closet
ruido *n.* noise
ruidoso *adj.* noisy

S

sábado *n.* Saturday

sábana *n.* sheet
saber to know; to find out
sacar to take out; **sacar una foto** to take a picture; **sacar prestado un libro** to check out a book
saco de dormir *n.* sleeping bag
sacrificar to sacrifice
sagrado *adj.* sacred
sala *n.* room; **sala de espera** waiting room
salado *adj.* salty
salida *n.* departure; exit
salir to leave, go out
salud *n. f.* health
salvo *prep.* except
sangre *n. f.* blood
sano *adj.* healthy, fit
satisfecho *adj.* satisfied
secadora *n.* (*clothes*) dryer
secuestrar to hijack
sed *n. f.* thirst
seda *n.* silk
seguir (i) to follow, continue
según *prep.* according to
seguro *adj.* certain, sure; safe
semana *n.* week
sembrar to sow
semejante *adj.* similar
semejanza *n.* similarity
semilla *n.* seed, nut
sencillo *adj.* simple
sensible *adj.* sensitive
sentarse (ie) to sit down
sentido *n.* sense, meaning
sentimiento *n.* emotion, feeling
sentir (ie) to feel, regret
señal *n. f.* sign, gesture
señalar to point out
sequía *n.* drought
ser to be
servilleta *n.* napkin
servir (i) to serve
siempre *adv.* always
siglo *n.* century
significar to mean, signify
siguiente *adj.* following
silla *n.* chair
sillón *n. m.* armchair

simpático *adj.* nice
sin *prep.* without; **sin embargo** nevertheless
sino *conj.* but, rather
sitio *n.* place, location
sobornar to bribe
sobre *prep.* over; about, regarding
sobrecargo *n.* flight attendant
sobrepoblación *n.* overpopulated
sobrepoblado *adj.* overpopulated
sobresaliente *adj.* outstanding
sobresalir to excel
sobrevivir to survive
sobrino *n.* nephew
sobrio *adj.* sober
sociedad *n.* society
sol *n. m.* sun
solamente *adv.* only
soler (ue) to be in the habit of
solo *adj.* alone
sólo *adv.* only
soltero *n.* bachelor
someter to submit; to subdue
sonar (ue) to sound, ring
sonido *n.* sound
sonreír (i) to smile
sonriente *adj.* smiling
sonrisa *n.* smile
soñar (ue) to dream; **soñar despierto** to daydream
soplar to blow
soportar to bear, endure
sorpresa *n.* surprise
sostener (ie) to support, sustain
sótano *n.* basement
subir to go up, climb
suceder to happen
sucio *adj.* dirty
suegra *n.* mother-in-law
suegro *n.* father-in-law
sueldo *n.* salary
suelo *n.* floor
sueño *n.* dream; **tener sueño** to be sleepy
suerte *n. f.* luck; **tener**

suerte to be lucky
suéter *n. m.* sweater
sufrimiento *n.* suffering
sufrir to suffer
sugerencia *n.* suggestion
sugerir (ie) to suggest
sujeto *n.* subject
sumiso *adj.* submissive
superar to overcome
suplicar to beg
surgir to appear
suspender to suspend, fail
sustantivo *n.* noun

T

tabaco *n.* tobacco
tal *adv.* so; *adj.* such
tardar (en) to take time, delay
tarde *n. f.* afternoon; *adv.* late
tarea *n.* homework; task
tarjeta *n.* card
tasa *n.* rate
tasca *n.* tavern
taza *n.* cup
té *n. m.* tea
técnica *n.* technique
techo *n.* roof
tejado *n.* roof
telenovela *n.* soap opera
televisor *n. m.* television set
tema *n. m.* theme
temblar (ie) to shake, tremble
temer to fear, be afraid of
tender (ie) to tend
tenedor *n. m.* fork
tener to have, possess, hold; **tener en cuenta** to keep in mind; **tener que + *inf*** to have to
tercero *adj.* third
ternera *n.* veal
terremoto *n.* earthquake
tesis *n. f.* thesis
testigo *n.* witness
tiburón *n. m.* shark
tiempo *n.* tense; time; weather

tienda *n.* store; **tienda de campaña** *n.* tent
tierra *n.* land, earth
tío *n.* uncle; *pl.* aunt and uncle
tirar to throw, fling
título *n.* title; degree
tiza *n.* chalk
toalla *n.* towel
tocador *n. m.* dressing table
tocar to touch; to play
todavía *adv.* still, yet
todo *adj.* all, every; *n.* everything
tomar to take; to drink; **tomar apuntes** to take notes
tonto *adj.* stupid, foolish
trabajador *n. m.* worker; *adj.* hard-working
trabajar to work
trabajo *n.* job, work
traducir to translate
traer to bring
trago *n.* gulp, drink
traje *n. m.* suit, outfit
trasladar(se) to move, transfer
tratado *n.* treaty
tratar to treat; **tratar de +** *inf.* to try; **tratar de +** *noun* to deal with
travieso *adj.* mischievous
tren *n. m.* train
tribu *n. f.* tribe
trineo *n.* sleigh
triste *adj.* sad
trueno *n.* thunder

U

último *adj.* last
único *adj.* only, sole, unique

unido *adj.* united, close
unirse to join
universidad *n.* university
universitario *adj.* pertaining to the university
útil *adj.* useful
utilizar to use, utilize
uva *n.* grape

V

vaca *n.* cow
vacío *adj.* empty
valer to be worth
valioso *adj.* valuable
valor *n. m.* value
varios *adj.* various, several
vaso *n.* glass
vecindad *n.* neighborhood
vecino *n.* neighbor
vejez *n. f.* old age
vela *n.* candle
velorio *n.* wake
vencer to defeat, expire
vendedor *n. m.* seller, salesman
vender to sell
venir (ie) to come
venta *n.* sale
ventana *n.* window
ventisca *n.* blizzard
ver to see
verano *n.* summer
verdad *n.* truth; **de verdad** really
verdadero *adj.* true, genuine
verde *adj.* green
vergüenza *n.* shame, embarrassment
verter (ie) to spill
vestíbulo *n.* lobby
vestido *n.* dress
vestirse (i) to get dressed

vez *n. f.* time, instance; **a veces** at times; **en vez de** instead of; **tal vez** perhaps
viajar to travel
viaje *n. m.* trip; **hacer un viaje** to take a trip
viajero *n.* traveler
vida *n.* life
viejo *adj.* old; *n.* old person
viento *n.* wind
viernes *n. m.* Friday
villancico *n.* Christmas carol
vino *n.* wine
violar to violate, rape
vista *n.* view; **punto de vista** point of view
viudo *n.* widower
vivienda *n.* housing, dwelling
vivir to live
volar (ue) to fly
voluntad *n.* will, wish, desire
volver (ue) to return, come back; **volverse** to become
voz *n. f.* voice
vuelo *n.* flight
vuelta *n.* return

W

wáter *n. m.* toilet

Y

ya *adv.* already; right away; **ya no** no longer; **ya que** since

Z

zanahoria *n.* carrot
zapatilla *n.* slipper, sneaker
zapato *n.* shoe

Index

A

a + *inf.* 299, 401
al + *inf.* 400
personal **a** 49-50
used after certain
infinitives 299
acabar de 14, 82
accentuation 425
adjectival clauses
(indicative versus
subjunctive) 259
adjectives
absolute superlative
358
agreement with
noun 48
comparisons of
equality 357
comparisons of
inequality 356,
358
demonstrative 117
past participle used
as 354
plural of 46
position of 47-48
possessive 96-97
with **ser** and **estar**
28
shortened forms of
46-47
superlative of
357-358
used as nouns 44
adverbial clauses and
conjunctions
(indicative versus
subjunctive)
313-314
adverbs
comparisons of
equality 357
comparisons of
inequality 356,
358
formation of, with
-mente 342
position of 342-343
superlative 357-358
affirmatives 256-258
al + *inf.* 400

articles
definite 337-339
idefinite (omission
of) 340-341
neuter **lo** (in
superlative)
augmentatives 369-370

B

be (**ser** and **estar**)
26-28
become (Spanish
equivalents of)
390-391

C

capitalization 425
cardinal numbers
428-429
agreement with
nouns 428-429
collectives 426
commands 203-206
with object
pronouns 205-206
como si 316
comparisons of
equality 357
comparisons of
inequality 356, 358
compound tenses *(See:*
perfect tenses)
281-282
con. used with certain
verbs 299
conditional
with conditional *(if)*
clauses 315-316
forms of 245
use of. including
conditional of
probability 245
conjunctions, adverbial
(subjunctive versus
indicative) 313-314
conjunctions y and **e,**
o and **u;** 154
pero, sino and
sino que 344
conmigo, consigo,
contigo 301-302

conocer versus **caber**
190
¿cual? versus **¿que?**
115
cualquier 314
cuyo 232

D

dates 427
days of the week 427
de
to express *than* in
comparisons 356
with passive, in
place of **por** 388
to show possession,
with **ser** 26
used in a
superlative 357
used with certain
verbs 299
deber (expressions of
obligation) 417
demonstrative
adjectives and
pronouns 117-118
desde, desde hace
(bacia) 31, 81
dimunitives 369-370

E

e (for y) 154
el que el cual 231
en used with certain
verbs 299
estar
distinction between
ser and **estar** 26-28
with past participle
388
with present
participle in
progressive tenses
24, 95

F

fractions 430
future
forms of 241
use of, including
future of
probability 242

G

gender 34-36
gustar (and similar
    verbs) 136

H

haber
    haber de 416
    hay 30
    hay que 417
    use in compound
        (perfect) tenses
        281-282
hacer
    mean *ago* 69
    in time expressions
        31, 81
    in weather
        expressions 223
hay 30
    hay que 417

I

if clauses *(See
    conditional with
    conditional* [if]
    clauses)
imperative *(See:
    commands.)*
imperfect
    forms of 79
    use of versus
        preterite 91-93
    verbs with different
        meanings in the
        imperfect and
        preterite 92
imperfect of **hacer** in
    time expressions
    81-82
imperfect subjunctive
    in conditional *(if)*
        clauses 315-316
    forms and use
        284-286
    sequence of tenses
        with 285-286
impersonal expressions
    with subjunctive
    173-174
impersonal se 151
infinitives
    versus subjunctive
        400-401
    use after
        prepositions 400

use as noun, verb,
    with verbs like
    hacer and
    mandar in place
    of subjunctive 400
use of prepositions
    with 299
use with al 400
interrogative
    expressions 114-116

ir

ir a + *inf.* **11, 14, 242**
-isimo 358

L

lo (object pronoun)
    131-132
    neuter **lo** 44
    lo que, lo cual 232

LL

llevar (in time
    expressions)
    31-32, 82

M

mas... que 356-357
monos que 356-357
months of the year
    427

N

negatives 256-258
neuter
    demonstrative
        pronouns 118
nouns
    adjectives used as
        nouns 44
    gender and number
        42-44
numbers 428-430

O

o (changed to **u**) 154
object pronouns
    direct 131-132, 135
    indirect 133-135
    position of 105 132,
        134
    position of with
        commands
        205-206
    prepositional
    301-302

obligation, expressions
    of 416-417
ojala 227
ordinal numbers 429
orthographic-changing
    verbs 10

P

para 149-150
participles
    past. in perfect
        tenses 281-282
    past versus present
        354-355
    present 24
passive voice
    with **se** 388
    true passive 387-389
past participle
    forms of 281
    versus present
        354-355
    in passive 387
    used as adjective
        354
pero, sino, sino que
    344
perfect tenses
    indicative 281-282
    subjunctive 281-282,
        285
personal **a** 49-50
plural
    of adjectives 46
    of articles 250, 337,
        340
    of nouns 44
por 147-149
possessive adjectives
    and pronouns 96-97
prepositions 299-301
    followed by
        infinitives 400
present indicative 7-11
    of **hacer** in time
        expressions 31
    irregular verbs
        10-11
    regular verbs 7
present participle
    299-300 (versus past
        participle) 262, 24,
        401-402
preterite 66-68
    contrast with
        imperfect 91-93

verbs with different meanings in the imperfect and preterite 92

progressive tenses
past progressive 95
present progressive 24

pronouns
demonstrative 118
direct object 131-132
indirect object 133-135
as objects of prepositions 301-302
possessive 96-97
reciprocal reflexive 404
reflexive 185
relative 230-232
se for passive 388
subject 6-7

Q

que (relative pronoun) 230
¿qué? versus **¿cuál?** 115
quien (relative pronoun) 231

R

reciprocal reflexive 404
reflexive verbs 185-187 (with commands) 206
relative pronouns 230-232

S

saber versus conocer 190

se
impersonal **se** 151
as indirect object pronoun 135
for passive 388
as reciprocal pronoun 404
as reflexive pronoun 185
for unexpected events 188
sequence of tenses in conditional sentences 316
with subjunctive 285-286

ser
to form passive 387
uses of (versus **estar**, with adjectives) 26-28
sino (versus **pero**), **sino que** 344
stem-changing verbs 8-9
subject pronouns 6-7
subjunctive, imperfect in conditional (*if*) clauses 315-316
forms of 284
sequence of tenses with 285-286
subjunctive, present 173
in adjectival clauses 259
in adverbial clauses 313-314
forms of 171-73
with impersonal expressions 173-174

versus infinitive 400-401
in noun clauses 226-228
sequence of tenses with 285-286
subjunctive, review of 371-372, 414-415
subjunctive, sequence of tenses 285-286
superlative 357-358

T

tan, como, tanto... como 357
tener
expressions with 152
tener que + *inf* 152, 416
than, in comparisons 356-357
time, telling 113

U

u (for **o**) 154

V

verbs with prepositions 299
voice, passive 387-389
volver a + *inf.* 14

W

weather (expressions with **hacer**) 223
week (days of) 427

Y

y (changed to **e**) 154
you, formal versus familiar 6-7

PHOTO CREDITS

p. 1, Monkmeyer Press/Hugh Rogers. p. 59, Stock Boston. p. 104, Enrique Oliver, p. 107, Monkmeyer Press/Hugh Rogers, p. 161, Comstock/Stuart Cohen. p. 165, Monkmeyer Press/Hugh Rogers, p. 219, Comstock/Stuart Cohen. p. 273, Stock Boston, P-G6-1, Luis Lanteiro. p. 329, Odyssey Productions, Chicago/Robert Frerck. p. 381, Monkmeyer Press/Hugh Rogers.